JN234657

田隅 恒生 著

荒野に立つ貴婦人

ガートルード・ベルの
生涯と業績

法政大学出版局／イスラーム文化叢書　7

① ガートルード・ベル（43歳）〔『書簡集』下巻〕

② ガートルードと両親

上：ガートルード（4歳）と父ヒュー
下：ガートルード（10歳），弟モーリスと継母フローレンス
〔いずれも『初期書簡集』〕

③　ガートルードが好んだ「ペルシアの庭園」の一例。テヘラン北部の山中にはこのようなヴィラを配した庭園（後景は草木のない岩山）が散在し，1970年代まで所によっては世紀初めの建造時のまま使われていた。〔著者撮影〕

④ カイロ会議（1921年3月）。前列むかって左3人目よりハーバート・サミュエル（駐パレスティナ高等弁務官），ウィンストン・チャーチル，パーシー・コックス，エイルマー・ホルデーン中将，ウィリアム・アイアンサイド少将（ペルシア駐留英軍令官），2列目左よりキナハン・コーンウォリス，ガートルード・ベル，サスーン・エスカイル（トルコ帽），一人おいてジャアファル・パシャ（ヘルメット），T. E. ロレンス，一人おいてA. T. ウィルソン，ヒューバート・ヤング（植民省次官）〔『書簡集』下巻〕

⑤　ファイサル即位式（1921年８月23日）。左よりパーシー・コックス，キナハン・コーンウォリス，ファイサル，エイルマー・ホルデーン中将〔ウォラック/Kerim〕

⑥　国王ファイサル（ラスロ・ド・ロンボス画）。〔オブライエン『ガートルード・ベル，アラビア日記』/Imperial War Museum〕

⑦　バグダードのガートルード（1924年ごろ）。片鞍《サイドサドル》で白馬を駆る姿は市民にも親しまれた。〔『書簡集』下巻〕

⑧　イラク王国1930年代の切手（著者蔵）。
右：ファイサル
左：ガージー

目次

凡例

1　引用した文献は、書籍の場合は『　』、雑誌名、論文名は「　」で示す。外国文献は原名を日本語で併記し、邦訳のあるものは訳書名を記した。

2　引用文中の省略個所は「……」とするが、これには引用文そのものに見られる場合と引用者（本書筆者）による省略の場合をふくむ。ただ、前の例はごく少なく、ほとんどが引用簡略化のための後者であるので、両者を区別しなかった。

3　ペルシア語、アラビア語の表記は、邦語化（例＝イスラーム↓イスラム）、あるいは英語読みが一般化しているもの（例＝ディマシュク↓ダマスカス）を除いて、できるだけ原音に近い形（例＝バグダード↑バグダッド、フサイン↑フセイン）とすることを心がけた。アラビア語の定冠詞 al については、原則として先行文字があっても同化させずにその前で切り、後続文字とのみ連結させることとした（例＝Harun al Rashid ハールーン・アッラシード）。分かりやすくするためなので、通りのよさから分かち書きを避けた場合もある（例＝Jalal al Din ジャラールッディーン）。また、「……の子」を表わす「イブン」が人名の中にくる場合は「ブン」と書き（例＝Fahd Bey ibn Hadhdhal ファハド・ベイ・ブン・ハッザル）、al に続くときは前記のとおりに表記した。

4　筆者自身の補注は少数だが関係事項に＊を付して章末で説明し、引用文に対する訳注ないしは説明は〔　〕で当該の個所に記入した。

5　年譜は英米の既存伝記ではスーザン・グッドマンの作にごく簡単なものがあるのみだが、本書では原資料（ガートルードの日記・書簡）に基づいて当人成人後の全年度について主要な動きを一覧的に示した。

序　章

イラク博物館旧館の主室を飾っていたガートルード顕彰碑〔バーゴイン下巻〕。

イングランド東北の町ニューカースル・アポン・タインの南郊、ワシントンにあるガートルード・ベルの生家に掲げられた古い銘板の文言は、つぎのように読める。

ガートルード・ベル
古典学者、歴史学者、考古学者、探検者
詩人、登山家、園芸家
国家への卓越した奉仕者
一八六八年七月十四日ここに生まれ
一九二六年七月十二日バグダードに死す

一方、バグダードのイラク博物館——現存のそれではなく、ティグリス川東岸にあった旧館時代の——の主翼に設けられたブロンズの胸像の台座でもある大きな銘板には、右側にアラビア語、左側には英文で以下の言葉が浮き彫りにされていた。

永遠の追憶を
アラブ人が

敬愛の念とともにはぐくむ
ガートルード・ベル。
一九二三年に当博物館を
イラク考古局名誉総裁として
驚嘆すべき知識と献身をもって創設し
ここに収蔵する貴重物の収集に
夏の暑熱を冒して従事し
その死の
一九二六年七月十二日にいたる。
王ファイサルとイラク政府は
わが国への貢献に
感謝の思いをいたし
主翼の室に
その名を冠することを命じ
旧友あい語らい
前記名者の許しを得て
この銘板を掲ぐ。

英国とイラクでほぼ同じころに、つまりガートルードの没後一定の時間を経て設けられた二つの銘板だが、前者の撰文が継母レディ・ベルによることは容易に推察がつく。一九二七年の九月、ガートルードの急死から十四ヶ月という早いときに彼女の編纂で刊行された『ガートルード・ベル書簡集』上下二巻 Lady Bell, ed.: *The Letters of Gertrude Bell*, 2 vols.（以下『書簡集』）の序言で、編者はこれとまったく同じの、だがより多様な属性形容でガートルードを語っているからだ。(1)

一九三四年一月十八日の「タイムズ」紙上に、パレン＝バリー、ウィルヘルミナ・ネス両女史から一般女性にあてたガートルード・ベル追悼の呼びかけが掲載された。バグダード博物館むけのガートルードのブロンズ像が数年前に著名彫刻家ミス・A・C・アチソンの手で制作されたことと、そのレプリカをかつて彼女に金賞を授与した王立地理学協会（以下RGS）に贈る趣旨を述べて、費用二百ポンドの寄付を募るものだった。ついで翌年二月七日の同紙には、胸像が予定通りRGSに納められ据えつけが終わり、残金十八ポンド十五シリングを在イラク・英国考古学院に寄付するという両女史の報告が載っている。本書終章で述べるように、同学院は、ガートルードの遺贈をもとに一般からの寄付金を投じて設立された研究所である。

そして、一九九六年に出版されたガートルードの伝記『砂漠の女王』Janet Wallach: *Desert Queen* の著者、米国人ジャネット・ウォラック女史が湾岸戦争後の困難のなかでバグダードを訪れたとき、イラク博物館で見たのは、地下室の棚で埃にまみれたガートルードのブロンズだったという。かつて胸像を支えていた銘板への言及はないが、現博物館が竣工した一九六三年以前に撤去されたものと解される。二〇〇三年の戦争で博物館が受けた被害と略奪後の胸像の状況については、審らかでない。

これが、二つの銘板の来歴として筆者の知るところである。

銘文の後者は、前者のいう「考古学者」と「国家への卓越した奉仕者」が、当人の後半生にイラクで集中的に稼動したことに対応している。ガートルードの考古学は、学界への寄与は多大とはいえ個人の研究に留まっていた段階から、イラクという自分が創設に参加した国家のレベルへ脱皮した。さきの銘文にいう「国家」とは英国にほかならないが、死去に先立つ数年間の彼女の意識と行動は、あとの銘文が「わが国」つまりイラク王国への貢献と称揚してやまないものだった。

二つの銘板が語る像は、ヴィクトリア時代から第一次大戦の戦後期までを生きた才知と行動力のゆたかな非凡な一英国女性のそれであろう。また、多くの人名辞典は、彼女を説明するのにまず「旅する人《トラヴェラー》」——はじめの銘文がおそらくは意図的に使わなかった言葉——をあげるのを常とする。それも含めて、用いられた多数の評語にはすべて充分な根拠があるが、さりとてこれらを総合してみても、人性の内面に踏みこめない頌辞の限界を感じさせられるのは否定できない。

(1)『書簡集』の文言はつぎのとおり。「古典学者、詩人、歴史学者、考古学者、美術批評家、登山家、探検者、園芸家、博物学者、国家への卓越した奉仕者、ガートルードはこのすべてであり、すべてにおいて一流とそれぞれの専門家に折り紙をつけられていた」(上巻序言四頁)。

第1章

前史とその周辺

ガートルードの実家。上：ロウントン・グレンジ〔『書簡集』上巻〕，
下：マウント・グレース・プライオリ〔バーゴイン上巻〕。

ニューカースル・アポン・タインは、スコットランドと境を接するノーサンバランドの州都だった。いまは、地方制度改正で一九七四年に創設された大都市圏州《メトロポリタン・カウンティ》のひとつ、タイン・アンド・ウィアのそれになっている。そのなかのワシントンも以前はダラム州の域内だったため、ガートルードはよくダラムの生まれとされるが、正確には「かつての」と付記することがのぞましいといえる。

現在はニューカースルと地続きのこの村は、十二世紀末にすこし南方のハートバーンの人ウィリアム・ド・ハートバーンが地所を買って移り住んだところで、彼は改名してウィリアム・ド・ウェッシントンと称した。その末裔が米国の初代大統領なので、ウィリアムが出来心を起こさなければ米国の首都は「ハートバーンDC」となっていたはず、という小話がある。ジョージ・ワシントンの先祖が建てた館《ホール》は、いま史蹟としてナショナル・トラストに管理されている。

ガートルードの生家は、祖父アイザク・ロウジアン（一八一六―一九〇四）が一八五〇年代になだらかな丘陵地に建てたネオゴシック様式の広壮な館だった。それを彼は、生活の中心が南のヨークシアに移ったあとの九一年に孤児院として活用するため無償で手放した。館は五年前に亡くなった彼の妻を記念して「デイム・マーガレット・ホール」と呼ばれ、ながく公共の用に供されて、ウィンストーン（後述）によれば二十世紀後半には石炭庁（国営石炭会社の前身）が研修所に使っていた。

ニューカースルを訪れるにはロンドンから飛行機や鉄道でわけもないが、ベル一家の故地に思いを馳せてみるなら、アイルランド海のソルウェイ湾に面したカンブリア州ワーキントン――ちょっとした古い製鉄の町――あたりから足を踏み出してみたい。

湖水地方のはずれを抜け、ワーズワースの故郷で知られる絵のようなコッカーマスを経てカーライルに出る。そしてハドリアヌスの防壁に沿って昔の馬車道にかわる高速道路でノーサンバランドを東進すれば、ローマ時代には帝国最北辺の町でセゲドゥヌムと呼ばれたニューカースルが北海を背に拡がっている。その名は、ノルマンディ公ウィリアムの長子ロベールが第一次十字軍で聖地へ行く前に建造した「あたらしい城」に由来するが、古くは羊毛と織物の市として繁栄し、十六世紀からは石炭産出地となった。十九世紀には製鉄と機械と造船の町として、また「武器王」アームストロングの本拠として知られ、そしていまはニューカースル・アポン・タイン大学を核とする雅致ある文教の町として、北イングランドの中心となっている。

一方、カーライルから東南に道をとれば、ムーアと麦畑の交錯する広野のなかをペンリス、ブロウ、ダーリントンなどを経て、カンブリア、ダラム、北ヨークシアを流れるティーズ川の河口ミドルズブラにいたる。おなじく北海に面した町でも五〇キロばかり北のニューカースルとは異なり、一八〇一年には住民数二十五人だった寒村が百年後に十万の人口となったところで、それはひとえに北方ダラムの石炭と南方クリーヴランドの鉄鉱石にめぐまれた製鉄産業による。いま見るミドルズブラは、歴史遺産といえば活気の失せた古めかしい製鋼工場とキャプテン・クックが近郊で生まれたことくらいの、碁盤状の街路がつづく地方都市にすぎない。行政的には北ヨークシアの一部だったが、現在は独立自治体《ユニタリー・オーソリティ》である。ついでながら、世界最初の鉄道の運行は、スティーヴンソンが一八二五年に四五〇人を乗せてミドルズブラの西ストックトンとダーリントンの一三キロを運んだ「ロコモーション一号」だった。

ここで、ベル一家の過去を一瞥しておこう。

スコットランドの大氏族《クラン》の一つ、ベルにつながると見られるこの家系は、ロウジアンの父トマス（一七七四―一八四五）がカーライルに近いロウハーストに生まれたときまで遡りうる。ニューカースルに出たトマスは、ロシュとウィルソンという友人とともに一八〇八年に鋳鉄業を起こした。ロシュもカーライル近辺の出身で、その近親に英国初のルブラン法によるアルカリ（炭酸ナトリウム）生産を始めた人がいたことが、ベル一家が製鉄と応用化学の分野に進出する糸口となった。

ロウジアンはニューカースルに生まれ、地元とドイツ、デンマークで基礎を、ついでエディンバラ、ソルボンヌ、マルセイユの各大学で冶金と化学を学んだあと、二十歳で父の経営するニューカースルのウォーカー工場で攪錬・圧延現場に入った。あたかも鉄鋼製品の急速な需要増に際して大増産の必要に迫られ、一八四六年にはロウジアンの主導で英国初の高炉を導入した。その過程で、彼は従来のノーサンバランドなどの北部産に替えて南のクリーヴランド丘陵に産出する鉄鉱石の利用を試みる。父の死の前年には、二人の弟、トマスとジョンと共同でベル・ブラザーズ社を発足させた。以後、ロウジアンは原料立地でミドルズブラのティーズ川対岸に建設したクラレンス工場を中核とする鉄鋼生産と、鉄鉱石、石炭、石灰石の開発、鉄道敷設にまたがる一連の事業拡大をひたすら進めてゆく。

一方、一八四二年に結婚した妻マーガレットの父、サー・ヒュー・パッティンソン（白鉛鉱から銀を分離するパッティンソン法の開発者）が化学工場を持っていたワシントンに自分の館を建て、六〇年には英国初のアルミニウム生産も開始した。フランスのサント・クレール・デヴィルがアルミの商業生産技術を開発して間もなくで、デヴィル法が廃れるまでのほぼ二十年間、それは英国唯一のアルミ工場だった。七〇年代後半に国会議員を務めていたころ、ロウジアンは自家製のアルミで作った帽子をかぶって議場に行ったという。

ベル兄弟、ジョン・ヴォーン、アーサー・ドーマンなど数人の先駆者の努力によって、ミドルズブラは急発展した。盛時のミドルズブラは煙突が林立し、煤煙は空を蔽い、それを市民は誇りとした。四〇年代から六〇年ごろまでの北イングランドの製鉄業発展の歴史は、ロウジアンが自著『鉄精錬の化学現象』（後述）の序言でくわしく語っている。

ヴォーンはドイツ系のヘンリー・ボルコウとともに一八四一年に始めた鉄工所の庭先に優秀な鉄鉱脈を見出し、ロウジアンに一足遅れてミドルズブラに製鉄所を稼動させた。ラッセル内閣の蔵相だったグラッドストーンは六二年に同地を訪れて、「英国企業の子であるこの非凡な町は幼児にすぎないが、幼児にしても赤ん坊のときのヘラクレスだ」という警句を残している。七二年に棒鋼やアングルの生産を始めたケントの農民出身のドーマンは、出資者アルバート・ド・ラング・ロングと組んで八九年にドーマン・ロング社を設立、着実に発展して、一九三二年にはシドニーにいまも見るハーバー・ブリッジを輸出し、世界的に名を知られた。

一八五〇年代に英国の銑鉄生産は全世界の半分を超え、七〇年代にはその三分の一をミドルズブラが担った、と地元ではいうが、あとの部分の根拠はあきらかでない。詳細は英国鉄鋼産業史に譲って、ここではB・R・ミッチェルの統計から、産地分類上の「ダラム・ノーサンバランド、北ヨークシア」の東北イングランドをミドルズブラに代表させれば、そのとおりとなる。ダラム・ノーサンバランドはニューカースル、北ヨークシアはミドルズブラが主体をなすと見ていいからだ。(1) 後述のコーラス社の資料

（二〇〇三年四月）にある、ミドルズブラ方面の高炉（現在とは比較にならない、内容積のごく小さなもの）が一八五五年に三〇基、七五年には一〇〇基を数えて年間二〇〇万トンの銑鉄を生産したという数字も、この文脈で理解すべきであろう。

一八三〇年以降に鉄道建設は英国で先行し、十年遅れて他国に波及し、七〇年代には欧州全域で完成した。当時わが国が英国から輸入したレールも多く、たとえばドーマン・ロング社のものが鉄道での用を終えたいまも残っていて、刻印で確認できる。そして世界的に軍備、とくに軍艦の建造、機械工場の建設が進む。まちがいなくロウジアンは、米国、大陸諸国、かなりのちに日本が台頭するまでの「世界の工場」を支えたなかの一人だった。しかし、最後の四半世紀には不況が英国を襲う。クラレンス工場が平炉で製鋼を開始したのは八九年だが、ロウジアンは同族経営の限界を知り、ドーマン・ロング社と企業集団を結成、その傘下に入る。当時のクラレンスの週間製鋼量は二四〇〇トン、単純計算で年間約一二万トンだった。大戦を挟んだ一九二三年には、ベル・ブラザーズはドーマン・ロングに吸収合併され、以後ロウジアンの後継者は同社の株主役員として名を連ねることになった。同年のドーマン・ロング社所有鉱区の鉄鉱石と石炭の埋蔵量はそれぞれ五三〇〇万トン、一億八三〇〇万トン、粗鋼生産能力は年間九〇万トンと報告されている。

これを、現在の主要鉄鋼生産国の数字、たとえばわが国の二〇〇四年度粗鋼生産量一億一二六七万トンと比較してもあまり意味はない。だが、一九〇一（明治三四）年に生産を開始した官営八幡製鉄所（現・新日鉄の発祥）が、当初計画で陸海軍、鉄道、造船を含むわが国の鉄鋼年間総需要一三万トンのほぼ半量、六万トンの生産を目標とした事実は、ミドルズブラの最盛時を想像させるに役立つだろう。

ドーマン・ロング社は一九六七年の国有化でほかの有力十三社とともに英国鉄鋼公社に統合されたが、八八年の再民営化のあと、一九九九年にオランダ資本と合併してコーラス Corus となった。これが、ロウジアンから四世代を経た後身ということになる。

ロウジアンは、進取的、精力的な事業家であっただけでなく、先端的な冶金化学者として他の追随を許さなかった。製鉄の理論と技術の求道的な追求から、「冶金の大祭司」と呼ばれるカリスマ性も具えている。彼の生涯は、英国の製鉄工業にとって一時代のシンボル的存在だった。その超人的な努力の結果である成功物語は、研究上の業績で深みを加えた。多数の専門著書、論文を残したが、そこには自身が蓄積した知識を公開して役立てようという姿勢が見られる。また数々の受賞歴のある王立協会会員であり、米国哲学協会の名誉会員でもあった。一八五四年と六二年にはニューカースル市長を務め、七五―八〇年には自由党から国会に出て、八五年に準男爵《バロネット》に叙せられた。六九年の英国鉄鋼協会創設では指導的な役割を果たし、七三―七五年に会長職にあったほか、多数の団体で要職に就いている。

著作のうち、『鉄精錬の化学現象』*Chemical Phenomena of Iron Smelting*, 1872 と『鉄鋼生産の諸原理』*The Principles of the Manufacture of Iron and Steel*, 1884 はこの分野の古典とされている。いまこれらを一瞥して驚かされるのは、大冊の書物を埋める原料鉱石の分析から製品出荷までの理論と技術の厖大な集積が、ほとんど著者個人の研鑽の結果を示していることだ。後者では製鉄業の国内・国際経済的側面も詳細な統計とともに論じられていて、それには鉄鋼協会会長を務めた経験が与ったことを著者自身が述べている。まさに、脂の乗りきった巨人の面影を感じさせるものがある。

ワシントンの彼の館は、ある一時期にチャールズ・ダーウィン、トマス・ハクスリー、ジョン・ラスキン、ウィリアム・モリス、バーン・ジョーンズ、ウィリアム・アームストロングといった顔ぶれの集うサロンとなり、内働きのメイドだけでも十人を数えた。家庭内の大人はみなマルティリンガルで、のちのちまでドイツ語、フランス語が英語とともに日常的に用いられたようだ。

当然のことながら、ロウジアンは当代有数の資産家だった。ワシントンを離れても、ロンドンではベルグレイヴィア（ハイドパーク南の高級地）に住まいをもち、ヨークシアでは、三地方区に分かれていたうちの北区《ノース・ライディング》の州都、ノーサラトンの郊外にロウントン・グレンジと称する大邸宅を建てた。また、近くのアーンクリッフには、古いカルトゥジオ派修道院《プライオリ》を改造した別荘があった。ロウントンは、前記のようにラファエロ前派の芸術家たちとの交友が実った絢爛たる造りだったし、ミドルズブラ海岸の保養地レッドカーには長男ヒューの家族用にレッド・バーンズと呼ぶ住まいがあった。それでいて成員の知的な背景のために、この一家は成りあがりに特有なある種の趣味を感じさせない。

一九〇四年にロウジアンが死去したとき、ヒューが継承したのは準男爵位と七十五万ポンドの遺産である。家屋と自社株が主体のこの金額をどう見るかはむずかしいが、卑近な尺度をとれば、一九〇九年にロンドン在住で召使二人をもつ二人家族の専門職の年収が七〇〇ポンド、それを超える年収の層は全英国で二八万世帯、つまり全人口四四五〇万人中の三パーセントだったこと（長島伸一『世紀末までの大英帝国』）は一応の判断材料にはなる。また、ヒューの妻フローレンスの著書（後述）があきらかにしたミドルズブラ鉄鋼労働者の賃金は、調査対象一二七〇人中、一〇四三人の週給が一ないし三ポンドの範囲にあったことも参考になろう。

傘下の工場労働者と、事業主としてのロウジアンとの関係を知りうる直接の資料は見あたらない。愛慕よりは畏敬にちかい目で見られていたのは事実だが、それはまったく彼の学識と指導力のためである。エンゲルスの『イギリスにおける労働者階級の状態』の出版は一八四五年で、当時の英国製鉄業を支える炭鉱・鉄鉱労働の奴隷的搾取については、あらためていうまでもない。世紀前半に成立した一連の工場法も、容易なことでは履行されなかった。

ベルの事業だけがそうした状況と無縁であったとは思えないが、すくなくともロウジアンを無道な収奪者とする根拠はない。また雇用主に好意を感じていなければ、フローレンスが後述するような調査活動を長く続けられるはずはないであろう。シャフツベリ卿などの尽力で、煙突掃除夫法（煙突掃除に煤《すす》掃《ばら》い箒を使うよりも安上がりな少年をもぐらせる幼児酷使への対処）が長い難産の末にようやく施行されたのは一八七五年である。そのすこしあと、国会議員ロウジアンの館で、ある少年の煙突内窒息死という事故が起こり、また、館の前に待たせてあった自分の馬車のなかで御者が凍死していたことも報じられた。こうした経験が、やがてロウジアンが孤児のために館を寄付することにつながったとも言いうるであろう。

ロウジアンには子息が二人と娘が三人あったが、あとを継いだ長男ヒュー（一八四四―一九三一）がガートルードの父である。次男チャールズは夭折した。ヒューは、冶金工学をエディンバラ、ソルボンヌ、ゲッティンゲンで学び、父の事業に加わった。のちベル・ブラザーズの社長、関係企業の役員、鉄鋼協会会長のほか、国会議員選挙では敗れたがミドルズブラ市長（一八八三、一九一一）、ヨークシア・ノース・ライディング知事《ロード・レフテナント》、治安判事そのほかの公職も務めている。ロウジアンとは時代も異なり、家業の面では守勢維持を余儀なくされたが、聡明な紳士の評判が高い人として終始した。また自由貿易とアイルランド自治の擁護を信条とし、一貫して自由主義的立場にあったが、その反保護貿易論が英国製鉄業にはマイナスにはたらく時代に生きる結果となった。

ヒューはニューカースルの商人ジョン・シールドの娘メアリーと結婚し、一八六八年に長女ガートルード、七一年に長男モーリスを得たあと、妻の死に遭遇する。以後五年間、ヒューは独身であったが、七六年の夏、二人の妹「メイジー」メアリー・キャスリンとエイダの友人だったフローレンスと再婚した。

フローレンスは、パリの英国大使館名誉医官だったアイルランド出身でフランス育ちの著名な医師サー・ジョゼフ・オリッフの娘である。オリッフは一八六九年に死亡しているが、ルイ・フィリップやナポレオン三世の信任も厚く、数々の要職を英仏両国で務めた。

彼はロンドン、パリに広い交友を持ち、ディケンズやヘンリー・ジェームズといった文人とも親しい仲だった。フローレンスはかなりの文学的才能の持主で、『ウルスラ物語』*The Story of Ursula* をはじめ数編の小説のほかに、一九二〇年代にコクラン、サー・チャールズ・ホートリー、シビル・ソーンダイクといった英仏の著名俳優が上演したいくつかの戯曲も創作している。しかし、作品としてより大きな意味のあるのは、三十年をかけたミドルズブラの鉄鋼労働者の生活実録と、ガートルードの書簡集編纂である。後者については、千通におよぶ五十年間の手紙を七十歳代なかばの身で編纂したこと自体が、なみなみならぬ才能を物語っている。ニューカースル・アポン・タイン大学に設置されたガートルード・ベル・アーカイヴは、一九八〇年代に「ガートルード・ベル・プロジェクト」を立ち上げ、所蔵する書簡、日記、写真の整理とウェブサイト上の公開を実施した。それまでの六十年間、この『書簡集』は、後述の『初期書簡集』とともに外部が利用できるガートルード自身の資料として唯一のものであった。編纂で内容の取捨選択が行なわれた欠点は、ガートルードをもっともよく知る二人の編者による注釈が付されたことで補われている。

フローレンスの姉メアリーは、ペルシア、ロシア、ドイツの大公使を経て枢密顧問官となった外交官サー・フランク・ラセルズの夫人で、後年のガートルードがラセルズ夫妻との間に培った深い縁は後述するとおりである。

ついでに、ほかの親族にも一言しておく。ロウジアンの弟トマスとジョンはベル・ブラザーズ社の共同経営者となり、前者はクリーヴランドの岩塩事業も手がけ、後者は地質学のほうから製鉄原料面で寄与した。ジョンはアルジェに持っていた別邸で八七年に死去するが、六年後にガートルードは未亡人「リジー」を父とともに訪れ、その帰途には晩年をスイスで自適するトマスにも会っている。ロウジアンの妹メアリー・グレースは、現存する老舗出版会社ルートリッジ・アンド・ケーガン・ポールの創業者ジョージ・ルートリッジの妻となった。

メイジーの夫は、第二代スタンリー男エドワードと有名な夫人「レディ・スタンリー」ヘンリエッタ・マリーアの三男、エドワード・リュルフである。数学者・哲学者で第二次大戦後は核兵器廃絶を訴えてわが国にも信奉者の多かった、ノーベル文学賞受賞者バートランド・ラッセルは彼の甥で、その姉のフローラはガートルードの親友だった。レディ・スタンリーはダービー伯スタンリー家（十四世紀に創始された最古の伯家の一つ）につながる名流貴婦人として、また独特の無遠慮な物言いで知られた。「第七戒〔十戒の第七、《姦淫するなかれ》〕を破るのは第六戒〔《盗むなかれ》〕よりもまし、ともかく相手の同意を要するのだから」と公言し、パーティでの中途退出者には「ばか者はもうお疲れだ」と言い、メイジーのことで「息子リュルフに商売人から嫁をとらせたほどだから自分は度量が広い」と言う。メイジーの姉妹の一人、ガートルードともっとも親しかったエイダはヨークシア連隊の軍人アーサー・ゴッドマンに嫁ぎ、もう一人のフローレンスはウォルター・ジョンソン夫人としてスコットランドのインヴァネスに在住した。ジョンソンのことは審らかでないが、ロウジアンの前掲書『諸原理』では統計面の協力者として謝辞の対象となっている。

ガートルードの弟のうち、モーリス（一八七一―一九四四）はイートンから仏独で学んだあと製鉄業界と地方政治に身をおき、父ヒューと同様の経歴をたどったが継嗣を得ず、位階は甥が継承した。戦時にはヨークシア国防義勇軍に入り、南ア・ボーア戦争、第一次大戦フランドル戦線に大佐で参加している。次弟「ヒューゴー」ヒュー（フローレンスの子、一八七八―一九二六）は、イートンからオクスフォード（トリニティ）を出て聖職者となった。モーリスを継いだのはその長男ヒュー・フランシス（一九二三―七〇）で、彼のあとは六〇年生まれの長男ジョン・ロウジアンが第五代を継承している。

ガートルードの実母メアリーの姉妹ケートが結婚した先、ヨークシア西区のリーズに在住したトマス・マーシャル一家も近親の一つである。トマスはアリストテレスの翻訳などを手がけた古典学者で、ガートルードが考古学に関心をもつきっかけをつくったし、子息で彼女には従兄のホレースは終生の知己であった。

ガートルードの妹エルサは海軍士官サー・ハーバート・リッチモンド（のち大将、海軍史家、ケンブリッジ大学ダウニング・カレッジ学長）と結婚し、ガートルードの死後に姉の第二書簡集『ガートルード・ベル初期書簡集』*The Earlier Letters of Gertrude Bell*, 1937（以下『初期書簡集』）を編纂している。「初期」とはいえ一八九二年までを扱う三四二頁の大冊で、あとでも触れるがフローレンス編纂の『書簡集』に洩れた手紙を発掘し、詳細な注釈を加えて公表した点で、ガートルードの前半生を知るうえできわめて貴重な資料となった。次妹「モリー」メアリーの夫は、国会議員サー・チャールズ・トレヴェリアンで、ケンブリッジ大学トリニティ・カレッジ学長を務めた歴史学者ジョージ・M・トレヴェリアンの兄である。

当然ながら、ロウジアン、ヒューにはエスタブリッシュメントに参入する強い願望があったようだ。子女の教育面や世襲貴族との婚姻に腐心したことが窺われ、そして実行している。その恩恵を充分に享受したのが、ガートルードとその弟妹であった。

ベル一家の華麗な面に、裏がまったくなかったわけではない。たとえば、フローレンスの父ジョゼフは、ノルマンディの海岸ドーヴィルで観光開発に関係して過大な債務を負ったことで晩節を汚した。また、ロウジアンの弟ジョンが死去したとき、彼名義のベル・ブラザーズ株式の相続をめぐって、ジョンの女婿コートニー・ボドリーとヒューとの間に生じた長期で深刻な紛争がある。ボドリーはフランス史を書いた歴史家だが不遇で、オクスフォードの有名なボドリーアン図書館を再興したトマス・ボドリーの子孫を自称するなど、なにかと話題の多い人物だった。また、なによりもベル・ブラザーズの事業が後退を余儀なくされている。

二世紀にわたる一族の模様をことこまかに述べたのは、家族との関係がガートルードにとってはきわめて強固な絆となっていて、のちのちまで彼女の生活を彩るためだ。そして、めずらしくよくできた一家のなかでも、彼女は、祖父の資質をことごとく一身に集めて引き継いでいたように思われる。

（1）ミッチェル統計*より主要年度分を再集計した英国の銑鉄生産量（単位千トン）

年度	全英国	うち「ダラム・ノーサンバランド、北ヨークシア」	うち「北ヨークシア」
一八六〇	三八二七	六五九	二四九
一八七〇	五九六三	一六二八	九一七
一八八〇	七七四九	二四一六	一六六六
一八九〇	七九〇四	二八三七	一九六一
一九〇〇	八九六〇	三一一〇	二一三七

* Brian R. Mitchell: *British Historical Statistics*, 1988（邦訳『イギリス歴史統計』一九九五年原書房刊）所載の英政府鉱物統計。同統計が一八五四年に始まるまでは製鉄業で信頼しうる数字はない。

右の数字は、ロウジアン『鉄鋼生産の諸原理』の資料（第十五章四五四―七頁、鉱物統計局による一八六〇、七〇、八〇各年度の統計）と一致し、ロウジアンが会長を務めた英国鉄鋼協会加盟企業の報告数字が鉱物統計局の統計に用いられたことを表す。なお、同書四四四頁所載の世界の銑鉄生産量における英国の比率は、一八七一年度の五五・一%から八二年度の四二・三%と、十二年間で平均四七・二%であり、世紀後半に「世界の半分を超えた」ことを示している。

第 2 章

才女の登場

上：オクスフォード時代のガートルード（18歳），下：レディ・マーガレット・ホール学寮の自室〔いずれも『初期書簡集』〕。

一八七一年の四月、ガートルード・マーガレット・ロウジアン・ベル——ただ本人はマーガレットを用いず、イニシアルもGLBとするのが常だった——がやがて三歳というとき、レッド・バーンズでモーリスを出産して三週間目に母が亡くなった。そのとき、ロウジアンの弟ジョン夫妻は休暇でイタリアにいたが、知らせを受けとって帰国するのに英国海軍は軍艦に便乗させるまでの配慮をしている。

利発できかぬ気の、活力に満ちたガートルードの気質も、そのような娘をヒューが甘やかしすぎといわれながら掌中の珠としたことも、二人の生涯を通じて変わらなかった。後年、ヒューがガートルードを見守る目には、慈愛に加えて尊敬の念すらあったようだ。愛くるしいが扱いにくい娘を育てたのは未婚の叔母エイダであり、ドイツ人の家庭教師フロイライン《ミス》・クルークだった。クルークがどこまでドイツ語を教えたかは分からないが、成人後のガートルードはドイツ語にきわめて堪能で、フランス語とともに自由に駆使している。

幼児のころのガートルードは富裕な家庭の恵まれた環境で育ったすべての子に通有のあらゆる美質を具えていたが、あらためて取りあげるまでもない。言うとすれば、おとなしい弟のモーリスが尻込みする、三メートルの高さから飛び降りるといった乱暴な遊びをしたことや、現存する手紙の最初期のものにすでに見られる彼女らしい文体の萌芽のようなものだろう。

『書簡集』の冒頭に出るのは、スコットランドで家族ぐるみのヴァカンスを過ごしたフローレンスがヒューに初めて会ったあと、レッドカーに出した手紙への返事で、ガートルード六歳のものだ。

一八七四年九月二十五日、コーサム、レッドカーのレッド・バーンズより
マイ・ディア・フローレンス
けさ、モプサ〔飼っていたペルシア猫の名〕はうんといけなかったの。食堂中を走りまわっていたとシッラ〔メイドか〕は言っています。私は廊下から食堂から大さわぎで追っかけて捕まえ、パパのところへ持っていきました。私を噛んだので、手に小さな赤い跡がのこっています。
朝ごはんのあいだには、〔子猫の〕スコット・キティ《ねこ》ちゃんにシューッと言いました。エイダ叔母《アーンティ》ちゃまはモプサを膝にのせ、キティちゃんはわきにいたのです。アーンティ・エイダがモプサを下ろすと、キティちゃんにシューッといい、追っかけてテーブルの私の方までまわって来ました。
アーンティ・フローレンス〔ヒューの妹の一人〕が持っているような蜂蜜をうちにも届けてもらうように、あなたからアーンティに頼んでもらえないかな、とパパが言っています。モプサには、あなたのご挨拶を伝えました、あなたによろしくとのことです。そうそう、キティちゃんがほんとうにこわがっていたのを言い忘れていました。ではごきげんよう、そして、グランドママ〔ロウジァンの妻〕とアーンティ・フローレンスによろしくね。
あなたが大好きな、ちっちゃな友だち
ガートルード・ベル

『初期書簡集』のほうでは、最初に掲げられているのは二年後の春のものだ。
コーサム、レッドカーのレッド・バーンズより
マイ・ディア・ミス・オリッフ
お手紙をありがとうございました。からすたちはだいぶ馴れてきて、かわいいですよ。お庭は大好きでいらっしゃると思います、いま、お花がどれもこれも咲き出しました。

モーリスは元気にしています。私たち二人から一緒に、ごきげんよう。
あなたが大好きな、ガートルード

あとの手紙から数ヶ月経った八月、ガートルードが八歳のときにフローレンスはヒューの妻となった。それぞれ、二十六歳と三十二歳だった。

ヒューの許婚の言葉として伝えられるものがある。ロンドンのスタンリー邸でフローレンス作のオペラが演じられたのを観たあと、ヒューは本人同士では婚約していた彼女をスローン街のオリッフ邸に送り、出迎えたレディ・オリッフにこう言った。

レディ・オリッフ、ご息女をお送りしてまいりました。でも、いずれお連れしてゆくことにお許しを頂きたく存じます。

これを、異境を放浪して献身的なイザベル・アランデルを十年間も待たせ、ようやく一八六一年に妻としたリチャード・バートン(探検家、領事、アラビアン・ナイトの翻訳者)の場合と比べればおもしろい。バートンの伝記作者が述べるところでは、彼はある日つぎのような手紙をイザベルの父に送りつけた。

父上、小生はウォリック街の教会で、しかも戸籍係の前で白昼強盗をはたらき、ご息女イザベルを娶りました――くわしくは彼女が自分の母に手紙で伝えるはずです。小生から申しあげるのは、小生にはいかなる類いの束縛も係累もないこと、またこの婚姻が完璧に適法で、かつ「堅気《かたぎ》のもの」であること、それのみです。イザベルのことでは金銭は要りません。小生は仕事ができます。時を経ても貴殿には嘆きのたねはもたらさぬ、それが小生の心すべきことと存じております。敬具稀代のインテリ無頼の面目躍如といったこの手紙は、バートンにしてはむしろ優にやさしい部類だが、片方の、いかにも洗練されたヒューの人柄を示すものとは両極端といえるだろう。行き届いたヒューの言葉に、レディ・オリッフは泣き崩れたという。

新夫妻は、新婚旅行でフローレンスの義兄フランク・ラセルズがワシントンの英国大使館で書記官を務めていたアメリカを訪れている。それまでマイ・ディア・フローレンス、マイ・ディア・ミス・オリッフなどで始まっていたガートルードの手紙の呼びかけは、即刻マイ・ディア・マザーとかディア・ディア・マミーに、幼い日記での言及はマザーに変わった。ガートルードにとってフローレンスはうまの合う「友達」として出発し、その関係は年とともに強まり、書かれたものを読むかぎりは、相互の信頼と情愛が深すぎるところにかえって血のつながりがないのを思い出すほどだ。モーリスのほか、自分に生まれた一男二女があるなかで、ガートルードには特別の配慮を注いだように見え、ガートルードもそれに応えている。

ガートルードの手紙のついでに、文字の綴りについての彼女の癖に触れておこう。字を書き始めたころは、習字の手本をなぞるような几帳面で正確な書体だったが、やがて崩れだし、成人後は書いた量も厖大ながら読みにくいこともみごとなほどとなった。目につくのは綴りに注意しなかったことで、フローレンスが『書簡集』のなかでわざわざ注釈をつけている。ヴィクトリア時代の「淑女のたしなみ」を体現したような彼女は、こう述べている。

ガートルードは、綴字を完全にものにせずじまいだった。生涯を通じて、その手紙にはかならず綴りを誤った字がある。いつも、siezed, excercise, exhorbitant と書いていたし、ときには priviledge ともあった

〔正しくは、seized, exercise, exorbitant, privilege〕。

これは、ガートルードの文章を書くのが異様なほど速く、あとで見なおすなどはまずしなかったらしいこととも無関係でないだろう。けれども、実際上の支障が出るのは彼女が手紙にかならずしも日付を入れなかったことで、同書簡集の別の個所でフローレンスが言うように、ガートルードは多くの場合に月日しか、あるいは単に曜日しか記載しなかった。欧米以外の実体験のないフローレンスにとって、中東、アジアからの来信を、内容や地名などの固有の手がかりをもとに仕分けをするのは大変な作業だったことと察せられる。現に、『書簡集』には一年違いの日付で収録されているものも見受けられる。

一八八二年、ガートルードはケンブリッジ英語試験の「中等」に合格した。これが当時の十四歳の娘にとってどの程度の成績かは評価しにくいが、おなじころに彼女がいとこのホレースに一週間分の読書を報じた手紙は、若々しい衒学のきらいと非凡な読書力を示している。

　月曜日（夜）・カーライル夫人書簡集第一巻。火曜日・カ夫人書簡集了、マコーリー伝開始。水曜日・マ伝第一巻了、第二巻開始。木曜日・マ伝第二巻了、モーツァルト書簡集第一巻開始。金曜日・モ書簡集第二巻了。これならわるくないわね？　だって、みんな大冊ばかりですから。

一八八四年の春、十五歳でガートルードはレッドカーを離れ、ロンドンのクイーンズ・カレッジに入学する。女子の進学自体が異例だが、実現したのは本人の能力に加えて、実母メアリーの学友だったカミラ・クラウデスという女性が校長をしていたからだ。学校はリージェンツパークから南へ伸びるハーリー街にいまもあり、ベルグレイヴィアやスローン街からは数キロの北東にあたる。ガートルードは初めはオリッフ家から通学し、のちには寄宿生となった。クイーンズ・カレッジというのは一八四八年に発足した女子教育の草分けで、創立間もないロンドン大学の教授たちやチャールズ・キングズリーなどが教鞭をとっていた。キングズリーはケンブリッジで近代史の教授も務めた著名な牧師、作家で、枢機卿ニューマンとの論争で知られ、晩年はヴィクトリア女王のチャプレンだった。西アフリカのレディ・トラヴェラー、人類学者のメアリー・キングズリーの伯父でもある。

ガートルードが父に報告した最初の試験成績は、四〇人ほどのうち英国史が一位、算数と英文法二位、地理三位、フランス語と古代史四位、聖書とドイツ語は彼女の言うには「全然だめ」で六位、七位だった。聖書（最高点七八・一二四に対し彼女の得点は五五・九九）については「〔中身が〕信じられないだけのこと」で、これは彼女が生涯を通じて無神論とはいわないまでも聖書に基づく信仰心とは無縁だったことにつながる。初年度の終わりにはカレッジ内で堅信式を施されたが、主教の言葉も「あまりありがたくはありませんでした」。全体として、のちの自他ともに許す万能の秀才ぶりを思えば意外な感をうけるが、自分ではこの成績に充分に満足し、父にも自慢している。

このころの彼女は、女学生だけの閉鎖生活に鬱々とし、ホレースとともにイートンに入学したモーリスを訪ねて頻繁にウィンザーまで出かけ、ホームシックに悩み、楽しいよりは焦点が定まらない日々を送っていた。他人に対する好悪の気持と批判精神の表出も、あきらかに見てとれる。

『初期書簡集』に収録された父へのこまかい学業報告を、ウィンストーンの『ガートルード・ベル』H. V. F. Winstone: *Gertrude Bell*, London, 1978, revised 1993 があげる例で代表させてみよう。

カレッジで歴史を講じたド・スワレスがガートルードのクロムウェル論につけた評言は、つぎのとおりだった。
この論にはありあまるほどの才能が見てとれるが、いうならばクロムウェル擁護の絢爛たる一編で、利口な弁護士が陪審員に語りかけるように、実際は不確かな事柄を平然と事実と決めこみ、相手の弱点すべてを追及し長所は無視している。この欠点のゆえに、出来ばえではあきらかに劣る他の一、二の論文に付した「優秀」を、本稿に与える気にはなれない。

このコメントのついた論文を、ガートルードは「クロムウェルは《誤ってはいなかった》ことを証明すればすむのに、《正しかった》と立証しようとしたのが、私の失敗です。ふたつはまったく別のことです」という自己評価とともに父ヒューに送っている。のみならず、彼女はもう一人の史学教師の採点した古い論文も同封して、こう言う――

自分ではいい出来とはとても思えないのですが、ランキン先生はこれが非常にいいとおっしゃいました。ランキン先生はあまり信頼できません……私にはかならず「優秀」をつけねば、と勘違いのようなことをしておられるのです。

ロウジアンが準男爵に叙せられたとき、ガートルードは、累代のリベラル派といえ十六歳の娘にしては可愛げのない手紙を父に書き送った。
グランドパパにはお祝い状を出しました。ほかの人には言えませんが、ほんとうは非常に残念、まったく情けないのです。祖父はそれをもらってあたり前、ただ話だけ聞いて、お断わりになればよかったのにと思います。

準男爵は世襲の位階だが貴族ではない。ロウジアンの没後に一度ならずヒューを貴族に列する話があったが、彼は謝絶している。簡潔で要領を得た伝記『ガートルード・ベル』を書いたグッドマン Susan Goodman: *Gertrude Bell*, Leamington Spa, 1985 によれば、ガートルードに意見を求めた結果らしいが、彼女が爵位制度に対する明確な意見をもっていたかどうかには触れていない。祖父の叙爵に見せた彼女の反応が、ただのスノビズムなのか、祖父思いから出た準男爵程度ではという気持なのかは、分からない。

フローレンスは、娘のしつけにきびしかった。文章、詩作、音楽、刺繍……ヴィクトリア時代の上流階層に教え甲斐のある娘を送り出そうとする、教養の深い継母の心中は容易に推し量ることができよう。書物は自分の認めたものしか読ませず、その影響は二十歳《はたち》代のガートルードにまで後を引いた。ポール・ブールジェの『弟子』が八九年に出た翌年、この程度の小説ですら読むのを母に咎められた二十二歳の彼女は、本をレッドカーに送り返している。

レッドカーの自宅からは綴りのちがいや文法の誤りにはくどい注意が届き、やがてガートルードは苛立ちを隠さなくなる。

〔形式のととのった文章が大切といっても〕元首をいうのに、〔英国王の称号である〕「イングランドとスコットランドとアイルランドの女王、インド女帝、信仰の擁護者」を使えとおっしゃるのですか？　私の人生には、なにもかも正式称号をつけて呼ぶほどのひまはありません。

こんなこと、あまりたびたび言われるのでそらで覚えています……二度とおっしゃらずとも結構です。お手紙の中身は開ける前から書き出せます、しかもほとんど一字一句そのままに！

ガートルードの最大の苦手はピアノの演奏だった。音楽を聴くのを好み、理論や楽典は苦もなくものにしたが、指がいうことをきかなかった。バーゴインの引用する彼女は、ピアノの練習をあきらめ、完全に中止するのを認めてもらう前に、こう言って母親に泣きついている――

へたになる一方です。弾いていて、あらたな興味がでてこようとは思えません。楽しみに弾くことなど、ありえないでしょう、自分の弾くのを聞くのは耐えられない、まったくぞっとするのですから。きっと、家計を見ておられる間には私が本など読まず、朝のうちにスケールの練習でもすれば、とお考えでしょう。ところが私は、ほかの人たちとお話をする時間をピアノでつぶしてしまうことなど、思いもよらないのです――ピアノを弾いて、裁縫が好きになるとでもいうならともかく！

レディのたしなみとして、刺繍も習わされたが長続きはしていない。結局、針仕事はすべて放棄するが、それは後年、旅中に繕いものの必要に迫られたガートルードに祟りとなって返ってきた。

通常、もうひとつの趣味としてあげられる絵画は、どうだったろう。作品を批評し、のちにはフィレンツェでウフィツィ美術館に日参していることから分かるように、鑑賞好きで眼識もあったのはまちがいない。カメラが登場する前の十九世紀の外国旅行者は、絵心があれば男女を問わず水彩道具の入った箱を持参したものだった。彼らのおかげを、どれほど後世は蒙っているかしれない。ガートルードは高価なカメラを駆使して八千枚に達する乾板写真を残したが、彼女の描いた絵のことは伝えられていないようだ。

十代のなかばには、レッドカーで料理も教えられた。衣食に頭を煩わす必要がない娘をどの程度に仕込んだのかという点は別として、フローレンスのいうには「ろくに実用むきの成果は得られなかった。この技《わざ》で、彼女が人なみ以上だったことはない」。

要するに、ガートルードは手先が器用だったとはいえない、すくなくとも、辛気くさい練習効果を期待する気はなかった、と断定できる。

歴史学の主任教師は「一夜漬けのがり勉」と同発音のクラムという人だったが、ガートルードの歴史に対する指向と能力を評価した彼が大学進学を勧めたことで、彼女のコースが決まった。当時の英国における女子の高等教育に対する偏見は、すさまじいほどのものがあった。ウォラックは、当代きっての論客の典型的な二例を示している。ひとつは「脳の酷使は女性の生殖能力低下を招く」と論じた哲学者ハーバート・スペンサーであり、もう一人は、シナイ半島の岩窟都市を想像で絢爛華麗な長詩「ペトラ」に歌って在学中にニューディギット賞を得た保守的な高位聖職者、ジョン・バーゴンである。彼は、一八八四年にオクスフォードのニューカレッジで行なった説教で女子学生に男子と同じ歴史の試験を受けさせることに反対し、「女が従うべき神の法でもある自然の法則に反するもの……神は女をわれわれの下位に創り給い、世の終わりにいたるまで下位に置かれている」と断じた。そして、「若い娘を若い男なみに教育するのは不適切、かつ不謹慎」と論じている。女子教育に対する一般の認識はいうまでもないが、ベル一家が多少の逡巡はあったもののガートルードのオクスフォード進学を認めたのは、ロウジアン以来の開明的な教育観があってのことだった。

当時、オクスフォードには二つの女子カレッジが開設されていた。一八七八年創立のレディ・マーガレット・ホール（LMH）とその翌年にできたサマヴィルである。ほかにはケンブリッジに一八六九年創立のガートンがあり、大学レベルの女性教育機関はこれだけだった。レディ・マーガレットはヘンリー七世の母、リッチモンダンダービー伯夫人マーガレット・ボーフォート（一四四三—一五〇九）のことで、オクスフォード、ケンブリッジに神学講座を寄付し、ケンブリッジではクライスト、セント・ジョンズの両カレッジを創設したことで知られる。「ホール」はカレッジと同義で、オクスフォードに現存（二〇〇四年）する正式カレッジ三十九、「パーマネント・プライヴェート・ホール」七、計四十六のうち、ホールを称するのはLMHのほかに四校がある。ケンブリッジでもほぼ同様で、計三十一のうち四校が「ホール」を称している。

ガートルードは、前述のレディ・スタンリーが設立に参加したガートンかLMHのいずれに行くかで迷ったうえ、クラムの意向が通って後者を選び、近代史を学んだ。ガートンの研究本位の学風に対し、LMHには、高教会派「オクスフォード運動」の有力メンバー、E・S・タルボットが創設に携わって以来の明確な英国教会の土壌があった。その姪で、グラッドストーン首相の姪でもあり、大学選出国会議員ジョン・タルボットの娘だった同級のメアリーはガートルードの親友になった。初代学長を務めるミス・エリザベス・ワーズワースの良妻賢母育成型の方針も、ガートルードの両親の気持に合致した。ミス・ワーズワースは詩人の末弟クリストファーの孫で、この家系のきわだった特質の宗教的規律と人文学指向を身につけた女子教育者だった。彼女は三十年間学長を務め、LMH創立五十周年に際して叙勲されてデイム（男性のナイトに相当）の称号を得、ガートルードの死後一九三二年に死去している。

LMHは、オクスフォードの大学域では東北端に位置する。いまではまわりに医理工学系のあたらしい建物や施設ができたが、ガートルードのころは中心からもっとも離れたところに建てられたカレッジだった。中央部のベイリオル・カレッジで行なわれる歴史学の講義を聴くには、運動場などのある緑地ユニヴァーシティ・パークを横切り、大学域を縦断して、トリニティ・カレッジの隣りにあるベイリオルまで一キロの道を歩いて行く。大学のセント・メアリー教会へもおなじ道を通り、ボドリーアン図書館に沿って行った。

オクスフォード時代のガートルードを語って余すところがないのは、LMHでの同級生で終生の友だったジャネット・ホウガースの回想である。

ガートルード・ロウジアン・ベルは、レディ・マーガレット・ホールの私たちのなかで、むしろすべての女子カレッジを通じてといいたいところだが、最高の学生だった。彼女のアラビアの旅もイラクでの功績も、歴史の一駒となってしまった。私としては、大学時代の前途洋々たる彼女を――潑剌とした、身なりにはむしろ無頓着な、とび色の髪をした十七歳の娘が初めて現れ、才気あふれる話ぶりと、自分と家族への若い人特有の信頼でもって、たちまち私たちの心を捉えたときのことを思い出すだけでいい。何事によらず話題になっていることへの最終的な意見として、彼女はきわめて魅力のある言い方をした――「あのねえ、いい？私の父の言うのはこれこれなの」。彼女は、疲れを知らぬエネルギーで大学生活のあらゆる面に跳びこんだ。水泳、漕艇、テニス、ホッケーをし、舞台で演技し、ダンスし、討論会に参加した。現代文学にも遅れることはなく、多くが子供のころからの知合いだった作家のことを話して聞かせた。それでいて、どんなときでも七時間は中身の濃い勉強をし、二年目の終わりには近代史専攻でオクスフォード初の赫々たる最優秀《ファースト・クラス》を獲得した（『書簡集』に引用された「ノース・アメリカン・レヴュー」誌と著書『静謐のなかの回想』*Recollected in Tranquillity* 所載の「ガートルード・ベル、その個人的スケッチ」）。

同じ人による文章で、別の出典によると、

……彼女がいつも具えていたのは、人とものごとを見る目は大人だが自分の頼りとするものの面ではまるで子供という、成熟と幼児性のふしぎな混交である。そして父親と、自分が育った活気のある知的な世界に全幅の信頼をよせているのがほんとうに好ましかった。まだ十七歳で、なかば子供でなかば女、身なりにはどちらかといえば気を使わない、とび色の髪、緑がかった目、かがやくような顔色、妙に長い、とがった鼻をして、私たちの仲間に受け入れられることを信じて疑おうとしなかった。彼女にとっては、直面する障害はうそのように消え失せ、苦もなく乗り越えるので無いようなものだった……（『オクスフォード肖像美術館』Janet Hogarth (Mrs. Courtney) : *An Oxford Portrait Gallery*, London, 1931)

ジャネット・ホウガース自身、倫理学専攻で最優秀を得て卒業する。結婚してコートニー夫人となるが、夫のウィリアム・レナードは一時オクスフォードでジャネットを教えたことのある哲学者・ジャーナリストだった。そして彼女の兄が、やがてガートルードや「アラビアのロレンス」と深いつながりをもち、のちに王立地理学協会会頭やオクスフォードのアシュモリアン博物館長を務める考古学者デーヴィッド・ホウガースである。

ガートルードがあらゆるスポーツに打ちこんだとは女子隔離的な当時を思えば奇異に見えるが、ほかの資料によってもスケートやフェンシングまでこなすオールラウンダーだったらしい。とりわけ馬術には幼いころから年季が入っていて、きわめて大胆な、自他ともに許すライダーだった。彼女を砂漠のトラヴェラーとならしめた資質のひとつは、すでに欧州では鉄道が発達していた時代にありながら人馬一体の域に達する乗馬力をつけていたことだろう。

そのころ、女子学生が自分のカレッジ外に出るには付添い《シャペロウン》の同行を要した。LMHとは反対側の大学域の東南隅に位置し、現在もオクスフォードでただひとつの女子カレッジとして残るセント・ヒルダズ・ホールの資料から、当時のシャペロウンの状況が分かる。

セント・ヒルダズ創立五年後の一八九八年度学則には、こうある。

学生は、AEW〔女子高等教育促進協会〕委員会の会員、あるいは婦人学長の承認するしかるべき年齢の親族、あるいは婦人学長自身による同伴のある場合にのみ、ほかのカレッジ、男子用の部屋あるいは宿舎への訪問、川沿いの道の散策、カレッジ・チャペルの日曜礼拝あるいは週日のカレッジ・チャペル・クワイアへの参加ができる。学生の散歩、自転車あるいはボート乗りは、同伴者が兄弟であれば差し支えないが、さもなければ、とくに町への外出は二人以上でとする。

このほか多数の細かい規則があり、学生にもカレッジ側にも大きな負担を強いた。学長は、ほとんどの時間をシャペロウンに費やすことになった。第一次大戦で女性の行動の自由は拡大したが、男女合同の集会には二人以上の女性の参加を必須とする規則が廃止されたのは、ようやく一九三〇年代のなかばである。

ガートルードのころの女子学生には図書館の利用は自由でなく、単位は取得しても学位は与えられず、抜群の成績で卒業のガートルードもむろん例外ではない。女性にも学士号が認められたのは、ようやく一九二〇年だった。そのほか、奇妙なことが伝えられているが、たとえばガートルードの場合に教室では男女別席で、女子学生にはチューターの夫人による監督がついた。

〔ブライト教授の講義では〕先日、ブライトを受講しました。ブライトには、私たちはまるでお呼びじゃないのです――まったく不機嫌な顔をして、私たちを背中むけに席に着かせました……いつも教壇上に私たち用のテーブルがあるのですが、あまりそばにいられたくなかったみたい！

教室は二百名ばかりの男子学生で満員となり、二人の女性には壇上に席が作られていた。「私たち」の片方はメアリー・タルボットで、彼女は聖職者バロウズと結婚して双生児を出産後、若くして死亡した。

ガートルードは、オクスフォードの楽しさを存分に享受した。一方で、勉強ぶりもかなりなものだった。あるとき、悲鳴をあげて彼女は言う――

……この分量には絶望です。奴隷にはなれても、こんな役務が毎週ではこなせません。たとえばつい先週は、リチャード三世伝、二巻本のヘンリー八世伝、ハラム〔ヘンリー、一七七一―一八五九〕とグリーン〔ジョン・リチャード、一八三七―八三〕のエドワード四世から六世までの通史、そしてスタッブズ〔ウィリアム、一八二五―一九〇一〕の第三巻を読み、ロッジ先生の講義に六、七回出て、カンピオン先生の先学期分とブライト先生の講義を調べ、おまけにハッサル先生のリポートが六本です。お伺いしますが、こんなことって、いったい実行可能でしょうか？……でも、私がいやになったとは思わないでください。

ガートルードのチューターはアーサー・ハッサルで、たがいに能力を認めあっていた〔「あの先生は申し分なく頭がいい」）のはさいわいだった。欽定講座担当のエドワード・A・フリーマン（一八二三―九二）は、あこがれてオクスフォードにきた長老教授なのに、「建築についてあまり話がなく、話したことも正しくない、と思います」。ロッジ教授の英国史の講義も、内容が著書とかわらないと知ってやがて鼻についてきたとき、ガートルードは言う――「本の最初の数章を読みあげてくれたほうが、よっぽどましでしょう」。

このころから、ガートルードの文章――日記、書簡、旅行記など、私的な色あいのもの――に特徴的な文体と用語があらわれる。巧まずして達意の文章だが、豊富な語彙を自在に操るなかには癖も見られる。自分を指す代名詞に'one'を多用し、褒め言葉として'delicious'と'exquisite'を非常に頻繁に使うといった、目につくいくつかの型がある。

彼女が、才気煥発で口数の多かったこと、それも相手に二の句を告げなくさせるようなものだったことは疑いがない。活発で多弁だったという評言は、なかばはこの意味で受けとらねばならない。その一方で、身内や、何人かの親友については絶大の、ほとんど無条件の信頼をおいている。前述のジャネットの文中で父親を引合いに出したことについて、フローレンスはつぎのように言う――「それどころか、ガートルードは、生涯を通じてこれと同じ絶対の確信をもって同じ拠りどころを決定的のものとして引合いに出し続けた」。しかし、このことによって、つまり信頼する両親にあてた厖大な数の書簡がほぼ完全な形で残ったことで、流麗な饒舌で語られた行動や身辺の記録にわれわれは接しうるのだ。

オクスフォード時代のガートルードの男友達はどうであったか、この面ではわれわれの知るところはきわめてわずかである。自分の弟たちとトリニティ・カレッジに在学中のいとこホレース・マーシャル、陸軍士官学校にいた母方の、血の繋がらない同年のいとこ「ビリー」・ラセルズを除けば、伝えられる名はレーパーとコッカレルという二人の学友しかない（ウォラック）。その二人も、浅い交際——学長の許可を得た、あるいはシャペロウンつきの——が深まる前にいつとはなく姿を消している。

ＬＭＨの学長、ミス・ワーズワースはガートルードには「とても親切」だったけれども、彼女の性格を疑問視した。結婚をして、「アダムの連れあい」としてよき配偶者となるのを女のしあわせと信ずる彼女は、「美しい筆跡、刺繍が上手なこと、扉の開け閉めのしかた」といった「どうでもいいようなしつけ」を重視する人だった。彼女から見ると、ガートルードは「病気になったときに、ベッドのかたわらにいてほしいと思ってもらえるような人だろうか？」となった。

在学二年目の夏期休暇にガートルードは初めて国外に出て、ドイツを訪れている。そして夜半に卒倒することがあったほどの勉強をして、「通常は九学期のところを五学期だけ」の二年間で所要単位を取得し、卒業試験を終えた。満十八歳になる前に入学しているので、まだ二十歳にならず、異例の若さである。父に報告した試験科目は、前期憲政史、後期憲政史、英国政治史、十八世紀英国史、地理学、フランス革命史、経済学、政治学だった。

おなじ時期に、オクスフォード恒例のエンシーニュア（三学期第九週の水曜日に行なわれる記念祭、名誉学位授与式。二〇〇四年度は六月二十三日）があり、中世以来の古式による行事に彼女もはなやかな身支度をして参加した。そして最後の関門、口頭試問《ヴィヴァヴォーチェ》に臨んだ。卒業のハイライトで、ガートルードの両親も試験場で見守った。入学当時の無頓着な身なりにかわって新調の衣服をまとい、靴といえば黒と決まっていたときに流行しだした「茶色の靴」を履いていた。生涯つづく衣裳道楽が、始まっていたのだ。

碩学サミュエル・ローソン・ガーディナーの試問があった。このときすでに六十歳、クロムウェルの末孫で、十巻本の大作『一六〇三―四〇年の英国史』をはじめとする多数の著書で近代史の泰斗とされていた。彼が質問をしかけたとき、ガートルードはそれを遮らんばかりに答えた――「チャールズ一世について、残念ですが私は先生とはちがう評価をしております」。仰天したガーディナーは絶句して質問を続けられず、つぎの人に順番をまわしたという。また一試験委員がライン川左岸のある町のことで質問すると、彼女はたちどころに「失礼ですが、そこは右岸です。行ったことがあるので知っています」と応じて試験場内をあっけにとらせた。

そのうえでの、「最優秀《ファースト》」であった。それ以来、「オクスフォードの女子始まって以来の赫々たる最優秀」という評価は枕詞のようにガートルードについてまわる。ついでながら、ファーストあるいはファースト・クラスというのは、学士号が授与される「優等」三段階のうちの「最優秀」「第一級」で、「首席」ではない。メアリー・タルボットは「第二級《セカンド》」で、のちのT・E・ロレンスはおなじく近代史専攻で十人の「ファースト」の一人だった。

卒業の翌年のある日、ロンドンからフローレンスに出した手紙で、彼女はこう言う。

……くだらないお話をせねばなりません。ミニー・ホープが、あるオクスフォード出の人と一緒に腰をかけていたのです。やがて彼がミニーの手を摑んで言いました、「あの、青いジャケットの若い女の人が分かるかい?」ジニーは控えめに「ええ」と答えました。すると相手は畏敬の念をこめて言ったそうです――「あれが歴史でファーストを取った人だってさ!」

この「赫々たる最優秀《ア・ブリリアント・ファーストクラス》」という言葉は、ジャネットが前記の文章で使ったのが最初のようだ。オクスフォードで女性として初めての成績を収めた学生を出したＬＭＨでは、創立時の入学者が七名、一八八八年のガートルード卒業時の在学生はワーズワース学長を囲む写真で見れば二十五名だった。その十年間にオクスフォードで学んだ女性はサマヴィルを加えてもわずかなものだったことが、彼女を一段と際立たせた（二〇〇四年現在のＬＭＨ在籍者は学部、大学院の男女学生を併せて四百名）。ガートルード在学時代の試験や提出論文の内容を具体的に点検したうえでの批評は、われわれはまだ目にしたことがない。しかし彼女の優れたところは、卒業後に勉強をすすめて年を追ってそれが開花していったことにある。

第3章

つかの間のモラトリアム

ガートルードを愛した伯母メアリー・ラセルズ〔『初期書簡集』〕。

スタンリー、ラッセル、オリッフなどの高名な親戚筋にまじって社交界に身をおいたガートルードは、ロンドンとレッドカーを行き来して日を過ごした。はなやかなサロンでの談話や会食や舞踏会ではじめて結婚相手を探すには、二十歳という年齢は早すぎはしなかったが、目的達成の容易ではないのが歳と無関係なことはやがて分かってくる。ほとばしるような歯に衣着せぬ物言い、ブルーストッキング、横柄尊大……どんな欠点も蔽い隠して余りある美貌の持主とはいいかねる、大富豪の長女として贅沢に育った、五フィート五インチ半（一六六センチ）の当時としては上背のある体格の女性に加えられた評語は、総じてかんばしくない。才気に惹かれた若い男も妻にしようとはせず、去っていったが、彼女のほうで本気にこれはと思った男が一人としていなかったのも事実である。

一八八八年の暮れ、ブカレストにいた気の合う伯母メアリーがフローレンスに、「オクスフォード気分から脱けさせる」ために娘にしばらく外交界の空気を味わわせては、と持ちかけてきたのを好機として、ガートルードは大陸へ旅立った。伯父フランク・ラセルズは、前年にソフィアの総領事から駐ルーマニア公使となっていた。パリまでヒューが同行し、あとはサンドハースト陸軍士官学校を出て軍人への道を歩みだしていた従兄のビリーとの二人連れだったが、ミュンヘンでビリーの弟ジェラルドが加わり、ウィーンを経てクリスマス前にブカレストに着いた。

ドナウ下流域の両公国、ワラキアとモルダヴィアが一八五九年に合併してルーマニアとなり、ベルリン会議でトルコからの独立が承認されたあと、初代国王カール一世と女流作家カルメン・シルヴァの名で有名な王妃エリーザベトの宮廷がワラキアの旧都に創始されてから、まだ七年しか経っていない。地政学的に問題の多い新王国の首都ブカレストは、列強の関心が集中するところだった。

ブカレストの第一印象のひとつを、ガートルードは十二月二十五日づけで妹エルサにこう伝える——

……ルーマニア語はフランス語にきわめてよく似ていて、商店に書いてある言葉はすべて読みとれます……

また注目されるのは建築物に対する関心の芽生えであり、それが後年の考古学志向につながることはすでに明らかだ。エルサは、二十歳の姉にこのような見方ができたことに注目する。ある小さな教会について、ガートルードはこう言っている。

ブカレストの古い建物としてほとんど唯一のもの、でも柱頭と低い出入り口の彫刻から判断して十五世紀より前ということはありえないと思います……〔細かい構造の描写があり〕……内部は、きわめて素朴でよく使いこまれていて——柱頭に彫刻のある四本の縦溝つき大木柱を別にすれば平凡で醜悪。この木柱が、教会の入り口側の三分の一ばかりと奥の部分とを扉で仕切っているのですが、信者のだれかが十七ないしは十八世紀に建てつけたもの、と私には思われます（四月十九日、母あて）。

……みな、窮屈な恰好で床にかがみこんで祈っていました。白い木綿のスカートをはき頭には白のネッカチーフを結んだ信心深そうな老婆がいて、会堂をまわりながら画像ごとにたっぷりとお辞儀をし、十字を切り、キスをします。ひとまわりして私たちのいるそばの最後のところへ来たときに知人に出会い、話に夢中になって最初のキスを中途でやめ、おしゃべりが終わったときにはお祈りを済ますのを忘れていました……この群集のなかで私が得た風変わりであたらしい印象を、分かちあってくださればと思います……（同）。

これがガートルードの無慮千六百通におよぶ外国印象記のはしりだが、まだいかにも稚拙、生硬で独りよがりな観察の印象をうける。

ブカレストの社交界は宮廷外交の最末期を演じていて、寒い冬の間は貴顕を交えた宴会と舞踏会が引きもきらなかった。ウォラックはつぎのように描写する――

メアリー・ラセルズのところでは、その妹の膝下よりはるかに羽が伸ばせると分かった。「アーンティ・メアリー」の庇護のもとで、ガートルードは優雅な物腰を身につけた。鯨骨と鋼線のコルセットで締めた体を優雅なデコルテに押しこみ引きこんで、彼女は、駝鳥の扇子をもてあそび、シガレットをくゆらし、キャヴィアとシャンペンの食事をする仕方を覚え、また爪を噛む（家族の癖だった）のも、前髪を自分の指に巻きつけるのもしてはならないこと、思いついたら何でも口走るのはやめることを学んだ。これらがすべてものになれば――と彼女の伯母は願った――鼻持ちならぬインテリも洗練されたうぶな娘《アンジェヌ》へと脱皮するはずだった（前掲書二七頁）。

だが、ガートルードの口汚い雑言は改まることがなかったし、はては外交官の集まりでフランスの一著名政治家がフランクと国際問題を話しているそばでこう言ってのけて、女主人のメアリーをたまげさせた――'Il me semble, Monsieur, que vous n'avez pas saisi l'esprit du peuple allemand.'（あなたには、ドイツ人の気持がまるでお分かりでないみたいです）。これがどれほど衝撃的な事件だったかは、彼らの属するこの階層を支配していた当時の厳格、煩瑣な作法ルールに照らしてみれば見当がつく。「……娘が習得すべき実質的なエチケットの総量は恐るべき膨大なものであった……振舞いや会話についての厄介なきまりは、まさにミステリそのもので……」（河村貞枝著『イギリス近代フェミニズム運動の歴史像』二〇〇一年、二五一頁）というとおりだった。この一幕のあと、さすがにきびしい咎めをうけたガートルードは、後年のフローレンスの言によれば「年齢と経験でまさる人に自分の意見や批判を述べることの誤り」を覚ったらしいが、つまり従来はそのようなけじめが彼女の念頭になかったのだ。

社交場裡でガートルードが得た人脈は、大きな資産となって残った。ホーエンツォレルン家出の国王カール一世と詩人王妃「カルメン・シルヴァ」、とくに後者とは親しい交際を楽しむ仲となったし、伯父と同職のドイツ公使フォン・ビューロウはやがてビスマルク、カプリヴィ、ホーエンローエのあとを継いで帝国宰相となる人物だった。同じ時期に英国の駐ブルガリア代理公使だったチャールズ・ハーディングとも知己の間となったが、彼は駐ルーマニア公使としてフランクの後任を務めたのみか、ペルシア公使、ロシア大使とフランクとおなじコースを経てインド総督となった。そして第一次大戦中にカイロから訪ねていったガートルードをニューデリーに迎えて、彼女がイラクに骨を埋めることになる道筋をつけている。

また、ラセルズ一家の友人、「ドムナル」ヴァレンタイン・チロルと知り合ったのもブカレストだった。ドムナルとはルーマニア語で「紳士」の意で、それを愛称にしたのだ。アイルランド系のチロルはパリに育ちソルボンヌを出て外務省で四年間仕事をしたのち、十六年間を中東、豪州、アジア、日本をふくむ極東などを自由な旅に過ごした稀有の国際事情通で、やがて「タイムズ」紙の海外局長を務めた。「中東 the Middle East」という言葉を正式に使った最初の人（杉田英明『日本人の中東発見』一九九五年）でもある。のち「タイムズ」のベルリン駐在としてドイツの宮廷と政界に食いこみ、大戦前夜の英独関係に重要な役割を演ずるが、ブカレストには国際ジャーナリストとして足を運んでいた。ガートルードよりは十七歳の年長者だが、彼女は終生敬愛の念を保っている。

このような人たちとの交際を通じて、まだ二十歳のガートルードは一人前の国際感覚のようなものを体得した。持ち前の物おじせぬ性格は、自分の感覚に対する確信でいい意味での上塗りが施され、磨きがかかったように思われる。両親と伯母が期待したような淑女にはともかく、ただの怖いものなしの娘に一定の方向でものを見る力をつけさせたのが、ブカレストだった、といえるようだ。

ブカレストに冬の四ケ月を過ごして、一八八九年四月末、ガートルードはビリーとともに帰国の途につく。コンスタンティノープル[1]に出た彼女は、「オリエント」を初めて目にした。ボスポラス海峡を渡り、ウスキュダルからブルサを訪れ、ビーテュニアのオリュンポス山（現ウル・ダー）に登った。以後、生を終えるまでの三十七年間に彼女がコンスタンティノープルを通過し滞在した回数は数えきれないほどだが、その印象をあとで触れるようなうつくしい文章で綴ったのはこのときのみであろう。

ビリーとともに、オリエント急行で彼女は帰国した。旅行中に、二人は婚約寸前まで行っていたようだ。外的な条件は完全で、二人の前に障害はなにもなかったのに、ことは実らなかった。理由は明瞭でなく、男に性格的にも知力の面でもさらなる強さを求める傾向のあったガートルードにはビリーは物足りず、訴えるところが少なかったらしい、というように説明されている。問題はビリーのガートルードに対する見方にあってもおかしくはないのだが、それを考慮しうる資料は見つかっておらず、彼の心情は憶測もされていない。ともかく、バルカンとボスポラス沿岸の旅で「ガートルードの人生を通じて仕合わせ以外のものは絶対になかった章は終わる。……どんなことでも起こりうる未来が拡がっていた」と、エルサは述べている。

おなじ時期に関連して、バーゴインはこう言う。

……男は、女以上にガートルードの関心事だった。総じて、男たちとのほうがうまくいっていたと私は思う。だが、彼女の性格の男性的要素が強すぎた。そして、知的な論議に走る傾きがありすぎた。そのために、本質的に女らしいところ、いろいろな面でほれぼれとさせられる女っぷり、非常にあたたかい心と、愛情への渇望、そして好かれたいという欲求、などを具えていたにもかかわらず、彼女は、男が結婚したいと思うようなたちの女ではなかったのかもしれない。それどころか、彼女は自分がもっとも大事にする男たちまで怖がらせ、立ち去らせたように思われる。

つづく二年間を、ガートルードは旅行の前とおなじくロンドンとレッドカーでの生活に戻って過ごした。レッドカーでは、在学中の弟たちはいなかったが、家事とともに妹二人の学習の面倒も見た。その点では、望みうる最高の姉だった。

生活の新しい局面の一つに、育児から離れて創作に戻ったフローレンスがかねて手がけていた大仕事を手伝ったことがある。フローレンスは、製鉄の町ミドルズブラに生きる人々、つまりは鉄鋼労働者とその家族の実態を調査してまとめようとしていた。ガートルードは、基本的に主婦たちからの聞き取りに頼るという手間のかかる仕事の一端を担った。調査は当時としてはきわめて斬新な試みで、一九〇七年に『製鉄所にて――ある工業都市の研究』Lady Bell (Mrs. Hugh Bell): *At the Works, a Study of a Manufacturing Town* として公刊され、好評を得て増刷を重ねた。同書にはリヴァプールの船主、ブラジル航路の海運業者で老齢年金制度などの社会政策論者でもあったチャールズ・ブースへの献辞が付されており、社会的・倫理的関心のある女流作家の手になる特殊な題材の実録として関心を引く。ガートルードとの縁を離れてもいまなお興味深いものがあるので、簡単に触れておきたい。

著者は、序言の冒頭をこう始めている。

以下の記述は、ヨークシア北部で製鉄労働に携わる多数の住民に三十年ちかく面接を続けた結果である。この間に訪問した労働者の家庭は一千を超えるが、その多くは、筆者をふくむ数名の婦人調査員と友好的で途切れることのない接触を保ってくれた。……私は、本書のテーマにかかわりのある、つまり資本と労働、雇用者と被用者の関係がからんでくるさまざまな重要問題に触れるような、大きな課題に踏みこむつもりはない。私はただ、わが国の鉄鋼産業をその最盛地のひとつで担っている労働者がどのような日常生活を送っているかを、一傍観者として可能なかぎりに叙述してみたにすぎない……。

そして、つぎの言葉で締めくくる。

〔目の前で起こった一殺人には大騒ぎするのに、同様の死者が年間に何百人出たと報じられても平静でいられることが、逆に――さいわいに――めぐまれた人の場合にもあてはまる不合理に注意を喚起して〕製鉄労働者の生活を語るにあたって、重要なのはこの部類の家庭〔めぐまれた状況にある〕のことを、より不幸な人の場合とともに充分に考慮することだ。後者は当然のことに、苦労している住人自身により、また彼らの苦痛を和らげたいとする人たちにより、われわれの前に大きく浮き彫りにされる。だが、仕合わせに暮らしている者に注意を払うことは必要とされていない。その結果、生活の苦しい、不幸な家庭が、とくにいきさつもない幸福な家庭に比べて、実態以上に大きく取りあげられるようになる。本書を読まれるうえで、留意していただきたいのはこの点である。

能力と努力と生活態度の差は正当に認められるべきとする、ベル・ブラザーズのオーナー夫人としては当然至極なこのような見方に導いたのは、同書の目次が示すミドルズブラの労働者の実態だった。

「ミドルズブラの起こり」では、製鉄の町の創生と発展が語られ、次章では冶金工程の実際が、ベルのクラレンス製鉄所と見られる興味深い現場写真とともに具体的に説明される。それは、「所要原料は、簡単にいえば鉄鉱石、コークス、石灰石であり、当地ではすべて比較的近隣に産出される」から始まって、製品の銑鉄がティーズ川の艀で出荷されるまでの過程の詳述である。そして「アリストテレスはいう、《幸福は、諸君の境遇が許すかぎりの最上の方法で、諸君の能力が可能とする最上の生活を送ることにある》」の一節で終わっている。

自身の実生活とはまったく異質の世界を、フローレンスは劇作家、小説作者として持つ能力をあげて、理解し叙述した。印象深いのは、第二章では、著者自身に難解だったはずの製鉄工程が素人にも分かる説明で述べられていることだ。いまでは、ほとんど日本語にすらなっている現場用語、たとえば「ガントリー」「ホッパー」「タッピング」「ステヴェドア（ステベ）」なども、同書ではフローレンス自身が解説をつける必要のある言葉だった。この章の執筆に、著者が舅ロウジアンの著書を参照したことは疑問の余地がない。フローレンスは、冶金学と製鉄現場の最高権威者を身近にもち、その著作を手元に繙き、クラレンス製鉄所を見学しつつこの項を要領よく二十七頁にまとめたのだ。

余談ながら、一八七二年に英国を訪れた岩倉使節団の久米邦武が著わした『米欧回覧実記』では、一行はリヴァプール、グラスゴー、ニューカースル、シェフィールドなどで製鉄現場を見ているが、ミドルズブラには立ち寄っていない。ただ、久米が各地で実見した製鉄工程の記述をこころみにフローレンスのそれと読み比べると、冶金技術の知識水準では大差があろうとは思われない二人でも、フローレンスの理解と叙述がいかに的確適切かが分かる。

第三章では、大半の労働者の賃金が週二ポンド以下だった当時の家計が何軒かについて微細をきわめて記録されている。最終章には、ごくまともな主婦が応対する、夫婦とも飲酒癖がなく、困窮家庭とも見えない家に生活用具が一つとしてないのに調査員は当惑するが、そこへ電報が配達されて事情がわかる場面がある。主婦は、賭け事の刺激と利得を求めて馬券業者との取引にのめりこんでいたのだ。これは、電報がすでにこうした使われ方をしていたと示すことでも興味を惹く。

母親のこのような仕事にガートルードが精を出す一時期があったのだが、それにしても、たとえば前記の主婦との対話のような経験では、彼女には理解しがたいこともあったろう。むしろそれが、彼女の好奇心に訴えたと思われる。一八八九年の十月に、彼女がレッドカーからロンドンにいたフローレンスに出した走り書きにはこうある。

クラレンスのおかみさん連中は愛想がよかったですよ、それに、まあ、なんとうれしいこと！　収支が合うようになったんです。

あるいはまた、翌年四月に、

いま、クラレンスから戻ったところです。むこうにいた母親は数人だけでしたが、ごく気心のいいおかみさんもいました。私は、ある親しみのもてる人と歩いて帰ってきました――あれは誰だったかしら。ニューコッテージズに住んでいて、クラレンスの反対側などに来るのは「母の会」に出るのとお産のときだけですって！

ここに見られるはずんだ言葉づかいは、横柄な彼女が心にもないことを言っているわけでは決してない。まもなく七十五万ポンドの資産を相続する人の長女と年収百ポンドに満たない家庭の主婦との間だけではなく、ガートルードは、自分と緊張関係に入る立場になりえない相手に対しては、おどろくばかりに寛容で物分かりがよく、ある意味では後年それでアラブ人の心を勝ちとるのだ。

母親が三十年を費やした仕事にガートルードが助力したのも、ときとして現れる、能力の一部を暫時提供した軽いたわむれ以上のものではなかったであろう。

衣裳に凝り、観劇やお茶の会にこまめに足を運び、親戚を訪ねるつもりでいるときに外部のパーティが重なるとシャペロウンの都合がつかないと悔やみ、やがて病みつきとなる喫煙——晩年のガートルードは、文字通りにチェインスモーカーだった——では人に眉をひそめさせた。パーティでは数々の著名人、たとえば文人ではヘンリー・ジェームズやハンフリー・ウォード夫人などと懇意になったが、心は満たされていない。ガートルードも同席したところでこの二人が文学論争をしたときのことをロンドンからフローレンスに報じつつ、あたかも付けたしのように彼女が言うのをバーゴインは引用している。

……お母様、ご一緒でないとまったく退屈で、気が滅入ってしまいます。お母様にはお父様がいらして慰藉を与えてくださるでしょう、でも私にはなぐさめとなる誰もいません。だからご一緒でないのがとてもつらいのです。お母様、七十年〔の生涯を一人で暮らす〕とはほんとうに長いもの、そうじゃありませんか?

これは、われわれが目にするものではめずらしい、二十歳代そこそこのガートルードが苦衷を吐露したもののひとつと思われる。

(1) ガートルードは、ほぼ一貫してイスタンブルとは言わず、コンスタンティノープルの旧称を用いているので、本書でもそれにしたがう。

第４章

ペルシアの情景

テヘラン東方のアルボルズ山脈。後景背後の山懐にラル渓谷が走る〔筆者撮影〕。

一八九一年の夏に、ブカレストのフランク・ラセルズが駐ペルシア公使に転任となった。レッドカーにいたガートルードは、七月二十二日付けの手紙で、親しかったフローラ・ラッセル（一七頁参照）にこう言っている。

ラセルズ一家がテヘランに転任となり、胸のおどるような思いです。一旦帰国して、伯父は十月にペルシアに赴任、伯母はあとから行くようですがいつかは知りません。私を連れて行ってくれるといいのですが――前から、ペルシアには行ってみたいとずっと思っていました――伯母がどういうかは分かりません。遠いところがきらいな伯母には、あまりありがたくないかもしれませんが、今回のは大栄転なのです。私としては、こんどの冬に行くことができさえすれば、すべて好都合と思います。いま、髪によく似合う青緑色のビロードのリボンをつけています。

これが、彼女が中東にはまりこむきっかけ、あるいはその最初の意思表示的宣言である。そして翌年二月二十二日にロンドンから母に出した手紙では、前日に頼んでおいたペルシア語の教師が留守中に訪ねてきたことを報じている。

ガートルードがペルシアに関心をもった直接の動機は不明で、これまで触れられたことはないようだ。彼女がこの前後にレインのアラビアン・ナイトの英訳、フィッツジェラルドによるルバイヤートの英訳、ゲーテの詩、ルナン、シルヴェストル・ド・サシなどに親しんでいることは、手がかりとなると思われる。そのころ彼女はさまざまなことに手を出していた。衣裳道楽、ダンスのレッスン、フェンシングの練習、刺繍、料理の手習い（「昨日は、スコーン、ジンジャーブレッド、茹でた馬鈴薯のみごとなお料理を……」）、妹に教えるために歴史の勉強、そしてラテン語の復習もあった。フローラあてに、彼女は言う。ラテン語を、懸命にやっています。ろくに知らない言語ですが、そのむずかしさはなんとしても征服せねばなりません、手がかりのない壁面に無知で立ち向かう思いにいつも捕われるのですから。勉強には大いに興味があるのですが、ただ、もうすこし容易くものになればねえ……。

……世間に遅れているようなので、いそいで追いつかねばなりません。でも、ほんとうに追いつきたいのは昔の世界なのです。ラテン語はやる気がおこるところまで来ていて、読めないものなどあるわけはないと思うほど。ところが実情は、辞書がなければ、また非常な苦労をしなければ何も読めないときています。絶望の淵、なんてものじゃありません。けれど、つぎの二週間はせいぜいがんばって、前置詞と接続法という棘だらけの障害をなんとか乗り切らねば。

クイーンズ・カレッジとLMHで、古典語、とくにラテン語はいくらか学んだはずと思われるが、在学中にはそれへの言及は見あたらない。しかし、ガートルードが古典に通じ、のちに中東を旅する間にも必要なラテン語資料を読みこなし、また程度は不明ながら古典ギリシア語に無知ではなかったことを示す材料に事欠かないのも事実である。そのラテン語の学習に、テヘラン訪問に備えたペルシア語が割って入っている。前記のフローレンスへの手紙では、「ストロング氏」からペルシア語教授の申し入れがあったことも報じ、「この分ではペルシアのシャーの特別個人レッスンをうけることになりかねません」と軽口をたたいている。ストロング氏とは当代きってのオリエント語学者（ヒエログリフ、サンスクリット、中国語まで含む）で、エルネスト・ルナンから高く評価されたが英国では不遇で貴族の庇護を得て生活し、のち上院司書となるアーサー・ストロング（一八六三―一九〇四）である。ガートルードは、彼とは後年に主としてアラビア語の関係で、またその妻で考古学者だったウジェニとも親交を結んでいる。驚かされるのは、このころの一夜漬けのペルシア語学習が現地で充分にものを言っていることだ。

フランク・ラセルズの転勤について、ふたつのことに触れておきたい。

ひとつは、当時の英国在外使節の配置で、大使の駐在地は米仏独露墺土六ヶ国とヴァティカン、ほかは公使、代理公使であり、それも欧州と中南米諸国以外の東方は、独立国の数を思えば当然だがペルシア、シャム、清、日本、開国後の朝鮮、そして遅れてエチオピア（一九一〇年、二九〇頁参照）しかない。なかでもペルシアはロシアとの接点、インドの隣接地として重要で、ラセルズもペルシアのつぎは駐ロシア大使に任じられている。もう一つは、あとで触れるが英・ペルシア両国の政界をゆるがせた煙草の独占取扱い問題で、その後始末のさなかでの公使の交代だから、ガートルードが「大栄転」というのももっともなのだ。

以下、本章と次章1の記述は、部分的にかつて筆者が拙訳書『ペルシアの情景』の後記に書いた文章に加筆する形ですすめたい。

当時、西欧からテヘランに行く途はいくつかあった。オリエント急行でコンスタンティノープルへ行き、黒海を渡ってグルジアのバトゥーミに着き、ティフリス経由の鉄道でカフカスを横断しカスピ海岸

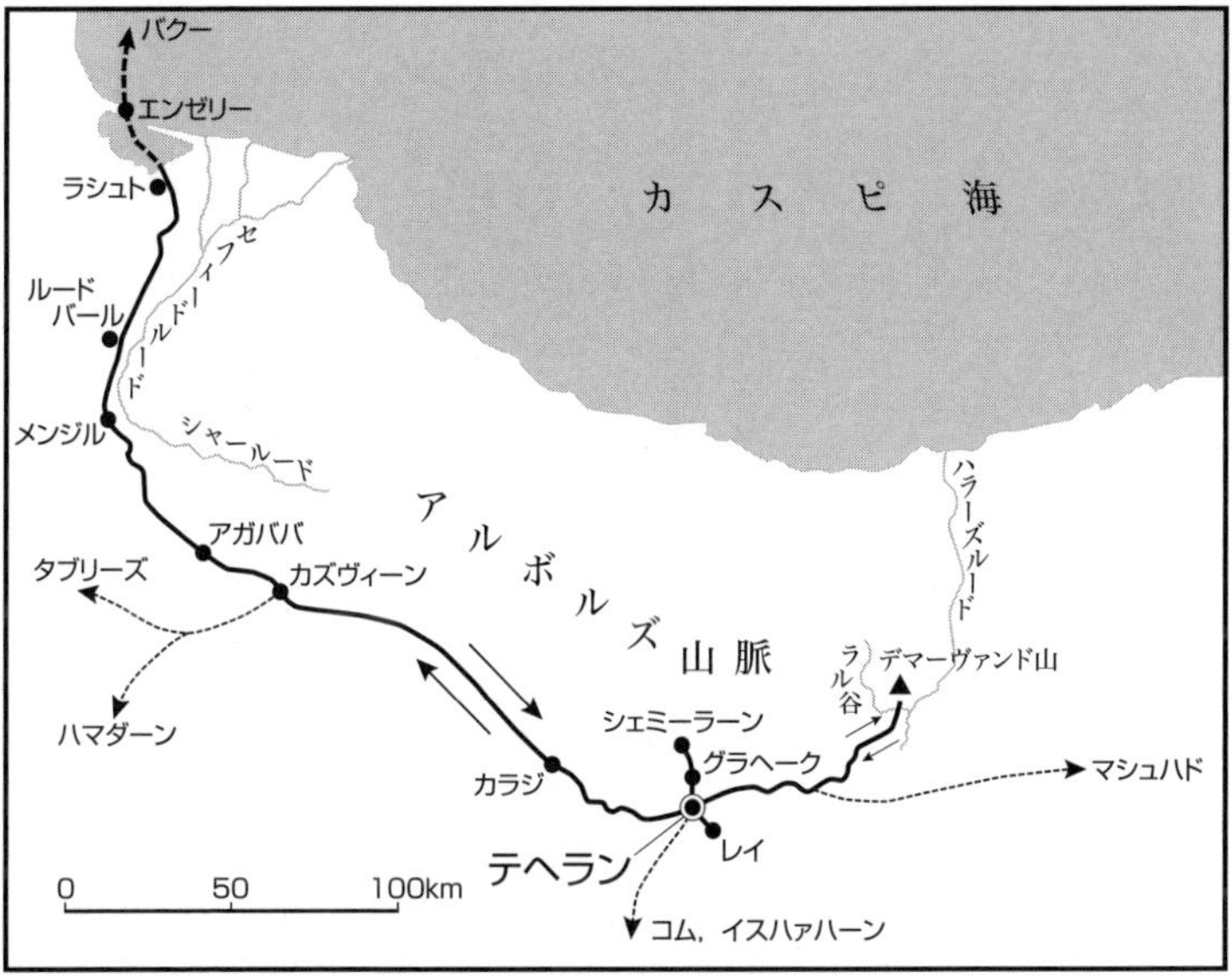

ガートルードのペルシア旅行（——→往路，←——復路）

のバクーへ、そこからロシア船でペルシア側のエンゼリーへ、あとは馬でアルボルズ山脈を越えてテヘランへ。あるいは黒海南岸のトラブゾンで上陸し、治安の悪い危険な山道を馬で直接西ペルシアのタブリーズへ。つぎはベルリンからクラコフ経由の鉄道でオデッサに出て、バトゥーミ、バクーへ、またはモスクワまで行ってからカフカスをティフリス、バクーへ、もしくはツァリーツィン（現ヴォルゴグラード）経由でヴォルガ河口のアストラハンか、すこし南のペトロフスク（現マハチュカラ）へ出て船でバクーへ、などである。費用のかかるのは最初のルートで、日数ではモスクワ経由がもっとも短く、いずれにせよ西欧・バクーは八ないし九日で行けた。問題はそのあとで、バクー・エンゼリー間の船便の所要時間は一昼夜半だが頻度は夏場の最良の条件で週一回、冬季は不規則、しかもエンゼリーが遠浅で天候によっては上陸できず、船はしばしばバクーへ引き返した。基幹道路というべきエンゼリーからテヘランまでの三六〇キロにも一部を除いてまだ馬車道はなく、騎馬で五、六日の行程だった。また、ペルシア湾のブーシェフル（ブシール）に上陸するルートは主としてインドからの入国に用いられたが、非常な難路で、シーラーズ、イスファハーン、コムを経由して一二〇〇キロ、三週間以上を要した。一八八〇年に明治政府から派遣された日本初のペルシア訪問使節・吉田正春の場合は、とくに急ぎはしなかったが四十二日をかけている（『回彊探検　波斯之旅』）。またイラクまわりでは、バグダードからペルシア領内のケルマーンシャー、ハマダーン経由で約一〇〇〇キロ、一ヶ月（一八九〇年冬のイザベラ・バード・ビショップの場合は難渋して四十八日間）を要した。このほかに、中央アジアのトルクメンから東部ペルシアに入るルートもあり、事実カーゾンのようにこの道を辿った人もあったが異例に属する。

ガートルードは、伯母メアリーと十六歳の従妹フローレンス（のち駐米大使を務めたセシル＝ライスの夫人となる）、現地へ連れて行くメイドとともに四月七日にロンドンを発ち、前述の第一のルートをゆっくりと辿った。そしてエンゼリーまで出向いた英国人公使館員のほか、二人のゴラーム（従者、奴隷）と三人のコック、二十人の下僕という大勢で騾馬《らば》のキャラバンを組み、五月六日にテヘランに到着した。帰途も同じルートをとったが、そのときには黒海沿岸を半周してオデッサに上陸し、あとおそらくポーランド経由ではなくブカレストに出ている。

ここで一筆を要するのは、先に触れたが前年の一八九一年には英・ペルシアの関係がきわめて険悪だったことだ。カージャール朝第四代、ナーセロッディーン・シャーによる再三の利権売却の一環で、一八九〇年三月に英公使ヘンリー・ドラモンド・ウルフの関与のもとに、ペルシア民衆の最大の嗜好品だった煙草の生産販売を英国のG・F・タルボット（軍籍は少佐という）に独占させる契約（レジー）を結んだことが分かると猛反発が起こった。とくにイスラム高位聖職者の指導で、信者の口を通るものが異教徒の独占供給に委ねられることを拒否させる煽動が奏効して全国的な禁煙運動に発展し、テヘランには大暴動が発生する。シャーのハレムのなかですら、禁煙令が守られた。やむなくシャーは、締結したばかりの契約を五十万ポンドという莫大な弁償金を英国系資本のペルシア帝国銀行から借り入れて支払い、解消した。一煙草問題とはいえ、これがペルシアでの英国の影響力を減殺し、ロシアが進出する契機となる。ロシアは大衆抗議に支持を与えていた（スーザン・グッドマン）とされるが、その背景には、かつてロシアがペルシア産阿片の独占取扱いを策したときに英国が抗議して放棄させたいきさつがある。

レジー問題は、ペルシア側はもちろん英国でも不明瞭な側面をはらんでいて、たとえば、ときの首相ソールズベリ侯ロバート・アーサー・タルボット・ガスコイン＝セシルは名のとおりタルボットの遠縁にあたり、公使ウルフとも近い関係にあった。その経過は長く真相が秘匿されたが、第二次大戦後になって関係国の厖大な資料を渉猟したニッキ・ケディーの『イランにおける信仰と暴動、一八九一―一八九二年の煙草独占抗議運動』Nikki R. Keddie: *Religion and Rebellion in Iran, The Tobacco Protest of 1891～1892*, London 1966の公刊で詳細が表に出た。なおこの問題は、ナーセロッディーンのハレムに生まれた王女タージ・アッサルタネ（タージョッサルタネ）による回想録（アッバース・アマーナト編／田隅訳『ペルシア王宮物語』平凡社・東洋文庫）、ならびに後述する同じく拙訳のフリードリヒ・ローゼン『回想のオリエント』でも言及されている。

その紛糾のもとでの公使の赴任であり、ラセルズ夫人も夫との同行は避け、事態の収束を見て出発したのだ。一行がテヘランに着いたときには煙草問題は解決していたが、かわりにコレラの流行に遭遇する。三月にインドに発したこの年のコレラは、交通機関の発達でユーラシア大陸を未曾有の速度で通り抜け、ペルシア、ロシア、西欧から八月末にはニューヨークに達している。犠牲者は世界全体で三十八万、うちペルシアだけで六万四千を数えた（グッドマン）。

当時のテヘランの外国公館では、別格のトルコ大使以外は英仏独露墺伊が全権公使、後発の米、オランダ、ベルギーが弁理公使クラスをおくのみだった（日本の公使館開設は一九二九年）。急増して一八九〇年には総数約五百人となった外国人の大部分は、若干の宣教師や商人のほか多くは一旗組の短期滞在者で、武官やペルシア政府の顧問などを含めても欧米の外交官とその家族は数十名どまりである（カーゾン）。ガートルード、フローレンスという若い二女性が現れたことは、この閉鎖的な白人の小コミュニティにときならぬ華やぎをもたらす事件だった。また、一ヶ月のちの六月六日には、ラセルズ夫妻の次男ジェラルドがあらたに来訪した。

さて、ガートルードは着いて公使館に落ちつくなり、一等書記官ヘンリー・カドガンに特別の好意を抱く。ヘンリーはアイルランド系の第三代カドガン伯の孫で三十三歳、ガートルードがさっそく母に出した手紙で「はるばるテヘランまで来て、最後にこんなすばらしい人に会えるとは思いもせず……」という、手放しの一目惚れである。ペルシアそのものも「パラダイス」、市街北郊山麓のオアシスにある夏の公使官邸は「エデンの園」だというが、五月初めのテヘランの自然にはたしかにそのような一面もあるにせよ、この受けとめ方はカドガンの存在ぬきには考えにくい。彼女は、両親にはすべてを包み隠さず伝えている。

> カドガンさんは、背が高く、赤毛でごく痩せていて、愛想がよく、聡明で、よく本を読み、テニスが非常にうまく、ビリヤードの大家で、ベジーク〔トランプのゲーム〕には目がありません。不得手と聞きましたが乗馬には熱

中し、スマートで清潔な感じで身なりが立派で、私たちのことは面倒を見て楽しませてやりたい特別の財産だと思っています。あの人が好きです。

彼女のテヘランでの日々は、なかば以上はカドガンゆえに牧歌的なよろこびに満ちたものとなった。当時のテヘランは人口が現在の五〇分の一の約二〇万、バザールに隣接する王宮の内城を囲んで市街があり、それを直径六キロ弱のほぼ円形の城壁が囲んでいた。城外各地への馬での遠出、山中でのキャンプなどには、つねにカドガンが含まれていたと解していいだろう。彼のほかには、たまに加わる伯父、伯母は別としてジェラルド、フローレンス、それに後述するように古くから母や伯母と親しかったドイツの代理公使ローゼンとニーナ夫人の一家である。こうした女性中心のグループがカドガンを案内役に馬をならべ、市の内外を散策していた光景は容易に想像できる。

ガートルードの手紙のひとつを引用すれば、

〔二人で山間にわけ入って〕樹かげの長い草に横たわり、小川に足を浸しながら雪を頂いた山々を移ってゆく光を眺め、そしてカドガンさんがポケットから取り出した小型本でカトゥルス〔前一世紀ローマの詩人〕を拾い読みしました。ほんとうに楽しいことでした。

あの物音ひとつしないところで、山脈の影が下の平地をゆっくりと動き、まず緑深い村々を、ついでテヘランを、最後にかなたの丘陵を蔽ってゆくのを眺めるすばらしさはなんともいえません。イマームザーデ〔イスラム聖者の祀堂〕に近づくと、列の先頭にいたカドガンさんと私には、お堂の上から礼拝を告げるムアッジンの声が聞こえました。実におごそかな感じで、メッカの方角が分かってさえいたら、自分でコーランをすこしは朗誦したことでしょう。

二人は結婚を約し、両親の同意を求めた。カドガンは自分の父だけでなくヒューにも手紙を書いているが、内容は伝わっていない。外交ルートを利用した手紙は、二週間ほどでロンドンに着く。だが、待ちかねたヒューの返事は否定的だった。彼の調べでは、ヘンリーは貴族につながるとはいえ資産がなく（父親のフレデリック・カドガンは破産状態、母親は死亡）、性格が横暴、自分本位なうえに賭博好きで借財を抱えていて、とうていガートルードを養える身ではないという。本人たちがどこまで知っていたかだが、ヒューは当代のカドガン伯と面識があり、ガートルードの友人グロヴナー夫妻はヘンリー自身を知っており、なによりもヒューは当然ながらヘンリーの上司のラセルズ公使に問い合わせをしていたようだ。

ヒューの返事がくる前に、結果を予想したガートルードは母に手紙を書き、場合によっては現状のまま様子をみる、つまりヘンリーは当分テヘランに在留を続けて、収入面の心配がなくなるどこかの大使に任命されるのを待つ案を打診している。このあたりが、若いというか、自分本位で世間知らずの印象を与えずにはおかない。

ともあれ、ガートルードは父の言葉にしたがった。その後はヘンリーとの接触を避けるようにし（公使館の英国人はすべておなじ敷地内の居住棟で生活していた）、帰国を早めた。コレラはまだ完全に終息しておらず、いつ、どのルートで帰るかは大問題だった。女の一人旅は問題外で、ガートルードは父に迎えにきてもらってイスファハーン、シーラーズを経てペルシア湾に出、インドに寄って行くことを切望するが、実現はむりだった。結局、二歳下のジェラルドがエスコートを務めることになり、その帰国にあわせて最短ルートのオデッサ経由とすることに決まった。

ガートルードは、ヴァレンタイン・チロルを含む親友、肉親への手紙ではつらい思いを訴えていて、読む者の心を打つ。しかし、彼女が心底からあきらめたわけではない。九月十八日付けの最後の手紙で、彼女は母にこう書き送った。

……頭に浮かび紙に書く何もかもが、二人で話しあったことや、鋭い刀のようにひらめいたあの人の言葉を思い出させます。この三ヶ月というもの、私の行ないや考えのなかにあの人がいなかったこと、すべての核心でなかったことはひとつもありません……。

十月七日にガートルードはテヘランを発ち、月末には帰国して、傷心のほかは以前とかわらぬ生活に戻った。二ヶ月後に、出版社ベントリーからペルシア紀行を書いてほしいという話があり、それに応じてまとめたのが、彼女の処女作 *Safar Nameh, Persian Pictures. A Book of Travel*, 1894（田隅訳『ペルシアの情景』法政大学出版局）である。タイトルの「サファル・ナーメ」は旅行記を意味するペルシア語で、十四編のペルシア滞在中の印象記と、拙訳書では割愛した黒海沿岸各地についてのエッセー六編が収められている。内容はいずれもきわめて新鮮で鋭敏な感性の所産で、カドガンのことは存在すら触れられていないが、知ったうえで読めば多くの叙述の背後に彼の姿を感じとることができる、むしろいくつかはカドガンなくして書かれ得なかった、そのような文章である。それは当時、「旅の文章としてまさるもののない、まれに見る洞察と新鮮味」といわれ、のちには「ガートルードの記録した多くは変わってしまった。したがって彼女の印象はますます貴重だが、それは彼女が、誰もほとんどできなかった、中世ペルシアの夢幻的なアナクロニズムと矛盾を呼び戻したこと」と評された（後述するE・バーゴイン作の伝記上巻二七頁）。

ガートルードのペルシアへの想念をよく表すと思われる個所を、拙訳書からの引用ではあるがいくつか挙げておきたい。

世に名高い「ペルシアの庭園」に関連して、彼女は述べる。

> こうして荒蕪のなかで、高壁に囲まれて、秘めやかな、謎めいた東方の人生――ヨーロッパ人が入りこめない、その基準、その規範が彼のとは違いすぎるために、それらが支配する総ての存在が彼には曖昧で、非現実的で、不可解で、どうにも端倪《たんげい》を許さぬと思われるような人生――が流れてゆく。その人生とは、漠然たる絵画性と、言いようのない鈍麻感と、無気力に移行した安逸と、美徳の域を超えてしまった静穏のほかには、印象に残る何の目立った特徴もないほど単調で、いかに時代を重ねても変わりばえしないものだ（第三章「庭園賛歌」より）。

ちなみにこの一節は、リチャード・フライの『イラン』Richard N. Frye: *Iran*, London, 1954 で、巻末の結びの言葉に用いられている。

また、カドガンを含めた一行で避暑とコレラ避難のキャンプを楽しんだテヘラン東方約七〇キロのデマーヴァンド火口原、ラル渓谷でのベドウィンの印象として、

> 非現実――非現実！「空想は、よく言われるほど人をうまく騙《だま》すことはできない」。自分をこうしたテント族の同類と想定してみることは徒労に終わるし、彼らの往来を観察し模倣するのも徒労である。その生活全体があまりにも変わっていて、あまりにも世離れしている。それは、なかば幻覚、なかば悪夢だ。テントの住人のなかではこちらの居場所すらない。……自分の町へ帰れ、平らな道と秩序だった生活のあるところへ。そこはわが種族のものではない。彼我の間には、取り戻すことのできない無数の世紀が横たわっている。そ

して文明の流れは、人を山中の永遠の寂寞からはるか遠くへ押しやってしまっている（第七章「テントに住む人々」より）。

同書の末尾は彼女がエンゼリーからロシア船でカスピ海を去るところだが、それはつぎの数行で終わる。

こうして、私どもはカスピ海を渡り、離れ去った。眠ったような小さな村は、潟を蔽い、守護山脈をつつむ靄《もや》のかなかに消えていった――私どもの視界から色失せ、色薄らいで、やがてはシャーの離宮も見えなくなった。私どもの心からも色褪せ、色薄らいで、おぼろげな記憶とつかの間の思いの靄に沈んでいった。

この、「おぼろげな記憶とつかの間の思い」が、ヘンリー・カドガンへの彼女なりの告別だったことはいうまでもないだろう。

帰国後もカドガンを思い切ることはできず、ひそかに時機を待つようだった。そのあげくが、翌九三年八月二十二日のことで、ヨークシアで過ごしているとテヘランから電報が届く。その夏もラル渓谷に滞在したカドガンが鱒釣り中に冷たい流れに落ち、肺炎を起こして現地で死亡した知らせだった。カドガンの死後も、その面影は容易にガートルードの脳裏を去らなかった。翌年の夏を一家でアルプスに過ごしたとき、たまたまカドガンの命日を迎えた日に彼女は記す――

一年前のゆうべ、私は〔ヨークシアの〕カービー・ソアで母に「死の影」を読んで聞かせていた。そして去年の今日、その影が私のすぐそばに立ったのだ。昨夜は彼のことを、そして彼が私にとって何だったか、またいまも何なのかをつくづく考えて過ごした。

ここにいう「死の影」とは、ガートルードがテヘランで体験したコレラ禍の一部始終を語った『ペルシアの情景』第六章のタイトルのことだ。その部分の原稿を母に読みあげて文章を推敲していた翌日に、カドガン死去の通知が届いたという。さらに一年半後、九六年の早春に父とイタリアを旅行中、パドヴァからヴェネツィアに入ったガートルードは忘れられぬ体験をする。三月二十五日の日記によれば、

突然、眼前にサン・マルコ広場が現れた。泣き出したい気になったと白状する。楽団が演奏し、ピアツェッタは人で溢れていた。まったくばかげているとは思ったが、そこが全部ヘンリー・C〔カドガン〕で埋まっていた。あまりにすばらしく、かえってつらい思いを堪えきれなかった……

半年足らずのテヘラン滞在中には、カドガンとならんでもう一人、重要な交際があった。ドイツの代理公使フリードリヒ・ローゼンの夫妻で、エルサレム育ちのフリードリヒはアラビア語、ヘブライ語、ペルシア語、ヒンディー語に堪能な、とくにウマル・ハイヤームの研究で知られた東洋学者であり、のちワイマル時代には外相も務めている。夫人ニーナの実家がかねてオリッフ一家とごく親しかったことから、ガートルードにとっては母、伯母を通じて夫妻は親戚のようなものだった。テヘランのガートルードには、ラセルズ、ローゼンという英独両公使の間で毎日を過ごす幸運が用意されていたのだ。

ローゼンは、外交官としてのフランク・ラセルズを国家の枠を超えた敬愛といえるほど高く評価し、また一風かわっているが、古典的教養があって人間味のゆたかなヘンリー・カドガンにあたたかい目を注いでいた。当時の英独出先機関のつきあいは、きわめて親密だった。それどころか、ニーナがコレラに倒れて（奇跡的に快復した）業務に支障をきたしたときは、カドガンがまわしてくれた英国公使館の

貴重な情報をもとにローゼンは本国への報告を果たしてさえいる。

ローゼンは、中東勤務の最後にエルサレム領事を務めていたときにガートルードを預かって、ある意味では彼女の後半生を決めたのだが、退職後に英文で書いた回想録 Friedrich Rosen: *Oriental Memories of a German Diplomatist*, London 1930（田隅訳『回想のオリエント——ドイツ帝国外交官の中東半生記』法政大学出版局）で当時のことをこまかく追想している。彼はテヘラン、欧州、エルサレムの各地で一貫してガートルードに慈父のごとく、あるいは弟子の学才を愛でる師のごとくに接し、彼女のほうでもその期待を裏切ることなく、好意に応えている。前記のアルプスでの一夏もベル、ローゼンの家族ぐるみの避暑だった。

ローゼンのテヘラン時代の回想でもっとも印象深いのが一八九二年のコレラ流行と、カドガン自身、とくに死亡前後の追憶で、彼の実らなかった恋自体は固く秘されているが、『ペルシアの情景』と重ねあわすことでその舞台のユニークな再現が可能となる。ガートルードの恋人の人となりは、ローゼンが好意的に語るエピソードで初めてあきらかになったのだ。ついでながら、コレラについては、前記の夕ージ・アッサルタネ回想録の十二、十四章にも、数年後の再度の流行を描いたものがある。それらを通じて、ペルシアにおける十九世紀末のコレラ流行の実情をつぶさに知ることができよう。

ガートルードの恋は、彼女の存命中はもちろん、死後も長く一般には知られなかった。『書簡集』に収録されたペルシアからの通信は、現地の印象を六月十八日づけで従兄のホレース・マーシャルに伝える長文の手紙しかない。それについて編者は注釈して、「ペルシアからは多数の来信があったのに、ルーマニアのものとともに残念ながら見あたらない。残っているのはただひとつ、ホレース・マーシャルあてのもので……」と言う。ところが九年後の一九三六年になって、十月二日の「タイムズ」紙はリッチモンド夫人エルサによる姉の書簡集刊行予定の記事を載せ、あたらしく見つかったガートルードのルーマニアとペルシアからの手紙が収録されているのが特別に興味深いと報ずる。ついで翌三七年二月十六日の同紙は新刊の『初期書簡集』を長文で紹介し、そのなかでカドガンとの恋をくわしく伝えた。これが、まだガートルードの記憶が鮮烈だった世人の関心を集めたきっかけである。

『ペルシアの情景』の出版はガートルードの意向ではなく、出版社の希望によるものだった。その結果、初版は匿名で刊行された。好評を得たもののすぐ忘れられたらしいが、著者名が分かっておれば事情はちがっていたかもしれない。ガートルードの死後、一九二八年に出た版にはむろん本名が記され、ロンドン大学教授だった東洋語学者サー・デニスン・ロスが序文を書いている。ロスはガートルードより三歳年下で、一八九〇年代末にロンドンでガートルードにペルシア語、アラビア語の指導をして以来、長い親交を保った。

黒海沿岸を題材にした六章は、ペルシア関係だけでは分量的に不足という版元の要請で書き足したものので、筆致も構成もかなり異質のものだ。同書の執筆にはものを書きなれた母の目による指導があったようで、全二十章でさまざまな文体や表現を試みつつ、書き継いでいったと思われる。そしてガートルードは、のちに「無味乾燥な外交報告書ですら読む気を起こさせる」といわれる的確で気の利いた、「流れるような」文体を身につけたようだ。かつてのブカレスト滞在のあととテヘランからの帰途に立ち寄った、コンスタンティノープル、ブルサ、トラブゾンでの見聞、オデッサまで航行中の挿話など、拙訳書では除外した部分から、その文例を一、二、ここで紹介しておきたい。ペルシア紀行のういういしい情感とは一味ちがった、目あたらしい土地と人間に対する省察と若いペダントリーのきらめきが訴えてくる。

……死者は私たちの黙想を妨げはしないが、彼らが語るときには、ユダヤ人であれトルコ人であれ、あるいはほかの異教徒であれ、万人に分かる言葉を使うであろう。国によっては、動き、息づいている人のほうが地下の無言の住民よりも物分かりがわるく、私たちから遠くかけ離れたところに住んでいることすらある。ガラタ橋——東西両洋の間に架かったあの渡り道——を通ってスタンブル〔コンスタンティノープルの旧市街側〕に急ぐ雑多な人の群れ、モスクのアーチの下で足を洗っている修道士《ダルウィーシュ》、バザールで商品の交換に躍起になっている人たち、そういったものは目に入っても、行き過ぎる私たちにちらと一瞥をくれる男女にはなんの仲間意識も感じずにいられよう。壊れかけた、目のこまかい格子造りの家が長く立ち並ぶところを通っていても、なかの生活のことでどんなに突飛な解釈をしてみるまでもない——そもそも生活があるのかどうかさえ知ることはない、住人はそれほど無愛想、それほど非家庭的に見える。ところが、ひとたび市壁を越えると、民族の特質などは関係がなくなる。一番高い丘のイェディ・クレの塔から金角湾のきらめく水面まで、あたりに散らばっているのは無数の墓である。……（イスタンブルの墓地を語る第十六章「レクィエスカント・イン・パーケ」〔死者はやすらかに眠る〕より）

ビーテューニアのオリュンポス〔現ウル・ダー山〕の麓に、キューロスの創建と伝えられる町がある。デメトリオスの子フィリポスは、この町をハンニバルの盟友だったビーテューニアの王プロシアスに譲った。プロシアスは町を造りなおし、それに自分の名を与え、こうして町は二百年の余にわたってビーテューニア王国の都となった。キリスト生誕後の一世紀に、そこはローマ人の手に落ちる。ローマの総督たちはブルサに住まいを構え、小プリニウスは、ローマの文明でも名誉ある地位を町に与えたそのアゴラを、図書館を、硫黄泉を、トラヤヌスに語っている。……（ブルサ訪問とオリュンポス登山を述べた第十七章「プロシアス王の町」の冒頭）

ガートルードは、現実の旅という面ではペルシアから離れていった。彼女がのちの生涯でペルシアに足を踏み入れたのは、二十六年後の一九一八年の夏にバグダードからテヘランを訪ねていったときのみである（14章参照）。それは、なかば休暇、なかば帝政ロシア崩壊後のペルシアをその観点から調べたいというものだった。『ペルシアの情景』のときとおなじ夏の公使官邸で二週間を過ごし、山歩きも楽しんだが、かつての追憶に彼女がどのように浸ったかをその手記から窺い知ることはできない。

第５章

内なるものと外なるものと

フィンスターアールホルン（標高4275メートル）。1902年７月31日夕刻，頂上まで300メートルのところで落雷はガートルードを直撃して初登頂を阻んだ〔『書簡集』上巻〕。

1　ハーフィズの翻訳

ガートルードは『ペルシアの情景』を出したあと、イスラム神秘主義《スーフィズム》への沈潜と陶酔のなかで抒情詩《ガザル》を歌った十四世紀のペルシア詩人ハーフィズの翻訳にかかった。

ハーフィズの詩については、わが国では黒柳恒男氏の『ハーフィズ詩集』(平凡社・東洋文庫)にガザル四九五編とほか三編の全訳と、委曲をつくした解説がある。同氏によれば、ハーフィズ自筆の詩原本はむろん現存せず、十八世紀以後の西アジア、西欧の刊本だけでも百種を超え、「それぞれに収められている抒情詩も約五百から約七百とかなりの開きがある。……今日判明している各種のハーフィズ詩集写本も同様で、抒情詩の数、対句の位置が同一の写本は決してない」。同氏訳は、アブドル・ラヒーム・ハルハーリーが所有する一四二四年写本の刊本に基づいた、もっとも信頼しうるとされるカズヴィーニーの一九四一年版定本によっている。

ガートルード自身は底本に触れていないが、注釈のなかで随所にローゼンツヴァイクを引用している。ガートルードの死後に出た復刻版に前述のE・デニスン・ロスが書いた解説には、「ドイツ版の原詩」への言及がある。また、フリードリヒ・ローゼンは「その翻訳が原詩をあざやかに再現させているのは、フォン・ローゼンツヴァイク＝シュヴァーンナウによる有名なドイツ語訳を彼女が随意に利用していることなど、忘れさせてしまう」(前掲拙訳書一八一頁)と言っている。十九世紀のドイツ人による校訂本はブロックハウス本も有名だが、これらを考え合わすとガートルードはローゼンツヴァイク本に拠ったと解していいだろう。

翻訳は、『ハーフィズ訳詩集』*Poems from the Divan of Hafiz* として一八九七年に刊行された。収録は原詩の一割弱の四三編にすぎないが、出来ばえは珠玉の名に恥じない。

ロスは、解説でペルシア詩の特質を説明したあと、英語訳の態様を、(一) 散文体による逐語訳、(二) 原詩の韻律を模倣・移植した韻文訳、(三) 原詩の形式、韻律にとらわれない韻文訳の三種に分類する。それぞれの得失を代表的な訳例とともに述べ、「最後の形での翻訳努力が数多く行われているが、ガートルード・ベルのものが比較を絶して最高」と断定する。ついで、彼がガートルード訳でもっとも美しいとする第三八歌(黒柳訳の第二三三歌)について、原詩を逐語訳したうえ、ガートルードの韻文訳がいかに英語詩として優れているかを示す。最後に、ペルシア文学研究の最高権威とされたエドワード・ブラウン(ケンブリッジ大学教授、一八六二―一九二六)のつぎの言葉を引用し、ペルシアの名詩の多くを訳した大家によるこれほどの賞賛に追加することはないとして解説を終えている。

どちらかといえば自由な訳だが、私見ではもっとも芸術性が高く、ハーフィズの精神に関するかぎり彼の詩をもっとも忠実に翻訳したもの……ミス・ベル訳は、真正の詩として序列はきわめて高く、おそらくはウマル・ハイヤーム作ルバイヤートのフィッツジェラルドによる翻案的自由訳を唯一の例外として、あらゆるペルシア詩を通じて英語で行われた翻訳のうち、たぶんもっともうつくしく、そして詩的なもの……(『タタール支配下のペルシア文学』三〇三頁)

ここでは、ハーフィズ詩ではわが国でよく知られている黒柳訳第三歌の最初の部分について、同訳書に示された原詩(ローマ字転写)と同氏の訳、原詩に異同があるかもしれないがガートルードの英訳とその拙訳を挙げておこう（下線は押韻個所）。この詩は、ティームールがシーラーズを侵したときにハーフィズを呼び、自分が建設したサマルカンドとブハーラーの都を娘の心と引き換えにするとはとなじったときに、ハーフィズが「自分はそれほど気前がよかったために、このような貧窮に甘んじている」と当意即妙な答えを返したという伝説を生んでいる。

〔原詩〕

agar ān turke shīrāzī be-dast ārad dele-mā rā
be-khāle hindūyash bakhsham samarqand u bukhārā rā
be-deh sāqī meye bāqī keh dar jannat na-khāhī yāft
kenāre ābe ruknābād u gulgashte musallā rā

〔黒柳訳〕

かのシーラーズの乙女がわが心を受けるなら
その黒き黒子《ほくろ》に代えて私は授ける
　サマルカンドもブハーラーも
酌人《サーキー》よ、残りの酒を酌《く》め、天国にても求めえぬのは
ルクナバードの流れの岸とムサッラーの花園＊

＊　黒柳注・ともにシーラーズの郊外にあった名所

〔ガートルード訳〕
Oh Turkish maid of Shiraz! in thy hand
If thou'lt take my heart, for the mole on thy cheek
I would barter Bokhara and Samarkand.
Bring, Cup-bearer, all that is left of thy wine!
In the Garden of Paradise vainly thou'lt seek
The lip of the fountain of Ruknabad,
And the bowers of Mosalla where roses twine.

〔田隅試訳〕
おお、シーラーズなるトルコの乙女よ！
私の思いを容れてくれるなら、そなたの頬のほくろ〔美女の象徴〕と引き換えに
ブハーラーもサマルカンドも差しあげよう
酌人よ、残りの酒をすべて持ち来たれ！
天の楽園に捜し求めてもむだだろう
ルクナバードの泉のほとりも
薔薇の蔓の伸びるモサッラーのあずまやも

ガートルードの訳のよさは、すなおな言葉遣いとうつくしい律動にあると思われるが、それは彼女の

散文にも言えるものだ。しかし、訳詩の場合、とくにハーフィズのように複雑な象徴がちりばめてあるものは、原詩の含意を完全に理解したうえでいかに英語詩としても成り立つものに仕上げるかが課題となるが、それをなし遂げたのが彼女だった。原詩の全訳完成者はごく限られ、ガートルードも一定期間のうちに四三編を訳出したのは精一杯だったろうと思われる。

ハーフィズ詩は注釈なしでは理解がむずかしいが、ガートルードの補注が優れているのは、語句の解釈について先人の仕事を踏襲するだけでなく、非常に広範囲の資料をあらたに渉猟して提供している点だろう。その結果、読者は当面する問題にもっとも適合した解をあたかも自分で見出すような感を受ける。補注の量も、訳詩自体に匹敵するほどのものがある。

先の句についていえば、ガートルードは註釈として以下の三点をあげている。（1）前述のティームールの故事、（2）ジェムス・ダルムステテール（フランスのペルシア学者、コレージュ・ド・フランス教授。一八四九―一八九四）が「モリエールはこの逆を言っている」と引用したつぎの詩。Si le roi m'avait donné/Paris sa grande ville,/Et qu'il me fallût quitter/L'amour de ma mie,/Je dirais au roi Henri:/Reprenez votre Paris,/J'aime mieux ma mie, ô gué,/ J'aime mieux ma mie!（試訳　アンリ王が彼の偉大な町パリを／私に呉れて／私が彼女の愛を／捨てねばならぬなら／私は王にはこう言ったことだろう／どうぞあなたのパリをお取りください／私は彼女がパリよりもっと好きだ、ああ愉快／私は彼女がもっと好きだ！）、（3）モサッラーの庭園にハーフィズは葬られ、そのそばをルクナバードが流れること。

彼女はこうした努力を通じて、前記のような刊行時の賛辞のみならず、五十年も経った一九四七年に、自身も五〇編を訳出したA・J・アーベリー（イスラム学者、ケンブリッジ大学教授）をして「これまでにハーフィズ詩を英訳した二十人ばかりのうち、いまなおガートルードの翻訳が最高」と言わせている。

さらにガートルードは、訳詩集に周到な解説を付した。それはハーフィズの略伝と彼が生きた十四世紀ペルシア史の概説であり、そして彼の立脚するイスラム神秘思想《スーフィズム》を彼女が理解するかぎりのことを、五十六頁にまとめたものだ。ロスは、つぎのように言う。

> 訳詩の前に述べられた史的解説の価値を理解するには、以下の認識を要する——イスラム後のペルシア史をまとめるのはまだ今後の課題であること、史料の多くは写本として残るのみであること、印刷されたものはごくわずかで翻訳されたものはさらに少ないこと、そして十四世紀の群小王朝史はペルシア年代記中でも錯綜をきわめるものであること。一三一三年から九三年までファールスとケルマーンを支配したムザッファル朝〔ハーフィズの仕えた王家〕の歴史は、ペルシア一般史のなかでわずかに言及されるものを拾い集めるほかにないのである。特殊な研究論文が一編だけあったのは事実だが、手書き原稿にすぎず、ガートルードがみごとな解説を書いた時点では彼女の知るところではなかった。ハーフィズを庇護した諸王に関連のあるばらばらの史実を繋ぎ合わせて、このように一貫した叙述に仕上げたのは、離れ業《トゥール・ド・フォルス》以外の何ものでもない。この概説をまことに貴重なものとしたペルシア文学の最高権威者エドワード・G・ブラウンは、自身が利用しえた多数の典拠を一九〇二年に論じたなかで、ムザッファル王朝史の「最高の、かつもっとも読み応えのあるスケッチ」(ブラウン前掲書一六二頁)と認めている。

ペルシア詩人のスーフィズムを語った部分については、ロスは「およそこの困難な題目を論じたいかなるものにも優るとも劣らない」というのみだが、筆者としては、「これほど要領を得た、読みやすい説明はない」と付け加えたい。ハーフィズの生涯をのべたあと、ガートルードは言う。

> ハーフィズは、ペルシアでもっとも著名な詩人の多くを生みだしたあの大きな一派〔イスラム神秘思想〕に属していた。

サアディー、ジャーミー、ジャラールッディーンとおなじく、彼はスーフィーだった。スーフィズムの歴史はこれからの研究を待たねばならない……

スーフィズムの基調をなすのは神と人との合一であり、一体化である。それはあらゆる信仰の根元にある原則だが、あくまでも追求すると、汎神論、静寂主義、そしてついにはニヒリズムに行き着く。神秘家《スーフィー》たちの到達しうる至高善とは、実在するものの全否定――つまり自分が個別の実体をもつことすら忘れ去り、大海中で水滴が形を失うように彼ら自身が神のなかに姿を消すこと。

百年以上も前に書かれたものとは思えないほどだが、さらに彼女は印象的な註釈をつけ加えている。神人合一を述べるのに用いられるうつくしい表象は、数かぎりない。ジャラールッディーン・ルーミーは、これ〔前記の考え方〕とおなじモラルをつぎの精妙な寓話で示している。男が、恋人の家を訪ねて扉を叩く。どなた？ と女が訊く。私だよ、入れておくれ。女は答える。帰ってください、ここにあなたと私を入れる場所はないから。男は出なおしてもう一度扉を叩く。どなた？ と訊かれた男はこう言う、「お前だよ」。女は答えた、「お入り、私はなかにいますから」。

アッタール『イスラーム神秘主義聖者列伝』（藤井守男訳、国書刊行会）などに見られる多数の興味深い伝承にも、右の寓話ほど一言でスーフィズムの一面を語って秀逸なものはないであろう。ガートルードの博識は、無数のスーフィー言行から最適の範例を引き出すことを可能とするような力であったと思われる。

それにしても、数ヶ月のペルシア語学習後、現地に着くや『ペルシアの情景』第十章「シェイフ・ハサン」で語ったようにペルシア人についていきなりハーフィズを読み始め、帰国後は大英博物館に通って古写本を渉猟し、これほどの訳書にまとめた力量は非凡というほかはない。それは、ウィンストーンが「〔ペルシア最高の詩人の翻訳を手がけた〕蛮勇はいわずもがな、才気縦横の多様で複合した資質を、言葉を操る驚嘆すべき感覚を、そして知的活力を、雄弁に物語る」（前掲書改訂版三七頁）とみなすものだった。この訳詩集は、ガートルードの唯一の詩作であり史書でありながら、それによって本書序章にいう「詩人、歴史学者」のタイトルを彼女に得させている。しかしこの書が世に出たとき、彼女はたまにペルシア語の勉強をする程度でペルシアとほとんど縁がなく、先にも触れたように以後はもとに戻らなかった。フリードリヒ・ローゼンは、こう言っている。

彼女にはアラビア語よりもペルシア語の方が取っつきやすかったのに、その後半生ではアラビア語でまれに見る練達を手にして、若い頃のペルシア語の学習は止めてしまったのを思うと奇異な感じがする。もっとも、それは主として環境のなせるところだ（前掲拙訳書一八一頁）。

2　アルプス登山

ベルナー・アルペン（オーバーラント）のなかにある「ガートルード・ピーク」という峰は、世紀の変わり目の数シーズンにガートルードが挑んだ冒険をいまに伝えている。

すこし遡っていうと、一八九七年一月、ガートルードはベルリンを訪れた。ヴィクトリア女王戴冠六十周年にあたり、それがドイツでも盛大に祝われた（女王はカイザー・ヴィルヘルム二世の母方の祖母）機会に、駐ベルリン大使だったフランク・ラセルズ夫妻が彼女を招いたのだ。伯父夫妻とともにカイザーに拝謁する機会があり、観劇、晩餐会、舞踏会が続いた。音楽会ではメンデルスゾーン、ベートーヴエン、ハイドン、ブラームスを聴いた。カイザー夫妻から『ヘンリー四世』の観劇に招かれとき、伯父夫妻は先約があって行けなかったが、ガートルードはフローレンス（テヘランに同行した従妹）と二人でロイヤルボックスに入った。フローレンスはカイザーの、ガートルードは皇后の隣りに坐った。母への手紙で、彼女は言う。

……皇帝はほとんど話しどおしでした。おっしゃるには、シェイクスピアの芝居はいまだかつてロンドンで公演されたことがない、そして、シェイクスピアをほんとうに研究し、あるいはほんとうに理解したのはドイツ人だけだ、と言わねばならないそうです。皇帝に逆らうことはできませんから、かねてそのように聞いております、と申しあげました。エクロッフシュタイン〔侍従の名〕が坐っていた椅子が壊れて一同のまん中で床に放り出されたのは、緊張のほぐれる出来ごと——私ではなくって、ほんとうによかったけれど！

ドイツから帰国して間もない四月に、伯母メアリーが急病で三日間寝こんだだけで死亡との知らせが入り、ガートルードは悲嘆にくれた。

次章で述べる初めの世界周遊に出る前だが、その夏をガートルードは家族でグルノーブルの東南、イタリア国境に近い景勝地のオートザルプで過ごした。ラ・グラヴに滞在しラ・メジュ（三九八三メートル）の中腹を探訪したのが、登山へのいざないとなる。

翌年六月に世界旅行から帰り、もとの生活に戻ると、夏の二ヶ月はスコットランド高地のスピーン・ブリッジに借りた館《マンス》で過ごしたり、ロンドンでは前述したロスについてペルシア語、アラビア語の勉強に精を出したり、レッドカーの地元ハイスクールで幻灯を使ったペルシア旅行の講演をしたりの日を送る。

その翌年、一八九九年はながく後を引く動きで多事だった。春に独りで北イタリアを訪ね、現地で合流した父と古典学者の叔父トマス・マーシャルとともにギリシアへ足を伸ばす。アテネでは、親友ジャネットの兄でメロス島で発掘作業中のデーヴィッド・ホウガースに出会い、紀元前四千年の壺を見る機会があった。これは、あとで思えばガートルードのそれからの人生を決めたことのひとつだった。

コンスタンティノープルを経て一旦帰国し、八月にはかなりな音楽的才能のあった弟ヒューゴーとともにバイロイト音楽祭を訪ねる。マイスタージンガー、パルジファル、リングを聴き、ワーグナーの未亡人コジマと子息で音楽祭総監督だったジーグフリート・ワーグナーと会食もした。

そのあとスイス経由でラ・グラヴに向かい、年来計画をあたためてきたラ・メジュ登山にとりかかった。

八月二十五日に第一キャンプに着き、翌早朝出発、午後八時まで登高、二十七日午前一時に登攀開始、ロープで吊り上げられるのと、深い亀裂にあやうくすがりつくのを一回ずつ経験したあと、十時十分に頂上に達した。「ゴージャス！」とガートルードは言う。十一時まで滞在後、下山につき、タブシェ氷河のキャンプに着いた。二十八日、彼女は登山服を脱ぎ捨て、通常のスカート姿に着替えて午後六時半にラ・グラヴのホテルに入った。

翌朝、父に“Meije traversée”（「メジュ、トラバースした」）の一報を打電してから、一部始終を淡々と微細に手紙で伝え、「ほとんど文無しになりました！　多額のチェックを切らせてもらいます」と記す。しかし、九月四日にはラ・メジュの南方のエクラン（四一〇二メートル）にも登頂している。彼女は本格的な登山の経験は皆無で、ロープを使ったこともない。ラ・メジュでは、いずれも男の英国人一人、ドイツ人二人、ロディエというフランス人ガイドでパーティを組んだ。天候その他の幸運にめぐまれたとはいえ、初出場での初登頂だった。彼女が自信をもったのもむりはないが、それを曇らせたのは母から届いたコートニー・ボドリーとの相続紛争が深刻な状況になったという知らせだった。

翌年のシーズンとの間には、後述するエルサレム、シリアの滞在が入る。六月に帰国すると、彼女はすぐアルプスに出かけた。

シャモニから、「モンブランが、湖の向こうで嘲るように挑んでいます」とガートルードは言う。そこがシャモニの医師ピカールらに制覇されてから、一世紀あまり経っていた。彼女は、一週間で「グルモン、トラバースした」、さらに一週間後、「ドゥリュ、トラバースした」と打電する。だが悪天候に阻まれ、モンタンヴェールより先に出られなかった。メル・ド・グラス（「氷の海」、モンブラン北壁を六キロにわたって続く大氷河）に取りつくが、「途方もなく荒々しく波立つ氷の山のつらなり――その大塊が絶え間なく砕け、すさまじく落下する」。このときの彼女の最終目標がどこだったかは、はっきりしない。しかし、彼女は充分に満足して帰国した。

翌一九〇一年のシーズンは、記憶されるものだった。フーラーという従兄弟同士の有名なガイド、ウルリヒとハインリヒを雇い、ベルナー・アルペンのエンゲルホーン連峰のひとつ、かねて一行が「クライン・エンゲルホーン」と呼んでいた未登頂の小峰を目指した。

すべて終わってから、九月八日に彼女は『書簡集』で六頁、二五〇〇語におよぶ報告を父に送った。

……〔八月二十五日にオーバーハングした壁の下に達して〕ウルリヒがハインリヒの肩に立って試みたけれど、手がかりが摑めません。そこで私がハインリヒの肩に登り、ウルリヒが私の上に立って、岩に指をできるだけ伸ばしました。それでも足りず、私がさらに背伸びをして――ずっとウルリヒを乗せたままで、ですよ！――やっと彼は両手で自分を引き上げました。足が私の肩を離れると、私は片手をまっすぐに立てて、台を作ってやりました。ウルリヒは喚きました——「全然安定しない、あなたが動いたら皆おしまいだ！」。私が「オーライ、大丈夫よ、一週間でも！」と言うと、彼は私の肩と片手の上で伸び上がりました。それで、届いたのです。

彼が安全な所に着くと、私の番でした。私はハインリヒの肩に片足を置き、片足は岩にかけていました。私のロープはウルリヒと繋がっていないため、彼は私を引き上げられません——私はロープの最後だったのに二番目に登るわけですから。つまり、私の頼りはガイド二人の間のロープしかないのです。大変な仕事でしたが、私は登りました。

つぎはハインリヒを上げることです。彼は腰にロープを巻き、〔足をかける〕肩はなかったけれど私に繋がるロープも握っていました。けれど、どうにもならなかったのです。実際は、彼はびびったのだ、と思います。ともかく彼は、ロープが五十本あっても上がれない、と言ったのです。彼は太綱を体からはずし、私たちが下ろしてやった細綱に自分を繋ぎ、一方、私たちは太い方の端を岩にしっかりと結びつけました。こうして、そこに彼を第二のプロメテウスのように残したのです——さいわいにも、あたりに禿げ鷲〔ゼウスが岩に繋いだプロメテウスの肝臓を食うがヘラクレスが矢で射殺す〕はいません！……

結局、登頂は二人で成しとげられ、彼らでケルンを作った。下山も非常な難行だった。細綱がハインリヒの方に行っているので、降りるのに太綱を使ったが、岩に繋いだところが濡れて解けなかった。二度、三度とやり直して、最後にウルリヒはロープなしで頂上を降りた。

下山のあと、ウルリヒがガートルードに述懐したのは、「あなたの肩の上で大丈夫かと訊いたときに、あぶないと言われていたら、私は転落して、その場で全員おしまいでした」。それに対して、彼女はこう言った――「私は、答えたときには倒れかけていたのよ」。
ともかく、容易なことでは雇えない、名だたるガイドの一人が「びびった《ロスト・ヒズ・ナーヴ》」という場面だった。

一九〇二年の夏も、春を小アジアとパレスティナで過ごしたあと、スイスに来る。同じガイドを雇い、ユンクフラウ、メンヒ、アイガー、とつづくベルナー・アルペンの東部に位置するフィンスターアールホーン（四二七五メートル）の東北壁、「どこよりも険しい、千メートルの垂直壁」を七月末から八月三日までかけて登った。むろん未登頂、それもかつて試みた者は二人のみという難峰である。

三十一日午前一時に登攀を開始して数時間後、頂上まで三百メートルというところで、天候が急速に悪化した。午後六時ごろに雪を避けてなんとか岩の裂け目にもぐる努力をしていると、猛烈な雷鳴が迫ってきた。八月三日づけで、ガートルードは父に報告する。

……午後八時ごろ、……ある尖り岩の上で直立壁のそばに立っていると、突然岩に亀裂が生じて、ご一緒に馬車に乗っていたときのことを覚えておいででしょうが、あれに似た、ただもっと身近に一瞬の青い閃光が走ったのです。手のなかでピッケルが跳ね、ウールの手袋を通して鉄が熱くなったと思います――ありうることでしょうか？　手袋を脱いで見たわけではありません。われに帰る前に、もう一度岩が光りました――大きく突き出た岩で、それが稲妻を引き寄せたのでしょうが、理屈を考える間もなく、やみくもに裂け目に折り重なって跳びこみ、奥の頁岩にピッケルのヘッドを隠すと大急ぎでそこを離れました。雷の嵐のまっ最中に、稲妻の導体を手に持つのは利口とはいえません……。

穴の底で、ナップザックに入れたハインリヒの足にガートルードの足を、その上にウルリヒの足を重ねて暖めた。翌日は、十六時間をほとんど飲まず食わずで避難に耐えた。五十七時間続いたブリザードのうち、五十三時間を岩の裂け目でロープに繋がれて過ごしている。三日の午前一〇時にホテルに着いたとき、ガートルードは足指の凍傷にかかっていたが、「私は完璧に、絶対に健全です」。

フィンスターアールホーンの登頂は成らなかったが、このときの彼女の沈着な行動と忍耐心は、二人の傑出したガイドの話を通じてこの世界に広まった。五年も経ったあとですら、権威ある「アルパイン・ジャーナル」誌はウルリヒ・フーラーの寄稿を掲載して言う、「ミス・ガートルードの勇気と覚悟がなければ、全員遭難だった」。

フィンスターアールホーンに登る前の七月十三日に、彼女はグリムゼル、フィンスターアールホーンとならんでみずから「三つの不可能」と称したヴェルホーンの登頂を果たしている。そこが、冒頭で述べた「ガートルード・ピーク」と命名されることとなるのだが、それは彼女の成果を高く評価した登山家、第二代ラヴレース伯ミルバンク゠キングが関係者に働きかけた結果だった。ラヴレースは詩人バイロンの孫娘で初の女流アラビア・トラヴェラーでもあったアン・ブラントの弟で、ドロミテ・アルプスの「キングズ・ピーク」の名は彼にちなむ。また、これをきっかけにガートルードがアン・ブラントと培うことになる交友は、のちに触れるとおりである。

翌年は、二度目の世界旅行から帰ったばかりで機会がなかったが、一九〇四年にはやはり両フーラーとともにマッターホーン（四四七八メートル）に登った。八月三十一日のツェルマットから母への手紙でガートルードはその経過を伝え、「……気持のいい登攀でした、とくに深刻なほどの困難もなく、さりとて容易でもなく……」と言っている。一八六五年のウィンパーによる初登頂以来、この山には鎖梯子の設置など、冒険者に対する便宜がいくらかは設けられていたことも助けになったようだ。

ガートルードのアルプス登山は、最良のガイドを雇って現地で一夏を過ごすやり方で、誰にでもできることではない。ここではハイライトの場面のみを挙げたが、その経験はかなり幅広いものだったらしい。連日の苦行のせいか、逐一的記録を残していないだけである。だが彼女が活動したシーズンは、ここに述べた以外にはない。彼女は突如として天成の一流アルピニストとして現れ、無数の賞賛だけをかちとって、その舞台を降りてしまった。その成功は、僥倖のたまものとはとうてい言えない。

そして一九〇四年の暮れからは、彼女の主たる関心は中東に移ることになる。

3　ガーデニング

一九〇五年の夏、後述するシリア、トルコの旅から帰ったガートルードは、前年にロウジアンが亡くなっていまは一家の住まいとなったロウントン・グレンジにこもった。そして二年後に秀作『荒野と耕地の間』*The Desert and the Sown*, 1907（田隅訳『シリア縦断紀行』平凡社東洋文庫刊。以後『シリア』という）となって世に出る著書の執筆と、ガーデニングに専念する。

園芸や造園に、経験があった彼女ではない。ただ、このころのロウントン・グレンジはかつてのワシントン・ホールを思わせる、当代最高の知性の一角が集うサロンだった。例をあげれば、フランク・スウェットナム（海峡植民地＝マレー・シンガポール総督）、アルフレッド・ライアル（インド政庁外務長官、詩人、歴史家。東インド会社総裁の甥）、フリードリヒ・ローゼン（既述）、ヴァレンタイン・チロル（既述）、ダニエル・ブリッス（ベイルート・アメリカン大学初代学長）、ウィリアム・ラムジー（アナトリア考古学者）、ジョージ・M・トレヴェリアン（既述）、セシル・スプリング＝ライス（既述、のち駐米大使）などだ。このほか錚々たる顔ぶれが、ガートルードをかこんで、日露戦争後の国際情勢から詩作から考古学から、あらゆる話題の談論に時を過ごしていた。同年のガートルードの日記から、彼らの時局談義の一端を見てみよう。

八月二十八日（ポーツマス日露講和条約交渉の妥結直前）

チロルいわく「……〔日露交渉について〕ジャップはしごく慎重、賢明にやっている。いったいロシアに賠償金を払わせられるのか、が問題だ。戦争をもう一年やっておれば、一億三千万かけてあげくのはてに賠償金は取れずじまい、になりかねなかった……」

三十一日

スウェットナム「ジャップがあの条件でけりをつけるのが正解なのは、疑問の余地がない。たぶん、彼らは満州と引き換えに清国から賠償を得るだろう。いま彼らが求めているのは、北京で優位に立つことだ。交戦を続けて力が尽きれば、北京でなにもできなくなるだけ。いま第一級の陸海軍を温存しておけば、清国から欲しいものはなんでも取れる。私が一九〇〇年に旅順に行った〔二年前に英国が租借した山東半島威海衛の海軍基地調査のため駐在地のシンガポールから出張〕とき印象に残ったのは、ただひとつジャップが怖がり、また嫌っていたのはドイツ人ということだ。日本人は、英国人のことはよく分かっている。昔からながく日本にいたから、気心が知れている。また、ほんとうのところロシア人を怖がってはいない、商売がへただから。ロシアが朝鮮で日本の立場を脅かさないかぎり、日本はロシアと衝突する気はなかった。だがドイツの貿易、その競争のやり方、それが日本を警戒させる」。

私（ガートルード）「現代の競争のもとでは旧来の社会体制は崩壊せざるをえない、とラフカディオ・ハーンが言っている」

スウェットナム「私はそうは思わない。ジャップは、そのおかげでうまくいったのを知っている。現在の自分を作りあげた社会秩序を放棄する気はない。ヨーロッパの市場で、ヨーロッパの方法で競争しようとはするまい。うまくいくのが確実なときのみ、参入する。清国では、安いドイツ商品を駆逐するだろう。それが、著しく得意なのだ。降ったままの雨が頭に注ぎ、雨に初めて降られると柄が取れてしまうような傘を、誰よりもうまく作れる。彼らは清国で、ドイツ製の傘に取って代わるだろう、ちょうどアメリカで安いドイツの瀬戸物を安値で追い払ったように……」

ロウントン・グレンジは、有名な建築家、美術工芸家だったフィリップ・ウェッブの設計で、それはレッドカーのレッド・バーンズもおなじである。ウェッブはウィリアム・モリスの盟友で、モリス自身の邸も設計していた。

そのような雰囲気のなかで、ガートルードが造園に手を出したのもふしぎではない。夏から秋にかけて彼女は、スコットランド生まれの庭師を指揮して「ロックガーデン」の造成に熱中した。『書簡集』の註釈で、フローレンスは言う。

……庭園はやがてヨークシア北区《ノース・ライディング》の名所となった。池をかこむ絶妙の立地で、岸からはクリーヴランド丘陵のひろびろとした半円形劇場のような眺めが望まれた（上巻二二五頁）。

写真で見るこの庭園は、全体の構図が不明だが睡蓮が浮かび水草の生える池のほとりの斜面に多くの岩を配し、その間につつじのような灌木が繁るところが、ロックガーデンというよりは日本庭園の趣きがあるように思われる。まったくの想像だが、二度の訪日で京都の庭をよく知るガートルードの脳裡には、小堀遠州ばりの造園手法が刷りこまれていた、ということもあるかもしれない。ヴェルサイユ風の、あるいは英国ではシシングハースト風の、いずれにせよ幾何学的な様式を見なれた一般の目には、異国風とはいわぬまでも斬新なものに映ったことだろう。

ガートルードが造園に手を染めたのは、後年バグダードの自宅の庭を薔薇やカーネーションで飾ったのを除けば、これ以外にはない。しかし、それで一流の園芸家としての声価を確立した。

序章で触れた、フローレンスが「博物学者《ナチュラリスト》」と名づけた彼女の一面は、いたるところで目にする花卉についての造詣の深さをいうものと解される。たとえば日本滞在中の手記でも、季節が春から初夏にわたっていたこともあって花については実に多数の言及がある。どこでそのようなナチュラリスト的知識を得たのかはともかく、事実としてそれが生かされたのがロウントン・グレンジの庭園だったのはまちがいない。

ロウントンの邸宅は建築後ちょうど五十年で、第一次大戦後の不況の進行するなか、維持費負担に耐えられなくなったヒューによって処分された。ガートルードがバグダードで死去する直前のことで、一家は八キロ離れたアーンクリッフにある別荘、「マウント・グレース修道院《プライオリ》」に移った。一九三七年、エルサは「現在、この館〔ロウントン・グレンジ〕は無住で遺棄されている」と述べている（『初期書簡集』四頁注記）。

4　婦人参政権「反対」運動

英国の婦人参政権獲得運動は、国政の分野では一八六七年にジョン・スチュアート・ミルが法案を議会に提出し、大差で葬られたときに遡る。以後四十年間にこの議案に対する議会での票決は十八回にものぼり、うち参政権授与派が下院で多数を占めることも五回あったが、原則を確認する以上の成果を得ることはできなかった（グッドマン）。ミル自身も、翌年の議会解散で議席を失った。

しかし、伏流のように続いていた運動は、八九年に俄然表面化する。女流作家でガートルードの友人でもあったハンフリー・ウォード夫人メアリー・オーガスタが婦人参政権の拡張は不要と唱え、レディ・スタンリーを筆頭とする一〇四名の名流婦人を糾合して、婦人参政権反対のアピールを声明した――「いまや解放の進行は、婦人の身体的構造によって、また男女の主たる務めの間に常在すべき基本的差異によって設定されている限度に達した……」。名を連ねたなかには、トマス・H・グリーン夫人、アーノルド・トインビー夫人、マシュー・アーノルド夫人といったオクスフォード大学関係の人が多く、既述のLMH学長ミス・ワーズワースも趣旨には賛同していた。

他方、参政権拡張論は、女権論者だった弁護士の未亡人、パンクハースト夫人エメリーンとその二人の娘クリスタベル、シルヴィアが一九〇三年に「婦人社会政治同盟」Women's Social and Political Union（WSPU）を組織して新しい段階に入る。彼女たちと前記のアピール・グループとの間には、はげしい論争が始まる。マンチェスターの綿布加工業者の娘に生まれたパンクハースト夫人は、十四歳で女権運動の集会に参加した前半生も多彩だが、WSPUの旗揚げ以後は娘たちともども「参政権主張《ミリタント》・戦闘的女性論者《サフラジェット》」と称されるとおりに行動した。言論や街頭デモ、ポスター貼り、ちらし配布といった活動（それ自体、多くは違法）はもとより、国会包囲、百ヶ所以上への放火、ホテル、教会などの公共施設損壊・爆破をあえてし、再三の逮捕・投獄に対してはハンガーストライキのほか、睡眠・水分摂取の拒否までして抵抗した。

彼らに対して、ジャージー伯夫人が会長を務め、ハンフリー・ウォード夫人が調査委員長に就いた

「婦人参政権反対・婦人国民連盟」Women's National Anti-Suffrage League が成立し、この創立メンバーとしてガートルードは「名誉秘書」に就任する。ジャージー伯夫人は、オーストラリア連邦創設前のニューサウスウェールズ総督を務めた第七代ジャージー伯の夫人マーガレットで、ヴィクトリア朝社交界の代表的貴婦人だった。連盟には、ガートルードの学生時代からの親友、ジャネット・コートニー（ホウガース）も参加していた。男性側には、クローマー伯ベアリング、ケドルストン侯カーゾンといった、やはりオクスフォード系で植民地行政畑の識者を中心とする「婦人参政権反対・男子委員会」Men's Committee for Opposing Female Suffrage があり、ガートルードの父ヒューもその一員だった。

名誉秘書とは組織の事務局長といったところで、対外調整、広報、資金などを担当したようだ。有能な女性として社交界でも識者のなかでもすでに知名の存在だった彼女には、大物ぞろいの幹部から見れば、また自身にとっても適役だったにちがいない。

「婦人国民連盟」の発足から間もない一九〇八年十月十三日の「タイムズ」に載った、「名誉秘書ガートルード・ロウジアン・ベル」名の寄稿はこう述べている。

> 参政権主張女性論者《サフラジェット》が今週早々の分として公表した異様で遺憾な計画は、さだめしその要求のゆえに非常に広い関心を集めたであろう。私はこの機会に、サフラジェットの用いる手段も、掲げる狙いも容認できない人々の見解を実効あらしめるために当連盟が存在することを、強調しておきたい。紛議はすでに危機的段階に達している。連盟理事会に代わって、私はわれわれと志を同じうする男女諸賢に、時を移さず行動され当組織の会員に加わられんことを真摯に懇請する〔女性の連盟だが、男女双方に向けての呼びかけになっている〕。

一九一〇年末には、前記の男女二組織を統合して、クローマー卿を会長とする「婦人参政権反対国民連盟」National League for Opposing Woman Suffrage という組織が結成された。合併に奔走して手腕を発揮したガートルードは、新組織でも名誉秘書になった。付言すれば、私見では、普通は権柄ずくと見られている彼女の能力が最高度に発揮されたのは調整の面であろう。彼女は、個人の趣味を離れた「仕事」の上で、大きな権限を与えられたことは時代のせいもあるが皆無でありながら、ひたすら調整の妙によって自分の意思を権限行使と同じように実現している。もっとも顕著な例がイラクの戦後処理における数々の場面だが、連盟の仕事でも「名誉」秘書という曖昧な立場で一人前のことを仕上げているのは注目に値しよう。

　統合前の反対者《アンティ》の多くは社会的地位のある夫人たちだったが、当然その配偶者にも、むしろそちらにこそ意見を同じくする人が多かった。クローマー伯イーヴリン・ベアリングは典型で、十五年にわたってエジプトに英国代表として事実上君臨した彼の力量はガートルードが畏敬してやまないものだったが、「アンティ」として彼女はその片腕になったのだ。おもしろいのはクローマー卿の反応で、ガートルードをよく知る彼はカーゾンに彼女を紹介したときにこう言っている――「女のなかでもっとも利口《クレヴァー》で、もっとも話の分かる《センシブル》、またもっとも親しみがもてる《フレンドリー》、と加えてもいい」。ところが、一九一二年に連盟がガートルードの準備した総会をロイヤル・アルバート・ホールで開いたときに、ヒュー・ベルに連盟への資金援助を求める話が出ると、クローマーはカーゾンにこう書き送っている（グッドマン）。

> サー・ヒュー・ベルは入れないことをつよく勧めます。彼のことはよく存じています。ミドルズブラの大製鉄業者で、強固な自由貿易論者で、驚異的な弁舌の才のある、非常に賢明な人物です。自由党に投票するかぎりでの自由党派ですが、多くの自由党員と同様、きわめて保守的な考えで固まっています。……のみならず、完全に娘のミス・ガートルード・ベルの言いなりです。……彼女は途方もなく利口な女で、オリエント

に非常に豊富な旅行経験を有し、著作もあり、その一冊の献呈先は私になっています。判断力はもうひとつですが、口は達者なものです。

クローマー卿に献呈した本とは後述（第8章）する考古学紀行『ムラトのあとはムラト』であり、ガートルードの判断力の点についても、あとで触れる機会があるだろう。

「アンティ」の信条を、グッドマンはつぎのように要約している。

才能のある女はすべて影響力を行使している。それもできないような者が、適切な投票を行なえるとは思えない。能力をもつ女は自分で、また夫を通じて、どんな大きなことでもなしうる。彼女たちは、投票などする必要を感じない。

ガートルードのような男勝りの面のある女性が、この側に加担したのは興味深い。彼女のパンクハースト派に対する態度は明快で、闘士のやり方では知的な女性の築いたものが台なしになる、というものだ。グッドマンが、「むろん彼女は例外的な女だが、反逆者ではなかった」というとおり、ガートルードは出自と能力に対する自信があるだけに、やみくもな女権拡大はとうてい選択できなかった。ミドルズブラで労働者の妻との接触を深めた経験から彼女たちの実態を知り尽くし、ウォード夫人が女性には「外交、植民政策や重大な憲政上の変革」にかかわる問題の判断をさせるべきでないというとき、全面的に賛同したのだ。

しかし、サフラジェットの決死の行動に比べて、「アンティ」のそれには自分たちが作ったエリート・クラブの催しのようなイメージが漂って見える。一九一二年十一月にミドルズブラでアンティの大集会を設営したとき、ガートルードはヴァレンタイン・チロルに疲労困憊のきわみと嘆き、仕事はおもしろいがあまりにも時間を取られすぎるとこぼしたのが象徴的だ。

一九一三年十月二十八日、彼女はアンティの一人、レディ・グレンコナーのパーティに出たあと、父への手紙でこう伝えている。

私の着く直前、〔現職の首相でアンティ側幹部の〕アスキスに女性闘士四人が詰め寄り、アスキスを摑まえたのです。そばにいたアレック・ローレンスが憤慨してそのうちの二人を取り押えて腕をねじ上げたため、二人は泣き喚きました。そして片方がアレックの手に嚙みついたので血がほとばしり、話をしてくれたアレックは血まみれのままでした……。

ガートルードは、このような世界にいつまでもいるつもりはなかったであろう——あとで述べるように、実は彼女はそれどころではなかったのだ。この事件の二週間後に、彼女は長年の野望——と言ってもいい——を実現するべく、アラビアへ旅立った。

そして翌年、欧州大戦の勃発で英国が総動員体制に入ったことで、婦人参政権をめぐる抗争は否応なくけりがついてしまう。パンクハーストは戦争遂行協力に急転向し、女性労働に支えられる面の多かった戦争が四年後に終わると、戦死者の妻、多数の失業者の発生とその妻を包含する環境のなかで国民代表法が成立し、一部に条件つきながら婦人参政権が認められた。当然、大戦が女子参政に道を開いたという見方が成り立つが、そのような単純なものでもないようだ。

「一九一八年の婦人参政権の獲得における決定的ファクターは《戦争》ではなく、戦前の……運動の成果であったように思われてならない」（前掲河村貞枝『イギリス近代フェミニズム運動の歴史像』一二六頁）とする見解は貴重である。同氏によれば、「……大戦直前の状況から鑑みれば、大戦はむしろ女性への選挙権付与を遅らせたとさえ言える……」（同）。

その後のガートルードには、この運動に何年か携わったことは何の痕跡も残さなかった。それは当事者の多くにいえるかもしれないが、とくに彼女にとっては、本章で取りあげたいくつかの項目とおなじく、後世の評価には無頓着なまま、才能の一端を余技に使ってみたにすぎない贅沢なたわむれだったように見える。

第 6 章

世界周遊

インドの旅情――アーグラ城から見たヤムナ川とタージ・マハル。1902年12月25日，ガートルードはこの場に立ち，死の直前までここで亡妃ムムターズ・マハルを偲んだシャー・ジャハーンに思いを馳せた〔筆者撮影〕。

ガートルードは、当時ではめずらしく二度の世界一周を体験した。中東が彼女にとって身近になる以前の、シーズンごとにアルプスに挑んでいたときのことだ。自分自身の世界をもつ前の最後の遊行といってもいいが、これまでに出た伝記ではいずれも簡単な扱いに留まっている。それは、フローレンスが『書簡集』の編纂にあたって、初めの場合に「……よく語られているこの周知のルートで彼女とモーリスが見聞したことを、すべて再現する値打ちはあるまい」と註釈し、つぎの場合にも「……彼女の書簡を詳細に取りあげるまでもない……」としたことに対応する。しかし、その手記には再度の滞日記録を含めて現在のわれわれの興味をそそるものがあるので、ニューカースル・アポン・タイン大学ガートルード・ベル・アーカイヴ所蔵の日記と書簡のなかから、いくつかの場面を発掘してみたい。

1　はじめの旅

一八九七年十二月二十九日、ガートルードは弟モーリスを同伴して、サウサンプトンから西回りの航路に出た。まったくの観光旅行で、クック旅行社の「世界一周六ヶ月」には一人あたり約四五〇ポンドを要したが、彼女の場合は、北米大陸横断ではなくパナマ経由という特別ルートのために割増しを払ったという（グッドマン）。こうしてカリブ海を迂回する航路が加わった彼女の旅日記は、非常に多彩なものになった。

サウサンプトンから西南へまっすぐに進み、一月十一日に最初の寄港地、英領バルバドスのブリッジタウンで上陸した。

〔接岸すると〕たちまち、無数のボートに鈴なりの黒人《ニガー》に囲まれた。大声をあげ、何ペンスかで潜る〔小銭を投げると潜水して取って見せ、収入とする〕という……町のむさくるしいことは言語に絶する・・・・町全体に、ニガーのにおいが立ちこめている……バルバドスは、英国の全領土を通じてもっとも人口稠密の地なのだ。クーリー〔主として中国人、インド人の労働者〕による労働はない……。

つぎは、十五日に英領ジャマイカのキングストンに上陸し、「どこもかしこもニガーというところで、繊細で優雅なサリをまとった〔インド人の〕クーリー女の姿を見るのはいいもの」。ついで直南下して十八日にパナマのコロンに着いている。いたるところ、インド人、中国人の労働者を目にした。コロンでは、「町の商店の半分は中国人のもの、あとは全世界からで、アラビア語の看板すらある」。運河はむろん未開通で、汽車で地峡を越え、パナマに出る――「墓地を通ったが、中国人墓地は離れたところにある」。二十一日に、米国船に乗り換えて出航した――「オフィサーはいい人だが、すごいアメリカ訛り。《ヌー・ヨーク Noo York のビルディングはヴァリ・ファイン vurry fine で、二十八階建て（！）の高いのもある》という」とからかう。

コースは現在のカリブ海クルージングなみの回遊であったが、彼女が目にしたものはリゾート地にはまだほど遠い、農業開発と運河建設準備の進行する過渡期の姿だった。

黒人や移民労働者に触れた部分をいくつかあげてみたが、彼らに対するガートルードの印象には、当時としてはありえたはずの過度の蔑視は感じられない。私的な日記でもこの程度で、ものめずらしさの要素の方が強いのはこのときばかりではない。

二十二日、コスタリカのプンタ・アレナス、二十三日、ニカラグアのコリント、二十六日、サルヴァドールのラ・リベルタード、アカフトラ、二十八日、グアテマラのプエルト・サン・ホセ、二月一日、メキシコのアカプルコ。そして八日にサンフランシスコに着いた。

英国を出てから四十日間、ガートルードは船長はじめ高級船員や何人かの新しい友人との交際、デッキゴルフ、カード遊び、ダンスといった一等船客通有の時間つぶしに興ずるほかは、読書とアラビア語の独習に専念している。サウサンプトン出航直後の一月四日に、ルナンの『イスラエル人の歴史』を読み始め、サンフランシスコ入港寸前まで読みふける。日記には'History of the Jews'とあるだけだが、ルナンがこの五巻本の大著 *Histoire du peuple d'Israël* を完成してから四年しか経っていないときに、英訳本が出ていたのだろうか。読んだのは原典で、日記では英語名を記したように思われるが、いずれにせよ感想は述べられていない。後半には『レ・ミゼラブル』を読んでいるが、これも原典か英訳かはわからない。アラビア語は一月七日から始めて、連日、「ルナン、アラビア語」と記されている。サンフランシスコを出てからは、日本に関する本 Griffith's *Japan*（詳細不明）を読み、船中の日本語ができる人から日本語の手ほどきを受けている。

大地震がまだ八年も先の「フリスコ」（現地では嫌われるこの呼び名がすでに定着）では、上陸してパーク・ホテルにチェックインし（「バスつき、ドレッシング・ルームつきの贅沢な部屋で一日二ドル五十セント」）昼食を済ませるなり、クック旅行社に行ってガイドを雇う。そして市内ケーブルカーを乗り回す――「電車は、馬も登れないすごい急坂を驀進して昇降する」。ケーブルカーは、いまも運行中の最初の線が敷設されてから、すでに二十年が経っていた。夕食後、またケーブルカーでチャイナタウンを見に出かける――「三分間で、アメリカから中国に来てしまった」。

チャイナタウンの描写は長く、詳細をきわめる。

「チャイナタウンのパレス・ホテル」に行くと、中庭に面して小部屋がならび……ある、十平方フィートほどの部屋で男が阿片を吸飲中だった。ベンチに横たわり、その隣りでは二人が阿片を吸って昏睡していた。男は一日に九十服を吸飲し、それがほぼ一ドルかかるが、日収は二ドル、あるいはすこし上まわる、と言う。部屋は扉以外に換気ができず、一室に十人から十二人の中国人が住む、悪臭はなかった……芝居小屋に入った――女優は実は男で、びっくりするような化粧をし、裏声で話す……それから、女のいる路地に行った。女は五百人ばかり、そして男の数は二万五千だ。彼女らは五百ドルほどで買われてきて、借金を完済するまで親分に苦役を強いられる……私たちが昇って行くと、すぐに彼女らはカーテンを閉めたが、外国の悪魔に顔を見せたりすると嫉妬に狂った情夫から暴行をうけ、場合によっては殺されるからだ……十一時に宿に帰ったが、気持が高ぶって長いこと寝つけなかった。

十二日、サンフランシスコ発、十九日、ホノルル着、さっそく馬車を駆ってヌウアヌ・パリまで見物に行く。翌日はレンタルの自転車でワイキキを廻った。

三月四日に、雪の舞う横浜に入港した。翌日上陸、ただちに人力車で郵便局に向かう――「笠《マシュルームハット》を被った紺色の小男が、前をひょいひょい跳んでゆく」。それから、グランド・ホテルに入った――

「湾を見下ろす、きわめて快適な部屋」。この最初の印象を、三日後に母に出した長い手紙ではこう記す——

何から、何からお話しすればいいでしょう！　この三日間に見て、経験したすばらしいことを全部言うとすれば、ここからレッドカーまで届くほど長い手紙を書かねばなりません……私たちの最初の日本、それは人力車。小さな乳母車に乗りこむと、笠を被った青い衣服の男が柄を持ち上げ、時速約六マイルで駈け出します——なんとおもしろいこと！　男の名前が笠に英語で書いてあり、青い木綿の法被の背に大きな白い日本字で書いてあるのは彼の住所です（と思います）……なにもかも驚くほど安く、「人間の馬」と車を一日借り切って二シリング〔〇・一ポンド〕、写真を十二枚現像・焼付けして二シリング六ペンス〔〇・一二五ポンド〕、といった具合です……昼食後、汽車に乗り、一時間で東京に着きました……小柄な人々が下駄《ウッデン・パッテン》を履いて小走りに行く、カラコロという音が水の滴りのように聞こえますが、混雑した停車場では耳を聾するばかり——それが日本の音で、匂いのほうは、ちょっとかわった芳香、麝香のような感じです〔醤油の匂いか〕……東京は途方もなく大きく、ロンドンほどの広さがあり、軽く考えて出かけると六マイルもあります……。

こうして、四月二十五日に長崎発で上海へ向かうまで、ガートルードは嬉々として早春の日本の旅を満喫し、それを連日、長文の日記に記録した。手紙のほうは、十四通が残っている。上陸後一週間の彼女の動きを日記で追うと、つぎのようになる。

七日　東京、帝国ホテル、ついで英公使館で夕食（「公使サー・アーネスト・サトウは愉快な人」。サトウは、パークスのもとで領事館員を務めたあと、公使として再度の来日。「さよなら」、「また、いっらしゃい」（傍線引用者）。

八日　上野、寛永寺、浅草。
九日　芝、増上寺（「朱と金と緑の一大壮観。〔墓所では〕二代将軍が最高」）、勧工場、亀戸、吉原（「格子の奥に坐っている娘たちは絢爛たる装いで」）。
十日　泉岳寺（「浪士四十七人の墓。実に奇妙」）。
十一日　降雪で動けず。
十二日　鎌倉。海浜の快適な旅館に投宿。八幡宮、建長寺、円覚寺、大仏。
十三日　風雨のため横浜に帰ろうとするが人力車が遅れて予定の汽車を逃す。一同夕刻にホテルに着く。モーリスがひどい風邪をひく。

このような毎日を、弟、同船で来た友人、在日の知人たちと過ごすが、横浜をベースに汽車で東京などに通い、人力車を自在に使って、まさに遊びまくり、見まくったというにふさわしい。見聞の一端を、日記と手紙の彼女らしい表現のものからもうすこし拾ってみよう。

人力車には、「リクショー」のほかに在留外国人の用語だったのか、「クロマ（車）」「クロマヤ（車屋）」を用いる。動詞に使って「車で行った」はkuromaed という。

増上寺は、色においてどうにかそれに近いのは〔ヴェネツィアの〕サン・マルコ大聖堂だ。

六歳以上の女の子は子供を背負わねばならない、という法律でもあるみたいだ。

日本のモン・サン・ミシェル、江ノ島。

〔京浜間の〕ある大神社の神官がしゃべったのは、パリでは聞けないフランス語！　その住まい〔社務所〕では、お茶と、チョークと砂糖で作ったケーキ〔落雁、あるいは白雪糕〕が出た。

〔サンドイッチを忘れて宮ノ下で買った弁当は〕チャーミングな小箱に入ったのを開けてみると、海草と生魚のぞっとする混ぜもの〔散らし鮨〕だった。

その後、箱根（富士屋ホテル）、日光を観光し、四月五日に西下する。名古屋では城を見、翌日京都に着く。十二日まで滞在し、御所、金閣、二条城、東西本願寺、西大谷、清水寺、知恩院、都おどり、銀閣、円山の桜、保津川下り、嵐山、比叡山、坂本、唐崎、三井寺、宇治、伏見。十三日、伊勢へ行き、二見浦、鳥羽、内宮・外宮を参観。十五日、伊勢発、青山泊。翌日は名張を経て長谷寺を訪ね、旅館に一泊してカメラ、時計を盗まれる。十七日、警察による盗難の調べで時間を費やしたあと、桜井から多武峰まではのどかな飛鳥の里を歩き（「小柄な女が二人、小用を足すのを見た」）、吉野泊。十八日、奈良、東大寺（「大仏は鎌倉のほうがよかった」）、興福寺を見てから大阪着、天王寺、高津宮。二十日、神戸に出てオリエンタル・ホテルに滞在、休養、二十三日、舞子を訪ねたあと、神戸に戻り、横浜で予約ずみの「ベルジック」号に乗船。二十四日、瀬戸内から関門海峡を抜け、二十五日長崎着、同日夕方上海に向けて出航。

この間、ガートルードとモーリス、それに同行の友人たちは、ときには体調を崩し、まれに奇妙な和食に辟易し、悪路と闘いながらも、鉄道と人力車を驚くばかりのエネルギーで乗り継いで予定を消化する。その行程と見聞はほぼ完全に再現できるが、交通機関の輻輳がなく利用者も限られていた当時は、移動は現在よりむしろ正確で効率的だった。またよほどいい旅行プランナーがいたとみえて、見当違いの失敗は皆無といえる。風景、和旅館での宿泊、食事、汽車の便、温泉、見物・見学した各種の施設・

興業、人々との触れ合いなど、すべて申し分なく彼女をよろこばせ、意に反することはほとんどなかった。たまの休養すら、退屈を感じさせている。日記と手紙は、ものめずらしさと、清潔さ、繊細な美、人情のこまやかさへの賛嘆に満ち溢れて、批判的な言辞はまったくない。

ガートルードは、日本についての予備知識は入国直前の学習以外になかったらしい。京都観光では狩野派の襖絵や、吉野では義経・弁慶などにもいくらか筆を割いているが、案内人の受け売りであろうし、歴史についても徳川将軍の知識を仕入れた程度のようだ。したがって、まとまった意見を有するわけではなく、あるがままの現実をこころよく受けとめたにすぎず、あとで反芻して勉強した形跡もない。公使館や在留英国人からそれなりの入れ知恵はあったろうが、手記には現れていない。中東などに対する、過去を知りつくしたうえでの見方とはまったく異なる反応だった。二度の世界周遊を通じて、滞在先でこれだけの日数をかけ、それに見合う長文の印象記を残したところは日本とインド以外にはないが、それはクック社の組んだ英国人むけの旅程がどこを重点としたかを示している。

上海のあとは、香港、広東、サイゴン（ホー・チミン）、シンガポール（五月十三日着。前章で触れたフランク・スウェットナムがマレー四州を統括する文官の「レジデント・ジェネラル」として駐在していて、公邸に招待された）、マラッカ海峡（『レ・ミゼラブル』読了）、セイロン（スリランカ）南岸からコロンボ着。上陸して南方の保養地マウント・ラヴィニアを訪れた。ついでアデン、ジブチ、スエズ、アレクサンドリア、カイロ、クレタに立ち寄り、六月六日にコンスタンティノープル着、ソフィア、ベオグラード経由で（当時はブカレストを経由したオリエント急行本線でなく）ウィーンに出て、帰国した。

2　二度目の旅

一九〇一年にヴィクトリア女王が逝去し、エドワード七世時代に入る。無数の行事のなかでもっとも大がかりなひとつは、インド皇帝戴冠式だった。ヒンディー語で宮廷や謁見などの式典をいう「ドゥルバール」がそのまま用いられた祭典は、英領インドの歴史では一八七七年のヴィクトリア女王の女帝戴冠、一九〇三年のエドワード七世戴冠、そして一九一一年のジョージ五世・メアリー王妃来訪の三度が世界的な注目を集めた。エドワード戴冠のこのとき、首都をカルカッタ（コルカタ）から移すことはまだ決定すらされていなかったが、ドゥルバールは古都デリーで挙行された。

インド総督ケドルストン・カーゾン卿は祭典を英帝国の権威発揚の場と捉えて、入念な準備と多大の批判を押し切る莫大な予算を組み、一九〇二年の年末から翌年年始にかけての壮麗な大ページェントをみずから演出した。エドワード七世はたまたま虫垂炎手術のあとで出席できず、王弟コンノート公を名代として差し遣わした。

ガートルードはドゥルバール参列を組み入れた二度目の世界一周を計画し、今回は十歳ちがいの下の弟ヒューゴーを同伴した。ヒューゴーは六年後には叙階されて聖職者となるが、このときはまだ修行中だった。旅に出ると決まったとき、レッドカーにヒューゴーを訊ねてきたオクスフォードの恩師で、のちのセント・オールバンズ主教、ファース師とガートルードとの間につぎのような軽口が交わされた。

「ヒューゴーが私と世界旅行に出るのは、お認めにならないのでは？」

「それはまた、どうして？」

「つまり、弟が帰国したときにはクリスチャンでなくなっているにちがいない、と」

「なぜ、そうおっしゃるのです？」

「だって、私はヒューゴーよりおつむがはるかに上等ですから、一年間も私と一緒にいたら彼の信仰などひっくり返ってしまいます」

「でしょうか？　あまり大きなことは言われないほうがいいですよ。私が賭けごとをする人間だったら、百に一つもあなたには賭けません。でも、よしんばおっしゃるようなことになっても、ヒューゴー君があなたに同行するのは大賛成です、なぜなら、叙階前に経験したことは叙階後に思えばすべてナンセンスだった、という結論をいずれ彼が得ることになりましょうから。どうぞ、万難を排してご努力ください」

主教の言葉に誤りはなく、ヒューゴーの信仰にゆるぎはなかった、とフローレンスは述べている。事実、聖書の記述に信を措かず信仰は時間の浪費とするガートルードは、船上の退屈しのぎに弟をさまざまに試みるが、彼を動かすことはできなかった。

一九〇二年十一月二十七日、二人はロンドンを汽車で出て、パリ経由で翌日マルセイユに着き、そのまま「チャイナ」号に乗船するとただちに出航した。

直航して十二月二日にポート・サイド着、四日にスエズを通過、七日アデンに寄港、そして早くも十二日午前にはボンベイ（ムンバイ）に着いている。それから翌年三月六日にラングーン（ヤンゴン）を出てシンガポールに向かうまでの二ヶ月余、ガートルードは南インドを除く亜大陸の要所のすべてを鉄道、馬車、騎馬を組み合わせて見てまわった。それより二十年以上も前に、特異な反帝国主義者の詩人ウィルフリド・ブラントが「なぜ彼ら〔インド人〕が欲してもいない鉄道を彼らのために建設し……」（トマス・アサド／田隅訳『アラブに憑かれた男たち』一四八頁）と口をきわめて非難した鉄道網は、すでに全インドに完成していた。ガートルードは、西はアフガニスタン国境のペシャワール、ハイバル・パス、中部はベナレス（ヴァラーナシ）、ボドガヤー、北はヒマラヤを望むダージーリン、東はアッサム、マニプールのあたりからイラワディの川下りまで、つまりインド本土はもとより、現パキスタン、バングラデシュ、ビルマ（ミャンマー）と、インド総督管下のほぼ全体を渉猟した。行動力と好奇心は抜群で、ドゥルバールが終わるとすぐさま、二週間前に通ったばかりのラージャスターン地方に取って返して各地をめぐり、デリーに戻った日にパンジャーブ地方に出発する（一月十八日）、という、超人的な日程を平然とこなしている。

そのインド紀行を追うのも興味が尽きないが、ここではデリーのドゥルバールを描いて余すところのない彼女の手紙の一部を紹介するにとどめる。

暮れの二十九日に開会式が行なわれ、ガートルードは最良の席で観覧した。

ラホール門を通るとき、四分の一マイルも切れ目なく続く象の列を追い越しました。顔と鼻と前肢には、青、赤、黄で一頭ずつ別々の模様が塗ってあります。ほかの部分は金と銀の布、刺繍布の衣裳で被われ、背中には銀の籠《ハウダ》を載せています……道路は、お偉方別の制服の色――緋色と金の官服、ニザームの黄と赤、イダールの青と銀、アーガー・ハーンの緑と銀、そのほか一般人から大小の藩王《ラージャ》が思いつくかぎりの無限に多様な――で煌いています……行列は、ちょうど一時間続きました。まず兵士、ついで総督の衛兵、現地軍騎兵、そしてペルタブ・シンを先頭に全員がラージャの子息である士官候補生隊、それから総督とレディ・カーゾンの先導でコンノート公一家――みな象に乗って――それに百人ばかりのラージャの一団がすべて象に乗り、宝石と黄金の燦然たる一大塊となって続きます。ラージャたちは、首から腰まで真珠とエメラルドのロープを巻きつけ、肩に真珠の連珠を振りかけ、ターバンには真珠の房を垂らせ、金糸の織物か金刺繡したビロードの衣をまとっていました……。

一月一日には、もっともいい服を着て馬蹄形の特設会場に赴く。

巨大なV字型をした式場の上手に総督とコンノート公の席があり、右方が私たちの場所でした……宝石の様子は、想像を絶します。うずらの卵の大きさの真珠が三連になったネックレスを見ました。そして、真珠を繋いだ上に掛けた透明でアンカットのエメラルドは、それぞれが一インチ半というものです……最初にコンノート一家、つぎに緋色と白の服に青と金のターバンをつけた総督衛兵、ついで青と金の華麗な士官候補生隊、それから総督でした。世界も震えるばかりの大歓声があがり、目の前の長さ数マイルという隊列がマスケットの銃火を噴き上げました。そこへ赤と金のきらびやかな布告官が騎馬で一周し、エドワード王の布告を読みあげます。さらに歓呼と銃声があがったあと、カーゾン卿の演説がありました。非常にいい演説で、一語一語すべて聞き取れました。それからおよそ一時間にわたって、藩王たち、族長たちが総督、コンノート公の前を行進し、それぞれの刀の柄を掲げて祝意を表しました。〔十時半に始まった催しは〕三時すぎまで続き、戻ったのは五時でした。

この第一報でガートルードは行事を見たままに述べるが、日記では総督の演説を「非常によかった、ただし長すぎた。地球上の人口の五分の一を代表すると言い、《私の国の完全無欠を信ずる、私は信ずる》と立派に結んだ」と記す（カーゾンは、イートン、オクスフォードのときから雄弁で知られていた）。が同時に、人気の高かったコンノート公に引き替え、総督の不評、とくに軍内部のそれをこまごまと記録する。式場での歓声も事前に仕組まれたもので、それも場外ではまったく聞かれず、会衆は冷淡に無言を保っていた、という。この日の大ページェントは、停車場の南の大広場、コンノート・プレースにいまも名をとどめている。

一八九八年に三十九歳の超異例の若さで総督に就任したカーゾンだが、在任七年間の前半は施策がすべて奏効したものの、権威主義的な手法に対してドゥルバールを境に不評が高まってゆく、その始まりにガートルードは居合わせたのだ。

デリーで、彼女は来訪中のラッセル家のアーサー、ヴァレンタイン・チロル、そのほか多数の人とつきあったが、なかにはかつてロンドンで紹介されて以来のイスラム・ニザール派（シーア派の在インド分派。イスラム暗殺教団「アサッシン」の後裔）の首長アーガー・ハーン三世（在位一八八五―一九五七）もいる。しかし、もっとも意味のあるのは、当時はオマーンのマスカトで駐在官《レジデント》を務めていたパーシー・コックスと知り合ったことだろう。レジデントとは英領インド政庁が関係地に派遣した総督代理だが、インド政庁の管轄下だったペルシア湾岸の領事不在のところでは英本国の出先機関の役割も果たしていた。ガートルードは、大晦日に初めてコックスと昼食をともにし、アラビア半島中部の情勢を聞いている。同時に、コックスのみならず辺地の官民には総督に対する反感が強いことも看取する。この会合が、彼女の晩年の六年間をともに働いた上司との初顔合わせだった。

ガートルードは、ビルマからシンガポールを経て、三月十五日にバタヴィア（ジャカルタ）に入る――「バタヴィアはいま、ほとんど完全に中国人の町。家屋は高い瓦葺きで、運河沿いに建つ。それが、おかしいほどオランダ風だ」。滞在中の日記の記述には、オランダ語が溢れる。ジャヴァを一巡し、ボロブドゥール遺跡も丹念に見て歩いた。
ジャヴァからふたたびシンガポールに出るが、ヒューゴーがチフスを疑われる高熱で倒れ、大さわぎになる。最悪の事態は避けられたが、海峡植民地総督に昇進していたスウェットナムには多大の世話になった。

その後、香港、上海、北京とまわる。北京では、東京から転じた公使アーネスト・サトウは不在だったが、三年前の義和団の乱で重傷を負った「タイムズ」紙のモリソン博士の歓待を受ける。通常の市内観光に加えて長城も訪れたが、驚嘆したひとつは科挙の貢院（試験場）で、その広大さ、独房の狭さには言葉を失う――「何もかも朽ち果て、壁もなかばは崩れ落ち、屋根も穴があいている」。清朝で三年ごとに行われてきた科挙は、翌年の試験を最後に廃止された。塘沽《タンクー》からは日本船「大連丸」に乗り、芝罘《チーフー》（煙台）、大連から済物浦《チェムルポ》（仁川《インチョン》の旧称。「チェムルポは、最後にアクセントがある」）に着き、ソウルを見物、一泊後出航して、木浦、釜山に寄港した。芝罘では「三週間も音信に接していなかったので、気のよさそうな日本人の小男《ノウム》〔乗組みのボーイ〕が新聞の束と手紙を届けてくれたときのうれしかったことを思ってみてください」。これから日本を離れるまで、この「ノウム gnome」という言葉はよほど使い勝手がよかったらしく、「冴えないが、すみにはおけない小男」というニュアンスで手紙でも、姉弟の会話でも、日本人を指すのにしばしば用いられる。

五月十一日に大連丸船上で父あてに書いた手紙で、ガートルードは言う。

〔済物浦でソウル行きの汽車に乗り遅れたが〕そのくやしさは、朝鮮人を観察する楽しみで帳消しになりました。彼らは、人類が考え出したなかでもっとも滑稽な衣服を着ているのです。長い、木綿の白服、それを清潔に保つのは彼らの女すべてにとって大変な仕事です、そして白いズボン、白くて不恰好な綿入れの靴下に藁沓――お分かりのように、これはどんな気候でもなんの足しにもなりません。同様に帽子も、扱いは最高に厄介で最低の役にもたたないように考案されています。黒か、喪中のときは白の、極細の竹片を編んで作った、広縁で透けて見える山高帽で、きわめて高価で、きわめて華奢なものですが、山が小さすぎて頭蓋の天辺に浮いてしまうので顎紐で留めねばなりません。このような服を着、帽子を被って、朝鮮人は後ろ手をしてうつろな目でなにを見つめるでもなく、人生の大部分を動きもせずに過ごしています……。

これに始まって、ガートルードは朝鮮（一八九七年に大韓帝国と改称）の事情、日本との関係などについて、関税長官を委嘱されて国家財政を取り仕切っていた英国人マックリーヴィ・ブラウンから聞き取った情報を披露する。北京のモリソンから、彼への紹介状をもらっていたのだ。英国公使ジョーダンとは、面談の機会がなかった。

五月十二日早朝に、長崎に入港した。郵便を受け取るために上陸してまず驚いたのは、ロシアが食料と石炭を買い占め、食肉は米国から満船ベースでウラディウォストークに輸送していることだった。さる神社に案内してくれた日本人《ノウム》に戦争の見通しを訊くと、「イエス、イエス！カム・スーン、カム・スーン！」という答えだった。ガートルードは、丘陵に囲まれた気持のいい湾を擁するこの平和な町が、日本の兵站基地、武器庫になっていると感じた。

翌朝、最終港の下関で上陸した。きわめて快適なホテルで小憩したあと、瀬戸内海沿いの汽車に乗った。

極上の夕食を車中で摂りました。汽車の旅は、この五年間で格段によくなっています。すべてが変わりました、疑いの余地はありません。洋服姿が多くなり、工場が増え、広告も増えています。けれども、人々に、家屋に、花の多い景観に、そのすべてに、あのおなじ小ぎれいな上品さが見られます。実際、私たちはマルセイユを出てから初めて、「文明」に立ち戻ったのです……汽車のなかで日本語を勉強して、宮島に着いたときには、重い荷物は駅に預けておきたい、と言えました!……日本旅館に投宿、私は紙の離れ屋を一軒占領し、ヒューゴーは主屋の紙の部屋に入りました。係りの女中が「綿入れのキルト」を重ねて敷いてくれると、それがベッドになります。私たちは、まわりのしみひとつない洗練された優美のなかで眠りに落ちました。

翌朝目を覚まして、眼下に開ける厳島の海と波上の赤い鳥居の構図を述べた手紙の文章は、彼女がいかに日本の伝統的な景観美をよく理解したかを語っている。

つぎの四日間は、京都と大阪に滞在した。

〔京都では〕宮殿、寺院、庭園、いずれも大芸術家の手になるすばらしい部屋の数々を観て過ごしました——寺であれ家であれ庭であれ、最高の装飾家です、日本人というのは。それに手の届くものは誰もいません……夜はヒューゴーと一緒に「桜おどり」を観ました。京都に独特のおどりで、精妙のかぎりをつくした見ものです。ヒューゴーも、その完璧な美しさには私と同意見でした。

嵐山で舟遊びを楽しみ、大阪へは「博覧会」を観にゆく。ウォーターシュートから漬物から箸から外科用具から軍艦模型から化学肥料や駆虫剤の製法まで、ありとあらゆるものが展示され、手帳をもった日本人《ノウム》がせっせとノートをとって歩くのに、そして一ペニーの半分という入場料の安さに驚く——〔日用家具類、土産の織物類に〕見苦しいものは、まずありません。形の豊富なこと、構想の巧みなことには驚嘆です。

これは、政府主催の第五回内国勧業博覧会のことで、大阪市天王寺と堺市大浜公園（水族館）で開催された。これが最後となったが非常な盛況で、三—七月の会期中の入場者は九万五千坪の会場を設けた天王寺で五百三十万、堺で八十万という空前の数字を記録した。

滞日中にガートルードが宿泊したホテルは、ほぼすべて跡づけることができる。東京では、初めのときは横浜グランド・ホテルから通ったが、二度目は帝国ホテルだった。京都のホテルは「ヤアミ」で、これは知恩院と円山公園の間の高台に明治十四年に開業したもと也阿弥楼、「也阿弥ホテル」である。かつての大刹安養寺の境内にあった六阿弥と称する六ヶ所の塔頭（也、左、春、庭、正、連、ただし資料によってはちがう名もある）の也阿弥のあとにできた外国人用ホテルの草分けで、長崎の人、井上万吉、喜太郎兄弟が「京都ホテル」とともに経営した。明治三十三年（一九〇〇）に「都ホテル」の前身が開業するまで、京都を訪れるすべての外国人の宿はこのいずれかだった。京都ホテルは現在の「京都ホテルオークラ」に継承されたが、也阿弥は明治三十二年、三十九年と再度の火災で廃業を余儀なくされ、跡地の一部にいまは別の塔頭の名をつけた料亭がある。ガートルードは、五年前も也阿弥を予約していたのが手違いで京都ホテルに滞在した。今回は、先の火災後に再建されて近代化したホテルに泊まり、五月十六日の手紙にいう——

ホテル（ヤアミ）は山の中腹にあって、京都全体のすばらしい眺めを満喫できます。きわめて快適で、また非常に大きなところです——五年前は、ちっぽけな半分日本式の旅館でした。

東京には十九日朝に着き、「すばらしいホテル」に落ち着く。さっそくヒューゴーが昼食をともにし、姉弟が滞在中は世話になる友人オーブリー・ハーバートについては、一言を要しよう。

幼児のときに眼疾で視力をほとんど失いながら、一九〇二年にオクスフォード（ベイリオル）を「最優秀」（近代史）で出て外務省に入り、すぐ東京に赴任する。日本嫌いだったとも言われるが、二年後にコンスタンティノープルに転じてからは非常にすぐれた中東専門家となっていった。第一次大戦中、T・E・ロレンスとともにカイロのアラブ・ビューローに属してからのことはあとで触れるが、ガートルードとの縁は、この東京でのつきあいに始まっている。

二十日には、紹介者はわからないが姉弟で横井時雄を訪ねた。

元農商務大臣で、非常に魅力的な人です。英語を、私たちと同じように話します〔横井はイェール大学に学び、同志社第三代総長を務めた〕。一時間ほど畳の床に坐って、話を交わしました。彼の父〔もと熊本藩士で福井藩に仕えた思想家横井楠南。公武合体論者〕は革命遂行者の一人で、一八六九年に反動派に暗殺されました——したがって、彼も新しい日本に対しては犠牲を払っているわけです。彼は「サムライ」でした。先祖がもっていた大小の刀を二組見せてもらいましたが、有名な刀鍛冶の作った、繊細で強力なおどろくべき名品でした。彼は、クリスチャンです……。

その数日後、横井の案内で二人は大学（東京帝大）を訪問している。

りっぱな研究室でした。もっぱら、あらゆる分野の科学と、法律学、医学に注力しています。政府は、専門家を大部分は大学で養成しているのです。

ついでガートルードは、一流の語学者でもあったハーバートあたりの受け売りらしい日本語論を述べる。

この国の教育の妨げになっているのは漢字です。それなしでは何もできず、あわれなノウムがほかの勉強に加えて学ばねばならない、それ自体が途方もない分量の学習です。その結果、彼らは知っていることすべてを犠牲にして、私たちの場合よりも二年間も長く教育に費やさねばなりません。しかも、それを学ばねば、音標文字には書き換えられない彼ら自身の文学とは断絶してしまいます。まったく、とんでもなく苛立たしいディレンマです。

姉弟は、歌舞伎を観に行った。

〔団十郎は〕ずっと同じ姿勢で坐っていて、長い台詞に耳を傾けるときか、答えるときかに表情ゆたかな老顔をちょっと動かすだけでした……演技の一分ごとが精彩を、名状しがたいような精彩を帯びて——芝居全体が、ほとんど何もしない彼にかかっているという、彼がそこにいる大きな存在感をなんと言えばいいのか、私は言葉を知りません……次回は早めに行って、彼が若い女を演ずるのを見ましょう。一日のうちに、女主人公と老将軍の二役という、離れ業をこなすのです。

九代目団十郎はこのとき六十五歳で、その年に亡くなったから、ガートルードは最晩年の舞台を観たことになる。歌舞伎座は当時もむろん木挽町（現東銀座）にあったが、午後の部しか観なかったのは、午前中に浅草へ行った帰りのためだった——「浅草というところは、半分は寺院、半分は見世物です」。

そして二十五日、姉弟は日光へ行き、翌々日に中禅寺湖から湯元、小川を経て沼田にいたるトレッキングに出た。案内人兼コックの男と三人で、距離にして百キロちかくになろうか、山間の宿に泊まり露天風呂に入る二泊三日の旅を心ゆくまで楽しんだ。ヒューゴーの靴ずれがひどく、また雨に降られて、予定していた伊香保までは足を伸ばせず、沼田から上越線で帰京した。帰るや否や、待ち構えていたオーブリー・ハーバートとほか二人の友人がヒューゴーを芸者入りの宴席に連れ出す。姉は、どこへ行っても日曜日には教会の礼拝を欠かさない堅物のヒューゴーが一体どう振舞ったか、といぶかったが、あとで仲間に訊くと「すっかりくつろいでいました」。

六月に入り、四日から七日まで、「つけたあだ名をねずみ《ラット》という以外は名前も覚えていない」、「非常に小柄できわめて要領のわるい日本人の従者」兼コックの男を連れて富士箱根の旅に出る。

〔山歩きをするのに〕エナメル革のブーツと赤い縫い取りのある黒木綿のストッキング、肩の縫い目にプリーツがとってあるので小さな背中にこぶができたチェックのスーツを着てセーラーハット。ねずみは、きっと日本中でもっともばかな男だ。

富士吉田で夜を過ごした翌日は、湖畔に一英国人が山小屋を開いていた精進湖で泊まる。富士川、八日市場で一泊し、雨中を徒歩と鉄道を乗り継いで宮ノ下で宿泊、ついで箱根を越えて熱海に出、鎌倉を経て帰京する。一部のルートが明瞭でないが、これも容易でないコースで、彼らの健脚と好奇心には驚かされる。しかし、明治三十年代の日本を訪れた白人、とくに英国人には、一時代先立つイザベラ・バードなどとはちがった形でこのような旅を好む気風があったのも事実である。

ガートルードとヒューゴーは、六月十日に横浜を出てヴァンクーヴァに向かった。姉との二人旅に食傷したヒューゴーは米国にまわり、ガートルードはカナディアン・ロッキーに登るが、東部で落ち合い、ボストン、ケベックを経て七月末に英国に戻った。

ガートルードにとって、二度の世界周遊はどういう意味をもっていただろう。

彼女は、過去をそのまま追憶して印象の強さを語る人ではなかったが、東半球での見聞が、後年の文章のテーマとしていずれも『シリア』のなかで三度も蘇っているのは注目に値する。

ひとつは、同書第五章で、純粋の山岳ドルーズのシャイフ一家が見せた好ましい人柄を称えて、「趣味の良さの点ではペルシア人やラージプート人といった貴族的な民族の最高の貴人のような、抜群に品のいい人に比べてもひけをとらない」（拙訳書上巻一五八―五九頁）と述べている。ここにいうラージプート人とは、デリーのドゥルバールのあとラージャスターンを訪れたときに歓待に与った藩王たちを指すものだ。

つぎは同書の随所に見られる日本と日本人についての言及で、進行中の日露戦争を見つめるシリアのいなかを旅しつつ、いろいろな立場の住民が日本に示した反応を書き留めている。くわしくは後述するが、訪日体験がなければガートルードの記述は変わっていたにちがいない。

最後は、旧師デニソン・ロスとの出会いである。前述した『ハーフィズ訳詩集』新版の解説で、ロスはこう述べている。

一九〇三年にガートルード・ベルは二度目の世界旅行をして、その一月にカルカッタを通ったとき、私は何度か面談する機会があった。カルカッタのあと彼女はビルマに去ったが、ある日私はラングーンから電報を受けとって驚いた。いわく、「Wa kharyu jalisin fi zaman kitabu〔アラビア語〕で終わる詩句の前半行をお知らせください」。これは、詩人ムタナッビー〔十世紀のシリア、アレッポの宮廷詩人〕の有名な詩の言葉で、さいわい私は《A'azz makanin fiddunya zahru sabihin》という回答を返電することを得たが、この謎めいたメッセージがどんな具合に彼女に届いたかは知らない。両行を繋いだ完成句を翻訳すれば、「世の中で最上の場所は駿馬の背中、良き伴侶のなかでも最善のものは一巻の書」である。

当時、ロスは総督カーゾンのもとでカルカッタ・イスラム学院《マドラサ》の学院長を務めていたが、この電文のやりとりのことは、ガートルードの日記にも書簡にも出てこない。ただ、ヒマラヤ見物にダージーリンへ行った前後に二度滞在したカルカッタで、あすはビルマに発つという二月十九日の夜、彼女は総督官邸で催された舞踏会で「デニソン・ロスさんと話をした！」とだけ、日記に記している。

ムタナッビーの詩を電報を打つまでして問い合わせた理由はわからないが、この詩句は完全な形で『シリア』に繰り返されている。彼女がシリアの有名な十字軍の城カラァト・アルホスンで嵐の夜を過ごしたときに、トルコ人の代官がこの詩を朗誦したという（拙訳書下巻五九―六〇頁）。代官が口ずさんだのは偶然としても、ガートルードがそれを完全に知っていた裏には、ちょうど二年前の旧師ロスによる確認があったといえなくもない。

こうしたいくつかの印象的な事例に照らすと、アジア、極東についての広い知識と旅先で得た交友関係が、それと自覚はしなくとも、のちに彼女がさまざまな場面で見せた深い理解のもとになっていたと察せられる。

第７章

エルサレム

レバノン山中，右：アフカの泉〔ローゼン『回想のオリエント』〕，左：シーダー〔金子史朗『レバノン杉のたどった道』〕。ガートルードはアドニス河源の泉で水浴を楽しみ，レバノン杉の球果を持ち帰ってロウントン・グレンジで育てた。

再度の世界周遊を終えたガートルードは、ちょうど三十五歳になっていた。当人の自覚や意識はともあれ、事実として、ここで彼女は気ままな遊び心と訣別したと筆者には思われる。「あそび」に日を過ごすのは、ガートルードを含めて多くの人にとって所詮は空虚の埋め草にすぎないであろう。「あそび」を可能とする条件が整っていればいるほど、埋めきれぬ空虚の思いは強まるにちがいない。ガートルードの人生で「仕合わせ以外のものは絶対になかった章」はブカレスト滞在で終わったというエルサに倣えば、「あそびの章」かどうかで彼女の生涯を二分する場合の前半は終わったのだ。

その後半に入る前に、すこし時代を戻さねばならない。一八九九年、ラ・メジュ登頂の年の末に、ガートルードはアラビア語の学習のために初めてエルサレムを訪れた。

きっかけについては本人や家族の記録からはあきらかでないが、フリードリヒ・ローゼンが「私ども夫妻がエルサレムで冬を一緒に過ごそうと招いた」と言っている（前掲拙訳書三〇八頁）。ローゼンは、かつてプロイセンの領事だった父のもとで幼年時代を過ごした聖都のドイツ帝国領事として、三十二年ぶりの同年七月に赴任していた。ガートルードの資質を愛した彼は、エルサレムでの彼女について興味ある回想を同書では十頁にわたって語っている。

ガートルードは十一月末日にマルセイユを出て、アテネに立ち寄ったのち、スミュルナ（イズミル）に上陸して二日を過ごし、その間にボルノヴァとエフェソスにも足を伸ばして十二月七日に老朽ロシア船で出航する。

これから、スミュルナの近くのある山荘〔現地に住みついたオランダ系の人ヴァン・レンネップがボルノヴァに持つ〕を訪れるつもりです——が、おお王様、千三日目のお話に入る前には、千二日目の話をお聞きいただかねばなりませぬ。……〔ピレウスを〕二時三十分に出航してスゥニオン岬は暗くなる前に通過……風が出て暴風となり、最初に立ち会って最後まで見届けたのはクック社代理店のマカリステル氏と私だけ！　事実、私は船乗りとしてもちょっとしたもので、ものすごい一夜だったのに平気でした。……翌日は、嵐で遅れて午前八時にキオス沖を通り、〔スミュルナに〕入港したのは正午ごろでした（五日、母あて）。……スミュルナの貨幣流通のこと〔良貨・悪貨、外国通貨の並存、換算率の混乱による無政府状況〕では一章が書ける……（六日、日記）。食料を携帯してデッキで暮らすロシア人巡礼が四百人……ある女は、三月に〔西シベリアの〕オムスクを出て、ずっと歩き通してきた……（七日、日記）。

トリポリ、ベイルートを経て十二日にヤッファ（テル・アヴィーヴ）に入港、ローゼンの出迎えを受ける。汽車で三時間半後、エルサレムに着く。一八六七年にローゼン少年が帰国したときには、馬で二泊三日をかけて通った道だった。

プロイセン時代には旧市内の中央にあったドイツ領事館は、新市街に移っていた。そこから歩いて二分のホテル・エルサレムにガートルードは広い二室続きの居を定め、トルコ帽姿の召使を雇い、昼食、夕食はローゼン邸でとる生活を始めた。

翌十三日にはさっそくアラビア語の教師を決め、馬を買い入れる手配をし、ローゼンと町歩きに出る。数日間で、旧市内の名所旧跡をはじめ、ベタニヤ、オリーヴ山、ベツレヘムと、新来者の見るべきところはほぼ見てまわった。ガートルードの見聞記は、聖地の初訪問者の多くのそれと変わるところはない。

ただ彼女が巡礼ではなかったのは、フローレンスが『書簡集』でわざわざ注記して「聖蹟各所へのガートルードの関心は考古学者のそれにすぎず、信仰者としてではなかった」と述べるとおりである。ガートルードはほとんどの聖所に覚めた目を注いでいるが、のち四月二十二日の復活祭の朝に、聖墳墓教会で聖墓から噴き出す火を見に行って味わった強烈な興奮は読むものにも伝わってくる。そのときばかりは、ロシア人だけでも六千人という世界中から集まった善男善女を驚かせる手の込んだ仕掛けと知りつつ、彼女も圧倒的な雰囲気に呑み込まれてしまった。

十六日にはアラビア語の個人レッスンが始まり、馬も当時の相場では安くない十六ポンド五シリングで気にいったのが入手できた。移動の手段は確保できたものの、言葉が不自由では単独行動はできず、年明けまではすべてローゼン一家の世話に頼らざるをえなかった。クリスマスには再度ベツレヘムを訪れた。

二十日にエルサに書いた手紙によれば、

いま夜の十一時、早く寝て、アラブ〔の先生〕が来る前のおさらいに早起きをせねばなりません。ついでながら、アラビア語が話せるようになるとは思えないのですが、がんばることで神意を見返してみようと念願して苦行を続けています。

二十三日の母あての手紙では、毎日の学習を四時間として、うちレッスンには一時間をあてて週に三回ずつ午前の日と午後の日を割り振り、十二時半にローゼン宅で昼食、レッスンのない午前か午後の三時間を外出・乗馬、七時まで自習、着替えてローゼン宅で夕食、十時に戻り一時間自習して就寝、という日課を伝えている。日曜日を除いて、連日五、六時間はアラビア語に費やす勘定になる。また、ローゼンが自分の研究の一環としてドミニコ会の学識ある修道士から古代宗教史の講義を受けていたので、それに参加を始めている。

日課は、完全に消化したようだ。年が改まり、一九〇〇年一月一日の母への手紙には世紀最後の新年への感想といったものはないが、話が出かけていた父のエルサレム来訪計画と祖父の体調不良とのかねあいや、ボドリーの遺産相続問題の紛糾への懸念などが述べられている。そのなかで、「〔父の来訪はうれしいが〕あえて申しますと、まったく遅々として進まないアラビア語にかじりついている方が私としてはありがたいのです」と言う。父との絆を思えば類のない発言で、いかに彼女がアラビア語の学習に執着していたか、またそれが思うように進まなかったかを物語っている。ヒューの来訪は中止となり、二十一年経った後に実行された。

ガートルードは、アラビア語と格闘していた。すでにレッスン初日の手紙でも「教師のハリール・ドゥガンはまさに求めていた人です。けさは、発音でいままでは無知だったことを知りました」と言っていた彼女だが、こう言っている。

……ようやく、耳にすることがすこしは分かり、召使にも簡単なことなら言えるようになりかけていますが、途方もなくむずかしいものです。発音が、お話になりません。ヨーロッパ人ののどは、こんなべらぼうな喉頭音《ガットトラル》が出せるようにはできておりません。それでも、猛烈におもしろいのです……（二十三日、母あて）。

……アラビア語には死にもの狂いで、あたらしいことも試みるつもりです。〔会話の練習に〕あるシリア人の娘が週に三、四回きて一時間ばかり話をしてくれることになりましたが……〔アラビア語は〕おそろしい言葉です。これほどむずかしいものなど、想像もできません（二十八日、母あて）。

一月十一日には父あてに、

……大変な苦闘の末に、やっと目鼻がついてきました。最初の二週間は、まさに必死のありさまだったのです。二つの単語をつなぐこと〔セム系言語に特有の連結語法の複雑な文法とその発音をいうと解される〕など、絶対にできないと思いました。言語自体がむずかしいのに加えて、ヨーロッパ人ののどにはほとんど発音不能の音が少なくとも三つあります。最悪のは非常な帯気音《アスピレテッド》のhで、舌を指で抑えてようやく発音できるというものです、でもいったい、舌をのどの奥に押しつけて、どうして話ができましょう！〔シリア人の娘〕フェリーデ・ジャマルはほんとうに上出来でした。なおさら良かったのは方言を話すことで、私が知りたいのはこのあたりの人の言うことですから……。

そしてやがて、二月十八日には母あてに、

……このごろ、雨の降る午後などは慰みに独りでアラディン物語を読んでいます、辞書なしで！　非常にむずかしくはない、とは申しても、標準的できれいなアラビア語ですが初心者向きとはいえません。そして、言葉づかいを覚えるのにとてもいいのです。つけ加えますが、ここへ来てから実際、随分と勉強したと思いますよ、だって面白半分に物を読むなんてとうていできなかったのですから。申し分なし、ではありませんか？　いつかは、アラビア語がすらすら読めるようになりたい――この本くらいは！　そして、つぎは歴史書を！　つくづく思うのですが、当地での数ヶ月があったことで、私のこれからの人生で得られる喜び、楽しみに多くのものが加わって、いつまでも残ることでしょう、ほんとですよ《オネスト・インジュン》〔このくだりは、ローゼンの前掲書三二七頁に引用されている〕。それにしてもなすべきことは多く、いまなすべきことはさらに多いのです――では勉強にかかりましょう！

二月二十八日になると、

〔外出先で五人の乞食少年と道連れになり、話が通ずるのが楽しかった〕アラビア語には二つのkがあります――町の人は硬音のkをまったく落として、代わりに私たちにはない喉頭音を使います。いなかへ行くと、硬音を軟音に、軟音のkをchと発音しますが、喉頭音の使い方がきれいで、古典的アラビア語に属する多数の単語を用いています。話し言葉ではベドウィンが最高で、彼らは文字をすべて発音し、単語に含まれる意味のきわめて微妙なちがいも表現できます。……ローゼンさんと創世記を読み始めました、ヘブライ語で！ ぞくぞくするほどスリルがあります。でも、いまのところ一節を読んだだけなので、ひとつの本として分かったという感じはないのです。異様なばかりにアラビア語に似ていて、どんなヨーロッパ語を二つ考えてもこれほど近いものはありません。

エルサレム滞在中のガートルードの行動は、一日もかかさずにつけた日記と数日おきに出した手紙で完全に追跡できるが、さらにローゼンの著書がそれを補完する。たとえば前記の十八日のことでは、彼はこう回想している。

またさっそく、毎日かよってくる教師についてアラビア語の学習を始め、ほどなくあの難しい言語を結構流暢に話せるようになった。……私は子供のときからアラビア語を喋っていたから、彼女にいろいろと助言、説明ができる立場にあった。おもしろくて読みやすい「アラディンの物語」を与えたところ、彼女はまもなく人の助けを借りずに読みこなしてしまった（前掲拙訳書三〇九頁）。

このころのガートルードにとって、アラビア語は何であったろうか。すでに何度か触れたように、彼女とアラビア語の縁はかなり以前に遡る。とくに目的があってのことではなく、知的挑戦のひとつとして自分の能力を試みていたのだ、とする見方もあるが、そのような面もあるにせよ、筆者にはきっかけはペルシア語にあったように思われる。おそらくはエドワード・レインの英訳で「アラビアン・ナイト」を読んで（理由はレイン訳が良家の子女にも無害とされたことで、その対極がリチャード・バートン訳だった）オリエントに魅力を覚え、ペルシアに行き、ハーフィズを翻訳する、その過程でアラビア語の知識が必須と感じたとしても当然であろう。テヘランのある日の庭園で、一緒にハーフィズ詩を読んでいたカドガンと彼女が随所に現れるアラビア語で行き詰まったとき、居あわせたローゼンが助けを出したことも回想記に出ている（同一八一頁）。

そしてロンドンで、世界周遊の船上で、彼女は五、六年はアラビア語との接触を絶やさなかったのに、所詮は満足のゆく段階に達しえなかった。速成でもともかくものになったペルシア語とは大きな違いだが、セム系の言語がヨーロッパ人にとっては言語能力に恵まれていても異質で取っつきにくいことを示している。たとえばすでに一八九六年二月十三日に、ガートルードはロンドンからレッドカーの母にこう言っている。

> 五時にレッスンがあるので帰りましたが、先生《パンディット》〔デニソン・ロス、当時はロンドン大学東洋学研究所長〕は私にことのほかご機嫌で、アラビア語の達者になったことを褒めてくれてばかりでした。きっと、ほかの学生がとんでもない愚か者ぞろいなのでしょう。一緒にコーランを読むのは非常に興味深いことで……次回用には、『アラビアン・ナイト』をいただきました。

だが、当時はアラビア語の辞書や文法書がきわめて不備だったのに加えて、デニソンの個人教授ではネイティヴ・スピーカーの発音は得るべくもなかったことが、現地でアラビア語漬けになる気を起こさせたのだ。また、先に引用した手紙からは、目的にアラビアの史書を読むこともあったことが窺われる。

確実に言えるのは、ガートルードにとってのアラビア語のむずかしさは、大部分が発音にあったことだ。普通人には困難をきわめるアラビア語文法はまず苦もなく乗り越えた彼女も、咽喉の使い方を変えることは至難のわざだった。しかし、発音が完璧でない外国語などは、もともと彼女の意識のなかにはない。そして、めずらしく繰り返して悲鳴をあげた難行苦行の三ヶ月が終わるころには、彼女は完全に自信をつけていた。

それでいながら、二年後の一九〇二年に父とヒューゴーとともに西地中海をめぐり、ガートルードだけはパレスティナへ足を伸ばしてハイファでペルシア語とアラビア語に磨きをかけたとき、四月二日に彼女は母にこう伝えている。

……またペルシア語に接することができて、うれしいかぎりです、なんとうつくしい言葉！　でもアラビア語のほうは、どっぷりと浸りきりですが、だれもが気楽にくらしているときに、こんなにむずかしい言葉に関わりをもちたい人間が一体いるだろうか、私には想像もできません。このホテルでアラビア語を話さずにいることは一刻もないのですが、毎日すこしずつへたになる気がします。

二年間に彼女のアラビア語が退化したとは思えないので、この述懐は、自分の語学力を鑑定できる力がついたことを意味するのであろう。実際、以後は現地を離れていてもガートルードのアラビア語は上達していったことが分かる事例を、彼女自身の著作に見ることができる。たとえば『シリア』や『ムラトのあとはムラト』には、地方の住民やベドウィンの立ち話などから彼女が重要な意味のある言葉や表現を聞き取る場面がいくつか出る。一方では、腑に落ちないことは書き留める律儀さもある。ウハイディルの大遺跡に出くわしたのも、きっかけは野営のテントを囲む現地民のなにげない世間話の断片が耳に入ったことだった。ほぼ隔年に現地を訪れていたときのことなので、帰国して語学力が錆びつくどころか、むしろ研ぎ澄まされたというほうがあたっている。そして後述するように、バグダードに住む晩年の彼女は訪れたレバノン生まれのリポーター、アミーン・リハニーをして、「なまりがほとんどないアラビア語を話す」と驚嘆させるのだ。

ガートルードの外国語の学習は、つねに現地密着型だった。短期の旅行先でも、簡単な文法書と会話帖、単語集に頼るだけのものとはいえ、日本、インドで片言の日常会話くらいはこなした。インドでは、ヒンディー語で用が足りる機会はかなりあったらしい。一八九三年にアルジェのあとドイツにまわってワイマルに留学中の弟モーリスを訪ねたときも、フォン・シュタイン夫人という人の家に通って個人教授を受けている。エルサによれば、「ガートルードのドイツ語はかなりなものだったが、例の徹底主義で滞在中は週に三回のレッスンをとっていた」。

翌九四年春の北イタリア旅行でフィレンツェに滞在したときの毎朝はイタリア語のレッスンで始まったし、「昼食後には〔美術史の〕ファラルーシ教授がやってきて、身震いするようなやり方で私を駆りたて、地獄〔ダンテの『地獄編』〕を走り抜けました――たった二時間で!」。九六年春にはヴェネツィアでレッスンをとり、再度のフィレンツェでウフィツィ美術館通いをして過ごしたときも同様で、すでにイタリア語はガートルードの西欧語では仏、独に次ぐものとなっていた。

アラビア語という武器を手に入れたガートルードは、半年間の滞在中にエルサレムを基地として遠方の各地に出かけてゆく。はじめはローゼン、あるいはその家族も同道で、やがてはコックと荷物運びの騾馬追いを連れただけの単独で行動した。

一言を要するのは跨座の乗馬を始めたことで、彼女はエルサレムで古代からの伝統的な女性の横乗り《サイド・サドル》式乗馬を振り切った。三世代前の大先輩、レディ・ヘスター・スタノップは男装、男鞍で周囲を驚かせた草分けだが、彼女は帰国をあきらめていたし、そもそも難船してヨーロッパの貴婦人の衣裳はことごとく失っていた（ジョーン・ハズリップ／田隅訳『オリエント漂泊』）。ガートルードは四月十一日に、ローゼンの助言を得ながら男物の鞍に初乗りする。「鞍がずれることはなかった」こと、「最初の半時間は鐙《あぶみ》を保つのに苦労したが終わりにはうまくいった」ことをひとつの成功として、日記にも書き、知れば仰天するはずの母にも伝えた。ローゼン夫人ニーナは以前から男物を使い、それに合わせたキュロット風のスカートを穿いていたので、ガートルードもさっそく同じものを作らせた。まもなくヨルダン、シリアの旅に出たとき、デラアから彼女は母にこう言う。

暑くて暑くて、コートを着て熱を遮断せねばなりません。帽子の上に白地の大きなカフィーヤ〔アラブ風の頭巾〕をつけ目だけが出るように顔に巻くのですが、その目も青い面被でなかばは隠れています。ただこの旅の最大の快適さは、私にとっても馬にとっても、男物の鞍を使うことです。二度と、絶対に二度と、これ以外ものには乗りません。いままで、ほんとうに楽な乗馬というものを知らずにいました。口をきかなければ、だれもが私は男と思っていて、声をかけるときには「旦那様《エフェンディム》！」と言います。でも、ほんとうに優雅で品のいいキュロットスカートをはいているのはお忘れなく。ただ男だってみないい加減なスカート姿〔ズボンではなく、踵までの長衣〕ですから、私のも見わけはつきません。

ガートルードは、勇敢で技量のあるライダーで、その点でもヘスター・スタノップを思わせる。馬には自信のあったローゼンも、「彼女は乗馬の腕前が抜群、しかも実に大胆で、石だらけの路や、ときどき現れる磨きあげたように滑りやすい平らな岩を行くときもまったく臆さなかった」（前掲書三〇九頁）と賛嘆を惜しんでいない。

エルサレム市内、近郷の見聞は省いて、ガートルードが遠出したうちでドルーズ山地への潜入を含む三つの旅行体験――いまではドルーズ山地を除けば観光コースの――に触れておきたい。

1　ペトラ

三月十九日にコックと二人の騾馬曳きを連れて出発し、エリコからヨルダン川東岸に入り、トルコ官憲には彼らの友邦ドイツからの旅行者と偽る。二年前に聖地を訪れたドイツのカイザー・ヴィルヘルムとスルタンの親善は、僻地にも波及していた。地域のトルコ当局が配備する、つまり費用を払って付けさせられるチェルケス人の護衛兵を帯同し、マーダバー、ケラク、ブセイラ、シャウバクを経て二十九日にペトラの入り口、ワーディー・ムーサーに到着する。「こんどの護衛もチェルケス人」、と彼女が言うのは、ロシアのカフカス南下で故国を追われて難民となったイスラム教徒のチェルケス人をトルコ政府がこのあたりに移住させていたからだ。ヒジャーズ鉄道が未開通の当時、ペトラへの経路は十字軍以来の旧街道を伝い、アンマーン、マアンは通らなかった。

バーブ・アッシクは長さ半マイルばかり、幅はところによっては八フィートもない通路です。両側に直立する岩壁は、精美をきわめる赤い砂岩で百フィートほどの高さに達し、ときには頭上高くほとんどアーチを作っています。路には終始盛り土の間を水が走っていますが、大体は導水溝を流れていて、路には石畳の舗装があります。流れに沿ってオレアンダーが生え、あちこちに蔦が束になって赤岩に垂れていました。呆然として進んでいくと、狭い岩の合間から突如としてかつて目にしたこともない絶景が現れました。大岩塊に刳り抜かれた神殿を想像してください、くっきりと立つコリント式の大円柱が支える美しいファサードは、きわめて繊細なプロポーションで崖の頂点にまで聳え立ち、たったいま鑿《のみ》を揮ったばかりに見える鮮やかな紋様がさまざまに彫り刻まれています——そのすべてが薔薇の赤さの岩《ローズ・レッド・ロック》で、ちょうどそこに日が射すとほとんど透明となりました……。

同日の日記では、

それからバーブ・アッシクに入った。非常に狭く、水と、美しい赤でときには蔦がからんだオレアンダーのなかへ跳びこむ。狭間《はざま》を約四分の一マイル行くと、突然「ファラオの宝物殿《ハズネ・ファラウン》」が目に入る——ピンク色に輝く絶美のきわみ。

この描写は、一八一二年にヨーハン・ブルクハルトによって見出され、一八四五年に前述（三二頁）したジョン・バーゴンが三七〇行の長詩「ペトラ」で「ローズ・レッド」をその形容に用いて以来、岩窟都市の驚異を描いた無数の文章のひとつにすぎない。ただガートルードが通常の旅行者といくらか異なるのは、翌日、羊飼いを案内にホル山に登ったことだ。一世紀の史家フラウィウス・ヨセフスが述べたことから、モーセの兄、イスラエル初代の大祭司アロンが葬られたという伝承が生まれたところである（民数記二十章ほか）。

頂上まで攀じ登ると墓がひとつありますが、誰のだと思われます？——アロン！こんな峡谷は、見たこともありません。どちら側も千フィートで屹立する崖で、信じられない形に砕け、しかも色分け！――赤、黄、青、白、その上をどんなモザイクよりも美しい大紋様が被っています。

日記では、

日の出の一時間前に出発、ホル山の頂上を目指す。そこは、ワーディー・ムーサーからは見えない。道標とは別に、石が積みあげてある。一時間半で頂上に立つ。あたらしい祠がある。そのなかに緑色のぼろぎれや糸に被われた墓があり、近くに眼鏡が引っかけてあった。

ガートルードは、ペトラを訪ねるというかねての念願を達し、ホル山に登った満足を得てエルサレムに戻った。

2　ドルーズ山地、ダマスカス、パルミラ

復活祭の終わった四月二十四日、ガートルードはローゼン夫妻とともにエルサレムを出て、まずエリコまで行った。アンマーン、ザルカ、ジェラシュなど、肥沃なヨルダン川東岸の古跡をめぐったあと、ガリラヤ湖へ行くローゼン夫妻と別れたガートルードは、コックを同伴しただけで現在はシリア領内のデラアを経てボスラに着く。目的は、その東方に広がるドルーズ山地《ジェベル・アッドルーズ》に入ることで、そのあとダマスカスに出る計画だった。

ドルーズというのは、十一世紀初めにカイロにあったシーア派イスラムの分派、イスマーイール派に属するファーティマ朝第六代のカリフ、ハーキムを神格化して成立した、レバノン、シリア、イスラエ

ルに散在するきわめて特殊な小数異端の宗徒である。一九二五―二六年の対フランス抵抗や、近年ではレバノン内戦中に暗殺された古い族長家系に属する開明的指導者、カマル・ジュンブラートの存在などで表面に出る機会も増えたが、ガートルードのころには謎に包まれた秘密集団とみなされていた。それは、一般のイスラムとはかけ離れて外部からは窺い知れない秘儀的信仰のイメージ、一八六〇―六一年のダマスカスを中心に展開したマロン派キリスト教徒との激烈な抗争、トルコ当局との軋轢などから生じた、危険であやしげな印象に発している。トインビーが「山塞のなかの化石」と称したように、何世紀にもわたる弾圧で南シリアの山地に閉じこもったドルーズには、現地のトルコ官憲も手が出せなかった。

ガートルードがドルーズに関心をもったきっかけは明らかでないが、前記のダマスカス暴乱で多数のマロン派教徒が虐殺された際にキリスト教擁護の立場からフランスが介入し、対抗的に英国がドルーズに好意的だった経緯がある。しかしなによりも、秘密に閉ざされて、さまざまな奇妙な憶測を生んできたドルーズの存在そのものがガートルードの興味を呼び起こしたにちがいない。ドルーズを手下としたヘスター・スタノップですら、居ついたのは海の見えるレバノン山中で、いまだかつて、ドルーズ山地(地名としてはハウラン地方、ローマ時代のアウラニティス)に入った白人女性はいなかった。ペトラへ連れていった騾馬追いの一人ムハンマドが、たぶんガートルードの初めて見たドルーズである。彼はベイルート生まれだが、ドルーズ山地に行くことになれば帯同するつもりだったほど気に入っていた――「彼のような一派なら、気持のいい種族にちがいない――大きな男で、ハンサムで、穏和で、もの静かで、きわめて禁欲的」。これらすべてが、「トラヴェラー」の素質をもつガートルードの血を騒がせたのだ。

五月一日にボスラに着くと、警戒した町長に行先を訊かれたガートルードはダマスカスと答える。ならば安全な西側の街道を行くように勧める町長に、まずは東のサルハッドを訪れたいと彼女は言う。旧約申命記三―一〇に「サルカ」と述べられているサルハッドは死火山のなかのドルーズの村で、アラブでありながらトルコ人に頭の上がらない町長はなんとしても訪問を翻意させようとする。夜になって、テントで読書中のガートルードに、訪ねてきた町長とコックのやりとりが聞こえた。蠟燭を消し、寝入ったことにして聞き耳を立てていると、翌朝どこかへ出かける前にはかならず連絡せよ、と言い置いて町長は去って行った。

ガートルードは午前二時に起き、四時にはテントを畳んでひそかに出発した。真っ暗ななかを手探りで町を出、追跡を避けて一旦は北のドルーズの村アーレを目ざす。ドルーズの圏内に入ってしまえば何の心配もなく、迂回してサルハッドに達した。そのときは、ここがハウランで行ける東端だった。族長ヤフヤ・ベグとも面談したが、彼は、ガートルードを「女王が、女領事が、旅をしているのを見かけなかったか?」と追っていたという。コンスタンティノープルにいるヨーロッパ諸国の大使とは疎遠なこのあたりでは、「領事」は国王なみの権威の保持者と見られていた。歓迎に羊を屠るという申し出を辞退して、彼女は無礼をはたらいたかもしれないと悔やんだ。

ガートルードはペトラを訪ねたときとは逆に、「ドイツ人か?」と訊くドルーズに英国人の身分をあきらかにし、訪問する先々で下にも置かぬもてなしを受ける。ハウランのシンボル、クレイブ山の麓の村カフルでは、住民が総出で迎えた。

彼らは、ぜひ会ってみたいと思われるにちがいない顔立ちのいい人ばかりです。身長は平均で六フィート一インチ〔約一八五センチ〕、容貌を均していうと、まるでお父様がご自身とヒューゴーを一緒にされたような感じです。

謙遜して、言い過ぎだと思われるでしょうが〔ヒューは美男子で評判だった〕。

ハウランの州都スウェイダにはトルコ政府の出先があるので、警戒した彼女はそちらには足を向けなかった。

十一日に、ガートルードは十六時間の長丁場の最終行程をこなしてダマスカスに到着した。ローゼンと親しいドイツ領事リュッティケの世話になり、父にはパルミラ訪問と費用送金の許しを電報で依頼し、旅行の準備をして、戻ったときにはニーナの妹シャルロッテがエルサレムから来て落ち合う手筈を整えるうちに、数日は過ぎた。彼女にとっては初めてのダマスカスだったが、とりたてて興味を惹くものもない、という。その後、何度立ち寄ったかしれない、称揚してやまない町の第一印象としては理解しにくい言葉である。多用で落ちつけなかったのか、あるいは、ドルーズの反乱で徹底的に破壊されてから四十年近く経っても、まだかつての壮麗なおもむきが回復されていなかったのかもしれない。新約聖書で有名な「まっすぐの道」でさえ、一度は見る影もなく廃墟化していたのだ。

エルサレムから連れて来たコックにガイドと三名の護衛兵を加えて、ガートルードは十五日に出発した。三世紀末にゼノビアの帝国が崩壊して砂に埋もれていたパルミラは、一七五三年にロバート・ウッドの訪問記が出て一躍有名になったが、レディ・ヘスター・スタノップが白人女性として初めて訪れてからまだ百年も経っていなかった。凶暴なベドウィンが跋扈して旅行者やキャラバンを襲うことでも、砂漠の街道は悪名高かった。いまならダマスカスからバスで数時間で行けるところだが、ガートルードは往復に二週間を予定した。

二十日の昼にパルミラに到着し、まずは睡眠をむさぼった。最後の二日間は非常な難行軍で、暑い日中は眠り夜間に前進するのだが、人も馬も疲れはてて食物ものどを通らず、寝こんだ場所が薊《あざみ》の茂みで肌を刺す虫のなかとは後で知る始末だった。ガートルードも馬上でしばしば居眠りし、駱駝は飼料が不足して終夜うなり通す。着いた日の朝は、彼女も馬も疲労困憊して、下馬して歩かざるをえなかった。

パルミラに入る鞍部を越える馬上で、ガートルードは夢を見る。白い長衣の男に、彼女は問いかけた――「ソロモンが霊鬼《ジン》を閉じこめたのはどこか？」〔旧約歴代誌（下）八章に出るソロモンのタデモル（＝パルミラ）建設の説話にちなむ〕。男は答える――「時間という無限と、空間という無限のなかに」。そして男は部屋の隅に行き、棚から二本の小壜を持ってきた――「これには時間という無限が入っており、こちらには空間という無限が入っている」。意味を考えていると馬が立ちどまった拍子に起こされたガートルードは、なんとでもして目を覚ましていないと「時間という無限」が永久にパルミラに行き着かせてくれないかもしれぬ、と認識する。そして、これほど状況に適した夢もないと思った。よほど身に沁みたとみえて、この経験を彼女は二十日の日記に書き、同日づけの長文の手紙でも書き送っている。

鞍部からパルミラを見下ろしたときの印象を、彼女はこう述べている。

> 広い世界にこれほどふしぎな光景があろうか、と思います。大変な数の円柱が、並んでは長い街路をなし、寄り合って神殿に達し、壊れて砂上に横たわり、一本だけ離れては長い指のように天を突いています。向こうには巨大なバアルの神殿があり、その境内に現代の町ができて、泥屋根の集合から神殿の柱列がそそり立っています。さらに彼方はすべて砂漠、砂と白い塩の帯とまた砂、上には砂塵の雲が渦巻き、行程五日間の先にあるのはユーフラテス。目に入るのは、吹きだまりの砂に膝まで浸かって立つ白い町の骸骨のようです……。

その翌々日には、こう言う。

ペトラは別にして、パルミラはこの国で見たなかでもっとも美しいもの、でもペトラを凌ぐのはむずかしいでしょう。

いま読めば平凡なこの種の描写も、現地の写真ですらめったに見ることはない当時ではまったく新鮮な印象を与えたのだ。

3　レバノン山

ガートルードは二十九日にダマスカスに戻り、シャルロッテと落ち合うと、六月一日には一緒にバアルベクに向かった。エルサレム以来の忠実なコック、ハンナと騾馬曳きだけを伴い、護衛はつけなかった。

二日の夕方にバアルベクに着き、二泊して遺跡と周辺を見てまわった。日記には、「非常にけばけばしい、だが驚嘆に価する壮麗」とあるだけでそっけないが、翌日の手紙では建築美術の面からかなり詳しく印象を述べている。

レバノン山の雪を背にして、足もとのポプラの繁みに立つ太陽神殿の巨大円柱と、風にそよぐポプラになかば埋もれた美しいジュピター神殿が、これを書いている私を見つめています——そう、アテネ〔のアクロポリス〕とはちがいますが、まことにみごとなものです。近寄ってみると、細部ではかなりに質が落ちると分かります。ギリシアの簡潔さはないけれども、装飾はその種のものとしては非常にりっぽで、パルミラ以上と思います……。

四日にバアルベク発、西南のドゥーリスに立ち寄ったときにシャルロッテが撮影したのが、いまわれわれが目にするガートルードのめずらしい馬上の横姿だ。翌日、レバノン山中に入り、シーダー、つまり古代のレバノン杉が残る現場を訪れて野営する。

シーダーで、気持のいい朝をのんびりと過ごしました。大樹の下で朝食をとり昼食も食べ、写真を撮ってスケッチし、鳥の声に耳を傾けました。地面は杉の子で被われていますが、親木の陰では生育できません。……ただ、成木の木立の外側には自生している――おそろしく緩慢な生長で、森林管理人によれば五年経っているのに十八インチ以下です――若干の若木があります。球果をたくさん集めました――ロウントンで生やして、育ててみましょうか。本もののレバノン杉があるのはおもしろい、ただし百年経っても二十フィートにはなりませんから、すくなくとも私たちがその下で昼寝というわけにはいきません。

この手紙について、フローレンスは、持ち帰った球果はあちこちに分配され、いまロウントンの芝生には本もののレバノン杉がやっと十六インチの高さに育った、と語っている。ついでながら、同様の記入のある五日づけの日記原本には、杉の葉の標本が挟んであった。このときに限らず、ガートルードは訪問地でこれはと思う植物、花卉があれば日記帖に挿入する習いだった。

七日には、アフカの泉、つまりヴィーナスとアドニスの物語の舞台とされるナフル・イブラーヒーム（アドニス川）の河源を訪れた。エルネスト・ルナンが「世界でもっとも美しいところのひとつ」とした秘境だが、ガートルードの印象も多くの訪問記と変わりはない。ちがう場面があるとすれば、断崖の洞窟からほとばしる水が峡谷に流れこむそばに一夜を過ごすテントを張り、そこで水浴をしたことだ。それは、ガートルードが行く先々できれいな水場があれば汗と埃を流し、場合によっては水泳もした習わしにすぎない。しかし、野猪に襲われて血を流すアドニスをヴィーナスが悲しみ、鉄分の多い赤茶けたイブラーヒーム川が春に増水するのをアドニスの血と古代人が見た、その源流での水浴とはいかにも贅沢な体験だ――「水は氷のように冷たかった」と記すガートルードにとっても、それは印象深いセッティングだった。

九日、山を西側に下りた一行は、ベイルートで三日間滞在した。ダマスカスで世話になったリュッテイケに会い、またドルーズの騾馬曳き、ムハンマドが訪ねてきた。ガートルードは、五年後のシリア縦断の旅でも彼を雇うことになる。

十日づけで父に出した旅先から最後の手紙は、つぎの本文で終わっている。

……でも、お父様、あまり遠くない先に、私はまたここへ戻ってきますよ！　東方に、ここまで深く入りこんでしまったものとしては、もう離れているわけにはいきません。

十二日に船でベイルートを出、サイダ（シドン）、スール（ティルス）、アッコ、ハイファに寄港しつつ、翌日にヤッファに上陸、エルサレムには十四日の午後帰着した。

折り返して英国に帰ったガートルードが、休むまもなく七月末にはアルプスに挑んだことは既述のとおりである。

ここでエルサレムの滞在をやや細かく追ってみたのは、半年間にすぎないその経験がガートルードのその後に非常に大きな影を落としているためだ。アラブ世界での後半生の事績は、すべてこのときに胚胎していると見ても過言でない。前述の東方回帰宣言が、それをもっとも端的に示している。

彼女は、一人歩きを始めたとたんにトラヴェラーとして完成の域に達したようだ。その意味で、数ある以前の旅行体験とは質を異にしている。アラビア語も、乗馬も、古代建築への関心も、中東トラヴェラーの要件としてものにしたが、アラブ世界の内側にわずか数ヶ月で入りこみ、納まってしまったことが特筆されよう。エルサレムの内外はもとより、当時の「シリア」の南半分で西欧人が見ることのできるものは短期間で見尽くしたのも、類のないことだろう。それを援けたのが、フリードリヒ・ローゼンだった。

旅の途中で、彼女はアラビア半島奥地のことを耳にすることがあった。話といえばハーイルのラシード一族のことで、敵方として現れるリヤードのサウードはまだ曖昧な存在だった。シリアの、地中海寄りだけを知った時点で、早くもそれがガートルードの興味を掻きたててやまない。その関心を、彼女は十年以上もあたためることになる。

前章でガートルードの再度の来日に触れたが、あとのときの彼女は、アラブ世界とインドと東アジアを知っていたという点で、最初の訪問時とは比べものにならないほど広い視野を具えていたのだ。ところが、その視野を糧としつつ二度目の世界周遊を終えたときの彼女の念頭には、中東以外のことは無意識のうちに離れていたように思われる。

第8章

レディ・トラヴェラーの完成

ヤズィーディー「悪魔崇拝者」の聖地，シャイフ・アディー廟。石灰仕上げで中空の白塔の地下祭室が秘儀の場であったという〔W. B. Seabrook: *Adventures in Arabia*〕

レディ・トラヴェラーという言葉が古くからあったことは、たとえば一九一六年に当時は英領のナイジェリア奥地の町、バウチに駐在していた植民地行政官グリヤーが、突然立ち寄ったミス・ベナムのことを驚嘆とともに母親に知らせた手紙で分かる。「ミス・ベナム――経験ゆたかなレディ・トラヴェラー――を迎えたばかりですが、実におどろくべき人です……」と、彼は言っている（後述『人の行く路を離れて』）。しかし、この呼称が一群の近代白人女性、なかんずくヴィクトリア時代の英国婦人に用いられるようになったのは比較的あたらしいこと、つまり対象の新規発生がなくなったときと思われるが、その概念はかならずしも明確ではない。この名で呼ぶのがもっともふさわしいときでも彼女たちの属性はまことに多様で、類型化はむずかしいであろう。

ガートルード・ベルの場合、後半生における旅行の多くには彼女なりの目的があり、あらゆる要件――好奇心、冒険心、資力、体力、胆力、語学力、調査研究、遊楽、逃避、使命感、などを満たしつつも、単にトラヴェラーの名で呼ばれることを拒否するようだ。本書の序章で述べたようにフローレンスの撰文と思われる銘板には「トラヴェラー」がないのも、あるいはこのような見方によるのではなかったろうか、と筆者は推察する。しかし、どの角度からみても、ガートルードがトラヴェラーの最たるものだったことはいうまでもない。英米の「レディ・トラヴェラー列伝」といった書物にかならずしも名が出るとはかぎらないのは、彼女のプロフィールが簡単に描き切れるようなものでないのも一因かもしれない。

二度目の世界周航を終えたあとをガートルードの後半生とすると、死去までの長い間に彼女は欧州とアラブ・トルコ世界との往来以外には英国を出ていない。インドとペルシアを一度ずつ訪れてはいるが、いずれもカイロとバグダード駐在の延長にすぎない。アナトリア、シリア（パレスティナ、ヨルダン、レバノンを含めた）、イラク、エジプト、そして一度だけの半島アラビア、これが彼女のいわば生活圏だった。ほかの地域には目もくれず、隣国を訪れるような気安さで頻繁に英国からイスラム地域の中核へ足を運んだが、本章では彼女の著述では拙訳ながら『シリア』と『ムラトのあとはムラト』（未邦訳、以下『ムラト』）に代表されるシリア、メソポタミア、アナトリアでの足跡に焦点をあててみたい。

1　シリアの旅

一九〇五年一月早々にガートルードはマルセイユを出て、ナポリ、ポート・サイドを経て十五日にベイルートに着いた。

この旅が彼女の中東トラヴェラーとしてのイニシエーションでしかも完成だったことはたしかだが、まず周辺の状況に触れておきたい。

そこにいたる直接の動機については、考古学への関心があげられよう。ガートルードが考古学に興味をもったのは、日記や書簡に現れるかぎりでは既述のように一八九九年四月初めのアテネで、親友ジャネットの兄デーヴィッド・ホウガースからメロス（ミロ）出土の前四千年ごろの壺を見せられたときが最初のようだ。説明を聞いた彼女は、「〔その古さを思うと〕頭がくらくらしてしまう！」という。このときのギリシア滞在中には、ミュケーナイそのほかを訪れ、古代を直接に感じとっている。漠然たるロマンに加えて、古代の文物に彼女が特別の関心をもつきっかけだった。

考古学とは昔からあったものではないことを、われわれは忘れがちだ。護符としての用途や薬効への奇妙な思いこみからミイラ収集に狂奔したころは別としても、欧州の好事家によるエジプト古物あさりから始まる興味本位で欲得ずくの大規模な遺物搬出は、十九世紀なかばごろまでは中東各地で横行している。それが研究の形をとるのは、ガートルードの時代からあまり隔たっていない。ドイツの学界が考古学という新分野に注目するのは、ハインリヒ・シュリーマンのトロイア、ミュケーナイの発掘が契機といってもいい。

英国ではさらに遅く、一八九二年歿の作家・エジプト学者、レディ・トラヴェラーだったアミーリア・エドワーズが収集品をロンドン大学に寄贈し、サー・フリンダーズ・ピートリーを教授とするエジプト学講座の開設に二四一五ポンドを遺贈したときに始まる。オクスフォードやケンブリッジに考古学の講座が開かれたのは、二十世紀に入ってからなのだ。わが国でも、第二次大戦前に考古学教室があったのは、ロンドンでピートリーに学んだ濱田耕作（青陵）によって大正五年に講座が開設された京都大学のみだった。東大では考古学講座は第二次大戦後の発足で、これらの事実は古代学の若さを物語っている。

ガートルードの関心を惹いたころは考古学も未分化で、技術も手法も現在とは比較にならないが、他方、中東にはいたるところに手つかずの遺跡が散らばっていた。ガートルードは、サーサーン朝ペルシア以前のオリエントや「アラビアン・ナイト」の世界への漠たる興味から出て歴史と遺跡への関心を深め、考古学者に直接教えを請うかたちで知識と技術を蓄えていった。

具体的に指導をうけた師匠は、パリのサロモン・レナク（Salomon Reinach フランス籍のユダヤ系ドイツ人）だった。資料渉猟には、パリでは国立図書館、ルーヴル美術館、英国では大英博物館とオクスフォードのアシュモリアン博物館に通った。
レナクは一九〇四年十一月にはサン・ジェルマン博物館館長を務め、「考古学雑誌《ルヴュ・アルケオロジク》」の編集者でもあった。ガートルードより十歳年長で、彼女の才能を認め、エジプトからビザンツにいたる古代美術と建築の手ほどきをするとともに、何人かの著名な考古学者にも彼女を紹介した。また後日、ガートルードの論文発表に「考古学雑誌」の紙面をたびたび提供したことによって、彼女の名を斯界に知らしめる役割を担っている。

ガートルードは一九〇四年十一月八日にレナクと初面談し、三日後にはシリア、メソポタミアの権威者ルネ・デュッソーにも会ったようだ。十日の母あての手紙では、レナクとの会食を報じ、「彼から、シュトルツィゴウスキの新著の書評を《考古学雑誌》に書くように言われています——未熟を承知でやってみるのもいいと思います」。レナクがいう新著とは、ウイーン大学教授の美術史家、ヨーゼフ・シュトルツィゴウスキの『小アジア、美術史の未開拓地』Josef Strzygowski: *Kleinasien, ein Neuland der Kunstgeschichte*, Leibzig, 1903 を指すことはあきらかだ。

このような励ましがガートルードをあたらしい領域に駆りたてた、としても不思議ではない。ただ彼女は、決して考古学のみを目的に中東を旅したわけではない。もともと、シリアに帰ってくるのは四年半前に決心していたことに加えて、かねて気がかりな半島アラビア内奥はますます複雑な様相を呈しているようだった。これらが、シリアを再訪し、前に果たせなかったことを完結させようとしたのだ。

彼女がしっかりした日程をたてていたことは、出発の前日に母に出した手紙で連絡先を月末まではエルサレムの英国領事館、つぎの三週間はダマスカスの領事館、以後はおって通知すると伝えていることで分かる。実際は、エルサレムに三十日に着き、ダマスカスには二月二十六日から三月四日まで滞在するから、計画どおりに進行したわけだ。

シリアの旅と切り離せないひとつの要素は、その時期である。ガートルードがロンドンを発つ四日前の一月一日に、日露戦争の遼東戦線で日本軍は屍山血河の苦闘ののち旅順要塞を占領した。二日づけの母への手紙は、こう結ばれている。

> 旅順《ポートアーサー》万歳！(Port Arthur banzai!) 戦死者の英霊への東郷〔聯合艦隊司令長官〕の言葉は簡潔でりっぱでしたね。つねに親愛なるあなたの娘ガートルードより。
>
> 〔追伸〕ドムナルのところにいたとき、林〔駐英日本公使・林董〕から祝辞に対する感謝の電報が届きました。私が林にちがいないと言うとドムナルは、いや、とんでもない！ と答えましたが、開けてみるとそうだったのです。

訪米の旅から帰ったばかりのチロルは、アメリカ世論が日本びいき一辺倒で、日本の敗北などは聞きたくもないと誰もが思っていること、シオドア・ロウズヴェルト大統領との面談では、大統領として「そんなこと〔日本の勝敗〕を論じて時間を無駄にしたくない〔＝はやく講和に持ちこませたい〕」とのことだった、という。「同盟国日本」に対するロンドンの雰囲気が伝わってくる一節といえよう。

このあと、シリアのあちこちで、ガートルードは日本の戦勝に拍手する官民の声を聞くことになる。三月十日の奉天会戦の日本勝利は同日中にホムスの代官から知らされ、またそれを同地のギリシア正教会の幹部がロシアの同宗信徒として嘆くくだりは『シリア』(下巻三〇頁) に見える。時差を斟酌しても、当時の条件下でニュース伝達の速いこと、現地の関心の高いことには驚かされる。もっとも、五月二十七日の日本海海戦の報は、後述するコンスタンティノープルでイッゼト・パシャを訪問した同日の日記には記されていない。

ベイルートに着いたガートルードは、エルサレムへ陸路をとることにして準備を進める。乗馬と荷物運搬用の騾馬《らば》の手当てをし、コックを雇う。騾馬追いには、五年前にエルサレムで使ったドルーズのムハンマドが現れて、「地の果てまでもお供をしたい」というのを雇い、ほかにアラブのイブラーヒームとハビブ父子を加えた。所用の合間には、アメリカン・カレッジ（一八六六年創立、のちベイルート・アメリカン大学）の創立者ダニエル・ブリッスと子息ハワードの両博士や英国領事ドラモンド・ヘイとの往来を楽しんだ。

サイダ（シドン）、スール（ティルス）、アクレ（アッコ）と海岸沿いに南下し、ハイファでは三年前の宿を訪れて、旧知のペルシア人たちとの交歓を果たした。

エルサレムに着いて、滞在中のサー・マーク・サイクス夫妻を紹介された。サイクスはガートルードより十歳若いがすでに経験豊富な中東通で、旅中、ときとして徹底したアラブ蔑視に陥るところがガートルードとは異なっている。彼女とは同郷のヨークシアの富裕なカトリックの家系に生まれながらユダヤ教に改宗し、のち大戦中に「サイクス・ピコ協定」の当事者となったことで知られるが、このときは自由な一トラヴェラーだった。彼は自分の天幕にガートルードを迎えて心から歓待し、情報を交換する。ガートルードは、彼も同じ方角をめざしていることを知り、それに非常に多額の費用をかけているのに驚く。

ベイルートで雇ったコックが律儀なだけでやる気がないのを解雇し、サイクスがトルコ東部の山地を旅したときに同行したキリスト教徒のミハイル・アッサラァという、料理はへただが信頼できるらしいコックを紹介され、即座に引き受けた。ミハイルと騾馬追いたちのことは『シリア』の冒頭で説明があるが、アラビア語以外はできない彼らとのやりとりが〔出会った人たちの〕言葉を旅の路という糸の上に並べてみた」（『シリア』「はじめに」）という、その日その日のアクセントになっただけではない。使用人との会話をこまかく再現した旅行記はあまりないから、それは当時のシリアのある階層の人々の心情と行動を知るうえでの貴重な資料ともなったのだ。

　ガートルードは、アラブの騾馬追いたちとは良好な関係を保ちつつ三月二十七日にアレッポ（ハラブ）に到着すると、トルコ語圏ではそれが普通の駄馬（騾馬ではなく）による別のキャラバンに切り替えた。ミハイルは引き続き用いたが、アレッポ以後は妙なことになる。彼は、『シリア』のはじめに触れられているように元来が酒乱だった。立場をわきまえて二ヶ月間は一滴のアラク（葡萄やなつめ椰子からつくる強い蒸留酒）も口にしなかったのに、アレッポで緊張が緩み、羽目をはずしてからは抑制がきかなくなる。「大声で喚きちらし」「野獣のように荒れ狂い」「アラクの壜を叩き割り」「新人の天幕張りをせせら笑って手伝いもせず」「一夜明ければ改悛して慙愧の念を噛みしめているがいつまでもつか」などの記述が日記にも『シリア』にも目につく。ガートルードに手向かうことはなかったようだが、我慢が限界にきた彼女が鞭を揮ったこともある。コックとしても使用人頭としても問題外となり、四月二十七日にメルシン（現イチェル。タルソス西南の地中海岸）近辺で彼が同行拒否に出たときについに解雇した。「キリキアの海岸で彼を唐突に手放した」（上巻二七頁）とあるのはこの一幕だが、シリアを離れてからのことで、そのときの現場は同書に出てこない。

　最大の欠点を除けば、ミハイルは有能で機転がきき、料理も上達しており、温良な人柄とはいいかねるが気骨もあって話相手として不足はなかった。彼は『シリア』で非常に頻繁に登場し、ガートルードとの間には一種の信頼関係があったようだ。彼のいない『シリア』は精彩を欠くものとなったにちがいない。

ミハイルを「手放した」のは、四日前にアダナに着いたとき、弟ヒューゴーの友人で考古趣味のトラヴェラー、のちアラブ・ビューローでガートルードの同僚、大戦中はボンベイの知事、第二次大戦中には植民相を務める、ジョージ・ロイドと出会ったのがきっかけだった。帰国する彼が必要としなくなった従者ファトゥーフを譲り受けたのだが、ミハイルの同行拒否は、ガートルードがファトゥーフをミハイルの馬に乗せたことに起因している。繊細、鋭敏な感覚の持主だったミハイルの反応は、理解できないでもない。

ファトゥーフはアレッポ出身のアルメニア人で、読み書きはできなかったがアラビア語、トルコ語を話し、コックとしてのみならず旅全般の取り仕切りでも性格面でも申し分がなかった。ガートルードは彼をコニヤまで帯同し、のち不慮の事故に遭ったときには最高の手当てを施し、再三の旅行で、八年後のアラビア行でも彼を同伴した。アレッポであらたに雇ったファーリスという馬追いのことは『シリア』にも出てくるが、雇い主も使用人も徹底的に食いものにするやり方だったので、ガートルードは口を極めて非難している。分かったのは、北シリアからアナトリアにかけての地域でこの商売を牛耳るトラスト（とガートルードはいう）があることで、彼はその頭株の一人のようだった。アレクサンドレッタ（現イスケンデルン）に着いたときに彼が姿を見せなかったのは、借金問題で取り押えられていたのだ。

使用人のことは、孤独な旅の空で四六時中つきあわざるをえない、そして相互の感情がからみ、場合によっては雇い主の生死をすら左右する、きわめて人間的な課題である。ガートルードは、長い中東体験の間にコック兼使用人頭としてはただ一度のミハイルと、最晩年まで縁のつづくファトゥーフの二人しか知らなかった。

さて二月五日にエルサレムを出たガートルードは、ヨルダン川東岸からドルーズ山地に入り、月末から三月四日までダマスカスに滞在、以後シリアを北上し、バアルベク、ホムス、ハマーを経てアレッポにいたる。先述のようにキャラバンを組み直し、シメオン教会（カラァト・シマーン）からアンティオキア（現アンタキエ）を経由して四月十三日にアレクサンドレッタに着く。ここまでが『シリア』の舞台となった六十九日間の行程で、直線距離では六百キロ弱だが、辿ったのは優にその倍に達したであろう。それは、コックと三人の騾馬追いを連れただけの、ごくゆっくりした、その場次第ではないが自分の好み本位で気ままな旅だった。シリアのあとはアナトリアに入り、アダナ（二十三日）、タルソス（二十四日）、メルシン（二十五日）、コニヤ（五月六日）、ビンビル・クリッセ（十二日）、エレーリ（十五日）、ふたたびコニヤ（十六―十九日）、エスキシェヒール（十九―二十日）、そしてコンスタンティノープルには同二十日に到着した。

シリアでは終始馬の背にあったが、アナトリアに入ってからは鉄道が開通しているところは部分的に汽車を利用し、コニヤからコンスタンティノープルまでは、エスキシェヒールの駅前ホテルで一泊したほかは直行した。アダナでファーリスが馬ごと姿を消してからは身軽となり、コニヤまで汽車と騎乗を併用するときはキャラバンを先送りしている。

アナトリアの内奥はガートルードには初めての土地で、アラビア語圏を離れてからは彼女も日常はトルコ語を操って過ごした。正式に学んだことはないが、トルコ語は容易な言葉という認識を持っていた。また、アナトリアでは特定の遺跡を見るのが目的だったので、立寄り先を絞ったのは当然だった。

カルケミシュ
ユーフラテス川
アレクサンドレッタ
カラァト・シマーン
アレッポ
アンティオキア
ラタキア
カラァト・アルムディーク（アパメア）
カラァト・アッサイジャル
ハマー
カラァト・アルホスン
ホムス
地中海
パルミラ
トリポリ
バトロウン
ビブロス
バアルベク
ベイルート
シドン
ダマスカス
ハイファ
カラァト・アルバイダ
ドルーズ山地
サルハッド
ヨルダン川
アンマーン
エリコ
エルサレム
死海
0
50
100km

「シリアの旅」の経路

旅は一九〇七年に出版された『シリア』に結実し、非常な好評をもって迎えられた。単なる旅行日録でも地誌でも歴史エッセーでもない、それらの総合のようなあたらしいスタイルで、流れるような文体の記述が受けたのであろう。新聞の書評などに賛辞が相次ぎ、ニューヨークタイムズのごときは「イギリス女性のやり方は変わっている。世界でもっともひどい因習の奴隷かと思っていたら、それを断ち切るときには恨みを晴らす」と、畏怖ともやっかみともとれるような批評を述べた。ドイツでは、はやくも翌年に *Die Wüste und Kulturstätten Syriens*（「シリアの荒野と耕地」）のタイトルで訳書が出た。

過褒のようにそれを見るなら、当時の旅行記のほとんどが型どおりの実録か一人よがりの見聞記だったこと、ガートルードのような語り口の文体もなかったことを思い出さねばならない。しかも、彼女のあとはまもなく戦争の時代に入り、ついで自動車が日常の移動手段となって紀行を書く状況が一変した。現に、シリアの旅につづくアナトリアでは、鉄道を併用した道中の日記、書簡には、それだけの理由でないにせよあまり感興を惹くものがない。『シリア』を生んだ時代の枠はまことに狭い。

『シリア』の原題 *The Desert and the Sown*（「荒野と耕地」）とは、ガートルードが愛好したウマル・ハイヤーム『ルバイヤート』のエドワード・フィッツジェラルドによる英語自由訳の第一〇歌（一八五九年初版での）に用いられた言葉である（詳細は『シリア』第二章訳注1参照）。フィッツジェラルドが「荒野と耕地を分かつ、草の散らばる細い帯」と歌ったところに、彼女は自分が通ったヨルダン川東岸から南シリアの地中海寄り内陸を重ね合わせたのだ。

『シリア』に述べられた場面をいくつか列記しておこう——イスラム前、あるいはその最初期に辺境のアラブ人が備えていたロマンの気風への感応、ドルーズ山地から東部のサファーにまで入った白人女性では初の体験、ダマスカスにさまざまな思惑で集まる人々のありさま、オロンテス流域のギリシア・ローマ・ビザンツ・十字軍・イスラムの重層的な雰囲気、北シリアの古代廃市巡訪記、多数散在する遺跡の建築史的観察、総督から底辺の大衆や山民にいたる現地民との接触、孤立して生活するドルーズへの共感、北部のその飛び地での体験。それらを繋ぐのが、現地の人々との対話であり、ガートルードの印象的な叙法にほかならない。

そしてわれわれは、日露戦争の成り行きが、ドルーズのひそむ南シリア山間の僻地でも、内実はいかに強欲酷薄であれガートルードには高雅なトルコ紳士だったシリア総督ナージム・パシャにも、ホムスの代官やギリシア教会の主教秘書にとっても、大きな関心事だったことを知らされる。また、ガートルードが、奉天会戦から間もない三月十八日にハマー生まれの護衛兵との雑談の間に、彼から「同行した旅行者で一番忘れられないのはある日本人のこと」と聞かされた（下巻九一―二頁）のを知る。

この旅行者とは、法隆寺にヘレニズムの影響を見て、その確認を目的のひとつに三年半の大旅行を敢行中の建築史学者伊東忠太の若い姿だった。伊東は、東大に出した留学計画にしたがって一旦訪欧するが、再度ロンドンに引き返す前にエルサレムに戻った。そしてコンスタンティノープルまでを旅し、ガートルードの四ヶ月前に偶然に同じ護衛兵を帯同してハマーからアレッポまでの石道を馬車に揺られて行った。彼は、明治三十七年十一月十日から翌日にかけてのこととしてこう記している。

それで私は此のハマから（鉄道がないから）馬車を傭ってハレブへ行った。馬車は四頭立で、弾機〔スプリング〕のある立派な箱馬車であった。護衛兵は二人附けられたのを、強ひて謝絶して一人にして貰った。……（「叙利亜〔シリア〕沙漠」、原書房刊、伊東忠太著作集5）

別の「土耳古・埃及〔トルコ・エジプト〕旅行茶話」にも同様の記述があるが、ここにいう「一人にして貰った」護衛兵が、ガートルードに付いたマハムードだった。

　ガートルードは、その日本人が建築史家だったことを後日だれかに教えられるのだが、護衛兵の言葉はそのまま三月十八日の日記と母への手紙に、また『シリア』に書き留めた。それによって、彼女は大旅行中の伊東を記録した唯一の外国人となり、護衛のハジ・マハムードはわれわれにもなじみのある人物となった。近年、伊東忠太が見直されるなかで（鈴木博之編著『伊東忠太を知っていますか』王国社、二〇〇三年ほか）シリアのいなかで起こった彼とガートルードとのニアミスが日の目を見たのは興味深い。

　『シリア』の見どころのなかで、ガートルードの故国の読者にとっても百年後のわれわれにとっても、もっとも印象的なひとつはドルーズ山地での体験であろうかと思われる。前章で触れたドルーズをめぐる英仏の関係に加え、英国がトルコの圧制を排除してエジプトを再生させたとの見方が浸透して、ドルーズ山地ではエジプトの英国代表クローマー卿への賛仰が高まっていた。ガートルードは、五年前の山中でクローマー卿の管轄下に入りたいという希望を聞いて当惑したが、今回はその手前で平地アラブの族長から同じことを言われている（上巻九九頁）。思い合わされるのは、これより十五年前にベイルートのドイツ副領事だったフリードリヒ・ローゼンがマロン派キリスト教徒幹部の訪問を受け、トルコとフランスの二重支配を脱してドイツ帝国の保護下に入りたいという要望を聞かされたことだ。断られても諦めなかった彼らは、二年後にはベルリン外務省の課長だった彼のところまで代表団を派遣して陳情したという（ローゼン・前掲拙訳書一一二―五頁）。

トルコの政策は建前として正統イスラムもマロン派もドルーズも一視同仁であったにせよ、ドルーズにすれば周囲の一般アラブからの疎外に重なるトルコの締めつけだった。そのさなかできびしい制約を乗り越えてガートルードの訪れたことがドルーズの心情に訴えたのであり、それが彼女の頼られたい気持ちを動かしたのだ。彼女の「高所に立った保護者ぶり《コンデセンション》」はさまざまな場面で発揮されたが、もっとも明瞭に看取できるのはドルーズへのそれである。その結果が、思い入れが過ぎるとはいえドルーズ社会の内面を垣間見せる『シリア』の記述となって現れている。

おそらくはレディ・トラヴェラーズの最後の一人、フレイア・スターク（一八九三―一九九三）は、一九二八年に年下の友人ヴェネツィア・バディコムとの二人連れでガートルード以後はじめての白人女性としてドルーズ山地に入った。

フランスの委任統治下におかれたシリアでは、ガートルードのころとはまったく事情を異にし、三年前にドルーズの反乱がきっかけで起こった大規模な対仏抵抗が仏軍の空爆、砲撃でどうにか鎮圧されたばかりだった。ダマスカスの市街も、一八六〇年につづく再度の壊滅的被害のもとにあった。

ドルーズ山地は、かつてのトルコ政府による及び腰の入境規制ではなく、フランス軍の厳重な監視下におかれていた。二人の女性はダマスカスから驢馬で南下し、迷いこむような形で潜入を果たしはしたが、仏駐屯軍に阻止され取調べを受けて、山地では比較的開けた一部の町を訪れるにとどまった。その間、スタークはガートルードへの対抗意識を持ちつづけている。元来、彼女はガートルードに比較されるのを避けられなかった。そして、つねにガートルードを無用に嫉視していたようだ。ドルーズ山地に入るときも『シリア』を丹念に読んでいたが、ガートルードがサファーの奥地まで入りこんだのに、スタークはとば口をさまようだけに終わってしまう。ガートルードの死去から二年になっても、彼女をスタークは超えられなかった。スタークの伝記、Jane Fletcher Geniesse: *Passionate Nomad*, 1999（白須英子訳・ジェーン・フレッチャー・ジェニス『情熱のノマド』共同通信社）のドルーズ山地訪問の項は、それより一世代も以前のガートルードの企てがいかに秀抜であったかを物語っている。

『シリア』を彩るもうひとつの要素は、史的ロマンのいざないである。ヨルダン川東岸の野でうつくしい丘陵を称え、ドルーズ山地にさしかかるときには、万葉集のように素朴な情感があふれるイスラム前のムアッラカート古詩を歌いあげた。セレウコス朝の都アパメア、現カラァト・アルムディークでは、ヘレニズムの世界に思いを馳せて自問する――「東方の豪奢の香りがただよう古典的な形の列柱を立てたのはどういう人だったろうか、アテネと、そしてバビロンに向けて手を伸ばしつつ、その列柱路をそぞろ歩きしていたのはどういう市民だったろうか」。

こういったほとんど詠嘆的な感覚は『ムラト』でも、アラビアの旅でも、繰り返し現れる。アパメアでのような過去への郷愁とはかぎらず、泥濘にまみれたバスラの街角でも同様であって、そのような世界とそりが合うということに尽きるようだ。『シリア』の旅は、さまざまな情景と人物の口を借りてそれを伝えている。

ガートルードの考古学的な関心は、アナトリアに入って具体化した。アレクサンドレッタ湾の北岸をまわったあとコニヤに入り、ドイツ副領事ロイトフェートの世話になった。ローマ時代のイコニウム、キリキアからカッパドキアまで管下に入れた古都コニヤは、ルーム・セルジューク朝の首都以来の長い歴史をもっている。ガートルードにとっては、十三世紀のペルシアの神秘主義詩人で「旋舞派」デルヴィーシュのメヴレヴィー教団の祖、ジャラールッディーン・ルーミーの故地として、テヘラン以来なじみの深い町でもあった。だが今回は、アナトリアの教会史と金石文研究の開拓者・権威者でホウガースも師事するサー・ウィリアム・ラムジー教授との面談を希望していた。一八五一年生まれのラムジーは、八〇年以来、夫妻でコニヤをベースに研究を続け、第一次大戦にいたっている。

ビンビル・クリッセで教会廃址の簡単な調査を終えてコニヤに戻った日に、ガートルードはラムジーに会い、たちまち意気投合して、以後は彼の指導を仰ぐことになった。このときから彼女のトルコ（アナトリア）往来が始まるのだが、くわしくは別項で述べたい。

コニヤを汽車で発った彼女はコンスタンティノープルに向かい、翌日に到着して、シリア、アナトリア貫通の旅を終えた。

ここで、『シリア』の叙述のなかで、筆者の訳出後に分かった事実について補足をしておきたい。ダマスカス滞在中の三月二日、アミール・アブドゥッラーの家を訪れたガートルードは、「ある大計画を長い時間をかけて熱心に討議した。前もって私から持ちかけておいたものだが、ここでは明らかにしないでおく」（上巻二一四頁）という。思わせぶりな言葉のために政治問題のように受けとれるが、実はアラビア内奥への旅の相談だった。

アミールの一族、つまりアブドゥル・カーディルの家系はアラビア中部ネジュドの支配者、ハーイルのラシード家と古くから親しく、毎年贈答を交わす仲だった。ガートルードは、かねてのハーイル訪問計画を、この関係を利用して実行しようとしたのだ。アミールは、持参すべき贈呈品をイブン・アッラシード（第六代当主アブドゥル・アジーズ）にピストル、小銃各三挺、イブン・サウード（当主のまたいとこ、第九代サウードか）には（空白）、ほかの大物シャイフたちに十ないし十五挺のピストルあるいは小銃、等々と挙げ、潜入費用として百日間で一千ポンドと見積った。

ガートルードの日記と母あての手紙に書かれたこの一幕にはハーイルへの強い執着が見てとれるが、八年後にようやく実現した旅がおよそかけ離れたものだったことは後述のとおりである。

おなじく二一五—六頁と下巻六五—六頁に、コンスタンティノープル宮廷の実力者、のちの首相イッゼト・パシャへの言及がある。彼女がイッゼトと面談したことも触れられているが、それは旅が終わり、コンスタンティノープルに滞在中の五月二十七日のことだった。彼女は単身、イッゼトの自宅を訪れ、面談を果たしている。

〔イッゼトは〕小柄でやや腰が曲がり、痩せていて、顔にはその主君〔スルタン・アブデュルハミト二世〕とおなじく深い皺が刻まれ、おなじように不安げな警戒の面持ちだった。神経質、といっていい（二十七日日記）。

そして儀礼的な言葉のほかに、六五頁にあるようなハールーン・アッラシードにまつわる話を交わしている。オットマン帝国再末期の大物の印象としては意外な感じを受けるが、これがこの旅の日記で最後の記入だった。

本項の終わりに、二つの挿話をつけ加えておきたい。

ガートルードが、ドルーズ山地再訪の願いを果たして二月二十六日にダマスカスに着いたとき、彼女は同じ日にマーク・サイクスがすれ違いで発ったことを知る。彼は、エルサレムから張り合いのない旅をつづけたあげく、汽車でホムスに向かったという。

ところが、サイクスは彼女に対する憤怒の塊だったのだ。ガートルードに遅れてエルサレムを出た彼は、帰国する妻と別れて単身でドルーズ山地に向かうが入境許可を得られなかった。ガートルードも事情は同じだったが、彼女が五年前の経験を活かして潜入に成功した一部始終は『シリア』に詳述されている。

サイクスが失敗した経緯はあきらかでないが、彼は望むルートをとれず、しかも高価な良馬を失い風邪で苦しみながら冴えない旅をするほかはなかったらしい。ダマスカスに着いて、入境が許されなかったのは、トルコの総督がガートルードから自分と「エジプト首相」(クローマーのこと)についての不要で誤った情報を入手したためと聞かされた。そしてガートルードが彼の入山を阻んだのみならず、彼自身の旅行プランを横取りして山に入り、出し抜いたと頭から信じこんだ。

ガートルードが情報源かどうかは不明だが、彼女の記録では、総督との二度の面談も含めて旅中のどこかでサイクスの名が出た形跡はない。

サイクスは、すでに帰国ずみの妻にこの話を憤懣とともにぶつけ、手紙のなかでガートルードにおそろしい呪詛を浴びせかけた。彼女を「砂漠の厄介者」と呼んで、「わが最悪の汚い言葉を一万語もあの呪われたばか者の頭に!」と欲し、ガートルードなどは'Confound the silly chattering windbag of conceited, gushing, flat-chested, man-woman, globe-trotting, rump-wagging, blethering ass!'だという。

罵倒語の数が乏しい日本語へのこのような言葉の移植は筆者にはむりなので、ただの直訳だけを示しておこう——「こん畜生、あの思い上がった、いうことが大げさな、ペチャパイのおとこ女で、愚かなしゃべくりの、ふいごのようなやつ、世界を駆けずる、ケツ振りの、たわごとだらけのくそ生意気女いとみえて、しばしば引用される。おそらく、部分的には彼女の一面を言い当てているからこそ、取りあげる値打ちもあるようだ。

大戦後のトルコ属州の分割を仏、露とともに取り決めた秘密協定の当事者として、マーク・サイクスの名は不滅だろう。三十七歳という若さで彼がその衝にあたったのは、フランスとベルギーで育ってフランス語が第二母国語だったことが理由のひとつとされるが、英語の罵倒力もかなりなものだった。そのようなことは夢にも思わず、ガートルードは揚々とした気分で早春のダマスカスを楽しんでいた。事実、トルコ治下のダマスカスを『シリア』の一章ほどはれやかに描いたものはまれと思われる。

旅が終わった五月二十二日、コンスタンティノープルに着いた彼女を同地の英国大使館名誉アタッシェになっていたサイクスが夫妻でホテルに訪ねてきて、「たのしい会話」を交わした。翌々日には、ガートルードは夫妻の案内でボスポラス海峡を舟で景勝地セラピアへ行って過ごしている。サイクスは、取り柄のひとつだった変わり身の速さを発揮したようだ。彼の才を疑う人はいないが、後年あれだけの紛議のもととなる「サイクス・ピコ協定」を構想した人物の一面を、このエピソードは語っている。

まったく別の話題で、レディ・トラヴェラーと切り離せないことに、遮蔽物もないところを長時間かけて馬や駱駝の背で行くときの問題が容易に推察される。砂漠のモラル・コードはきびしく、ギャラントリーに生きるベドウィンのなかでは一人旅でも危険はすくないとはいえ、女性には多難な道中である。日中はむろんのこと、暑熱を避けて夜行する場合でも事情はかわらない。ガートルードは、川でも海でも清潔なところでは水浴を欠かさず、天幕内ではキャンバスの携帯バスを使用することは『シリア』にも見えるが、より切実な片方については多くの仲間とともに黙して語らない。

これには、レディ・ヘスター・スタノップ（一七七六―一八三九）が興味ある手がかりを残している。第三代スタノップ伯の長女で、ナポレオン戦争中に叔父の宰相ピットを支えたヘスターは、数奇な縁でレバノンの山中に棲みつき、ドルーズを支配してアラブの女王といわれつつ孤独のうちに狂死した（前掲『オリエント漂泊――ヘスター・スタノップの生涯』）。

たまたま、ロンドンの国立肖像陳列館の近刊書『人の行く路を離れて――女性トラヴェラーズの三世紀』*Off the Beaten Track—Three Centuries of Women Travellers*, National Portrait Gallery, London, 2004 は、ヘスターが一八一三年にシリアのラタキアから友人メアリー・リッチに出した手紙を載せている。彼女は中東旅行を計画中のメアリーに「直径五、六フィートの小さなテントと……おまる《ポ・ド・シャンブル》」の持参を勧め、こう続ける。

> ……マダム、果てしもない広野をお考えあそばせ。そこを八時間、九時間と通して行くのです。ちょっとした用〔傍線ヘスター〕で草むらか樹木を探してもむだです……ともかく一行とはぐれるわけにはいきません……ひと休みとか、ものを食べたいとか言って、テントを張り、……ほかの者にはコーヒーでも飲みなさいと言っておいて〔引っこむのです〕。

レディ・ヘスターの助言が、のちのレディ・トラヴェラーに有益だったのかどうかは審らかにしない。

2　メソポタミアの旅

シリアの旅の四年後、ガートルードはメソポタミアからアナトリアにかけての大周回に出た。それまでの間を英国で過ごしたのではないが、経過については次章に譲りたい。

この旅は彼女には初めてのメソポタミア巡訪で、一般的な観察とともにヒッタイトからビザンツにいたる廃址を辿った歴史・考古探索の旅のおもむきがあり、成果は二年後に前述した『ムラト』として公刊された。初版は本文三五九頁で、著者撮影の写真二三四点、同作成の二三二点の遺跡平面図などの図版を載せている。

同書の原題 *Amurath to Amurath* は、シェイクスピアの『ヘンリー四世・第二部』第五幕第二場に見える新王ヘンリー五世の台詞 'Not Amurath an Amurath succeeds, But Harry, Harry!'（「……ここはイギリスの宮廷、トルコのそれではないのだ。アムラスの跡をアムラスが継いだわけではない。ハリーのあとはハリーだ」中野好夫訳）にもとづく（アムラス Amurath はトルコの人名ムラト Murad の英語読みで、シェイクスピアのいうのは初期オスマン帝国スルタン、ムラト一―三世）。後述するように旅行中に起きた、スルタン・アブデュルハミト二世の廃位を仮託したものだ。

『ムラト』の内容、文体は『シリア』のそれとは趣きを異にし、伝統的な旅行記、歴史紀行のそれにちかい。会話や省察の部分も多いが、全体として緻密で観察的な、どちらかといえば感情を沈潜させた文章でつづられている。

旅の路は、まずアレッポを起点にユーフラテスを下ってバビロン近傍でティグリス側に出、クテシフォンからバグダードに入る。ついでほぼティグリス沿いに北上し、東トルコの山地をディヤールベクルからカイセリ付近まで長躯して南下し、コニヤに着くという途方もなく長大な行程で、コニヤからは汽車でコンスタンティノープルに出た。ユーフラテス沿いのバグダードまでだけで八百キロ、コニヤ以後の鉄道利用は除いて、ガートルードが不完全な地図をたよりに五ヶ月弱で踏破した距離は三千キロメートルを超えよう。いたるところで困難な調査をしながらのこの足跡は、驚異に値する。

一九〇九年一月二十日にロンドン発、パリ、マルセイユ、アレクサンドリア、カイロ、ポート・サイド、ヤッファを経て三十一日にベイルートに着く。港でファトゥーフに迎えられ、敷設が終わっていた鉄道でバアルベク、ハマーを通って二月三日にアレッポに入った。ハマーでは昼食時に外へ出て、四年前の野営地を見ている。

ベイルートに上陸したその場でガートルードが感じたのは、政情不安の空気である。前年の七月二十三日に「青年トルコ人」革命による第二次立憲制が始まったが、シリアの末端では万事が混沌として、帰趨が定まらない。あらゆる会話に、多くは意味も知らずに「憲法が出てから……」という枕詞をつけるが、後続の言葉がいい情況を言っていることはない。アレッポは、アルメニア人問題、宗教問題、ドイツ鉄道（バグダード線）建設、流刑・亡命者などの動きの錯綜するところで、四年前とは様相が一変していた。一八八三年から十数年をかけてトルコ陸軍の近代化にあたり「ゴルツ・パシャ」と称されたドイツの将軍、コルマール・フォン・デア・ゴルツ男爵（のちイラク戦線のクートで英軍を包囲殲滅。後述）は、在住ドイツ人に帰国を勧めていた。

ガートルードはファトゥーフとともに準備を進め、二月十五日に、ファトゥーフとその義弟ユーセフ、騾馬追い三名、護衛兵二名というキャラバンで出発した。

アレッポから東北に進み、マンビジュを経てユーフラテスに出る。マンビジュは古代のヒエラポリスで、二世紀にルキアノスが残した『シリアの女神』の奇矯な話の舞台となったことでいまに知られる。このあたりを述べたガートルードの筆は、わずかな紙数をクセノポン、ユリアヌス、アブー・バクル、カリフ・アリー、キューロス、セプティミウス・セウェルス、セレウコス、ダレイオス、ハールーン・アッラシード、ティームール、イブン・ジュバイル、アブル・フィダーといった古代人の名で埋めている。

「アレッポでは、空想はユーフラテスに支流となって流れこむ」（『ムラト』一六頁）と警句のようなことを思いながら馬を進めていると、驢馬に乗った男が追いついて、後尾の護衛兵と交わしている話が耳に入る――「フッリーヤ（自由）」とはどういう意味か、と訊ねているのだ。天領だったために兵役を免れ、人名登録すらせずにいたのに、新体制の謳う「自由」のおかげでスルタンが私有地を失い、従来の扱いが変わるのでは困る、という。

十七日に、ガートルードは感慨をこめてユーフラテスを初めて見た。それは、「〔ロンドンの〕チェルシーあたりを流れるテムズ川」のようだった。「古代世界の歴史が充満した水のうねり」を渡って東岸のテル・アフマルに着く。が、西岸の上手に位置していて行きそこねた古代ヒッタイトの遺跡カルケミシュ（ジェラブルス）をあきらめきれず、翌日日帰りで往復する。こうして、早朝からの一日の行程を終えるとテントに入って調査した銘刻などの資料を整理し、日記をつけ手紙を書くという日課が始まる。

以下には、この長途の旅からいくつかの場面を選んで述べておこう。

① アナ

蛇行するユーフラテスの東岸を南下し、一旦東に転じた川がふたたび東南に向かうラワーに着いたのが三月十二日だった。ラワーは、西対岸の村アナとともに古代から頻繁に記述されてきた要所で、川中にはルッバードという細い島があり、また島とアナを結んだ古代の石橋の基部が残って、それと島に遮られた河水は急湍となって奔流する。島は果樹とパーム椰子に被われ、古城の残骸の上に三十軒ばかりの陋屋があり、そこに八角の塔が聳えていた。
アナは本来ルッバードから始まったといわれることについて、彼女はこう述べる。

イスラム地理学者で最初にアナを記したイブン・フルダーズベ〔九一二年頃死亡〕は、島にある小さな町と述べるのみ。アブル・フィダー〔アラブの歴史・地理学者、一二七三—一三三一〕のときも、まだ島のなかだけだった。ラウヴォルフ（一五六四）〔レオンハルト、ドイツ人医師〕は、島の町と右岸の町に触れている。ヤークート（一二二五）〔アラブの地理学者〕は城を語っているが、私が見た城壁は彼の時代ほど古いものではない。塔は別の時代に属しようが、ド・ベリエはイスラム最初期のものとしている（『ムラト』九六—七頁）。

一八九八年に、駐バグダード領事代行としてベルリンからベイルート、ダマスカス経由で赴任したフリードリヒ・ローゼンは、ユーフラテスを筏式の平舟で下り、アナで右岸に上陸して騎馬でバグダードに入っている。困難ではあるがこれが当時の最短の路であり、彼によれば、ほぼ同時にベルリンを出てペルシア湾まわりでバスラを経由した人の百日に対して六十五日で着いたという（ローゼン・前掲拙訳書二一一頁）。
ガートルードも、ここでユーフラテスを西岸に渡った。東岸下流域の治安が悪いことが理由だが、彼女にとってのより大きな関心は西岸の遺跡探索だった。

② ウハイディル

アナの二日前、ユーフラテスが東に折れるニンマラという島に向きあった名もないところで野営し、近くのアラブも加わってファトゥーフの料理で雑談中に、ガートルードはサーサーン帝国の西端にあたる南岸方面の情報を仕入れていた。あたりに詳しい老人がいて、馬をくれれば散在する遺跡をすべて案内してもいいという——フッバーズ、アメジュ、セマイル、ハイディル……。この「ハイディル」というのが、キーペルトの地図にも載っていない、ガートルードには初耳の地名だった。

得られた情報を合わせると、水は乏しく、賊の来襲も頻繁だが、城があるのはたしかということになった。しかも、ハイディルの位置するのは、アマラート〔最強大ベドウィンの部族アナイザの分枝〕の大シャイフ、ファハド・ベグ・ブン・ハッザルの領域内というのだ。私はその名を心に留めた（『ムラト』八六頁）。

アナから東南に一二〇キロばかり下がったヒートで、ガートルードはユーフラテスと離れ、南方の砂漠地帯に向かう。ちょうど春先の砂嵐の季節にかかり、前進は非常に難渋した。本道を逸れたときの井戸のありかに自信がもてなかった彼女は、飲料水の心配からキャラバンはカルバラーへ先行させ、調査にはファトゥーフと現地雇いの案内人だけで行くことにする。このあたりに展開するドゥライム族との接触は、十年余ののちに意外な果実をガートルードにもたらすこととなる。

ヒートは、旧約の昔からいまにいたる、天然アスファルト湧出の村である。創世記第十一章二—三に、「人々東に移りてシナルの地に……ついに石の代わりにかわらを得、漆喰の代わりに瀝青を得たり……」とある瀝青は、古代の建材接着に用いられ、ノアが方舟に塗ったピッチだった。ガートルードは、準備の合間にピッチの産地を見てまわった。

まるで大工業地の町のよう。一面のピッチ井に煙がたち、地面は廃ピッチの山と塩分の多い沈積物の帯。要するに、パームの林を除けばヒートはクラレンス〔英国ミドルズブラの〕とほとんど変わらない（十六日日記）。

そして、ついに目的地に達する。「ハイディル」「ヘサル」そのほか、「ウハイディル」のくずれた形でさまざまに呼ばれたこの地名は「小さな緑地」を意味するというが、実際はそれとは似ても似つかぬ、巨大な量感で荒野を圧して立つ遺跡だった。直線距離でバグダード西南一二〇キロのユーフラテス右岸砂漠に、四辺の長さがエジプトの大ピラミッドのそれの三分の二ほどもある構造物が地元を除いて知られることなく、千数百年もひっそりと残っていたのだ。二十六日の手紙は、興奮を抑えきれない筆致で書かれている。

二十六日（金）ヘサル。昨日、シェサーサを早く出て、いくらも行かないうちに前夜の青年〔近くに野営していた土木技師〕――名はワッツ――に会いました。やはりウハイディルを訪れるので、砂漠を仲よく三時間ばかり行くと、着いたのは見たこともない豪勢な建造物でした。大城郭、要塞、宮殿――何であれ、一五五メートルに一七〇メートル、巨大な外壁には円塔をつらね、内部のほぼ三分の一は方庭に次ぐ方庭です。その周りは、繊細なプラスター装飾を施したアーチ天井、丸天井のりっぱな部屋と、地下室、階上室で、あるいは円柱を立て、あるいは壁龕《へきがん》が設けてあります。要するに、夢想すらしたことのない、華麗きわまるサーサーン朝〔当初ガートルードはそう解した〕建築の典型でした。地図にもなく、公表されたこともなく、名を聞いたこともありません。昨年、一外国人が来て、何日か調査をしたとアラブが言っていますが、誰のことかは不明です。現場を見たとたんに、一生に一度の機会と確信しました。誰かが私より先に報告しても、そんなことはまったくどうでもよく、私は、六世紀の東方の建築美術を、既存の書物を通してではなく、自分自身で学ぶだけのことです。年代はクテシフォンと同時代でしょうが、建造はサーサーン王朝のためではなく、ラフム朝〔四―七世紀初頭〕の貴人の用ではないかと思います……昨日は五時間、今日は八時間仕事をし、ほぼ全体のスケッチを終えましたが、明日はその作図にかかります。というのは、〔滞在用具や器具類を手もとに置くために〕九時間離れたカルバラーから全キャンプを〔夜間にファトゥーフと護衛兵二人を送るという相当な危険を冒して〕ここへ移したのです……建造の精密なことは驚異的で、並びあう部屋と通路は三〇ないし四〇メートルもの間に一〇センチのずれもありません。

ウォラックの引用する別のときには、出会いは「私を訪れた最大の好運です。これだけを対象に大論文にして発表するつもりですが、世間をゆるがすことになるでしょう」とも言っている。純粋に研究上のよろこびに浸っていたのか、それとも、彼女ですら功名心に捉えられていたのだろうか。

調査の困難なことは、言葉にもならなかった。さいわい測量器具を携帯するワッツの協力が得られたとはいえ、暑熱と目も開けていられない猛烈な砂嵐が吹き荒れるなか、ペティコートをつけロングスカートに木綿の靴下、アラブの被りものという姿で、巻尺と定規で大遺跡を計測する難しさは想像にあまりある。この天候では野外で夜を過ごせず、彼女は廃墟の奥に避難した。

アラブの護衛は、作業を手伝う間も肩に掛けたライフルを寸時も手放さず、能率があがらない――〔ライフルは〕まったくどうしようもなく厄介で、巻尺がしょっちゅう銃身にからみつき、銃床を引っかけるのですが、口をすっぱくして言っても、いまいましい代物を一刻も下ろしません。

……土、日とかけて一定比の見取図を作成、今日はそれぞれの部屋へ大図面を運んで比較、修正をし……三層のすべてにわたって内外ともに最小のくぼみにいたるまで記入……。

こうした作業を通じて、ガートルードが複雑な遺構のなかでとくに注目したのはヴォールト（アーチ型天井）構造で、そこには巧妙な古代の空調設備すら組み込まれていた。二十九日づけの両親あての手紙で彼女はその概要を驚きの口調でしたためたが、のちに綿密な論文となって公表されたのは後述（第9章）するとおりである。

夜、ガートルードは遺跡に住みついていたアラブたちと大ホール跡でコーヒーの席をともにし、円柱の凹みに置いた空き缶の灯油ランプの明かりで彼らがレババ（一弦の楽器）に合わせて歌うのに聞きほれた。かすかな星の光を仰いでいると、古典詩人ラビード・ブン・ラビーアの句が自然に頭に浮かんでくる。

われら萎衰すといえども、星々は欠けずしてわれらのうえに昇る、
山々はわれらが後にあり、堅固なる塔を残してわれら立ち去りぬ。

この詩句ほど情景にふさわしいものはないと思った彼女はその日の手紙に書き留め、かつて『シリア』の扉にタァバタ・シャッランの詩を掲げたように、『ムラト』の扉をこの句で飾っている。

どうにか当面の作業を終え、ガートルードは三十日に現場を離れた。カルバラー、ムサイイブ、バビロン、クテシフォンを経由して、四月六日にバグダードに入る。やがて骨を埋めることになる町への、初訪問だった。

③　ヤズィーディーの聖地

バグダードからティグリス沿いに北上し、モースルに近づいた二十八日の朝六時十五分に砲撃音が聞こえ、八時三十五分には、前日にアブデュルハミトが退位して、弟の「レシャッド」メフメト五世があ

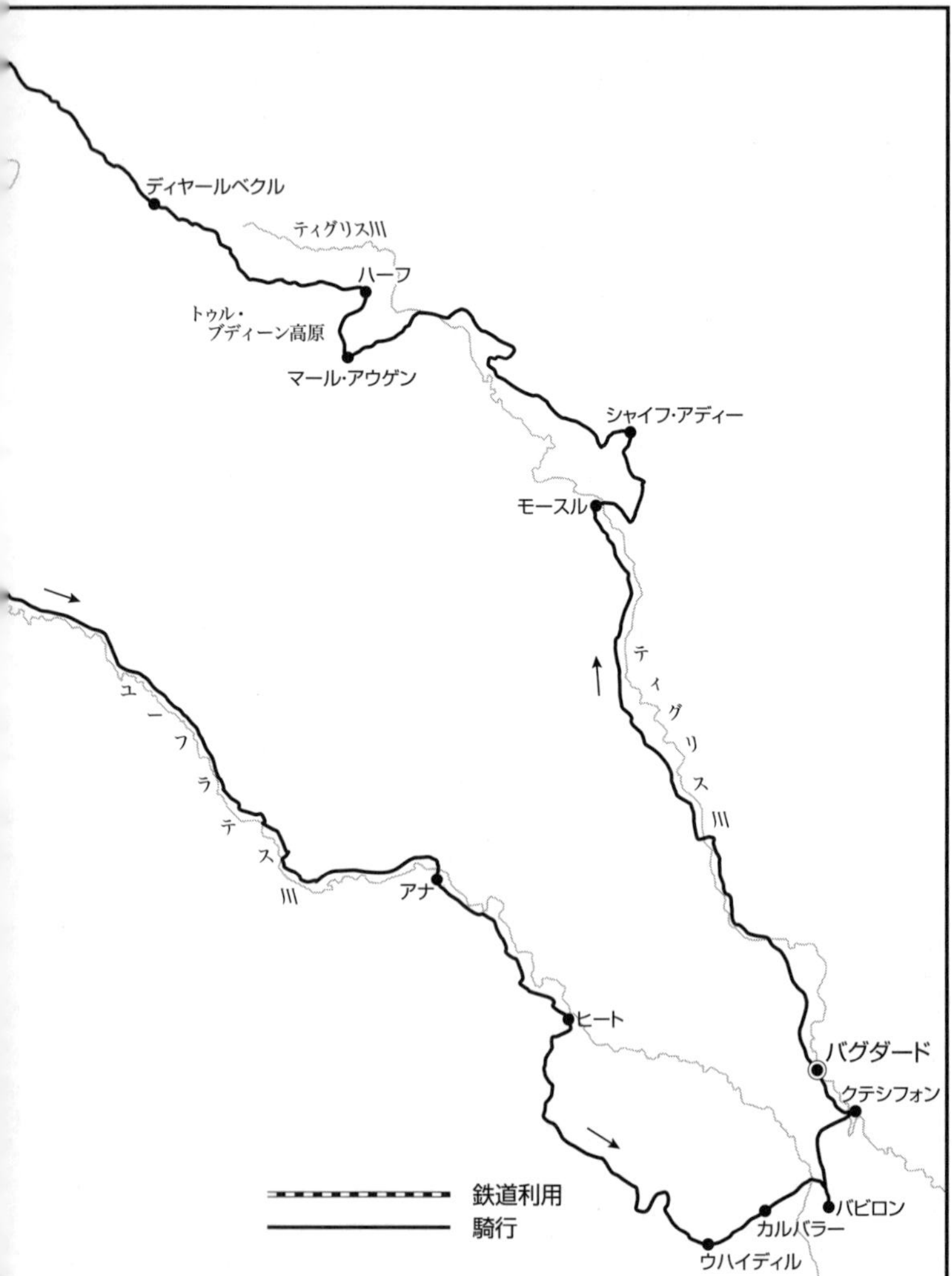
ディヤールベクル
ティグリス川
ハーフ
トゥル・
ブディーン高原
マール・アウゲン
シャイフ・アディー
モースル
ティグリス川
ユーフラテス川
アナ
ヒート
バグダード
クテシフォン
バビロン
カルバラー
ウハイディル
鉄道利用
騎行

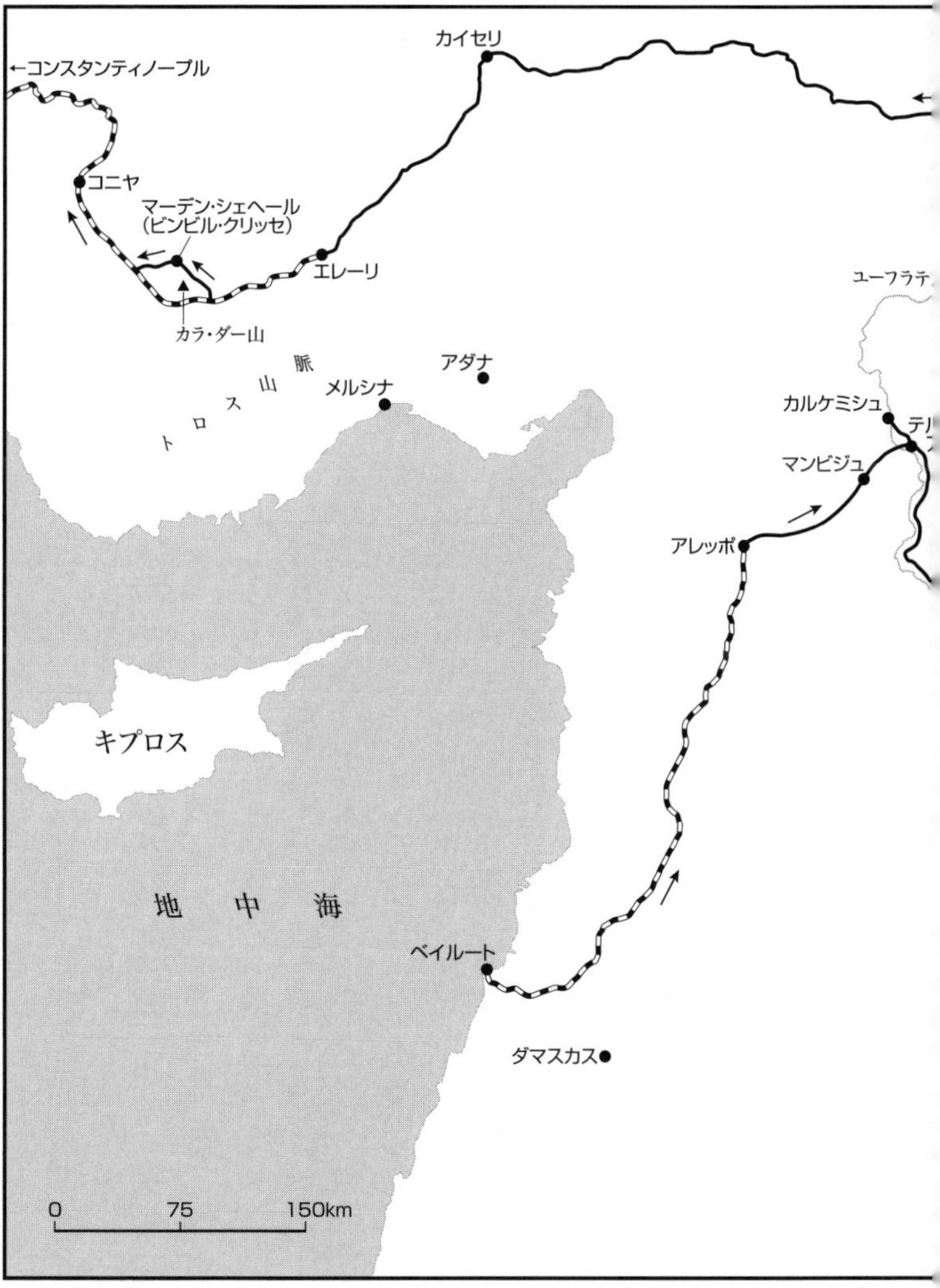

←コンスタンティノープル
カイセリ
コニヤ
マーデン・シェヘール
（ビンビル・クリッセ）
エレーリ
カラ・ダー山
トロス山脈
アダナ
メルシナ
ユーフラテ
カルケミシュ
マンビジュ
アレッポ
キプロス
地中海
ベイルート
ダマスカス
0
75
150km

「ムラト」の旅の経路

とを継いだとの情報を耳にする。

世間は平穏で、大砲も不吉なものとは思えなかった（二十八日日記）、いなかの人や路上にあった私は別にして、それはなかば予想されていたのだ。したがって、モースルに着いても、オスマン帝国で〔クルドが多いために〕最悪の扱いをうけていた町に逆らいはなく、平静だった（『ムラト』二五二頁）。

この前後の経験をもとに書いたのが、クローマー卿への献呈書信という形で『ムラト』の冒頭に載せた序文である（拙訳『ペルシアの情景』に資料として訳載）。

モースルから、彼女は東北方にあたるヤズィーディーの本拠、シャイフ・アディーを目指した。古来、外部からは「悪魔崇拝者」と呼ばれて非難・蔑視されてきた、主体はクルドの小数宗派で、ガートルードはオーステン・レアード（ニネヴェ遺跡の発掘者、外交官・政治家、一八一七―九四）の著書『ニネヴェとバビロン』を通じて関心をもっていた。名づけることを許されない創造主の神は、この世を孔雀《くじゃく》の姿をした光明の天使「孔雀天使《マラク・ターオース》」に委ねているとの信仰がある。この天使を「邪悪の天使」と解した外界が、孔雀を尊崇することを悪魔崇拝と見たとされている。

ガートルードは、バァドリーの村に管長のアリー・ベグを訪れ、歓待をうけて、教祖とされるシャイフ・アディーの廟を同名の地に訪ねることができた。アリー・ベグはかつてレアードが名親――つまり悪魔崇拝者の――を引き受けさせられた人の後裔で、住まいには孔雀が飼ってあった。シャイフ・アディーは九―十世紀のペルシアのスーフィー、ハッラージュにつながるともいわれるが、実相はわからない。

ガートルードは、標高千メートルちかい高原のいちじくや桑やオリーヴの樹林に囲まれた谷間で、縦溝を刻み石灰塗料で純白に仕上げた奇妙な円錐塔と、その基部をなす複雑な構造の廟墓に案内された。そして、アリー・ベグの妹で「ハートゥーン」と呼ばれる巫女のような女性の案内で目にしたこと、細心の配慮をしながら聞き取ったことをこまごまと記録した（『ムラト』二六九―八〇頁）。

廟の入口の石壁には尾を下にして直立する黒い大蛇が岩に切り出してあり、暗闇の廟の床にはメッカの聖泉ザムザムが源という水が流れ、アリー・ベグの幼い子息サイードはシガレットのチェインスモーカーで、アラク酒を常用する――のどかなシャイフ・アディーの里は、モースルの近郊にしては変わったところだった。もっとも、レアードの著書に述べられたことを実体験と多数の資料で補完したものの、ガートルードがあたらしい知見を加え得たとは思われない。

二十年ちかくのちに米国のトラヴェラー、シーブルック夫妻はバグダードを訪れて、アラブの知人に同地訪問の希望を伝えてみた。相手は自分よりもきれいな英語で、こう言った――

ガートルード・ベルのところへ行こうと思ってはだめ、英国人のところはだめ。連中は、差し止めるか、軍服の男をつけようとするのが関の山です。なにしろ、モースル地方ですから。

時日があきらかでないが、それはガートルードの最晩年であったろう。シーブルックが『ムラト』を読んでいたかどうかは、その著書からは分からない。彼は自動車で北上して、シャイフ・アディーに着く。アリー・ベグは、十年ほど前に死亡していた。トルコを追放した英国からの旅行者と解してシーブルックを厚遇した管長サイード・ベグが、かつてその谷で一夜を過ごしたガートルードになついた幼児の成人した姿だった。

④　アナトリアへ

ガートルードはティグリス沿いに西北に進んで、ディヤールベクルの東南にひろがる高原トゥル・アブディーンに入る。多数の東方キリスト教会、修道院が群がり、そのほとんどがまだ知られていなかった。ここでの調査は、後述のように翌年に重要な論文にまとめられて発表される。

ローマ時代にマシウス・イザラと呼ばれた一帯の山地はローマとペルシアの境界に位置していて、コンスタンティウス二世、ユスティニアヌス一世、ヘラクリウスらの数世紀にわたるペルシアとの攻防ではつねに争奪の的となる枢要の地だった。

トゥル・アブディーンとは「（神の）しもべたちの山」の意というが、元来はネストリオス派の拠点だったのがやがてキリスト単性論派の抑えるところとなり、アルメニア教会、ヤコブ教会（シリア正教会）の修道院が折り重なるように高原を埋めていた。いつ単性論派の手に移ったかはガートルードにもさだかでないが、彼女は、自分も訪れたマール・アウゲンの村に、一五〇五年という後年ですらネストリオス派の修道院があったという記録を引用している。そもそも、成立まもないネストリオス派が弾圧をのがれて本拠を移したのは、トゥル・アブディーンの南麓、二年後にはガートルードも訪れるニシービーン（古名ニシビス）だったのだ。

そのマール・アウゲンでは、八十歳の長老が前年から外界との接触を断ち、登るのもむずかしい洞穴で日に一度の少量のパンを籠で引き上げる瞑想の毎日を送っていた。寿命が尽きると知ると翌日に来るように紙片に書いて落とし、知って登った者が遺体を運びおろすことになっているという。特別に会ってくれた副長によれば、修道士たちは女が来ると分かると房室にこもってやり過ごす。ガートルードの、長老との面談希望は叶えられなかった。

テントを訪ねてきた修道女がいて、ファトゥーフに「シスター」ガートルードはアラビア語ができるかと訊いた。ファトゥーフが答える前に入口に現れた修道女は、顔を出したガートルードにいきなり拳銃をもらえないかという。

「拳銃で、どうしようというのです?」

「こわいのです。私たちはみな、虐殺を怖れています」

と、若くて美しいアルメニア人の修道女は答えている。トルコによる大虐殺が始まってからすでに十五年になる、山中でのことだった。

その翌日の五月二十四日の夜、ガートルードは就寝中に盗難に逢った。ハーフという村のはずれで野営し、翌日の出発にそなえて荷物を整頓し、ベッドの周囲に並べて睡眠中に物音で目覚めると、蚊帳《かや》のそとに人影があった。ガートルードは蚊帳を破って跳びかかったが男は逃げ、整理ずみの品物がすべて持ち去られていた。衣類、旅行用具、写真フィルム、現金、それに数ヶ月間の調査結果の資料がウハイディルの大図面を除いて失われ、さすがに彼女も打ちのめされる。「護衛の片方は夜番をせねばならないのに、ほかの者以上に眠りこけていました、昼間、私たちの仕事中は眠ることしかないくせに」と、母への手紙で彼女はぼやき、日ごろの無事に安住した自分の不注意を反省することしきりだった。大騒ぎになり、話はディヤールベクルの知事、英国領事にも上がり、歩兵が五〇名も来て住民を裏山に追い出したあと村中が捜索された。結局、賊は捕まり、現金以外はすべて回収される。その現金も、当局が弁償して(という)戻ってきた。

これは、些細なことながらガートルードには大きな教訓となる。そのせいかどうか、長い中東体験のうちで、彼女が身辺で大きな害を被ったことは以前をふくめて皆無である。砂漠で襲われたことはあるが、相手の勘違いで、すぐに和解し、奪われたものも返された。ハーフの事件は、彼女の油断が招いた唯一の失敗といえよう。

六月二十七日、アナトリア中部の鉄道終着駅の町エレーリに着いたガートルードは、旅が終わって不要となった八頭の馬を安く買い取り、故郷のアレッポへ帰っていった二人の騾馬追いが荷物ごと道中を無事に過ごせるように、各地の当局に電報を打ちこんだ。果然、その一人は返電して、四日目に足止めをくい、あるチェルケス人に馬は自分のものと難癖をつけられていると報じてきた。憤ったガートルードはエレーリの代官に知らせ、事実をコニヤの総督に報告することを求め、そして役所が介入して馬を返してやらないと「《立憲政府》の足を引っぱってやる」といきまいた——と、母への手紙で伝えている。

『ムラト』の頁は、アレクサンドレッタ湾を見下ろしながらミハイルと語った言葉で『シリア』を締めくくったのとおなじく、アナトリア最後の夜のテントを畳んで停車場に向かうときにファトゥーフと交わした感傷的な会話で終わっている。

ガートルードは、七月二日にコニヤに出て、各地でアルメニア人迫害が報じられる騒然とした雰囲気のなか、汽車で四日にコンスタンティノープルに到着した。

首都に滞在中は、多くの時間を社交に費やした。危機的な様相を示しはじめた政情をめぐって、ヨーロッパ中の貴顕や識者が集まってきていた。そのようななかでの七月十日、彼女は父あての手紙でこう述べている。

……昨日、〔英国大使館での〕昼食には大宰相《グランド・ヴェズィール》フサイン・ヒルミ・パシャが見えましたがごく人あたりのいい、知的なトルコ人で、すばらしいフランス語を話します。お茶のあとレディ・L〔ラウザー大使夫人〕とポロ・グラウンドに行き、旧知の人もいれて何人もの大使に会い、夜には大晩餐会に出ました。席はフランスの一等書記官の隣で、サロモン・レナクの友人の非常に愛想がいい人でした。彼によれば、ヘサル〔ウハイディル〕のことが「ガゼット・デ・ボザル」誌でさるフランス人によって発表されたそうです、きわめて簡単なかたちですが二ヶ月前に。これで私には発見の名誉は縁がなくなりましたが、でも、最初に全体の平面図を持ち帰った者と称することはできると思っています。ヘサル発見の流行が今年になって始まったとはおかしなこと、ではありませんか?……

この記入は、前日のことを報じた長い手紙のなかの一節にすぎないし、当日(九日)の日記は十行ばかりの短いものだ。そして、

……ロシア大使歓送の大晩餐会あり、席はフランスの一等書記官ボップ氏(?)——非常に愉快な人——とマウンシー氏の間。あと、イタリア大使と副王〔スルタンのエジプト総督〕のヨットの船長、キャプテン・ゲッジェ・パシャと話す……

と、ウハイディルについては言及がない。

ガートルードがわずかの差で先を越されたのに衝撃を受けなかったとは思えず、記述の簡単さは無念のあまりといえなくもない。しかし、こうした場面で彼女が思いきりのいい人だったことを示す例は数多く、これもそのひとつであろう。むしろ彼女の非凡なところは、二年後には、『ムラト』を執筆し終えてから、当初の測定の再確認と必要な修正を行なうために現地を再訪することだ。それは、ガートル

ードの考古学主要論文『ウハイディルの宮殿とモスク』（一九一四年）*Palace and Mosque at Ukhaidir* に結実する。発見者の栄誉の有無にかかわりなく、彼女は三月二十六日にウハイディルから出した手紙に書いたことを実行したのである。

後日、『ムラト』の第四章「ヒートからカルバラーまで」のなかで、ガートルードは一般の紀行とは別に「ウハイディルの宮殿」の項を設けた。そこで前記の「さるフランス人」、つまりフランス考古学院が派遣したルイ・マシニョンの実績を述べるとともに、一三〇年前のデンマークの探検隊に参加したドイツのカールステン・ニーブールの『アラビアおよび周辺各地の旅行記』Carsten Niebur: *Reisebeschreibung nach Arabien und andern umliegenden Ländern*, 1774 が間接的に言及した無名の一英国人をもって最初の訪問者とした。この記述は、その後の検討を経て一九一四年の前記論文の序言ではより詳しい内容に改められる。ガートルードは、先行者に十七世紀のデッラ・ヴァッレ、ペドロ・テイシェイラ、タヴェルニェらの記録をあげ、ニーブールのいう一英国人を一七五一年のカーマイケルと推定した。

はじめて現場を見たときに「地図にもなく、公表されたこともなく……」と思ったのは結果として誤りだが、古記録にあるウハイディルの痕跡は、ガートルードの博捜をもってしても容易に調べがつかないほど稀少でかすかだったのである。

第9章

考古学（1）　中東の山野で

ウハイディル。この巨大遺跡が千数百年間も荒野のなかに忘れられていた。上：東南からの全景，下：修復された内庭の一部〔いずれも Gavin Young and Nik Wheeler: *Iraq — Land of Two Rivers*〕。

さきに一九〇五年の旅から帰国したあと、暮れに父とジブラルタル、タンジール、スペインへの小旅行をしたほかは、ガートルードは前述したロウントン・グレンジの造園と『シリア』の執筆に専念する。並行して、アナトリアでの知見を「キリキア、リュカオニアの旅のノート」Notes on a Journey through Cilicia and Lycaonia（キリキアはトロス〈タウルス〉山脈と地中海の間、リュカオニアはコニヤ周辺の地域の古称）にまとめ、一九〇六年末から翌年にかけて「考古学雑誌」に発表した（以下『ノート』）。おなじ時期に父と同道でカイロに行ったが、冬を暖地で過ごすつもりだったヒューは「カイロ熱」に罹患、現地で病臥する。二月に帰国したガートルードは、ビンビル・クリッセ再訪のために三月二十七日にロンドンを発ってアナトリアに向かった。

イズミル（スミュルナ）で上陸してファトゥーフに迎えられ、マグネーシア、ミーレトスからボドルム（ハリカルナーソス）、アイディン、ボジェリ、イスバルタ、エギルディル、ヤロヴァッチなどを経て東行した。行路は、蛇行するマエアンデル（マイアンドロス）の流域にギリシア系植民のあとが強く残る西南アナトリア高地で、その自然は言いようもなく美しい（「アシア〔小アジア西南部〕のギリシア、これはどこのギリシアよりもギリシア風ではないかと思ってしまう」四月十二日、ミーレトス）。道々、ラムジーに頼まれていた遺跡を図面にし、銘刻の写しもとる。コニヤに着いたのは、五月十日だった。

コニヤで、ガートルードは長い手紙をヴァレンタイン・チロルに書き、そのなかでこう言っている。

すばらしく美しいところ、湖水の国です……多少の仕事もしました——旅嚢には、三つの教会〔の調査結果〕、うち二つはきわめて興味深いもの、そしてラムジーに届けるいくつかの碑文〔の拓本〕が入っています……けれども……私むきの国ではないのです――そのことは、あの善良なラムジーにうまく話さねばなりません。私はこの訓練を受けておらず、一生をそれに捧げる必要がありますがそれはできないし、する気もありません。ともかく、状況は好ましくなく、私にはそれに立ち向かうつもりもないのです。むしろ私はアラビアへ、ラムジーや彼のたぐいの学者が時間も資金もなくて実行できずにいることをしたり見たりできる砂漠へ行くことでしょう……。

このような述懐は彼女にはめずらしく、アラビア語圏なみにはいかなかったいくつかの理由は考えられるが、ことさらなできごともなく、本心はよく分からない。しかし、これも一時的な屈託にすぎなかったようだ。

コニヤの東南約一〇〇キロに位置する死火山カラ・ダー（「黒い山」）の北麓、マーデン・シェヘールには、五世紀から十一世紀にわたって建造された多数のキリスト教会の遺構が散在する。ガートルードは、二年前の初訪時にすでに二十八点を認めていた。あたりはラムジーによれば一八三六年にハミルトンが入ったのち見捨てられ、ラムジーの最初の検分からも二十五年が経っている。山麓平地の一面に石材の散乱する広大な廃市をいう「千一ケ所のキリスト教会《ビンビル・クリッセ》」という名について、ラムジーはトルコ人の好んで用いる「多数」を表す数字として三、七、四〇と一〇〇一を挙げている。

先に現地に入って発掘を始めていたガートルードに、英国から子息を同伴したラムジー夫妻が加わり、発掘、銘文の解析、年代確定の一連の作業が六月下旬まで続けられた。ラムジーはその二十六日に、ガートルードは翌々日に現地を離れている。彼女は、この共同研究の全費用を負担した。

調査の結果は、ラムジーとガートルードの共著、『千一キリスト教会堂』Sir W.M. Ramsay and Miss Gertrude L. Bell: *The Thousand and One Churches*, 1909として公刊された。献辞はヨーゼフ・シュトルツィゴウスキ教授あてとし、序文はラムジーが執筆した本文五七〇頁の大冊で、内容はつぎのようになっている。

第一部　立地と歴史（十五項目）
第二部　建造物（全四十八ヶ所の教会をはじめ個別建造物を九項目に分類）
第三部　教会建築（形状、構造を九項目で分析）
第四部　カラ・ダーのほかのモニュメントについて（小項目として、ヒッタイト・里程標と境界石・石棺・教会堂の銘刻文・その他の銘刻文・彫刻・葡萄搾器・マーデン・シェヘールの古名）

ラムジーは一、第四部を執筆し、ガートルードは二、三部を受け持った。
序文で、ラムジーはこう述べている。

……一九〇五年にミス・ガートルード・ベルは同書〔シュトルツィゴウスキ前掲書（一四七頁）〕を読んでビンビル・クリッセを訪れ、コニヤに戻って私と会われた際に、さる教会の銘刻の写しをとることを依頼された。刻文が磨耗して女史には解読不能であったのだが、女史はそこに建物の造営年が記されていると推察しておられた。その確信は充分に妥当なもので、『千一キリスト教会堂』の時代は同刻文に述べられたあたりが中心となっている。私は、テクストの写しをとり、年代が確実にわかる形で女史に送った。四時間の作業の不完全な結果ではあったが、それ以上のことは大暴風雨のためにできなかったのである。そして、廃址を怱々のうちに点検した印象を「アセニーアム」誌に寄稿した。主たる目的は、建築史学者と金石文学者が現場で一、二ヶ月間をかけて共同作業すれば、建築学的、歴史学的に有意義な精査が可能となろう、という年来の思いを明確な形で再説することにあった。この文章が女史の目にとまり、女史は私どもでその仕事を実行することを提案された……第二、第三部はベル女史単独の執筆で、本書全体の評価はそれにかかっている。私は第一、第四部を担当した。しかし、二十九番以外の両地域〔マーデン・シェヘールの低地ビンビル・クリッセと高地のデギレ〕の全建造物と山頂のそれは、両人が協同して検討を加えた……。

ラムジーの言葉は、この仕事の全容を語るものだ。そしてガートルードの執筆は、彼女がすでに自他ともに認める建築美術史家だったことを示している。もはや彼女は『シリア』のときのような、先人の著書を参照し、遺跡を目視し、写真に撮り、場合によっては巻尺をあててみる、といった考古学趣味がゆたかなだけの女性ではけっしてない。現場では、三十数名のしろうとのトルコ人作業員を実際に指揮したが、その苦労も大抵なことではなかった。帰国してから、彼女はRGS（王立地理学協会）のリーヴズのもとで測量と地図作成の技術を学んでいる。やがてそれは、下の妹モリーに「つぎに出す本は《アジマスのあとはアジマス》ですか」と揶揄されるまでになる。アムラス（ムラト）Amurath にかけたアジマス Azimuth とは、天体観測・測量上の方位、あるいは方位羅針儀《アジマス・コンパス》のことで、きたるべきメソポタミア探査、そして頭から離れないアラビア内奥の旅に備えた本格的な旅行準備に、ガートルードはすでに入っていたのだ。

帰国まぎわのガートルードを、事故が見舞う。前章で触れたが、コニヤで、ファトゥーフが倒れた。二年前に、ガートルードのあとを追ってある教会に跳びこんだファトゥーフは低い楣石《まぐさいし》で頭を強打し、以来ときに激しい頭痛を起こしていた。今回は放置できず、コンスタンティノープルへ連れて行こうとしたが、地元とアレッポの当局はたとえ彼女の従者であってもアルメニア人の彼には首府への移動を認めない。時を移さず、彼女は大宰相《グランド・ヴェズィール》と英国大使館に直接電報を打ち、搬送許可を求めたが埒が明かず、見切ってファトゥーフ同伴で強引に出発する。結局、ファトゥーフの旅券を取りあげられたままコンスタンティノープルに着き、大使館の医官に見せて入院させた。大使の部屋には用談中の四人の日本軍人がいて、彼女は紹介してもらったという。大使ニコラス・オコナーは日清戦争当時の駐北京公使（駐朝鮮公使を兼任）で、極東事情に精通し、コンスタンティノープル駐在も十年を経ていたがこの翌年任地で死去した。

緊急の措置とはいえ、スルタンの名代で国事を統帥する大宰相に私的な問題を直訴して憚らないところに、ガートルードの性格と英国を背にした意識と、決定権者を即座に見極める能力が読み取れる。数日後、彼女は大使館員とともに大宰相フェリート・パシャに面談して感謝の意を伝えた。

前章一九〇九年の旅から帰国したガートルードは、翌年を三度目のイタリア滞在のほかは『ムラト』の執筆に時間をかけて過ごした。また、ウハイディルで注目したそのヴォールト架構（アーチ型天井）に関する個別論文「ウハイディルのヴォールト架構」The Vaulting System at Ukhaidir を、同年度の「ギリシア学研究誌」*Journal of Hellenic Studies* XXX, 1910 に発表した。

翌一九一一年一月四日、彼女はロンドンを発ち、「平面図の修正、立面と断面の計測のために」ふたたびウハイディルに向かった。当初調査の完璧を期して、結果的にはわずか三日間で終わった仕事を主目的とする現地再訪である。

船中では、おりしも刊行中の『ジャン・クリストフ』を読んで過ごす。立ち寄ったカイロで会った一人、ドイツの東洋学者リットマン博士は、かつて彼女がエルサレムでローゼンと同席で知り合い、また一九〇五年のシリアの旅では、プリンストン大学考古学調査団のメンバーとしてダマスカスと北シリアの自分の野営地で再会した旧知である（『シリア』上巻一二二、一二五頁、下巻一二七頁）。いまはシュトラースブルク大学でアラビア語を教えており、たまたま、「カイロ大学でなんと！　古典アラビア語を講ずる」客員教授で来ていたのには驚く。また、初めて会ったクロウフットという人はビンビル・クリッセの最初の調査者で、その図面をシュトルツィゴウスキが著書に用いたことがガートルードのアナトリア研究につながったという機縁の当人だった。

ベイルートでファトゥーフに迎えられ、十七日に雪のレバノン山脈を越えてダマスカスに着く。知人の英国人医師で、砂漠の事情にくわしいマッキンノンを訪ねて「計画を話すと、アブドゥル・カーディル一族が手配をしてくれるなら大丈夫、躊躇する必要はない」とのことだった。一九一九年の秋に戦後初めて訪れたダマスカスで、彼女はその夫人に会い、医師が前年に死去したことを知らされている。アブドゥル・カーディルについては前章でも述べたが、彼女はこの大物の支援を仰ぎ、その指示をうけたシャイフ・ムハンマド・バッサムという男が具体的な準備を整えた。彼は、のちに触れるアラビア潜入の大先達、チャールズ・ダウティをかつて世話した同名のシャイフの子息で、強大なアナイザ族につながっている。

また余暇には、『シリア』のダマスカスの章の最後に軽妙な筆致で書かれた悪党、ジェルーディーを訪ねてもいる。

たまたま、二月一日に『ムラト』の最初の書評が送られてきた。母への返事で彼女は言う。

タイムズはちょっとあら捜しですね？　ミスを正すのにやぶさかでないのですが、ここにいう間違いは大抵がまったくどうでもいいことばかり、評者と私の見解の相違にすぎないのもあります、その場合、正しいのは私です！〔献辞を呈した〕クローマー卿からは、何ページものすばらしい手紙が来ました……いまのところ、評者はみな考古学に目をむけ、私が大事にしたつもりの旅の伴侶たち、キューロスやユリアヌスについては、一人として物を言いません……。

「タイムズ」は、高名な『シリア』の著者による情景描写や印象的な対話を期待する読者は失望するかもしれないが、メソポタミアの探索には重要な貢献をするだろうといった趣旨の、いま見てもしごく妥当な書評を掲載していた。

ガートルードは、荷物をパルミラ街道経由で一週間前にヒートまで先行させ、自分は駱駝の軽装キャラバンで約六百キロのシリア砂漠をまっすぐに東へ横断して、ウハイディルに直行する計画だった。三角形の一辺だけを行くので、距離的にも時間的にも、前回のようにアレッポまで北上するのとはもちろん、東北にパルミラからユーフラテス河畔のデイルに出て川を下るのとも大差で短縮が見こまれる。事実、急がぬ旅ではあったがアレッポからウハイディルの三十九日間に対し、ダマスカスからの今回は非常な悪条件にもかかわらず二十日しか要していない。しかし、元来井戸が少なく、慣れたガイドなしには踏破できない難路だった。

この冬、シリア砂漠は四十年ぶりの寒波と降雪に見舞われて泥濘と結氷の平原と化し、ガイドを務めるはずだったバグダード往復の郵送夫は到着せず、ダマスカスで待機を余儀なくされる。出発前日は人の目をのがれるために英国系の病院で一泊し、翌朝ファトゥーフを連れただけで脱け出した。

パルミラ街道の最初の宿駅ドゥメイルを、ようやく二月九日に羊商人などのアラブの同行者らと全員十五名、自分の駱駝は五頭というキャラバンであとにしたが、前途に待つのは想像もできない困難な行路だった。なけなしの井戸は凍って水量がなきにひとしく、あっても泥に埋まっていて、厄介で効果の少ない濾過の仕事を強いられた。

ウハイディルに到着するまで日記代わりにほぼ毎日書き継がれた両親あての長文の書簡は、厳寒と風雨のなかのシリア砂漠を行く苛烈さを描いて余すところがなく、その意味であるいは近代白人の手になる唯一の記録ではないかと思われる。まるで冬のシベリア横断と見紛うほどだが、なぜか、ガートルードの伝記でこの旅をくわしく述べたものはない。

それほどの難行軍でありながら、ガートルードはふしぎなほど気持ちが軽快だった。両親を心配させない配慮もあろうが「シリア砂漠の一日で寿命が二年延びる」「容易なことはスルタンの大道を行くほど」と軽口をたたくのはともかく、零下一〇度のなかを毛皮の外套にくるまれて連日十数時間をこなし、水が不足しても「寒ければ渇きを覚えない」という騎乗は、想像すらむずかしい。条件的にははるかに恵まれたトルコの山中で弱音を洩らし、落ちこんだのを思うと、よくよくアラブの風土が性に合ったとしかいえない。

三月一日にウハイディルに着き、ただちに仕事に取りかかった。翌日は十一時間を作業に費やす。

……二年前の測定はびっくりするほど正確でした。一、二のミスは修正しましたがまったく些細なことで、事実上どうということもありません。むしろはっきりしなかった一、二の点が解明できました。

広い机を用意して作成した現地の地図のほうは会心のできばえといえなかったが、予想以上に仕事ははかどり、四日にはウハイディルを離れた。その日、ガートルードはこう言う。

ここをふたたび見ることはあるだろうか、そして、これほど興味ある建造物に遭遇し、あるいは、これほどたのしく何かに取り組めることが二度とあるだろうか、と思います。

シーア派の聖地ナジャフを通過したときの見聞は関心を惹く。ガートルードがスンナ派の騾馬曳きたちに注意を促したところ、彼らはすでにシーア派を装っていた。騾馬曳きはこう答えている。

連中〔シーア派〕は、私たちがアッラーを唱えるようにアリー〔シーア派初代イマーム〕を唱えています。何者かと訊かれたら、私たちもアレッポのシーア派で、われらの神の墓〔アリーの墓廟。ハールーン・アッラシードの造営という〕にお参りに来た、と言うのです。

この問答は、『シリア』の旅でドルーズと仲のわるい部族の地域を通ったときに、ドルーズの騾馬追いムハンマドをミハイルの機転で一時的にキリスト教徒にしてしまう挿話（同書上巻七八―九頁）を思い出させる。ドルーズではむろんのこと、シーア派一般にあってはありうる実践だろうが、ナジャフのこの場面は、スンナ派の庶民がシーア派を相手にあからさまに演じたタキーヤ（シーア派ならば公認される危難時の信仰偽装）の実例として、めずらしいものと思われる。

バビロンでは、すでに十年を超えて発掘を続行中のドイツ東方協会（Deutsche Orient-Gesellschaft）調査隊を率いる、二年前は病中だったコルデヴァイを訪ねて、遺跡を見る。同時に、そのメンバー、オスカル・ロイターがウハイディルにも出向いて詳細な調査をしていたことを知り、きわめて友好的に情報を交換した。前回は英国の土木技師ワッツの協力があったが、このたびはロイターの科学的な調査データが得られたわけで、ガートルードはそれに対する謝辞を後日執筆したウハイディルの最終論文（後述）の序文に記している。

バグダードではティグリスの増水で舟橋が流失し、ガートルードは、英国駐在官官邸《レジデンシー》（インド政庁管下地域の在外事務所。ほぼ英本国直轄の領事館に相当）を訪ねるのに、前回のクテシフォン行きのときとおなじく丸い柳行李のような「グッファ」というお椀舟で回転しながら川を渡って行った。彼女はグッファを内も外もピッチを塗った大きな防水バスケットと呼び、あらかじめ上流に引き上げてあるのに乗って、回りつつ流されて目的地に着くありさまを「宇宙を進む月の、あるいはむしろ地球の自転の原理」になぞらえている（『ムラト』一七九頁）。

滞在中に、イラク総督として強権を行使中のナージム・パシャが一夜にして更迭されるできごとに遭遇した。ガートルードが知る同名のかつてのシリア総督も失脚したが、今回のことで彼女は、スルタンの信のもとで思いのままに振る舞ってきたはずのナージムが、実はコンスタンティノープルの政敵から「自分の首を絞める長いロープを持って」送りこまれていたことを思った。挨拶に行ったナージムにあたたかく迎えられた彼女は、夕食をともにする約束の日に急変を知り、翌朝彼を自宅に訪ねるが、「パシャは寝ています」と言われたのみだった。彼が暗殺されたのは、三年後である。

ガートルードはバグダードのナキーブ（スンナ派イスラム地域住民の長）、ガイラーニーを訪れて、二年前の旧交をあたためた。それが後年、きわめて重要な関係に発展しようとは思いもしていない。

彼女は、北上してハーナキンに着き、クルドの首領の世話になって非常に危険なペルシア領に足を踏み入れ、カスリ・シーリーンを調査した。東西を結ぶ街道に位置してよく知られたこの遺跡がウハイディルの建造年代推定に役立つとの期待からで、ガートルードは一泊して朝六時から午後五時まで作業に没頭した。

このような仕事に単独で取りくむのはほとんど人力の耐えうる限度を超えていて、私はいっそサーサーン人などこの世に生まれてこなければよかったのに、と何度も思いました」（三月二十八日）。

そして、つぎの結論を得る。

〔カスリ・シーリーンを調査したド・モルガンの記述で想像していたよりもはるかにウハイディルに似ていて〕このことから、ウハイディルの年代は最終的に確定でき、それをイスラム化から五〇年以内とする私の考えは正しいと思われます。イスラムの宮殿がイスラム以前のそれにきわめてよく似ている以上、両者の間隔が大きいはずはありません……（同）。

この短い記述のなかに、ウハイディルを最初に見て直感的に「クテシフォンと同時代」かと思ったという建設年代を大きく修正したガートルードの考えが尽くされている。それは『ウハイディルの宮殿とモスク』にカスリ・シーリーンの写真とともにあきらかにされることになる。

イラク側に戻り、キルクーク——石油で一躍名を知られるのは先のこと——から低地に入ってティグリスを渡り、やがてガートルードの考古学研究で重要なテーマを提供するカラァト・シェルカート（アッシュール）、ハトラなどの廃址を巡訪していった。カラァト・シェルカートでは、パルティアの遺跡を発掘していたドイツ考古学研究所（Deutsches archäologisches Institut）のアンドレー博士に会う。母への手紙で、ガートルードはこう言う。〔カラァト・シェルカートを立ち去りかねて重い気持でハトラへ向かったが〕ハトラは気持が沈むどころか、すばらしく興味あるところでした。（あるいはご存じでしょうか）パルティアの諸王の都でしたが、彼らのことはほとんど分かっていません。町はセプティミウス・セウェルス帝に包囲されたこともあり、最後にはサーサーン朝のシャープール一世の攻撃でたしか三六〇年に崩壊しました。市壁のまわりには、シャープールの壕や塁壁がいまも見られます……。

ローマの東端でもあった上メソポタミアに散在する遺跡をベラド・シンジャール、ニシービーン、ダーラー、マルディーンと辿り、東に戻ってトゥル・アブディーンを再訪した。各地の教会廃址で前に作成した図面を再確認したほか、ヨーロッパ人未踏のミドヤトでは二ヶ所の教会を調査し、二年前に拳銃を所望された修道女に再会し、盗難事件の跡地では当時の関係者にあらためて謝意を伝えた。

前回とおなじく西北のディヤールベクルに向かい、大モスクを調査しあと、旅は最終コーナーにさしかかる。一転して南下し、ハッラーン（ローマ時代のカッラエ）、ウルファ（エデッサ）、ビレジク（ゼウグマ）を訪れた。母への手紙でこれらの地を説明して言う。

ハッラーンはアブラハムがリベカに会ったところということですが〔旧約創世記二二章ほか〕、いずれにせよユダヤ人がカナンに移り住むのはこのあたりからでした（五月十八日）。

ビレジクはゼウグマのことで、ユーフラテスでもっとも有名な渡河地点です。クラッススはここを渡ってハッラーンに赴き、敗死しました。第五軍団の鷲章旗が舟橋から後ろむきにはためいたのに、その凶兆を彼は無視したのです……（五月二十日）。

古代史の知識はあっても中東の地理にくわしくはない両親に、彼女はこのような説明をしばしばつけたが、『ムラト』などでは形を変えて省察のきっかけともなっている。

二十日の手紙の最後に、つけ加えて言う。

> 明日カルケミシュに行けば、ホウガースさんに会えると期待しています。噂はまちまちで、もういないとマイスナー・パシャ〔ドイツのバグダード鉄道建設責任者〕は言っていましたが、当地ではまだ作業中とのことです。ともかく、そこは私のアレッポへ行く道からあまり離れていません。
>
> 前便を書いた直後に代官と隊長が訪ねてきて、ホウガースさんはもう離れたけれど、トムソン氏がまだカルケミシュにいるとのことでした。そこで出かけていくと——馬でわずか五時間——トムソン氏と、しばらく前から私のくるのを待っていたらしいロレンスという若い人（おもしろい若者で、トラヴェラーになることでしょう）がいました。発掘現場と出土品を見せてもらって、二人と愉快に一日を過ごしました。けさは早くに出発し、起伏する北シリアの大平原を馬で十一時間かけてやって来たのです。一面、小麦の緑でしたがいささか退屈な旅、でも風があってあまり暑くはなかったのは助かりました。ミスター……（二十一日）。

これが、やがてアッシリア学の第一人者となるトムソンと、のちの盟友T・E・ロレンスとの出会いについてガートルードが述べたすべてだった。

カルケミシュでのロレンスとのやりとりについては、多くのことが彼の側の資料をもとに語られている（たとえば牟田口義郎著『アラビアのロレンスを求めて』中公新書、一九九九年）のでここでは触れない。一九三五年に「アラビアのロレンス」が事故死するはるか前から、この手紙はフローレンスの『書簡集』に前日の分と一体化した形で、したがって実際とは異なる日付で、内容の一部が省略されて収録されていたこと、また手紙が氏名不明の「ミスター」で切れ、未完のままだったことを述べるにとどめたい。

ロレンスは、女性来訪を騒ぎたてる村人を黙らせるのに、ガートルードは花嫁候補として来たが器量がいまひとつで失格して早々に立ち去ったと信じこませ、のちに聞いた彼女も大笑いしたという。この「女性にはわるいが、方便としてよくできたうそ」の逸話にはいくつかのヴァージョンが生まれて、ロレンス原作の正確な筋書きはいまでは分からない。

アレッポに出たガートルードは、ファトゥーフ夫婦をベイルートに同伴して彼にブリッス博士の診断を受けさせ、二十七日に乗船すると、コンスタンティノープル、ウィーン経由でジョージ五世の戴冠式に出席が予定されているロンドンに帰着した。ウィーンに立ち寄ったのは、グラーツにいたシュトルツィゴウスキに会うためだった。

ここで、これまでのガートルードの考古学上の業績を整理しておきたい。

彼女の仕事は、主要なものを、北メソポタミアのトゥル・アブディーン地域、そして中部アナトリアのマーデン・シェヘール＝ビンビル・クリッセ地域の東方キリスト教建築と、ウハイディル遺跡の調査に大別できよう。北メソポタミアについては、「トゥル・アブディーンと近隣地域の教会と修道院」の題で一九一〇年にシュトルツィゴウスキとマックス・ファン・ベルヘムの共編著『アミダ』（ディヤールベクルの古名）の一章として発表された。現在、それは一九一一年の訪問の報告「トゥル・アブディーン」と併せて、マーリア・マンデル・マンゴ女史の編纂で『ガートルード・ベル　トゥル・アブディーンの教会と修道院』（以下『トゥル・アブディーン』）*Gertrude Bell The Churches and Monasteries of the Tur 'Abdin*, Introduction and Notes by Marlia Mundell Mango, London, 1982 として刊行されている。

中部アナトリアの遺跡は、ラムジーが「廃墟の進行の歩調はかつては自然の設定した緩慢なものであったが、いまや人の手で加速を始めている。一九〇七年と〇九年との間でも、憂鬱な差異が存在する」（『千一キリスト教会堂』）と嘆く状態であった。その実情を把握して主要建造物の平面図を作成し、建造年代を画定し、写真で記録した一連の作業に重要な意味があることはいうまでもない。写真に一言すると、現在ニューカースル・アポン・タイン大学に所蔵される七千点を超すガートルードの海外写真のうち、たとえば一九〇七年のトルコ（アナトリア）のものは一〇四二点、ウハイディルのものは〇九年が一〇二点、一一年は六三点である。足場がわるい廃墟——崩落した石材の山で平坦地はほとんどない——で、扱いの厄介なカメラを用いてこれだけ厖大な点数を撮影する労力、時間と忍耐心は特筆に価しよう。

二度にわたるウハイディルの調査結果は、最終的に『ウハイディルの宮殿とモスク——初期イスラム建築の研究』*Palace and Mosque at Ukhaidir, A Study in early Mohammadan Architecture* となって一九一四年にオクスフォード大学出版局クラレンドンプレスから公刊された。多数の大型図版の入ったフォリオ版で、さながら対象に対する著者の愛着と内容への意気ごみを伝えているかに見える。

ガートルードの業績を、わが国では建築美術史の面から彼女を初めて評価された鳳　英里子氏（当時筑波大学、現在東京大学大学院）の以下の論考を紹介する形で概観してみよう。

講演①「G・ベルと西アジア建築史研究」（二〇〇一年九月、日本建築学会大会学術講演）
論文②「パルティア、ササン朝建築のイーワーンについて――イスラーム建築以前のイーワーンの構法と意味」（筑波大学「芸術学研究」第五号、二〇〇一年）
③「G・ベルと西アジアの遺跡――建築史研究と文化財保護活動について」（同第六号、二〇〇二年）

①は、「考古学及び建築史学の基盤形成に貢献したベルの意義を考察し、西アジアの建築構造に関する彼女の分析と研究を評価する試み」である（「 」内は鳳氏の論考よりの引用。以下の……は引用者による中略）。

ガートルードは、一九〇五、〇七、〇九、および一一年のシリア・メソポタミア・アナトリアの現場体験と『ノート』、『千一キリスト教会堂』、『トゥル・アブディーン』の三研究を経て、「最終的には初期イスラーム建築遺跡、ウハイディルに調査対象を絞ったモノグラム完成へと進んだ」。そして「いちはやくヴォールトに着眼した相互比較研究に取り組み、スキンチとペンデンティヴ、イーワーン（②での定義として「三辺が壁に囲まれ、一辺が天井まで外部に向かって開放されたヴォールト広間」）等について独自の論を展開した。ベルのヴォールト研究は初期キリスト教会建築を対象としたビン・ビル・キリセ調査時に遡り、……パルティア建築、ササン朝建築、初期イスラーム建築へとヴォールト架構の体系化を試みている」。「……ベルは自らのヴォールト研究より、ヒッタイト時代の宮殿遺構に存在するヒラーニ（三辺は壁で、一辺が屋外に開放された列柱式玄関広間）がアケメネス朝宮殿へ継承され、ササン朝宮殿でヴォールト広間へと転換し、イスラーム建築の主要な構成要素であるイーワーンへと発展する一連の可能性を示唆した。この見解に対し否定的な意見も出されたが、……イーワーンの起源については定説が存在しないため、ベルの主張はイーワーン・ヒラーニ起源説として存続している」。
鳳氏は、「今後の西アジアヴォールト架構の研究はベルの解釈の検討から始まることになるだろう」と予測し、また近年のイラクの状況に照らして破壊と劣化の進行が懸念されるウハイディルについて、「ベルの記録が貴重な資料となる」と見ている。

②では、鳳氏は「パルティア時代に誕生し、ササン朝時代に主に宮殿建築で多用され、後のイスラーム建築へと継承された西アジア固有の建築要素」であるイーワーンについて、その成立にいたる変遷の過程と意味を考察する。

ここでは、イーワーンの定義に始まり、その語源と起源の検討を経て、パルティア、サーサーン建築の実例をもとに、鳳氏自身の観察とガートルード以後の資料を広汎に渉猟して得られた見方を展開している。

鳳氏は「ハトラの中央建造物ファサードも当然このローマ建築からの影響を受けたが、両者のヴォールト構法を具体的に比較・考察したのはベル（G. Bell）であった」とする。

オリエント起源のヴォールト架構がパルティア時代にローマの東端でその技術を利用して発達し、既存の一辺開放型広間の上部架構と合体したことで、ハトラの中央建造物が示すような、①での定義に照らせば過渡的というべき形のイーワーンが生まれた。その過程で、建造物平面の主軸線の顕在化傾向とイーワーンの結びつきを通じて、いまはイスラーム建築に通有な幾何学的均整への指向が生ずる。そしてサーサーン時代には、クテシフォン（ターキ・ケスラー遺構）に見られる、モルタル使用を含む建築工法の進歩と、放物線ヴォールト（半円型でなく上部が卵形に伸びたアーチ）の断面がそのまま建物のファサードをなす形状が現れ、イスラム建築に引き継がれて①の定義にいうイーワーンが成立した——このように考えられていると鳳氏は説明する。

かような考えは、いまわれわれがイスラム世界のいたるところで、一般民家や壊れかけた隊商宿から大モスクまでの建築に見るさまざまな態様のイーワーンの源流を、古代末期にいたる西アジアの広遠な建築伝統のなかに求めようとする試みにほかならないであろう。

③は、本書第18章で述べる文化財保護に関わる部分は別として、ガートルードのウハイディル遺跡との取り組みを同時代の仏マシニョン、独ロイターの研究とともに詳述し、なかんずく彼女によるウハイディルのヴォールト架構と建造年代の検討を論じている。「ベルのウハイディル研究は、広い時代と地域の建築遺構との比較研究として進められ、建築的特徴からこの遺跡の建設年代推定を試みたものである。ベルの関心は初期イスラム建築の特性解明と、西アジア建築におけるヴォールト架構の体系化にあった。ウハイディル研究の過程で、彼女は……イーワーンの起源に関する一考察を行っている」。

鳳氏は、ガートルードの北アラビア行（本書第11章）を含む探査旅行の内容と公表成果を一覧的に示し（ほぼ本書の前章・本章に相当）、ウハイディルの調査におけるマシニョンと対比させる形で彼女の建造年代推定を説明する。

マシニョンは「この建築遺構を主に平面形態の類似と歴史的経緯からラフム朝時代（Lakhm 三世紀半ばから六〇二年）と考え、これはベルやロイターの調査でイスラム初期の建築と認定された後も変化しなかった」。ガートルードは最初の訪問での検分により、前掲「ウハイディルのヴォールト架構」のなかで「宮殿北西部分がモスクである可能性が高い〔ことから〕……この遺跡を初期イスラム期、ウマイヤ朝時代のものと結論している」。ついで『ムラト』においてガートルードは、アッバース朝の貴人がウマイヤ朝に特質的だった砂漠型の性格を失っていたことなどを理由に、ウハイディル建造がアッバース朝より前である可能性を大としながら、年代特定にはいたらなかったことを述べる。そして最後の『ウハイディルの宮殿とモスク』において、二度目の訪問で「推定モスク空間の南中央壁面からミフラーブ〔メッカの方角に設けられたモスク礼拝室内壁の窪み〕と考えられるニッチを確認した」ことそのほかを根拠に、「建設年代を八世紀半ばとした」。またロイターも「ベルが指摘したモスクの存在を認め、ウハイディルの建設年代についてイスラム以降とした」。

　鳳氏は、「マシニョンやベルが比較対象としたササン朝期の建築遺跡は、近年時代考証を再検討する必要性が説かれており、根拠として危うい存在になる可能性がある」という但し書きを付している。そして「歴史的経緯からの考察が進め」られた五〇年代以後のK・A・C・クロスウェルとW・カスケルの研究で、建設者と建造年の一致特定にまではいたらないが「現在ではアッバース朝期の遺跡と一般に認識されている」。

　「ウハイディル研究の成果より、ベルはイスラム建築の初期研究者の一人とみなされている」。他方で、ベルのイーワーン検討面について「幅広い建築知識は、ウハイディル研究の過程で〈イーワーン・ヒラーニ説〉へと結実する」。それは「デュラフォアやヘルツフェルトの研究成果に負うもの」ではあるが、「ベルの特徴はヒッタイト時代からイスラム期まで、非常に長い期間を視野に入れている点にある」と鳳氏は総括している。

　ガートルードは、しばしば非常な困難を伴う現地調査と写真撮影を通じて、急速に崩壊・滅失を辿りつつある多数の遺跡の記録者となっただけではない。その考古学上の著作は、短期の現地滞在での収集とは思えないほど錯綜した数値的・事実的な、そして歴史的なデータに支えられていて、異例に端正な文章でつづられているものの部外者が叙述のコンテクストを追うのは容易でない。ここにごく簡単に紹介した鳳英里子氏の論考を通じて、ガートルードの研究成果が一世紀を経過しても多くはなお評価されうることを、われわれは認識させられよう。

ガートルードは、一九一三年二月六日のチロルあての手紙で、しばらくあたためてきたカラコルム学術探検に参加する意図を放棄したことを伝え、理由のひとつに目的地には考古学の入る余地がないことを挙げている。レディ・トラヴェラーのなかにはちがった指向の人——たとえば自然観察者——も少なくないが、人文的、歴史的な背景の希薄な地域に関心はもてないというガートルードの立場は一貫して変わらなかった。

ディアス゠アンドレウ（イベリア半島考古学・ジェンダー論、ダラム大学）、ソェレンセン（ヨーロッパ先史学・ジェンダー論、ケンブリッジ大学）両女史の『考古発掘の女性たち』Margarita Díaz-Andreu and Marie Louise Stig Sørensen, eds.: *Excavating Women, A history of women in European archaeology*, London, 1998 は、ヨーロッパの女性考古学者たちの足跡をジェンダー論的に取りあげている。

ガートルードは、年代的に、多くの仲間以上にジェンダー的な犠牲を蒙りかねなかったもっとも初期の一人である。にもかかわらず、生粋の考古学者ではないという条件つきながら、さいわいにも同書の観点からは主要なテーマ対象になりえない自立の立場を維持しつつ、彼女がほとんど単独で達成した成果はあらためて注目される。

第10章

「ディック」リチャード・ダウティ＝ワイリー

インド総督チェルムズフォード卿フレデリック・セシジャー（在任1916-21）。ハーディング卿の後任としてイラクを管轄した〔Wilfred Thesiger: *The Life of my Choice*〕。リチャードとの縁については290頁参照。

先に述べたように、一九〇七年夏のビンビル・クリッセ共同調査でアナトリアを訪れたガートルードは、ラムジーより一足早くコニヤに着いた。この要衝には二年前になかった英国領事館が設置されていて、前年に着任した副領事ダウティ＝ワイリーへ挨拶に行き、その夜はドイツ副領事ロイトフェートの宅で過ごした。

入浴し、着替えて、ダウティ＝ワイリー訪問、ついでロイトフェートのところへ行き、夕食、十一時ちかくまで（五月十日日記）。

出かけて英国領事ダウティ＝ワイリー夫妻に会い、つぎに旧知のドイツ領事ロイトフェートを訪ねて夕食をともにし、ホテルに戻ったのは十一時でした（十一日両親あて）。

そして、十二日にはチロルへ前章で引用した言葉へと続く長い手紙を書き、その初めにこう記す。

……いま、ここには英国の副領事がいるのですよ。チャーミングな若い軍人で、とても感じのいい小柄な妻と一緒です。二人のうち気になるのは彼のほうですが、目配りが利いて抜かりがなく、熱心に物ごとを知ろうとする、いいタイプの英国人といったところ。ウィリー・T〔外務省の共通の知人、副大臣ティレル〕に、この任命は上出来とおっしゃってください。ただ、彼はこれからメルシンとアダナを見なければなりません。あのポストはコニヤより重要で、いまあそこでわれわれの代表を務めている〔領事業務を委嘱した〕ギリシア人商人はまったく役に立たないのです。ドイツ副領事のロイトフェートに再会できて……。

初対面の副領事の印象を伝えるには念の入りすぎと思われるこの手紙は、ちょうど十五年前にテヘランの公使館にヘンリー・カドガンを見出したときのそれに酷似する。西南トルコの調査を四十日間つづけて沈んでいた気持は、コニヤで昂揚を回復したようだ。一週間後にマーデン・シェヘールへ向かうまで、コニヤのガートルードの行動範囲は二つの領事公邸の間にあり、調査を終えてコニヤに帰ってきてからも彼女はしばしば領事館を訪れた。背広に白い麦藁帽のダウティ＝ワイリーと、足元も隠れる長さの白いドレスに肩幅より広い、笠のように中枠のついた白い帽子をかぶった妻を公邸の広い庭園で撮影した五点の写真が、三人で過ごした楽しいひとときを物語っている。ガートルードを迎えた前後のコニヤでの一、二年は、新婚の彼にとっては激動の生涯で味わうことのできたほとんど唯一の平安な時期だった。

チャールズ・ホサム・モンタギュー・ダウティ＝ワイリー、通称は別名のリチャード、むしろ単に「ディック」は、ガートルードと同い年の軍人で、当時はよくあったミリタリー・コンサルといわれる一人だった。治安などの面で文官に不向きなところでは、領事を現役軍人が務めることの意味は大きい。ウィンチェスター・カレッジからサンドハースト士官学校を出てロイヤル・ウェルシュ・フュージリア連隊（一六八九年創設、ウェールズ最古の歩兵連隊で現存。かつては火打石銃《フュージル》を使用）に所属した。その後、インド（ハザラ戦）、エジプト（ハルトゥーム戦）、南ア（ボーア戦争）、中国（義和団事件）などと、当時の英国が携わった主要な戦争・事変にすべて参加し、インドと南アでは重傷を負っている。義和団の乱（北清事変）では騎馬歩兵を指揮したが、天津駐留のためか、わが国の資料（柴五郎『北京籠城』平凡社・東洋文庫版）に名は出ていないようだ。きわめて勇敢な戦士だっただけでなく、ウィンチェスター仕込みの教養もふかく、決断力、指導力があってあらゆる点で模範的な軍人といわれた。

彼は高位の聖職者、軍人、法官を輩出したサファク州セバトンの地主家系の生まれで、一九〇四年に寡婦の「ジュディス」リリアンと結婚し、以後は妻の実家の苗字ワイリーを自分の姓に加えてダウティ゠ワイリーを名乗った。一八七〇年後半に、白人キリスト教徒の身分を偽装することなく単身でアラビアに入った苛烈な体験記録、『アラビア・デセルタの旅』の著者として有名な詩人チャールズ・ダウティ（一八四三—一九二六）は、叔父にあたる。執筆に十年を要して一八八八年に出たその大著は、日ごろガートルードが机辺の友とする書であった。

前記のようにダウティ゠ワイリーの名は「チャールズ」だが、叔父と区別するために彼の別名にしたがい、本書では「リチャード」ないしは「ディック」と記す。コニヤに赴任したときのリチャードは大尉で、すでに頭髪は薄かったが長身で細めの締まった体格をもち、強靭で鋭敏な印象を与えた。

コニヤ領事の管轄下のキリキア地方では、人口では少数派のキリスト教徒アルメニア人による自治願望が立憲革命の流れとともに加速し、反発するムスリム社会との間の軋轢が進んでいた。一九〇九年四月には、きっかけはさまざまに言われたがムスリム暴徒によるアルメニア人虐殺事件がアダナで発生して沿海のメルシンから北シリアにまで波及し、二万人が犠牲となった。このとき、アダナのリチャードは少数のトルコ正規兵を集めると軍装して率先出動し、右腕に銃創を負いながら暴徒を制圧したと伝えられる。この功績で正領事に昇格し、ソマリア在勤歴が活かせるアディスアベバ（エチオピア）の総領事を命じられて、同年に赴任した。

一九一二年十月、対イタリア戦に敗れてリビアを割譲したトルコにツルナ・ゴーラ（モンテネグロ）

が宣戦し、ブルガリア、セルビア、ギリシア各国が追随して、このロシア主導のバルカン同盟四ヶ国がマケドニアの分離を求めるバルカン戦争が勃発した。リチャードはトルコ側の立場で呼び戻されて、コンスタンティノープルに設けられた赤十字の救援機関で責任者を務め、ジュディスも同地の病院で看護婦の監督にあたった。

敗北したトルコは翌一三年五月のロンドン条約でバルカンを手放して欧州の大国の地位を降りたが、早くもその六月末には、旧トルコ領の帰属をめぐる紛争からブルガリアと元同盟諸国、トルコ、ルーマニアとの間に第二次バルカン戦争が起こる。ブルガリアは敗れ、戦争は八月のブカレスト条約で終結した。リチャードは、戦後課題の処理に設けられたギリシア・アルバニア国境画定の国際委員会で委員長兼英国代表を務めるべく現地に向かい、九月後半にはギリシアとアルバニアに近いマケドニア南部の町モナスティル（現在名ビトラ）に入っている。その仕事が片づき、年末に英国に戻ったリチャードがアディスアベバへ帰任したのは翌年の二月だった。

そして八月に大戦が始まり、十一月にはトルコがドイツ側に立って参戦する。少佐に昇進していたリチャードは軍務に復することになり、翌一九一五年二月にカイロを通過して帰国した。

ダウティ＝ワイリーの大戦にいたる足跡を辿れば、ほぼ以上のようになる。

一九〇七年の最初の出会いから、ガートルードとリチャード夫妻は交信を通じて接触を保っていたが、くわしいことは分からない。ガートルードは、ロンドンでは〇八年にリチャードが短期帰国したときに会ったようだが、その翌年の『ムラト』の旅のときにはコニヤで夫妻に会おうとして叶わなかった。四月十三日にアダナで発した虐殺がガートルードの耳に入ったのは「悪魔崇拝派」の聖地を訪れる途中の同三十日のことで、スルタン・アブデュルハミト廃位を知った二日後だった。事件の話が真偽をとりまぜて頻々と耳に入ってくるアナトリアをガートルードが西に向かう間、リチャードはアダナに釘付けになっていた。

旅も終わりの六月二十三日に母に出した手紙で、彼女は「〔コニャには〕ダウティ夫妻はいません、残念なこと。まだアダナで救援の指揮にあたっているのです。それで、留まるお目当てもないコニャではキャンプを畳むだけ、一両日ですみます」と述べている。四日後にも、トロス（タウルス）山脈を越えてアダナまで足を延ばし、一万五千人の難民キャンプを抱えるリチャードと、病院で七十人の負傷者の世話にあたっているジュディスに会いたいが邪魔になるだけだろうと言い、事件に関する彼の冷静な見解を知りたがっている。ガートルードは、道中でリチャードの動きを含めてさまざまな情報を入手して、ややもすればキリスト教徒の立場から一方的にアルメニア人を被害者扱いする見方には批判的になっていた。むしろ、いまにもキリキアに独立国を造れると高慢にも思いこんだアルメニア人の軽挙が引き金ではなかったか、と考えている。そこにいたるまでに、二年間のリチャードとの交信で彼の判断を評価していたのだ。

しかし、この時点ではむろんのこと、おそらくは二度のバルカン戦争が終わるまでは、二人の間にあったのは好感にもとづく相互の認知、評価、そして情報交換の域を大きくは出なかったであろう。すれ違いを重ねた彼らには会う機会がほとんどなかったうえ、書信のやりとりにリチャード側は妻も加わる家族ぐるみだった。

リチャードがアディスアベバから召還されて一年足らずの間に、ガートルードは一時帰国した彼あるいは夫妻と一、二度は会ったらしい。ただ、いずれも形としては挨拶程度のもののようだ。

やや興味あることに、この時期に彼女はしきりにヴァレンタイン・チロルと交信を重ねている。チロルは、娘時代のルーマニア滞在で知り合って以来、年の離れた異性ながら何ごとによらず心置きなく彼女が語りうる、有能で信頼できる唯一の人だった。彼女が、せりあがってくるようなリチャードへの思いを訴えたかとも思えるが、その例は見あたらない。ただ、既述したミドルズブラの「アンティ」集会（一二年十一月）で心身をすり減らしていたころの彼女が、つぎのような手紙をチロルに出しているのには、リチャードとの交信の残り香が感じられないでもない。

私の関心事はアジア側のトルコです。オットマン帝国の権威が雲散霧消したいま、起こるのは何でしょう？好奇心をそそられる問題で、この十年以内に帝国のアジア部分が分裂し、まずアラブの自治体制、ついでアルメニアのそれ、さらに何か、そうなってもおかしくはないと思っています……。

また、前章で触れたように、一三年二月六日にはこう言う。

中央アジア行きの計画は取りやめて、フィリッピ〔イタリアの地理学者・探検家、カヴァリエーレ・フィリッポ・ディ・フィリッピ。この年から翌年にカラコルムを学術探検〕に連絡したことをお伝えします。時期が迫ってくるほど、無理になってきました。十四ヶ月も留守にはできません。いまの英国での毎日が楽しくて、そんなに長くは離れていたくないのです。第二の理由は……彼らの行き先には考古学のたねがありません。要するに、私の仕事ではないのです。

ガートルードの中央アジアとのかすかな接触はここに述べられたのみで、唐突な感がするが、いずれにせよ、英国にいることにそれほど魅力があったのかリチャードに関連があるのか否かを解くすべはないようだ。

そして七月のある日、ガートルードは、コンスタンティノープルの赤十字を引き揚げてロンドンに単身滞在中のリチャードをロウントンの自邸に招待する。アルバニアには同行するはずのジュディスは、ウェールズで過ごしていた。ガートルードは両親にリチャードを紹介し、自分の造った庭園を案内し、図書室を見せ、自室で語らったようだ。彼女は英国では日記をつけない習慣なので、本人の記録はない。

この訪問について、ウィンストーンは、「七月、彼をロウントンに招待した。在英中は妻を伴わずにいた彼のことだから、そのころでは社会的に無分別なしわざとされて女が軽々しく行なえるものでない、大胆な行為だった」と述べる。グッドマンは「彼は妻を同伴しなかった」とのみ記す。ウォラックは「彼女は男の熱望の深さを知り、情念の戦慄を感じとっていた。彼女の寝室で二人は間近に向き合った。女の胸は高鳴り、頬は火照り、男は目に燃えさかる欲望を湛えて両腕に女を抱きしめた。彼は求めた、が女は拒んだ」と描く。ただ、著名な伝記作者に根拠のない記述は考えたくはないけれども、ウォラックはこの情景の出典をあきらかにしておらず、推測の可能性が高い。

そのあとに続くのは三者とも一致してリチャードがロンドンから礼状をかねて出したガートルードへの手紙で、そこで彼は言う。

マイ・ディア・ガートルード、ロウントンへ招いていただいてほんとうにありがたく思います……あのトルコのころからずっと、あなたとお近づきになりたいと願っていたのです――いまやっと、間近になったように、ほんとうに親密な仲になれたように感じています……何か書かねば、あなたの友であることがどれほどうれしいかを分かってもらえることを書かねば。たとえ筆にならなくとも意味のある何かを、情愛、マイディア、感謝と賞賛と信頼、そして、できるかぎりお会いしたいという私の希望を――R

しかし、あとから見ればこの文面もほとんど他人行儀に思える。

アルバニア行きを控えて準備中のリチャードとロウントンのガートルードは、連日手紙を交わした。リチャードのロウントンへの回想は日を追って鮮烈となり、くりかえして彼の文面を埋める。睡眠中に、ガートルードではない、背の高い影のような女が夜ごとに現れる奇妙な幻覚に悩まされることを彼は報じ、金で自由になる女と一夜を過ごしたことすらほのめかす――

昨夜、あわれな娘が私を呼びとめ――よくある話――私は金を与えて帰らせました……私のようなもの、あるいはかつての私のようなのはざらにあり、彼らのことを私は遺憾には思います……正常で自然な、大抵のときはただの空腹なみの、肉体のこの欲望、それは心底の情熱の乗り物にもなりうるもの、ただそれゆえにのみ重大です。またそれゆえにのみ、満たされるべきものです……。

また、ガートルードへの返事で彼はこう書いている。

そう、しばしの別れ、でもほんのしばしのことです。ジュディスはあなたをよく知っているし、これまでいつもあなたの手紙を見ていたから、急に読めなくなると非常におかしく思うにちがいない、それに旅の間は狭いところで一緒に過ごすのです……（八月二十二日）。

しばしの別離のときが近づきました。いや、そうじゃなく、私たちは頭と気持のなかでは引き続き会っています。ただ、（たぶん最後の二通のほかは）ほかならぬあなたからほかならぬ私への手紙を、ハーフムーン・ストリート〔ロンドン滞在中のリチャードの単身者用宿舎〕で毎朝読むことがなくなるだけ……手紙は書けなくなっても、二人の気持を確かめつつロウントンのあなたの部屋でいろいろとおっしゃったことは、つねに私の頭のなかにありつづけます（二十三日）。
むろん、手紙ではディックと呼んでください、私はガートルードと言います。それは何でもありません――多くの人がしていること――妻はふつうなら私への来信を読まないのですが、あなたには自分でもよく手紙を出すので、われわれはいつも見せ合っていました――でも、ああ、その手紙が来ないとなれば！……もうひとつ、しておかねばならないこと――今夜、あなたの手紙を破棄します――したくはない――でも、そうすべき――私が死ぬか、どうなるかは知らないけれど、あれは私以外のだれのものでもありません……（二十七日）。

言葉どおり、リチャードはガートルードの手紙を破棄したので、それまでのものは一通も残っていない。しかし、彼の返信からこのころに彼女が何を書いていたかは容易に読み取れよう。

リチャードとの恋を追うときの障害は、肝腎の資料の決定的な不足である。ほかの面ではほとんど日時ベースで行動を把握できるといってもいいガートルードだけに、ことさらにその感がある。

現存する二人の交信のうち、彼女のものはきわめて数少ない。ウィンストーンは、一九一三年から一五年までの九十通ばかりのタイプされたリチャード信に対し、ガートルードのものはわずか九通にすぎないという。リチャードの手紙は一三年八月十三日づけの前記の礼状に始まり、最後の一五年四月二十一日のものにいたる。「Dレターズ」（ディックの手紙）とガートルードが手書きしたこれらのリチャード書信は、彼女の死後、ジュディス――長命を保って一九六〇年に死去――の生前はベル家の遺族にきびしく管理されて余人の披見を許さなかった。ジュディスの死後、嗣子がなかったことから、ベル家からガートルード自身のものとともにニューカースル・アポン・タイン大学に納められ、特別所蔵品となった。現在では、特殊な保護シートに入れて保管され、「ガートルード・ベル・アーカイヴ」として公開されているほかの一般書簡とは区別されている。

ウィンストーンは、書簡を最初に見た一人、シートン・ディアデン（『アラビアの〔リチャード・〕バートン』Seton Dearden: *Burton of Arabia*, 1937 などの著書がある英国の評論家、伝記作家）のしごくもっともな問いかけを引用している――

これが、あの更年期のちかい、情感ゆたかな、性を渇望する女性の求めたすべてなのか？　彼女に、人生もあとのほうになって訪れた恋が与えたものはこれだけしかないのか？　そして、彼の手紙に見られる、性を語るかと思えばただの友人関係にすぎないような、変化してやまない口調はいったい何なのか？

ウィンストーンは、『ガートルード・ベル』の一九七八年初版で、ディアデンが著名誌「コーンヒル・マガジン」六九―七〇年冬季号に載せたこの書簡類の抜粋を引用したが、九三年改訂版では、ニューカースル大学の当該資料が非公開となったことを追加注記している。「コーンヒル・マガジン」誌も一世紀余の華麗な寿命を終えて七五年に終刊となり、いまのところ筆者はディアデンの記事を目にすることができない。のち19章でも触れるが、六七年に、ディアデンはその記事の取材でガートルードの妹エルサ（リッチモンド夫人、その後まもなく死去）と何度か面談した。最後のときに、彼女から「思いもかけず、これまで家族以外は見たことのないはずの、ガートルードとダウティ＝ワイリーが交わした恋文の写しの束を手渡された」（七八年十月十四日づけ「タイムズ」への投稿）。

本書で触れる二人の交信記録は、すべてウィンストーン、ウォラック、グッドマンの評伝、ならびに後述するローズメアリー・オブライエンの編著からの引用によっている。念のため付言すれば、フローレンスの『書簡集』にも、ガートルードの一八八九年から死亡までの書簡をもとに構成されたエリザベス・バーゴインの伝記『ガートルード・ベル——その私記より』Elizabeth Burgoyne: *Gertrude Bell — From her Personal Papers* にも、この関係のものは収録されていない。前者は、家族あてのものが主体であるうえに編者による大幅な取捨を経ているので、載っていないのに不思議はない。後者は前者よりは網羅的だがやはり選択的な編纂であり、上巻一九五八年、下巻六一年という刊行で、リチャードは「ガートルードが恋した男」あるいは「——大尉」という匿名でのみ登場した。ところが下巻の刊行直前にバーゴインは序言に追記を付し、本名を明かす了解がとれたとして、それが「親しい間ではディック と呼ばれた、C・H・M・ダウティ＝ワイリー中佐」である旨を明記した。しかし、恋文自体は収録されておらず、本文中の表現も修正されていないため、下巻序言の追記に注意しないかぎり、リチャードの名に接することはできない。もっとも、追記を見落としても、知る人には充分に通じたのであろう。

かような次第で、ロウントンの一日になにがあり、なにがなかったのかをこれ以上憶測しても始まらない。それはあたかも、わが国の例でいえば「雪の日」の樋口一葉と半井桃水を詮索するにひとしい。ガートルードの場合は、アルバニアに去る男に思い焦がれて、身のおきどころもなくなった一人の女という事実だけが残る。

彼女は、しかし漫然とは残らなかった。リチャードが出航したあと、時をおかずにガートルードは懸案のアラビア旅行に取りかかっている。RGSで天測の技術習得にいそがしかった彼女に届いたリチャードのつぎの手紙は東地中海を航行中の船上で書いたもの、さらには前述したモナスティルの現場からのものだ。

モナスティルはいいところですよ。涼しくて、東方ふうで——まるでコニヤに帰ったような気がします……

ただ、活力と新発見と陽気をもたらすGB〔ガートルード・ベル〕が足を運んでこない、というだけで……。

などと言うが、ロンドンを離れる前に比べれば、ジュディスを意識してかおだやかな筆致になっている。これを、ディアデンは「変化してやまない口調」というのであろう。

ガートルードの出発は準備が遅れ、十月末日に重量物を船積みに搬出した。

太陽と星座と緯度と時間と方位《アジマス》について必要なことは、いまでは全部できます。サリー州の一部の地図を作ってみましたが、結構うまくいきましたし、器具類とも仲良くなっています……今来週は、まだRGS通いですが、ひとつには理論の勉強、もうひとつはそれを手際よく実地に応用する技術の習得のためです……すべておもしろくて、長い計算も、太陽と星との友好関係を築くことも好きなのです……連日勉強で、ほとんど毎晩、真夜中までやっています……（三十日、チロルあて）。

王立地理学協会で学習が終わったのは十一月六日、翌週は『ウハイディルの宮殿とモスク』の校正刷りの点検、そして十三日にはもうマルセイユ出航というあわただしさだった。十八日にアレクサンドリア、二十一日にベイルート着、ダマスカスには二十五日に入っている。

アラビアの旅は、ガートルードにとっては恋の重荷からの逃避とされている。二人の関係自体は知っていたエリザベス・バーゴインは、「彼女が恋した男」のことでダマスカスからチロルに立て続けに重い心情を訴えたガートルードの手紙を前掲書上巻に載せて、初めてそれをあきらかにした。

〔出発を数日後に控えて〕……ドムナル、この数ヶ月、地獄の床を歩いて行きつ戻りつしたのをお知りになれば、なんとかして出口を見つけようともがく私をもっともと思われるでしょう。最終的な出口かどうかは存じませんが、試みるには値します。前にも言いましたように、わるいのは主として私ですが、それが取り返しのつかない不幸――私たち双方にとっての――となりかねません。でも、もう私は顧みないつもりです。そしてどんな苦痛も時が和らげることでしょう……（ダマスカス、十二月十一日）。

過去を葬ることが事実としてできなかったことはさておき、ガートルードの言葉に偽りはないであろう。バーゴイン以後の評者も、逃避とする見方を踏襲している。ただ筆者が異論とはいわないまでも付け足したいのは、ガートルードは逃避だけのためにこの難行を自分に強いたのではあるまいということだ。その決心と準備――何年にもわたるアラビア内奥の情報収集、情勢の安定の見定め、天体観測と地図作成の知識の習得、季節（中東の長旅は気候的に冬季を選ばざるをえない）、ほかの仕事との兼ね合い、等々は思いつきで実行できるものでない。旅は、熟慮のうえでの既定方針だったのである。

シリアやトルコとは根本的にちがうのが、地理があやふやで、入りこんだ異教徒は抹殺するといわれ、事実そのようでもあって、近代白人女性の経験者はレディ・アン・ブラントしかいないアラビアの奥地である。そしてこのシーズンを逸すると、一年後の現地の様相はまったく予想がつかない――そして、この点ではガートルードの決断は結果として正しかった。リチャードには、アラビア計画を彼の出発前から話してあったようだ。前掲リチャード信に見える「その手紙が来ないとなれば！」は、アラビアに入ったガートルードから手紙が途絶えることを指しているととれる。

アラビアの旅は、逃避であったにしても彼女にはかねての念願の実行というきわめて大きな前向きの面をもち、リチャード不在の英国に残ることを償うものだったにちがいない——少なくとも、足を踏み出したときには。しかも結果として、それは逃避とはおよそかけ離れてしまう。

第11章

アラビアの旅

ハーイル宮廷で軟禁されたガートルードの話相手となり，監視役でもあったチェルケス人の女トルキーヤ〔オブライエン/Univ. NCL〕。

アラビアの旅に一章を設けたのは、それまでのものとは同列に扱えない、特異なものだったことによる。トラヴェラーとしてのガートルードには最後となった旅に入る前に、一、二のことに触れておきたい。

ガートルードのアラビア内奥への関心は、本書で触れたことでは、一九〇二年の世界旅行のときにデリーで会ったパーシー・コックスからアラビア事情を聞いたことに遡る。『シリア』でも、ハーイルとその首長《アミール》イブン・ラシード、リヤードのイブン・サウード(サウディ・アラビアの創始者アブドゥル・アズィーズ。現国王の父)らの名に見せる著者の関心は、彼女の内心を知らない読者の戸惑いを誘うほどであろう。近いことでは、一九〇六年の年末に父とカイロに遊んだときには、大先輩のレディ・アン・ブラントを訪れてすっかり話が合ったと言っている。アンは第5章ですこし触れたが、チャールズ・ダウティの翌年に夫のウィルフリドとともにハーイルに到達した初の女性アラビア旅行者である。彼女の旅行記『ネジュド巡礼』*A Pilgrimage to Nejd, the Cradle of the Arab Race*, 1881(拙訳『遍歴のアラビア』一九九八年法政大学出版局)は『アラビア・デセルタ』とともにガートルードの旅の指南書でもあった。ちなみに当時、カイロにウィルフリドが造った館に独居するアンは夫の女性問題で訴訟を提起中で、ついに英国には帰ることなく、現地で死去した。

一九〇九年初めにガートルードは帰国中のパーシー・コックス(当時はペルシア湾岸ブーシェフルの駐在官)に会い、半島東部の事情がきわめて険悪なことを知らされた。半島を東部湾岸から中央に入ることを考えていた彼女に、コックスはかりに実行するにしてもダマスカスから入ることを示唆している。

先人とともにガートルードを惹きつけたのは、半島中部を占めるネジュド地方の主邑ハーイルと、そこを十九世紀初頭から根拠とするシャンマル族のアミール、イブン・ラシード一族である。いまサウディ・アラビアの平凡な一地方都市にすぎないハーイルは、リヤードが表舞台には未登場の当時、ペルシアとイラクから下りてくるメッカ巡礼路の大オアシスとしてアラビア内奥随一の町だった。ハーイルもリヤードも位置するのは半島の北寄りだが、南の大半は空白の砂漠なのである。

ハーイルのアミールは巡礼保護の代償に資産を蓄え、内部の暗殺粛清で地位を確保してきた独裁家系で、コンスタンティノープルのスルタンと特別につながり異教徒を寄せつけぬ伝説的な存在となっていた。ガートルードは、以前からハーイルとそのアミールに暗いロマンを感じていたのだ。そしてトルコの辺境統御が緩み、他方ドイツへの傾斜があらわになるにつれ、アラビア内情の把握と地理調査の必要も彼女には関心事であった。

しかし、常在する部族間の争いと地理不明に加えて、台頭中のイブン・サウードとイブン・ラシードとの抗争で現地は平穏にほど遠く、とうてい入境できないとされていた。ところがこの年は情勢の安定が伝えられるために、ガートルードは関係当局の警告は無視しても進入を敢行する気になったのだ。

ダマスカスに着いたガートルードは、父に打電して四〇〇ポンドの旅行資金の送金を依頼する。手紙では旅行計画と資金の用途を細かく報告し、旅行の意義と成算を述べ、贈与でなく借用として、帰国後に執筆する紀行の印税で返済するので断らないでほしいと懇願する。旅行の資金計画を彼女があきらかにした唯一の例と思われるので、十一月二十九日の父への手紙を引用する。

駱駝は十七頭入用で（うち一、二は確保ずみ）、用具込みで一頭あたり平均一三ポンド。バッサムによれば持参すべき食料に五〇ポンド、そして外套、頭布《カフィーヤ》、綿布といった手土産でもう五〇ポンド要ります。現地ではすべてここよりはるかに値打ちがありますから、当地で五シリング〔四分の一ポンド〕のスカーフでも砂漠では結構な贈り物だというのはありがたい助言なのです。バッサムは、八〇ポンドを現金で持ち、当地のさるネジユド商人に二〇〇ポンド払い、ハーイルで全額引き出せる信用状を入手すればいいと言っています。いずれもずいぶんと気前のいいことと思いますが、持ってゆくのが、アラビアのまん中に着いたときに（インシャアッラー！）お金が足りずに何もできないような額では困るのです。ご覧のようにこれで六〇一ポンドになります。当地の銀行の口座には二五〇ポンドを入れてありますので、不足は三五〇ポンドです。四〇〇ポンドをお願いしたのは、私のホテル代や、出発前にファトゥーフの妻に送るお金、いずれ必要になるあれやこれやで五〇ポンド見ておきたいからです。使用人の賃金が入っていませんが、前記を超える分は大きくはありません。駱駝は私のものですから、売れば買値、つまり二〇〇ポンドをあまり下まわらない額を回収でき、賃金をほぼ賄えます……。

ガートルードは、ハーイルのあとリヤードまで長駆してイブン・サウードに会い、ペルシア湾に出たいとひそかに考えていた。表だって言えば、トルコ政府はむろんのこと、英国の当局も是認はできない旅である。ガートルードが出国前に両親に充分な説明をしていたことは疑わしく、事実先行の気配がある。ともかく、往復の旅費、高価な観測器具やカメラ、銃器なども考えれば、彼女ですら気がひける額の費用を要する旅だった。

もうひとつ、ウォラックが述べるダマスカスに着いたガートルードの携行品も興味深い。それはつぎのようなものだった。ただし出典は示されていない。

重い船送用トランクには、フランス製の気のきいた正装用ドレス、裾の締まったスカート、毛皮のコート、ツイードの上着、房飾りのあるショール、フリルのブラウス、羽飾りのついた帽子、日傘、麻の乗馬服。化粧品箱には、銀のブラシと、漏れのないようにきれいな蓋をしっかりと閉めたカットグラスの香水、ローションの壜。地図、カメラ、フィルム、双眼鏡、経緯儀《セオドライト》、そして銃器を隠すために、レースのコルセットとペティコートを注意して詰め合わせたスーツケース。ほかの木枠梱包にはウェッジウッドの陶磁器、クリスタルの足つきグラス、銀の食器、食卓用リネン、敷物、あたらしいノート、シェイクスピアの作品集、ド・ヴォギュエとシュトルツィゴウスキの考古学書、オクスフォードの学生時代に集めた歴史書、ダウティの『アラビア・デセルタ』、ホウガースの『アラビア潜入』*The Penetration of Arabia*, 1904, ブラント夫妻の『遍歴のアラビア』、ガイドブック類、キニーネ、カンフル、硼酸軟膏、下痢薬、包帯、石鹸、蚤取り粉。靴に隠した銃弾。テントは小一、大二、料理場用一、テーブル、キャンバスの椅子、キャンバスの浴槽、折り畳みのベッド、ろうそく。

今回も忠実なファトゥーフに迎えられ、三年前のウハイディル行きで協力を得たムハンマド・バッサムの世話になる（彼の妻はダマスカスとバグダードに一人ずつで、面談したのは結婚して八年間、大モスクに二度行ったほかは家から一歩も出ていないという）。彼から、旅の伴侶にムハンマド・アルマラウィを紹介してもらい、その甥のサリムをコックに、またおなじく三年前にガイドを務めた郵送夫のアリーを捜して、それぞれ雇い入れた。アリーには、ハーイルに住むアナイザ族の有力者のおじが二人いた。出発寸前にマラリアにかかったファトゥーフは、ヒジャーズ鉄道（一九〇八年にダマスカスからメディナまで開通の巡礼鉄道。大戦中に「アラビアのロレンス」が爆破）であとを追い、ジーザで合流する。ほかに護衛、駱駝曳きなどを入れて、のち多少の出入りはあったが総勢十余名、駱駝は予定よりも増えて二十頭という大キャラバンを組んでダマスカスを出発した。

ガートルードが帰国後にRGSに提出した報告が、その紀要「地理学報」第四四巻、一九一四年下半期号 *The Geographic Journal*, XLIV, July to December, 1914 に七月度分として掲載された。いま見ると、会頭カーゾン卿の挨拶には三年前に南極到達を競った英国、ノルウェー、日本の三名（スコット、アムンゼン、白瀬）への言及があることや、ガートルードの報告は中央アジアを探検中のオーレル・スタインが現地から送ってきた報告に次いでいることなどが時代を感じさせる。

ガートルードは、RGSより金賞を贈られた。それは同年六月のことで、ウィンストーンによれば、彼女はRGSの例会でアラビア旅行の詳細を講演し、現地の地図を作成して披露することになっていたが、大戦勃発でついに行なわれなかった。したがって、紀要所載のものが、短いけれども本人による唯一の公表記録である。まず、その全文を訳出しておこう（段落は訳者による）。

北アラビアの旅

ガートルード・ロウジアン・ベル

一九一三年十二月十六日にダマスカスを出発したとき、私の意図はできうればネジュドに到達したいということにあったが、途中で中断ないしは転回を余儀なくされることも多分にあろうかと思っていた。最初の目標はダマスカス東南方のいくつかの遺跡で、いままでに訪れた人がいないか、あっても精査が行なわれたことはないところである。私は、主としてイスラム初期に属するサイス山地の建造物について平面図を作成し直した。ついで東進して従来は地名だけが知られていたブルカにいたり、ひとつはギリシア語、他方はイスラム紀元八二年の日付があるクーファ体アラビア文字による二点の重要な銘刻を発見した。その後、さらに南方に二ヶ所の類似した城砦があることを耳にしたが、知ったときには私はすでに先に進んでいた。ハウラン山地〔ドルーズ山地〕の東に位置するこの火山地帯の東端は、さらに綿密な探査を必要とする。しかし砂漠の境界領域では遊牧民も生粋のベドウィンでなく、歓待と礼節を旨とするベドウィンの掟が守られていることに旅行者が依存してもまず間違いはない地域に比べて、取り組みはむずかしい。冬の雨季を除けばこの地域に水はなく、行路が人をすこぶる倦ましめることは、石の多いアラビアのハッラ〔溶岩原〕を知る人なら理解されるであろう。

私はカスル・アルアズラクの平面図を作成したが、二点のギリシア語銘刻は別として、さらに重要な痕跡が見つかることを期待していたローマの城館は、中世のアラブ時代のものが重なって隠れてしまっていた。ついでクセイル・アムラとハラーナを再訪し、三日を費やして後者を入念に調査した。ここは、建築学的に初期イスラム美術を学ぶ者にとっては最高の意義がある。ヒジャーズ鉄道沿線のジーザに郵便物の受取りと食料の購入に行ったとき、私はオスマン帝国官憲に制止されたが、ダマスカス総督に自分の行動についてもっともらしい説明を行ない、先に進む許可を得た。しかし、一身の安全には軍も政府も責任を負わない旨を確認した書面をジーザの当局に提出した上でのことであった。

つづく三週間に、私はカラサーズ氏〔アレグザンダー・ダグラス、一九〇九年にこの地を調査。一八八二―一九六二〕が踏破した二ルートを何度か横断したが、同氏作成の地図は非常に有用であった。

トゥーバとビル・バアイルでは、若干の作業を行なった。後者はカラサーズ氏も訪れているが、記録を残していない。私はこれもトゥーバと同年代、つまり聖遷後一世紀の建造と見たい。近接してベニ・サフル族の祖のものと伝えられる墓があり、同部族が行なう供犠の祭式のゆえに興味のあるところである。遺跡自体はタイマにいたる古道に面した隊商宿と思われたが、ジェベル・トゥバイクでは、疑いなくおなじ隊商路上にある別の宿駅を認めた。

停止を求められる懸念からタイマには行かず、そこを一日行程の西方に見て、ネフード砂漠に西南角から入り、九日間進んだ。駱駝用の草地は最良であったが、進行が単調、緩慢だったのは、多数の深い馬蹄状の砂穴を避けて絶えずその周囲をまわることを強いられたことによる〔フルジと称するこの地表上の奇現象はブラントが詳細に検討している。前掲『遍歴のアラビア』に訳載〕。ネフード砂漠を出てからは、風化で奇怪な形状を呈している砂岩の山脈ジェベル・ミスマとジェベル・ハブラーンを越えたあと、ジェベル・ラハムで突如として花崗岩組成地に入った。しかし、クナ〔クア?〕の近辺でジョウフから下りてくる道に出て花崗岩性のアジャ山脈の麓に達するには、ネフードの長い突起部の横断を必要とした。その翌日、ハーイルに到着した。

シャンマル族の首都には十一日間滞在した。アミールはルワッラ族の襲撃に出て不在で、代理の者による処遇は良好だったとはいうものの、彼らは私に充分な自由を認めうる立場にないか、もしくはその意思をもたなかった。出立の前になって、私は町と宮殿の写真を撮ることを許された。住民からの敵意はその形跡もなく、相互の関係の特徴をなすのは友好的な好奇心であった。

政治情勢については、より詳細に述べる機会があろうと思う。ラシード一族の権威は、ノルデ男爵〔オーストリアの旅行者〕がアミール・ムハンマドを訪問した一八九三年のあとは減衰している。以来、ハーイルに入ったヨーロッパ人は皆無である。その間にイブン・サウードの運勢は上げ潮に乗り、私見ではいま中央アラビアで第一の人物といえば彼になる。ラシード家にとって対イブン・サウード戦以上に致命的だったのは、宮廷内部の革命である。ムハンマド〔長兄（二代）の子の四代を暗殺して五代となる。一八九七病死〕の甥、アブドゥル・アズィーズ〔六代。四代が暗殺した三代（五代の次兄）の子〕は一九〇六年に戦死したが、裏切りによることを排除できない。アミール位を継承した息子〔七代、一九〇七暗殺〕は叔父の一人に暗殺され、ついで叔父自身も弟に殺害された〔一九〇八〕。これもラシード家の世襲宰相スブハーン一族に暗殺され〔一九〇九〕、彼が自分の甥でアブドゥル・アズィーズとムーディ・ビント・スブハーン〔スブハーンの娘ムーディ〕の子を現アミールに即けさせた〔十代、一九〇九—二〇（暗殺）〕。この少年、サウードはまだ十六歳にもなっていない。ハーイルに残るラシード家のほかの男子孫はさらに年少で、成人男子は一人として破滅的な過去八ヵ年を生き延びていない。私のハーイル出発後に、アミールはスブハーン一族の四名を処刑している。そのなかには筆頭顧問も入っているが、イブン・サウードと通じたことが理由とされた。

私は、ハイヤニーヤと、ローカの井戸を通ってバグダードに出たが、州境のシーア派部族とは悶着があった。バグダードからは、シリア砂漠を横断してダマスカスに帰着した。砂漠、とくに涸谷カアラ〔ガァラ〕の底部では予期せぬ定住地の痕跡を認めた。崖の上に、多数の井戸を下手に擁する小さな町の廃址が残っているところである。

パルミラが視界に入るまでは中世のものと見られる道をとり、ドゥメイルの山では里程標で分かるローマの道を通った。後者の路傍に残る、キーペルトの地図に記載のある崩落した商館《ハーン》は中世のもので、さしたる興味を惹かない。

ダマスカス着は、五月一日であった。

ガートルードの報告は二五〇〇キロの旅をきわめて簡潔に、抑制された筆致で述べているが、本来はあとで述べる二種類の日記を併せて一冊の書物となる分量をなし、詳細をきわめている。

さて、旅の経過に戻る。ダマスカスから一旦東に大きく迂回してからジーザに来るまでの最初の行程は溶岩原の東側を初めて探査したもので、井戸の所在を確認し山地諸部族の分布をあきらかにした。『シリア』には、ガートルードがドルーズ山地でどれほどこの地域への進入を願ったかが描かれている。彼女は、八年後に裏側の熔岩原からそこに到達したのである。

特記すべきは、ジーザで制止され、アンマーンの当局へ出向いたときのことだ。彼女はダマスカス総督に自己責任を保証しただけでなく、同時に、電報で連絡をとった旧友でもあるコンスタンティノープルの英国大使サー・ルイス・マレットからも引導を渡されている。いわば国際問題化した行動を、マレットも支援できなかった。釈放されたときには旅券を没収され、英国民としては無存在のような形で名実ともに消息を絶ってしまう。ちなみに、この情報が英国に伝わって心配した父ヒューはクローマー卿に相談に行き、娘を信頼せよと言われている。もともと、護衛兵を頼まない以上はトルコ政府に責任を問えるものでなく、物を奪われたからとて英国が軍隊を派遣してくれるわけではないと彼女は考えるが、大きな心理的負担となった。ジーザの巡礼鉄道を東に越えたとき、彼女は「外界に私を繋ぐレールというかぼそい糸を」断ち切ったのである。

そして東南に進んで奥地に入ったガートルードは、山中のトル・アットゥバイクでホワイタトの族長アウダ・アブー・タイイのテントで十日間を過ごした。襲撃行で不在の族長に代わってほかのシャイフの歓待に与り、彼女はベドウィンのハレムの実情を体験した。

ついで、ガートルードのアラビア日記で圧巻をなす部分、ハーイルの十一日間となる。二月二十五日に到着し三月七日にバグダードへ向けて出発する前夜まで、彼女は宮廷内の一室で軟禁状態に置かれた。目ざした若いアミールは不在で、いつ戻ってくるかはだれも知らない。留守を預かる筆頭顧問のイブラーヒームはアミールの母方の近親、つまりスブハーン一族だが、実際に宮廷を切り盛りするのは父方の祖母のファーティマ、その意を受けて動いているのがサイードという宦官の長ということはおいおい分かってくる。しかし、アミールが不在中は何一つとして埒があかなかった。

抑留されたのは五重の塀に囲まれた古い宮殿の一室で、ガートルードは、トルキーヤという話相手の女と「ル・ル・ア」と称する女奴隷を提供されて、連日なすことなく半幽閉のかたちで暮らすことを余儀なくされた。トルキーヤがスパイ役を務めているのはあきらかだった。イブラーヒームに差し出したツァイスの双眼鏡や拳銃などの贈り物は、一日おいて戻されてきたのを翌日押し返した。休養に草地へ放牧に出した駱駝はそのままで、ダマスカスで組んだ二〇〇ポンドの信用状は、金庫番がアミールに同行して不在を理由に換金を拒まれ、手元の金は疲労のはなはだしい六頭の駱駝を売って得た四〇ポンドのみだった。

部屋から一歩も出られなかったわけではない。イブラーヒームとは三度ばかり会い、アミールの母親のムーディにも、また過去の殺戮を免れた一族の幼い少年たちとも会っている。しかし、すべて宦官、奴隷が付き添うなかでのことで、城外には出ていない。イブラーヒームも怖れてやまないファーティマ

バグダード
カルバラー
ラ
ク
ティグリス川
ナジャフ
ユーフラテス川
バスラ
ローカ
クウェイト
ペルシア湾
クウェイト
ハイヤニーヤ
イル
0
150
300km

「アラビアの旅」の経路
行程と国境線はホウガースによる報告（終章参照）に基づく。

とは、会えなかった。

ガートルードが時間をかけたのは、「第一級のおしゃべり女《チャターボックス》」と綽名したトルキーヤとの会話だった。「濃い紫の外被の下に真紅と紫の木綿の長衣を着て、真珠のネックレスを何重にもつけた」彼女は、体重とおなじ重さの金の価値があると称した。チェルケス人で、幼児のときに鬼のような祖母に弟とともに追われて売られ、「ブルッサ」〔ビーテューニアのブルサ〕から六日かかってコンスタンティノープルへ行き、また売られた先で娘になり、（ハーイルのアミールに対するスルタンの贈りものとなって）「景色を見るだけ」と乗せられた船で着いたのがジェッダだった。アラビア語を覚え、メディナ、メッカとまわり、富裕な老女の養子という「ペルシア人の若者」と結婚させるといわれてハーイルに連れて来られ、アミール・ムハンマドのものになる。寵愛されたというが、やがて配下の者に下げ渡されて妻となり、トルコ語はおおかた忘れて町の家で暮らしている——という長い身の上を語った。ガートルードが克明に書きとめたトルキーヤの半生から、ロシアの南下、とくに露土戦争以来オスマン帝国の属領に散らばった無数のチェルケス人女性の一人の運命と、ハーイル宮廷史の十年が浮かび上がってくる。

三月六日の午後、ガートルードは宮殿内の広場へ行った。

　男たちのテントへ行き、自分の考えをオリエント風の言いかえは一切排してサイードに伝えました。言い終わるといきなり立ち上がり、坐っている彼らを尻目にその場を出ました——よほどの大物シャイフでないかぎり、許されないような行動です（三月七日）。

日記ではさりげなく述べるのみだが、彼女が本気で怒っていた、あるいはわれを忘れるほど悩んでいたのは事実であろう。

その夕方、駱駝が戻ってきた。夜になってサイードが現れ、金貨で二〇〇ポンドの入った袋と、いつ出発するのも自由という許可と、護衛ガイドの用意をもたらした。

私は、非常な威厳を装って、感謝すること、昼間に宮殿と町を観察したいので翌日には出発するつもりはないことを答えました。そして今日、すべて見て、すべて写真に撮り、思い通りに行動しました。トルキーヤに招かれてその家を訪ね……彼女によると、ファーティマに状況をすべて伝えたそうなので、急転回は彼女のおかげと思っています（同上）。

ガートルードは、着いた直後に、ハーイルのあとはリヤードまで行きたいという希望をトルキーヤに語っていた。ダマスカスではこの年ほど平穏なときはないと聞いてきたネジュドで、ハーイルがリヤードのイブン・サウードときわめて険悪な関係にあるのを彼女はまったく知らなかった。ガートルードの軟禁は、突然現れた白人女性の意向がリヤード訪問と分かったための措置と見るのがもっとも自然である。

彼女は、アミールの外征で駱駝が不足していた機会に六頭の駱駝を売って当座の金を用意し、残りの駱駝の一部でファトゥーフほか一、二名とバグダードに向かい、ほかの者はメディナに出てヒジャーズ鉄道でダマスカスへ帰す決心をした。この意向をあきらかにしたことで、解放しても無害と判断されたと見られる。

もうひとつは、宮廷外の広場にテントを張っているアリーから二人のおじに連絡を取らせたところ、彼らの甥にあたる二人の男が宮殿に来て、ガートルードに会った事実がある。イブン・ラシード一族は、イブン・サウードとの戦に備えて強大なアナイザ族を味方につけておく必要があり、二人のアナイザ族シャイフが要請すればそれを無視できなかったことが考えられる。とはいえ十一日間の宮殿内部の具体的な動きは、最後まで不明のままだった。

「私のことが彼らの腹黒い思いのなかでどうなっているのか、まったく分からない」と、ガートルードは二度も書いている。彼女が、恐怖に駆られて取り乱した形跡は見られない。しかし、暗殺、無差別殺戮が日常化し、夫や子の体がまだ温かいうちに宮廷内の深井戸に捨てられた女が殺人者の意のままにされたところで、円柱の支える高い天井の部屋に軟禁されて平常心を保つのは神経にこたえるであろう。ダマスカスに帰ってまもなく、彼女は、ネジュドからの来訪者にイブラーヒームの斬首を聞かされて言葉を失った。

三月一日、頭痛を覚えた彼女はベッドで横になった。

眠るためではない。トルキーヤが女奴隷にオレンジとシトロンを持たせて寄こした。午後をかけて使徒行伝を全部読み、パウロに立ち向かうセンスのいいローマ人に親しみを感じ、パウロにも親しみを感じた。

信仰とはほとんど無縁のガートルードが、所在ないままに聖書を読んで過ごしたとは、また聖書を持参していたとは意外である。

当時のハーイルの町について、われわれの知るところは多くはない。ブラント夫妻はアミール・ムハンマドに異例の厚遇を受け、とくにアンはアミールのハレムに入りこんで未曾有の記録を残したが、町そのものは充分に見ていない。「〔町を出歩くのは〕第一、その目的が充分にはない。宮廷を離れたハーイルには、見るべきものはほとんどない」（『遍歴のアラビア』）。のみならず、夫妻は途中でアミールの態度に疑念を抱いて、倉皇として町を後にした。ガートルードは、最後は居直るばかりに滞在を延ばして町を見てまわり、多数の写真に収めた点で先行者とは比較にならない。

イブン・ラシードの首都といっても、巡礼を食いものにして生き延びた非生産的なオアシスの町にすぎないが、高さ二〇メートルほどの日干し煉瓦の堂々たる高壁をめぐらせ、北西に高塔と宮殿を配している。三万といわれる人口は、一時代前にレディ・アンが「〔アミール・ムハンマドが〕八千名の手兵とともにハーイルを出て……」(同上)と述べたことでほぼ裏づけられると思われる。またレディ・アンが推定したハーイルの財政は、「八万ないし九万ポンドの歳入に対して歳出は四・五万ポンド見当……財政的に繁栄をきわめる国と言いうる」であった(同上)。

二月二十七日の夜、迎えの奴隷と馬を寄越したイブラーヒームに会うために出かけたガートルードはこう述べる――「馬で行く街路は漆黒の闇で、きわめて清潔、そしてほとんど空虚――ときとして壁の下に、しのび足で歩いている女の黒い影がある」。日中の通りは男の世界で、外に用のある女は日が暮れてから出る。彼女が繰り返した「まさにアラビアン・ナイトの世界」「疑いなく、〔イスラム以前の〕無明の時代からなにも変わっていない」「混ざりものが一切ない東方」「ハールーン・アッラシードのバグダードのような」といった驚嘆は、中東を知り尽くした人の言葉として表現以上の重みがある。

その夜は、着いた宮殿の広い接見室で応対を受けたあと、話が過去に及んだ。〔イブラーヒームが〕クッションの下からダフタル〔手帳〕を取り出したのを見ると、彼がラシード家の歴史を主要なできごとと年代をつけて書いたものだった。城の建造はラシード家内と争ったイブン・アリーのとき〔一八三〇年ごろ〕に始まり、ムハンマドの父アブドゥラー〔初代、一八四六没〕が外壁を完成した。内部は、逐次建設である(二十七日第一日記)。

ガートルードが「イブラーヒームのダフタル」と名づけて翻訳したこの手帳（アラビア語混じりの英訳文）が、オブライエン後述書に収録されている。

このようなハーイルの町を描くのに、ウィンストーンの引用するガートルードの文章（出典不祥）にまさるものはないであろう。

……いま見るハーイルは比較的あたらしいものだが、きわめて遠い昔に遡る伝統的な建築様式を残していることを私は疑わない。預言者よりも前のアラブの貴人が、「無明の時代」の詩人たち〔イスラム以前の古詩をアッバース朝時代に編纂した選詩集『ムアッラカート』に名が出るイムルウルカイスら七人〕を迎えたのは、ジェベル・シャンマルのシャイフが臣下を引見するこのような宮殿だったにちがいない。狭間のある土壁の環がハーイルを囲繞し……町を見下ろす、カスルつまりアミールの宮殿の巨大な円塔が、ラシード一族の秘密と身内内惨劇の数々を蔽い隠す量感充分な城砦の上に聳え立つ。……〔メディナ門の内側は〕どこにでもある街路と家屋のつづく町ではあるけれど、ハーイルは野性味のようなものをとどめている。町の生活のざわめきはない。物音もしない道路は、荒野の砂塵で舗装されている。……車輪のきしみは耳に入らない。ここの往来は、駱駝の行く、音もない緩慢な足踏みだけなのだ。……私の門番は戦利捕虜の男だったが……毎朝その詠唱で私は日の出る前に目を覚ました。「アッラーフ・アクバル、アッラーフ・アクバル――神は偉大なり、神は偉大なり。神のほかに神はなし、ムハンマドは神の預言者なり。神は偉大なり。神は偉大なり」。低く、ゆっくりと、砂漠の香りのする微風に乗ってくる、イスラムのアルファでオメガの力ある信仰告白は、ハーイルを思い出すたびに私の脳裏に鳴り響く。

ガートルードのアラビアの旅が独特なことを示すものに、彼女が二種類の日記を書いた事実がある。

さらに、少なめとはいえ四十五通にのぼる家族への手紙があり、行動記録としては時間刻みといいたいほどに完備している。にもかかわらず、どこか網目がかかったように重苦しく、彼女の紀行には通有の自信に満ちた潑剌とした姿勢を見出しにくいのがこの旅を特徴づける。

日記の一方は通常のもので、一九一三年十一月二十三日、ベイルート上陸の二日後に書き起こし、翌年五月一日にダマスカス帰着、十三日にコンスタンティノープルに入港するべくダルダネルス海峡を通過したところで終わっている。それは、上述のようにかなり特異な体験をふくむ記録であること、またほかよりもアラビア語の使用が目立つことを除けば、彼女の日記を読み慣れた目にはことさらなものでもない。

他方は、一四年一月十六日にジーザを後にしたときからダマスカス到着まで続く、ときには数日分をまとめた長文の記録で、ダウティ＝ワイリーに送るために書かれた。最初の記入は前述したジーザの事件の経過を述べ、もはや法の保護もなくなった無宿者《アウトロー》として、運命の三女神のうち、日々の生命の糸を紡いでくれるクロートーに頭を下げるという文章で始まる。その日の終わりに、彼女はこう記す。

> かくして私たちは、すべての権力から見放されてネジュドへ向かう、インシャアッラー、そして、断たれずにいる唯一の糸が綴じるのがこの小さな手帳、それは、あなたのために書きつづける私の行路日誌なのだ。

第一の日記が簡単な備忘的なものであるのに対し、第二のものは記述内容に大きな差はないが、リチャードに見せる配慮のもとに整理された文章になっている。興味を惹くのは、予想されるような恋人への特別の言葉のないことである。そして、全編を流れる一種の陰鬱なニュアンスが、通常のものとは様子を異にしている。

リチャードへの呼びかけがないわけではない。まだ旅も初めの一月二十一日に、彼女は記す――

　この数時間、あなたとお話ししたい思いにつきまとわれ――そしてこのとおり、書き出しました。一行は、まだバアイルにいます……

また、ハーイルからバグダードに着いたのは三月二十四日で、彼女を待つ手紙類のなかに多数のリチャードのものがあったのはいうまでもない。アルバニアから帰国したリチャードは、一月末にロンドンにいたヒューを訪ねて数日後にエチオピアへ赴任する挨拶をする。同時に、バグダードの駐在官邸《レジデンシー》気付でガートルードに燃えるような愛の言葉を盛った手紙を送り、最後にこう記した。

　でも、頼みたいのはひとつ――安着を打電してください――あて先はBritish Minister, Addis Ababa（英国公使、アディスアベバ）――Safe Baghdad（バグダード安着）と。それを、どれほど見たいことか。

ガートルードは、むろん打電はしたであろう。滞在中の三月二十八日、彼女はつぎのように結んだ日記帳をエチオピアに送った。

　メール日〔船便にあわせた書信発送日〕は火曜日ですが、月曜日――あさってのこと――には私はバビロンですから、手紙は明日中に〔レジデンシーに〕届けねばなりません。あなたに私の動静の知らせを一週間も待っていただくのはいやですから、ノートの書き残しのページは破って、このまま送ります。バグダードの話は、続きがあればダマスカスに向かう前に別便で送りましょう。でも、いまアディスアベバにいらっしゃるのかしら？　これがどこを通って、どのくらいかかるのか、見当がつきません。

　もう日づけが変わりました、終わりにします。ルイス・マレット大使には手紙を出して、帰りがけにコンスタンティノープルにお寄りすると伝えました。……おやすみ、そしてさようなら、このノートでの、今夜については。トッドさん〔一八六一年設立のユーフラテス・ティグリス汽船会社を運営するリンチ・ブラザーズ社の代表、アーサー・トッド夫妻。ガートルードはその後も長く親交を保った〕からよろしくとのことです。

これらは例外で、彼女は私情の表出には抑制的だった。はたして確実に届くかも分からない相手に送る日記にめったなことは書けないというだけでなく、日々の経過の丹念な描写にのみ思いを託したのだろうか、陰影のある文章になったのは事実のようだ。

日記は、アデン、ジブチからか、あるいはカイロ、ハルトゥームを経てアディスアベバのリチャードに届き、彼は四月三十日づけで受取りの返事をねぎらいの言葉とともに英国のガートルードに送っている。「逃避」であったはずのアラビアの旅は、ちょっと考えられない方法で相手と繋がっていた。

先年、リチャードあての日記を主にし、通常のものを従として評伝的解説を付した『ガートルード・ベル、一九一三―一四年アラビア日記』（二〇〇〇年刊）Rosemary O'Brien ed.: *Gertrude Bell, The Arabian Diaries, 1913—1914*, Syracuse University Press, 2000が、ローズメアリー・オブライエン女史の手で編纂され、二つの日記を合冊の形で読み合わせることも容易になった。編者は、リチャードあての日記を「世紀を通じて最高の旅行文献と目される叙述」と評している。

旅を振り返ると、荒涼としたネフード砂漠の東南隅を白人として初めて渡っていた二月十六日に、ガートルードはすでに深い挫折を味わっている。

この冒険にいったい価値があるのか。危難ではなく――それは問題でない――そもそも得るところがあるのか、と思い始めている……〔旅が終わったときに〕顧みて、時間の無駄だったと思うのが関の山か……（ダウティ＝ワイリーへの日記）

多少の地理学上の貢献をしたからとてどうということもない、女性であることが、この地域で一人前のことをするには大きな妨げになる、といった鬱屈の思いに捉われているが、背景にリチャードへの思いがあるのかどうかは見極められない。それが、ハーイルでは別の、より具体的な喪失感に変わった。一世代前にレディ・アンがきわめて説得力のある筆致で評価し、夫のブラントが「イブン・サウード一族の権力は……終末を迎えつつある」として「古代の栄光とネジュド帝国の繁栄の復興……を求めるべき方角はハーイルであろう」（『遍歴のアラビア』）と見たのは、まったくの虚構と判明したのだ。若干の考古学・地理学的発見はあったものの、リヤードを目指すどころか、予期せぬ事態に遭遇して旅を中断したことに、彼女は自責にちかい落胆を味わった。彼女は、おそらく生まれて初めての無力感に襲われた。

しかし、それとまったく同時に、つまりイブン・ラシードに見切りをつけたとたんに、彼女はこう言っている。

私は、未来はイブン・サウードのもの、と言おう。……彼がすでにハサーからトルコ軍を駆逐したと聞くのが事実なら〔前年一三年五月にホフーフを占領、ハサー（＝半島のペルシア湾岸地方）からトルコ軍を追放ずみ〕、敵方として恐るべきものだ……イブン・サウードがいかなる人物かは知らないが、〔イブン・ラシードよりも〕わるいことはありえまい。ならばかの地へ！　つぎのアラビアの旅が目指すのは、彼のところでなければならない。私はもう、その計画を立ててしまった（バグダードへの途中の三月十七日、ダウティ＝ワイリーへの日記」）。

バグダード滞在中は、いつものようにさまざまな知友――イスラムの地域首長《ナキーブ》から建設中のドイツ鉄道の責任者マイスナーまで――を訪れた。ナキーブとは、夫人がシャンマル出身と分かって大いに話がはずんだ。

四月十三日にはバグダードを出て、ダマスカスに向かった。ファッルージャまで行ってキャンプしたその夜、彼女はリチャードあての日記にこう記す。

……これは、破り取ってあなたにお送りした旅行日記の切れ端です――お気づき？　けれども裏のほうから書き出しました、こちら側には書いた頁を保護するカヴァーのようなものがついているからです〔当時よくあった、両表紙の縁を長くした製本〕。でも、あとで二つを繋ぎ合わせて、お望みならひとつの小冊子にしてお持ちになれるわけです。しくじって、二頁分が白紙で残ってしまいました――この頁を埋めてから、そこへ戻りましょう……。

旅の装具に金を惜しまなかったガートルードも、日記用ノートの予備までは持たなかったようだ。ともかく、この旅行記の後編もあて先に送られ、おそらくはリチャードの手で前半部に結わえつけられて「ひとつの小冊子」となり、いまに伝えられている。

シリア砂漠を西に進み、二十一日には前記の報告書に見えるカアラ涸谷の近在に宿営するアナイザ族の大族長、ファハド・ベイ・ブン・ハッザルを訪れて歓待を受けた。こうして結んだ縁によって、やがて彼女が予想もしない形で彼から報われるのはナキーブのときと同じである。

ガートルードが日記に書いていないのは、体力の低下だった。パルミラ街道と三年前のウハイディル行との中間路を取り、駱駝の上で眠ってしまうような無理を重ねて二十七日にはＲＧＳへの報告書にある「崩落した商館」ハーン・アルハッラバト（パルミラの西南方）を通過する。そして四日後の早朝にダマスカスに着いたとき、彼女は、疲労困憊のきわみだった。鞍ずれに加え、片足に捻挫を起こしていて、歩行もままならない。イギリス病院に飛びこんでから、数日間は動けなかった――「何もせずに横になり、新聞を読む」（五月一日）、「ほとんど終日臥床。疲労のあまり何もできず」（三日）。寝ていても、砂上を駱駝に揺られる感覚が残って熟睡できなかった。

コンスタンティノープルで面談した大使マレットは、ガートルードの話を傾聴し、外相エドワード・グレイに現地の政情をほとんど彼女の見たままに報告して言う。

ミス・ベルは旅の詳細を閣下に申しあげたいと約しています。その結果は、ハーイルを訪れたヨーロッパ人が十五年以上もいない現在、大きな関心と価値を生むことになりましょう。

そして、イブン・ラシードとイブン・サウードの関係について、タラート・ベイ（当時の大宰相サイード・ハリム・パシャ内閣の内相。第一次大戦中にハリムを継ぐ）に彼女を紹介して会食したときの話を伝えた。

相手に教えられたのは、ミス・ベルの知識に驚いたタラート・ベイのほうでした。〔ハサーに〕少人数のトルコ軍を駐屯させたうえで、イブン・サウードをネジュドの総督に任命して事実上の独立を与え〔当時、英国とトルコが考えた懐柔策でイブン・サウードは反対〕、またイブン・ラシードとイブン・サウードの境界線を画定させる案はいかがと質しました。ミス・ベルは、あとの部分はまったく実行不可能と答えましたが、小官も同感です（ウィンストーンの引用するマレット報告書）。

これは、半年後には交戦国となる英・トルコ双方のアラビア内情に関する認識の程度を示すものとして、きわめて興味深い。そしてまた、ガートルードが「軍事スパイ」といわれる端緒をなすもののように思われる。それまで、誰と面談するにせよ彼女が具体的な外交政策に立ち入ったことはなく、期待もされていなかったはずだ。

ガートルードが、大使館勤務のハロルド・ニコルソンの妻となった作家、ヴィタ・サクヴィル＝ウェストと初めて会ったのも、このときのコンスタンティノープルだった。アラビアを持ち歩いた瀟洒なドレスに着替えて現れた彼女に、夫妻は目を見張った。

英国に帰ったガートルードは、その憔悴ぶりで会う人を驚かせた。アラビアの旅は、四十六歳を迎えかけていた彼女の心身に強烈な衝撃を刻んで、回復には日時が必要だった。

ガートルードが父親に約束した旅行記は書かれず、つぎの目標としたリヤード訪問も夢に終わる。しかし、イブン・サウードと意外な境遇での面談が実現するには、二年半しかかからなかった。

前述のように、はやばやとガートルードに授与された王立地理学協会の金賞は、一世代前には女性の会員を認めず、最初の女性受賞者のときは会頭が代理で受理したという、科学と植民地獲得が一体化して始まった強大な組織の賞だった。受賞通知の礼状に、ガートルードは「副賞〔の現金〕は、手形でいただければ幸甚に存じます」と申し出ている。金額も意図も分からないが、ハーイルから、シーア派、スンナ派のあまたの部族が入り乱れた強盗の跳梁するアラビア・イラクの境界を駱駝で金貨の袋を運んだことを思うと、奇異の感を禁じえない。

第12章

恋と戦争

リチャード・ダウティ＝ワイリー〔オブライエン/Univ. NCL〕。

五月二十四日に帰国したガートルードは、ロウントンで初夏を過ごした。哲学講義のために渡米のバートランド・ラッセル（ヒューには妹の甥にあたる）と一緒に米国を訪問していた両親も帰り、大戦前夜とはいうものの暫時の静穏な日々であった。この時期にリチャードとやりとりしたものは残っていないようだが、あとのことからみて交信があったことはあきらかだ。

バグダードでガートルードを待っていたリチャードの手紙に戻る。アルバニアから帰国したときに、リチャードはこう言っていた。

叔父〔チャールズ・ダウティ〕に手紙を書いたら、あなたの旅の平安を祈るとのことでした……若くて自由な身で完全な騎士であれば、あなたを手に取り、キスするところです。でも私は年をとり、くたびれ、欠点だらけで……。最後の手紙です。申しあげたいことはたくさんあります……お聞きになりたいことが山ほどもおありなら、おっしゃってくだされば言いましょう。私が満足させてあげられるなら、果たさせてください。私がほしいといわれれば、行きましょう、大小を問わず、全部言ってください……でもあなたはハーイルです。あなたの、あの心の庭に戻りましょう……。

手紙は最後ではなかった。

あなたの言われたのをお聞きして——じゃない、私を夫にし、私の子を生み、私の命も心もともにすることだってできたのに、とお書きになったのを見て、どんなに感動したかは言葉にもなりません……。ガートルード、あなたにいただいたのは新しい世界です。私は、私のような男がするように、欲望の赴くままに、あるいは機会と誘惑のあるままに、あるいは単に刺激を求め――どうなるか見てやろうとばかりに、良くも悪くも、浅くも深くも、しばしば女どもを愛してきました。でも、それはすべて過去となりました。

一月十五日づけでは、

前便からずいぶん経ったような感じがします……けさ、エチオピア行きを命じられました。月末ごろには赴任します……いま、いったいどこにおいでです？　ブルカの城のそばで、十人ばかりの男と仕事をして、疲れ、空腹で、眠気におそわれ〔当日は、ブルカはとうに終え、アムマーンの近傍で『シリア』の旅で知り合ったアラブたちと旧交を温めていた〕……こんな風に、あなたのことを思ってみます。でもまた、ときには（いやな私ですが）あなたが寂しい思いをして、私を求めていると思いたいのです……。

真の結婚、それは心の貞節です。これにおよぶものはありません。肉体の貞節は言葉にすぎず、他方はその意味です……。

なんとすばらしい。こんな恋は生命そのもの……この手紙はバグダードのロリマー〔ジョン・ゴードン、英国駐在官〕気付で送ります。ああ、いまどこにいるのか、どこなのか？　私も、数日後にはいなくなります。そう、行くのです。アフリカが私を引き寄せます。いろんなことを試み、乗り越え、打ち勝ち、ものにするのです。負けることも大いにありえます。でも、そんなことはめったに考えません、あなたを愛するということのみ、ガートルード、なのに会えないということのみ……。

そして先に引用した、安着をアディスアベバへ打電してほしいという文章に続いている。

リチャードのガートルードへの手紙は、多くがあからさまな性的いざないと言ってもいいだろう。彼の手紙は、日常の消息などはふつうの文章のようだが数が少なく、いま読めるのはほぼすべてが恋文で、独特のきれぎれになった、当人だけに意味の通ずる、喘ぐような文体で書かれている。その色あいは時とともに強まる一方のようで、またガートルードも手紙の上でそれなりに応えていることは、返書の文面は残っていなくてもリチャードが復唱する引用から読み取れる。

そして六月二十八日、サライェヴォ街頭で若いボスニア人の撃った二発の銃弾が、オーストリア皇太子フランツ・フェルディナント大公夫妻の命を奪う。七月二十八日にオーストリアがセルビアに宣戦布告、翌日にはベオグラードを攻撃してからは、二重三重の同盟で繋がった開戦の連鎖に歯どめがなくなる。八月四日の英国の参戦、そして戦火が全欧州に、さらには二十三日の日本の対独宣戦で戦域が極東と南太平洋に拡大するまで、時間はかからなかった。

ガートルードの弟モーリスは、ベル・ブラザーズ役員の席をなげうち、早々にヨークシア国防義勇軍《テリトリアルズ》に入隊する。のち、西部戦線で重傷を負ったようだ。フローレンスは、ロウントン・グレンジに回復期の戦病傷者を二十名も預かり、その世話で忙殺されていた。ガートルード自身は、十一月に入って病院勤務を志願し、当初はサリー州の民間病院で、月末には遠縁ラッセルの親友、フローラとダイアナもともに渡仏してブローニュの赤十字で働いた。オードリー・スクエアのラッセル家で陽気に過ごしたかつての若い娘たちが、サロンごと西部戦線の後方に移ったようなものにしては、戦傷者、行方不明者の追跡調査の仕事は過酷だった。前線と兵士の留守宅との間に立って、連日十二時間のデスクワークをこなしつつ、近代戦のおそろしさを知らされる。
ベル一家は、「身分に伴う義務《ノブレス・オブリジュ》」を充分に果たしていた。
負傷者、不明者の追跡は、軍名簿と動員令の混乱で収拾のつかない状況になっていたのを、ガートルードが非常な事務能力を発揮して軌道に乗せたという。それが、気持のはけ口だったことに疑いの余地はない。日づけが不明だが、このころのもので唯一引用されているリチャードあての手紙で、彼女は言う。

赤十字で許可証担当のいやらしい面接を受けました……年齢四十六歳、身長五フィート五インチ半〔一メートル六六センチ〕……無職……口もと、ふつう……顔面、さて……看護当直をみつめると、「丸顔」と彼女が言いました……。

西部戦線はマルヌの戦いで膠着状態に陥ったものの、飛行機、飛行船、戦車があらたに登場した一方で、はてしない塹壕と泥濘のなかの戦闘だった。年末から新年にかけても仕事に変わりはなかったが、クリスマスの日にはほとんど戦闘がなかった。

……兵士たちは塹壕から出てきて一緒になり、あるところでは敵同士でフットボールすらしています。おかしなことですね?……(十二月二十七日、チロルあて)。

つかの間の、『西部戦線異状なし《イム・ヴェステン・ニヒツ・ノイエス》』だった。

……〔泥水の塹壕に〕膝まで、大腿までつかるのです。射撃のために平地で腹這いになれば、肘が手首まで泥に埋まって発射できません(一五年一月十二日、チロルあて)。

一四年の十一月五日にトルコがドイツ側に立って参戦すると、ペルシア湾岸からメソポタミアを管轄するインド政庁は、湾内で待機中の英印軍（英領インドの国軍。英国兵・インド現地兵よりなる）を四十七隻という未曾有の大輸送船団で即刻出動させる。翌日、この「イラク派遣・インド軍D」は湾奥のファオを制圧、北側のシャットルアラブ（ティグリス、ユーフラテスの合流）沿いに進んでアーバーダーン製油所を確保し、北上して早くも二十二日にはバスラを占領した。

インド政庁、ひいてはロンドンのインド省の関わるメソポタミア作戦に対応して、英本国軍部直轄のエジプト派遣軍による直接コンスタンティノープルを衝く計画が立案された。それは、連合国側では豪州、ニュージーランド兵三万名の動員を含む総数四十八万が参加して、ダルダネルス海峡の西岸ゲリボルー（ガリポリ）半島の数ヶ所に上陸を図ることに集約される。海峡の確保は、トルコの首都とメソポタミアを分断し、地中海とロシアを結ぶために必要な措置だった。それが、西部戦線の膠着を打開することが期待された。

ウィンストーンの引用する、二月初めにカイロの英軍情報部がロンドンの陸軍省に出した電文は、「元アダナ領事ダウティ＝ワイリー少佐がエチオピアから到着」したがカイロに留め置いて活用しても差し支えないか、を問い合わせている。

トルコ勤務の経験を評価されて、一旦帰英してこの作戦に参加することとなったリチャードは、カイロからフランス経由で帰国した。そしてガートルードが短い帰国休暇をとり、つぎの手紙を親元に送ったのは二月十五日である。

水曜日にそちらに着き、モーリスに会うために直行してニューカースルで二晩過ごします。それからロンドンです。滞在はきわめて短いのです。帰国のことは誰にもおっしゃらないでください。疲れていて、いろんな人に会いたくはありません。

リチャードの妻ジュディスは、やはりフランスの病院で看護婦として働いていた。場所はサン・ヴァレリ・スュル・ソム、ブローニュの南方わずか六〇キロばかりのおなじくイギリス海峡に面した町である。ウォラックによれば、リチャードは妻に会うべくフランスに立ち寄ることについて、ジュディスが現地を離れないこと、したがってガートルードは安心してロンドンに来てほしいことを前もって伝えている。手紙をやりとりする時間はなかったはずで、電報を利用したと思われる。

そのうえでの、ガートルードの短期帰国である。リチャードがアディスアベバからカイロに着いてから彼がロンドンを発って入営するまで、三週間もないうちでの、あわただしい逢瀬だった。

リチャードがまだ帰国を命じられていない一月に、ガートルードが出した手紙が残っている。

最愛の、最愛の人、私の今年と、そのあとに来る年もすべてあなたに差しあげます。それを、このささやかな贈りものを——今年という年と私と私の思いと愛のすべてを、受けとってほしいのです……私のカップを、この浅い、けれどもあなたの愛と私のそれを容れるためにこんなに深くなったカップを、満たしてほしいのです。最愛の人、「なれを愛す、なおもなれを欲す」と言われた私の心はまず高鳴り——ついで、あなたとともにいたいと思いこがれて泣いています。私は、世界中のありとあらゆる窪みを、あなたが欲しい思いでいっぱいにしました。それは溢れ出て、あなたのおられる高い山地にまで這い登ってゆくばかり。あなたが庭を散歩されるときには、お足に触れることと思います。いいえ、お礼はご無用です。ご自分の立場をしっかり守り、それを堅持し――あなたの心のなかへ私を抱きよせてほしいのです。

このあとに続いてウォラックの引用するリチャードの言葉が上記に対する直接の返事かどうかはわからないが、それについて著者はこう述べている。

彼女の言葉が詩的なのと見合うほどに、彼のほうは欲情、欲求で固まっている。だが彼は自分流の荒削りなやり方で彼女の心配に応えようとした。「性とは、それほどたいしたものだろうか?」と彼は問いかける。「それに、感覚とか肌の触れあいとかいろいろな厄介ごとも。たいしたものではありうる――が、最上のものではなく、それらは景色にしかすぎず、片方は景色を見させる太陽です――私に一ダースの妻がいても、それでも私を愛する、そんなものは問題ではない、と前に言われました――マイ・ディア、真実は、あなたが物事を太陽の光で見ている、ということです……性などたいしたものではありません、実際のところ。――それが常にとほうもなく過大視されているのは、貞操と同じです――それは、美徳の、またより多いのは実際的な見方の、たよりない始まりであるにすぎません……」(ウォラック前掲書一三八頁)。

ここにいう「彼女の心配」とは、リチャードのひたむきな求めに対してもガートルードがついに振り切れなかった、姦通への指弾と妊娠の危険である。ヴィクトリア時代の生活規範が身についているガートルードには、当然のことだった。そのような世界を逃れようとするのが多くのレディ・トラヴェラーだったともいえるが、それでもメアリー・キングズリーのような人もいる。ガートルードと同世代の西アフリカ・トラヴェラーで南アに骨を埋めた彼女は、耐えがたい高温多湿の密林と急流のなかですら、顎まで隠し手首に届く黒いドレスと厚手のロングスカートをまとい、「本国でいけないものは現地でも着てはならない」と言っている。むろん例外は多々あるにせよ、一定の年齢になれば徹底的に黒い衣服を身につけるものとされていたのだ。倫理というよりも、社会的な放逐を意味し自身のみならず一家全体にも影響しかねないリスクは、ガートルードにはとうてい取りえなかった。

その呪縛を、リチャードは執拗に断ち切ろうとする。ガートルードは、ジュディスとの離婚を前提とした結婚を再三彼に求めたようだ。リチャードは肯んじなかった。聖職者の血筋の保守的な家系に生まれ、軍人気質が染みついた彼の場合は、信仰面と軍歴への影響面からの離婚忌避が、ガートルードにとっての姦通へのおそれと同様につよく働いたらしい。ジュディスとは、ことさらな問題があったと思われない。しかも、手紙に見られるような考えの持ち主ながら、リチャードは身勝手なプレイボーイでは決してなかった。矛盾するようだが、あるとき彼は本気で駆落ちを持ちかけ、ガートルードが拒んだことで非常に落胆したという。フローレンスの戯曲を演じた米国の女優で家族なみのつきあいがあったエリザベス・ロビンズに、後年そのことをガートルード自身が語っている。

ロンドンで、ガートルードがリチャードと会う機会を持てたのは四日間だった。中身の濃いものだったことは想像がつくが、具体的なことはなにも分からない。ウォラックだけが、リチャードにすべてを委ねようとしながらどうしても体が応じなかったガートルードの苦しみを描いているが、前年のロウントンのときとおなじく、ソースはあきらかでない。ロンドン滞在を終えたリチャードは、軍務につくべく二月二十三日に去っていった。

しかし、そのあと、二月二十六日とめずらしく日づけの入った、おそらくブローニュ発の、ウィンストーン、グッドマン、ウォラックの三人がいずれも引用するガートルードの手紙が残っている。

いつか、お話しします……分かってください、結果の心配ではなく――そんなものは瞬時も思っておりません。何とも知れないことへの心配です。だれにもほんとうは分からないことです……いつも私のなかにせり上がってくるのを、あなたに掃いのけてほしいと思いました——あれは幽霊、幽霊の影にすぎません……心配とはおそろしいもの——その影の下で生きたくはありません……それから私を解放できるのはあなただけ——私から、追い払ってください、いま分かりました、最後まで、ほんとうには分からなかったのです……非常に、怖かったのです。そしてやっと、影だと知りました。いま分かりました……。

眠れない——眠れないのです。いま日曜日の午前一時。眠ろうと努めました、夜毎に、ますますだめになります。あなた、あなたが、私とほかの全部との間にいるのはそのあなたです。でも、あなたの腕のなかを除いて安らぎはありません。生命、と私をあなたは呼ばれました、そして火、とも——私は燃えあがり、燃え尽きます。ディック、こんな具合では生きていけません……世間の前で、私を自分のものと言い、私を抱きしめ、そしていつまでも、いつまでも支えてください。それしか道はありません……隠しごとはいやです——結局、私は敗れて、自分を憎み、そして死ぬのでしょう。けれども、公然とあなたのもとに行くこと、それなら私にできます。何を失うことがありましょう?……燃えさかるあの炎を、世界を半周して私が隠せるとお思いですか? あるいは、あなたを誰かと分かち合えるとでも?……こんどのことが終わり、あなたのいくさがうまく行ったなら、私のためにすべてをやってくださいますか? それか、さもなければ無です。あなたなしには生きられません……。

私を愛してくれている人たちは、このように行動する私に味方してくれるはずです。——あの人たちのことはよく分かっております。でも、別の仕方なら話はちがってきます。だまし、うそをつき、ごまかして、あげくのはてに露見するなど、したくもありません……頭を上げ、右顧左眄せずに私は行くのですから、あるいは最後には結婚できるかもしれません。あてにはしておりませんが、このほうが私にはいい、はるかにいいのです……。

こんなことを書くのは、もういたしません……私を信頼してください、信じてください。あなたを、よろこばせて差しあげます。夜でも朝でも真昼でも、あなたに抱いていただきます……愛してくださるときは、こんなふうに抱いてください――私をほしいのが一時間だけなら、その一時間をお使いください、私もそうして、責任は私が取ります。代償のことは申しあげました。何が起ころうと、何をお決めになろうと、もうあなたのもとに参ります……そして、万一あなたが亡くなられれば、待っていてください――あの渡りを越えるのは怖れません、私も参りましょう。

「心配」は強迫観念と化し、「幽霊」となって取り憑いて彼女を緊縛し、思いもよらない形で行為の自由を奪ったらしい。

ウォラックは、「逢引は終わり、二人の恋はこんども成就しなかった」と述べ、ほかの二人とともにこれ以上の言及をしていない。

しかし、ローズメアリー・オブライエンによって初めて表に出た、三月七日から十五日までの一週間にブローニュから書き送られた六通のガートルードの書簡がある。それらは、まったくちがった情景を映し出している。

夕方は寂しい……独りであなたとともにいて、それでいながら寂しい。それは波になって襲ってきます……いっとき私はその下にもぐり、ついで思い出の、そして繰り返すある言葉の流木に取りつき、水面に出て、塩とにがい大潮のかなたに、辿りつくべき、また辿りつくにちがいない楽園の岬か出鼻をちらと目にします……何ごとであれあなたの求めるものを私は行ない、躊躇はしません……もっと多く差しあげておけば、とは思いますが、でももっと差しあげるつもりで、あなたのために手もとにまだ残してあるのです（七日）。ああディック、手紙がほしい。いつくださるのです？……信頼しています、信じています、私を引き受けてくださるのを——まっすぐに立ち、こそこそと歩きはしなかったと言わせてください。それで、だれもが私とあなたを赦すことでしょう——関わりのある人すべてが赦すでしょう……でも、これをおっしゃらねばならないのは、あなたです……これ以上、私は申しません（九日）。

……そのことは、私はいまでも、絶えず考えています。でもそれと分かちがたいのは、その果実への熱望です。秤にかけたとき、怖がる女がいるでしょうか？　お話しするのは、私に初めて、目もくらむように、明かされた人生のもっとも奥深い神秘のことです。お聞きください。まじめに申しますが、あなたと過ごした短い数時間を思えば、代価は大きくはありません——情念は燃え尽きるもの、とおっしゃいました、お眠りになる、と。結構です、でもそれは私の乳房の間で……そして私の体の一部はあなたにとっては鞘《さや》であり、一部は枕です。私は分かったのです（十日）。

もっとたくさん差しあげていたら、もっとしっかりと抱きしめ、もっと確実にあなたを引き留められたのではないでしょうか？　振り返って、自分の不実行を憤るばかりです（十一日）。

私は、目のくらむような何時間かを頂きました。そのまま死んでも、満足でした。でもあなたは、あなたは願ったものは得られずじまいだったのです（十二日）。

心がおののくとモルフィネ・チューブのことを思い出し、手段はあると分かるのです……あなたの腕のなかで眠れないなら、これで眠ります（十五日）。

断片的であるがこれらの資料を引用して、オブライエンはこう述べている。

今日の視点に立って見れば、二人の関係がまったく非現実的で、むしろ非人間的なほどなのはいうまでもない。書かれた言葉のみ多くて、あまりにもわずかだった逢瀬は、あるいは両人にとっては奇妙な具合に好都合だったのかもしれない。こみいった理由から、ダウティ＝ワイリーはそううまくいっていない結婚生活を維持するほうを選んだのであり、ベルがようやく処女を与えたときは時すでに遅しであった。この情事には後期ヴィクトリア時代の文化姿勢が共振しているが、それは探究心の旺盛な二つのすぐれた精神にとっては、可能性としてはありえた完璧な結婚の実現を拒むものだった。

ブローニュに戻ったガートルードは、仕事を再開した。ウォラックが述べている、彼女がジュディスと会ったのはこのときだったようだ。

突然事務所に現れたジュディスに仰天したガートルードは、昼食をともにして仕事のことなどの世間話をする。リチャードとのことは露知らぬ様子のジュディスだったが、はげしい衝撃をうけたガートルードはさっそくリチャードに手紙を書き、二度と来ないように仕向けてほしいと言う――「いやなことでした。あんなことを我慢させないでいただきたいのです……」。

戦傷・行方不明者を調査する仕事は、赤十字のロンドン本部で組織的な手直しが必要になり、理事のセシル卿（ロバート、のち国際連盟規約の起草者。一九三七年度ノーベル平和賞受賞）に指名されたガートルードは三月末に帰国する。

出港を控えたリチャードから、四月二十日の手紙が届いた。

マイ・ディア、今夜、あなたからいただいた手紙を全部まとめて包装し、あて名をあなたにして残しておきます。……明日、天候がよければ、私は石炭船の「乗り上げ船」、つまりトロイアの木馬に乗りこみます

——それを海岸に打ち上げて、うまく仕組んだ方法で下船します……上陸できれば、海岸の塹壕を急襲するに足りる部隊を揚陸するという難事に、私もおおいに貢献できるでしょう——そして、過去きわめて長い間に見たこともないような、はなばなしい戦果をあげてみせます……。

こうして送り返された最後期の手紙が、ガートルードが保管していた「Dレターズ」とともに彼女の手元に残ることになった。

さらにその翌日には、もうひとつの手紙が来る。

マイ・ディア・クイーン、あなたとあなたのすばらしい愛とあなたのキスとあなたの勇気とあなたが心を込めた感動的な手紙の思い出——そのいくつかを、私は血の一滴一滴のように包装しました。

そしてガートルードの先の手紙——十五日づけと思われるが、あるいは二月二十六日のものともいいうる——の、最後の部分について彼はこう語る。ジュディスも、泣きの涙で彼を送り出すときに、おなじことを言っていたのだ。

マイ・ディア、絶対、絶対に、おっしゃったようなことは絶対になさらないでください（それは私を打ちのめす）——考えるだけでもおそろしい——だから妻のこと〔あとに残れば自殺すると言った〕を申したのです——あなたにはなおさら——あれほどとらわれのない、勇敢な精神にはおよそ似つかわしくないことをしてはだめです……しないでください。時間など問題ではない、また一緒になれます、先を急いだところで、二人ともになんの役にも立ちません……これでやめます……ごきげんよう……。

これが、ガートルードが受けとったリチャードの最後の手紙となった。しかし、ウォラックの引用するおなじ二十一日に彼女のほうから出たつぎの手紙は彼には間に合わず、戻ってきたのであろう。

……あなたと私の間には永遠の秘密があります。誰も知ったものはいない、これからもいない、あなたを愛する女のことです。人が見ればおなじ地面を歩む彼女とは心も体も別の――二人の愛であたらしく生まれ、あたらしく作り出された人間です。あなただけが彼女をご存じで、ご覧にもなりました……彼女に生命を与えたのはあなたで、私は彼女の骨を一本一本作りました。彼女を生み出したあなたは、憂えなく彼女を愛せましょう。そうにちがいありません。

初期のディアデンとおそらくそれに基づいたウィンストーン、グッドマンは別として、ウォラックとオブライエンの間の理解のちがいの生じた背景は何であろう。この疑問をあきらかにしたいと筆者は考えたが、原資料を保管するニューカースル大学側のある事情で残念ながらいまのところ果たせていない。

中佐に昇進していたリチャードを乗せた石炭船「リヴァー・クライド」は、エジプトの集結地を出港して四月二十五日に予定地に着く。当時の写真を見れば、船は砂浜に船体を乗り上げ、大きくカットして倒した舷側を幅広のタラップに利用して大人数の兵員を短時間に直接上陸させる、まさしく「トロイアの木馬」である。

セッド・アルバフルという村の前面の「Vビーチ」に上陸し、左方の拠点「一四一ヒル」(高さ一四一フィートの丘)を制圧する計画だったが、乗員の半数を揚陸後、トルコ軍守備隊との間に激戦となった。ほかのビーチでは、ケマル・パシャも陣頭に立っていた。リチャードは夜を徹して状況を視察したあと、夜明けから正午ごろまで続いた白兵戦を指揮し、目標の高地と海岸を確保したときに頭部に銃弾を受けて戦死した。遺体はその場に埋葬され、「ガリポリ（ゲリボルー）半島一四一高地」が彼の死亡地、埋葬地と記録された。

オブライエンは、スティーヴン・スネリングの『ガリポリ』Stephen Snelling: *Gallipoli*, London, 1999を引用して、リチャードに「個人生活における厄介なかかわり、つまりガートルード・ベルとの《密通》に根ざした死の願望があった」ことを指摘し、彼の勇猛な行動にひそむ自滅性を認めている。しかし、リチャードが第一線の軍人として非凡な存在であったことに、疑いの余地はない。英国はその功労にヴィクトリア十字勲章（軍功に対して与えられる最高勲章。わが国のかつての金鵄勲章功一級にあたる）を贈って報いたが、ゲリボルー作戦は甚大な損失を出したあげく撤退を余儀なくされる失敗に終わった。東部のメソポタミアでも同様だが、開戦当初の英国にあったトルコ軍と背後のドイツの戦争指導力に対する過小評価が災いしたことで、後代の見方は一致している。

報道管制のなか、五月一日に作戦失敗とリチャード戦死の報が届いたときのことは、バーゴインの著書がもっともくわしい。

〔友人と昼食中の会話でニュースを知ったガートルードは〕死んだように黙し、できるかぎり早くそこを脱け出すと、ハムステッド〔妹エルサの住むロンドン市内北西部の高級地〕へ急いだ。会ったエルサは勘違いして、戦死したのは兄のモーリスと思いこんだ彼女は泣き崩れてしまった。

「ちがうの」とガートルードはもどかしげに言った。「ちがう――モーリスじゃないの」。そしてソファに横たわり、二、三分の間は額をなでてくれるエルサに慰めを求めるようだった。やがて彼女は顔をそむけてしまう。

ガートルードが立ち直るには、長い時間が必要だった。

事情を知っていたのは両親、エルサとモリー、外部ではヴァレンタイン・チロル、ロバート・セシル卿、そしてエリザベス・ロビンズといったところで、みな口は堅かった。しかし、ガートルードの心が癒えるのに誰かが役に立ったとは思えない。彼女は、ほとんど無感覚に陥ったとすら思える。下の妹モリーは、こう語っている。

姉が、はたして残された荒廃のなかから何かを構築できるかということになると、むずかしい。姉の性格は穏やかなものでも親切なものでもなく、彼女が円熟の境地に達するどころか、悲嘆がやさしさの泉をすべて涸らせてしまった。

戦争は、最高の道徳の名のもとに国家への忠誠が個人の愛情を粉砕する場面を数かぎりなく作り出す。愛情が道徳の犠牲になるのは、不合理なゆえに哀しく美しい。ロウントンに帰ってきてあまりにもめそめそする彼女に、フローレンスがつぎのように活を入れたのは頷けるが、効果はなかったにちがいない。「そんなことではだめです。「死ぬなどとは口が裂けてもいうな」と言い――そして「たしかにきわめてわるい、だがよくなるだろう」と言って国中を引き締めるのが英国女のすることじゃありませんか。

他人はともかく、両親が、娘といってもすでに四十七歳の長女のここにいたる経緯と心中をどれだけ知り、どのように見ていたのかは興味のあるところだが、それをあきらかにするものは見出すことができない。

第13章

バスラ

1916年11月，バスラを訪れたイブン・サウード。上：中央イブン・サウード，むかって右へ，パーシー・コックス，ムハンマラのシャイフ，ハザアル〔バーゴイン下巻〕。下：イブン・サウード，コックス，ガートルード〔ウォラック/Univ. NCL〕。

戦争はガートルードを打ちのめしたが、再起させたのもおなじ戦争、中東を舞台とする戦争だった。召命、とそれを呼ぶ人もいる。

ロンドンの赤十字で仕事に没頭していたガートルードが、カイロの英軍情報部から招請を受けたのは十一月の初めだった。彼女はただちに応諾し、支度にロウントンに帰りもせず、当座の衣類、若干の書物と地図、羅針儀と温度計を指定して送らせると、取るものもとりあえずという恰好で飛び出して行った。アラビア語のさる書物は、書斎の本棚のあり場所と表紙の文字をスケッチして「こんなぐあいです」と伝えたが通じなかったため、追いかけて「一番目の書棚の一段目か二段目なのは確実ゆえ二段分全部を送れ」と打電する慌てぶり、張り切りぶりだ。出発間際に母に出した別れの手紙で、彼女はこう言っている。

……エジプトに着いてみたら私が二週間以上も関わらねばならないような仕事はなくて、クリスマス前に戻ってくる、ということも大いにありうるのです。滞在が長びくことはなんともいえませんが、まずあるまいと思います。

これが、ガートルードの最後の十年間の始まりだった。

二十一日にマルセイユを出たとたんに彼女は生気を回復し、その筆は世界のいたるところから家郷に送った手紙のあの精彩を取り戻す。かつて経験したこともないおそろしい時化《しけ》に見舞われつつ、二十五日にポート・サイド、翌日にはカイロに着いた。

ここで、メソポタミア戦線の経過をおおまかに辿っておこう。

前章で述べたようにバスラを占領し治安を回復したときに、メソポタミア派遣インド軍「D」の目的は達成された。しかし、現地ではチーフ・ポリティカル・オフィサー（CPO）として軍に同行していたサー・パーシー・コックスが、入城と同時に「バグダードも取らずにおくのはむずかしい」とインド総督ハーディングに打電するような状況だった。それほどバグダード攻略は魅力的で、またトルコ軍は弱体と見られていた。

CPOを、単に「主任政治将校」と訳すのは妥当ではない。状況にもよるが、この場合は軍に所属しながら作戦以外でインド総督に直接つながり、軍人とはかぎらず文官でもありうる、平時の大公使のように英国を代表する高位の役職である。必要に応じて、補佐のポリティカル・オフィサーに行政、財務、司法などの専門家を配置することもある。同時期の例では、カイロの情報部から転じて一九一七年にアレンビー将軍麾下のパレスティナ派遣軍に同行し、のちパレスティナの行政を担当したサー・ギルバート・クレイトン（当時は准将）がいる。コックスは十数年を湾岸とペルシア各地に駐在官、領事として勤めてきて、その識見、経験はもとより外交手腕でもかけがえのない人材だった。陸軍士官学校出の軍人だが戦歴は若いときに参加したソマリアの部族討伐程度しかなく、一貫してインドの外交畑を歩んだ。このときは中佐で、エジプト高等弁務官に転出したヘンリー・マクマホンの後任となって間もないインド政庁外務長官をあとにしての現地勤務である。

バグダード進攻まではにわかに承認されなかったが、軍はバスラから北上し、十二月末にはクルナに達した。管下の指揮官とインド兵を欧州戦線にまわしたこと、自国内のイスラム教徒を刺激する懸念などから、当初は進攻にかならずしも乗り気でなかったインド総督ハーディングも、二月にはみずからバスラを訪問している。しかし、ロンドンの陸軍、外務、インドの各省、そしてインド総督、現地軍との間の意思疎通が完全とはいいがたく、それ以前にメソポタミアの実情そのものの把握が充分にはほど遠かった。

一九一五年四月初めに派遣軍「D」は編成替えで中将サー・ジョン・ニクソンの率いるインド第二軍団が入り、与えられた任務には「バグダード進攻の計画策定」も含まれた。五月、ニクソン麾下の少将サー・チャールズ・タウンゼンドがインド第六師団（本部プーナ）とともに北進して六月にティグリス岸のアマーラを、七月にはゴアリング准将がユーフラテス岸のナーシリーヤを占領する。ティグリスが増水して、広大な水面ないし湿地となったなかに島のように散在するトルコ軍の陣地を特殊な舟を操って攻撃する作戦は、「タウンゼンドのレガッタ」と呼ばれたものだった。こうして英印軍は、バグダードからペルシア湾頭までのメソポタミア下流域のほぼ下半分、ファオ、アマーラ、ナーシリーヤを結ぶ三角形を抑えた。

これが、当時としては英印軍の補給の限界だったとされる。しかしインド政庁は戦線の拡大を承認、タウンゼンドは九月末にバグダードへほぼ二五〇キロのクートを、十月初めにはその一〇〇キロ先のアジージーヤにまで達した。さらに、まったく補給兵站の準備がないままにバグダード進攻をロンドンとニューデリーは了解し、首都東南四〇キロのクテシフォンを非常な犠牲を払って落としたところで前進を阻まれる。タウンゼンドは撤退し、十二月三日にクートまで戻ってトルコ軍の捕虜一三五〇名とともに籠城した。タウンゼンドが知らなかったのは、ゲリボルーで英軍を撃退して余裕の出たトルコ軍が、ハリール・パシャ麾下の二個師団をメソポタミアにまわしていたことだ。その背後には、トルコ第一軍を指揮したゴルツ・パシャ、つまりドイツの元帥コルマール・フォン・デア・ゴルツがいた。

タウンゼンドは優秀な軍人で、功名心にはやったとはいえ、まったくの独断で暴走したわけではない。問題は、むしろ戦争指導部のほうにあったようだ。

ガートルードがカイロに着いたのは、ゲリボルーの全面的撤収が始まる直前である。クローマー、ゴーストにつぐエジプト代表の在任中に大戦勃発で陸相となり、ゲリボルー作戦に関わったキチナー元帥が、現地を視察して帰国したばかりだった。十二月七日に英政府閣議はゲリボルー撤収を決め、年を越えた一月九日には最後の一兵の引き揚げが終わった。英国側(一部仏軍を含む)、トルコ側のいずれも二十五万という途方もない数の死傷者(うち死者はそれぞれ四万八千、六万五千)を出し、前者が完璧に遂行したのは撤退だけという作戦は、こうして幕を閉じる。国民的英雄のキチナーは辞任を認められず、職にとどまったが、わずか半年後にはロシア訪問の途中、座乗の巡洋艦とともに北海の藻屑となってしまう。

ガートルードに声がかかったのは、カイロの軍情報部にいたホウガースがロンドンの海軍情報部のホール大尉に働きかけた結果である。カイロには、オリエンタリストだけでも彼女に縁のある人が少なくなかった。陸軍省地理部から派遣されて前年から駐在する陸軍大尉T・E・ロレンスや、アダナで忠僕ファトゥーフを譲ってくれたジョージ・ロイドのほか、かつてガートルードが東京で世話になり、ゲリボルー作戦にも関係したオーブリー・ハーバートがいたし、外務省に戻ってゆくマーク・サイクスとも会っている。カルケミシュの発掘でトムソンの後任となったレナード・ウリーも大尉で情報将校を務め、トムソンは大尉でメソポタミアの前線にいた。ホウガース自身も、海軍少佐の肩書でオクスフォード大学アシュモリアン博物館長から出てきたのだ。寄せ集めの感のあるカイロの軍情報部も、ガートルードには古巣のようなものだった。高等弁務官サー・ヘンリー・マクマホン、そのオリエンタル・セクレタリー、ロナルド・ストアズ、情報部長ギルバート・クレイトン中佐といった人たちとも毎日のように顔を合わせている。マクマホンは「マクマホン・フサイン書簡」を延々と交換中だったし、マーク・サイクスは帰国するとやがて「サイクス・ピコ協定」となる交渉に入って、二人していまにいたる「パレスティナ問題」の根源の一部をなす仕事に携わった。

それどころか、アスキス首相、外相エドワード・グレイ、外務次官ルイス・マレット、インド総督ハーディング、外務政務次官ロバート・セシル、義弟の海軍作戦部副部長ハーバート・リッチモンドなど、当時の彼女の仕事に関係のある重職の親戚知友を数えあげればほとんどきりがない。

ガートルードに与えられた仕事はシリア、メソポタミア、半島アラビア内奥の部族動静の整理と分析、そして地図の完備で、それが可能な人材は彼女以外にいなかった。アラビア語の地名ひとつにしても、伝える人によっては幾通りもの表記になりうるのだ。メッカのアミール、フサインとの接触や、海港ジェッダの利用を通じて紅海沿いのヒジャーズ地方は分かっていても、奥地については無知にひとしい実情が、ゲリボルー作戦の失敗でトルコの中核に海から達することが不能となって急速に改善を迫られる。絶えず移動し、交錯しながら広大な地域を支配する無数の部族の知識が、迂遠なようでも陸の作戦には必須だった。

ガートルードは正式の情報部員ではなく、旅費と宿泊費——ホウガースやロレンスと同じくコンティネンタル・ホテルの——を支給されるのみだが、この仕事に熱中した。仕事を終えて二週間で帰国するといったレベルの話では、まったくない。彼女は文献と自分の知識経験のほか、アラブの訪問者から聞き出したあらゆる情報を総合した。出来あがった部族情報の自称「小カタログ」は印刷されて要所に配布され、彼女自身にとっても、また軍事・民政両面で一九二〇年代にいたるまで貴重な内部資料として活用された。

十二月二十日にロバート・セシルに出した長い手紙で、ガートルードはエジプトの当面する主要な問題をみごとに描出している。トルコがスエズに南下してくる懸念に対して、メッカのフサイン——スルタンの宣告も実効が挙がらなかった聖戦《ジハード》を、あらたにアラブに宣言しうる立場とされた——を英国側に引留める必要、シリアに対するフランスの野望に対する警戒、そしてインド政庁の植民地支配的手法への危惧。彼女は言う。

……メソポタミアで退却したことは、インド政庁を協力させるのに役立つかもしれません。メソポタミアの問題は、シリアに比べれば全然複雑でないのです。文化的にシリアよりも何十年も遅れており、アラブ統一運動は始まってもいません……インド式の官僚主義を経験していなければ、あそこをわれわれが統治するのに誰も反対しないはずです。植民地化は、きわめて慎重に、繊細に扱わねばなりません……。

当時のエジプトは、ゲリボルー作戦に召集した豪州兵であふれていたが、彼らは錬度の低さで使いものにならないとされていた——英軍といっても、戦争を知らない国の出身なのだ。フランスとシリアの問題は、戦後に顕在化する。そしてインドとエジプトとの間の連携、意思疎通の不足は、だれの目にもあきらかだった。インドが放置できないメソポタミアを含むアラブ圏を、カイロのマクマホンは、トルコに対する反乱が成功すれば独立させるとメッカのフサインに約束していた事実がそのすべてを物語っている。インド総督ハーディング卿にとっては、そのような約束は、「昨年来インドがメソポタミアで戦ってきた目的のすべてを引渡すこと、ペルシア湾におけるわが方の権益に隣接してアラブの一国家が創設されることを意味し、われわれの事業が成り立たなくなること」（十一月二十八日づけ、スーダーン総督ウィンゲートあて）だった。

メソポタミア派遣軍にいた優秀で典型的なインド的発想の持主A・T・ウィルソンにいたっては、「メソポタミアが……植民地としてインドに併合されるのを見たいもの」、「インド政庁が統治して広大な無人の荒野を徐々に耕地化し、パンジャーブ〔インド北西部からパキスタンにかけて〕の好戦的な種族を移住させればいい」と言っている。彼は、やがてバグダードでガートルードの上司になる。他方エジプト側では、メソポタミアをインドが担当すること自体が論外という認識だった。

これより一年四ヶ月前、欧州で戦争が始まった直後に、ガートルードはカイロの軍情報部にいたサー・ウィンダム・ディーズの依頼で中東情勢の分析をつぎのような文書にした。

シリア、とくに〔英国統治下の〕エジプトの繁栄をよく知る南シリアは、英国にきわめて好意的である……昨秋には、この機運はフランスの影響力の増大化に対する嫌悪によってあらたな高まりを見せた。ドイツは、シリアに関してはどのみちたいしたことはない。バグダードでは、わが国のウェイトはインドとの関係で——主として交易面——ドイツよりもはるかに大きい。バグダードには鉄道敷設でドイツ人技術者の大集団がいるが、彼らに人気はなく、ドイツにとって利得にはなっていない……総体として私が言いたいのは、イラクは、トルコがわが国と交戦するのを好まず、積極的に関与する気はなかろうということだ。ただそこでは、トルコはわが国が支援してきたアラブの首長たちに目をむけるだろう。さような動きは、バスラのサイイド・ターリブ、クウェイト、そしてイブン・サウードを強力なリーダーと見ているアラブ統一派側にとっては非常に好ましくない。サイイド・ターリブは一個の悪党で、われわれの庇護を受けてはいないが、彼とは英国人（商人）がきわめて友好的な関係を保ってきた……イブン・サウードはわが国の明確な是認を取りつけるのに躍起になっており、わが方の味方に引き入れることは容易であろう……もしトルコが参戦すれば、アラブ統一派がその機を捉えて軛《くびき》を断ち切ることはありうる――彼らが自発的に事を起こすことはなくとも、彼らをこの方向に導くことはむずかしくないだろう。シリアが複雑なのは、フランスが目をつけていること、その地域民が求めるのはわが国で、フランスではないことである。

この文書は、情報部から機密報告書としてグレイ外相に回付された。それが、参戦後にガートルードが自分の意見を政府の上層部に上げたおそらく最初のものといわれる。

セシル卿への手紙も、これとほぼ同じ文脈上のものと見ていい。前々章末尾で触れたマレット報告書でもいえるが、いまの目でみれば、こういった、むしろこの程度の意見が外相レベルの必読とする機密文書だったことには驚かされる。ことほどさように、中東事情をひろく見ることのできる人はいなかったこと、またガートルードは旅の途中であらゆる機会に情報を蓄積していたことを想起せねばならないだろう。見通しの結果的な正否をいう前に、基礎的な情報の有無自体の問題であることを、これらの文書は示している。

一九一六年一月一日に、カイロのガートルードはインド総督ハーディング卿から来訪を促す手紙を受けとった。それは、タイムズ紙から派遣されてインドにいたヴァレンタイン・チロルのお膳立てによる。二人とも、遠い昔のブカレストで知り合った仲とはふしぎな縁である。ハーディングと率直な意見の交換ができるのはガートルードのほかにいないことに周囲の異存はなく、ニューデリー訪問は簡単に決まった。

アラブ問題では、インドとエジプトの摩擦は非常なものです。双方の情報部の協力欠如は深刻で、長く続くだけ悪化します……それで、私は出かけてきます。うまくいくかどうか分かりませんが……彼らのアラブ・ファイルを徹底的に調べさせてくれれば当方の知識も補えるはずです。旅費は先方もちと思いますが、だめでも、それだけの値打ちはあるので行くつもりです――その場合、P&O〔ペニンスラー・アンド・オリエンタル汽船会社〕あての高額小切手の支払いを承知してください……（一月二十四日、父あて）。

ガートルードは二十八日に輸送船でスエズを出て、二月七日にカラチに上陸する――「〔船中で〕軍服を着ていないのは私と猫だけ」。ついで四十八時間の汽車の旅で十三年ぶりの再訪となるニューデリーに着き、チロルに迎えられて総督の車で豪奢な宿舎に入った。

かねて懸案のあたらしい情報組織設立の名目は、バルカン、インド、エジプトを歴訪後ロンドンに戻ったマーク・サイクスが作成した設立案に盛られている。その主眼は、第一に、アラビア半島東北部における英国の活動を調整し、ドイツ、トルコの動きについて外務、インド、陸海軍の各省とインド政庁に同時的な周知をはかること、第二に、インドのムスリムを刺激せずに、インド以外のムスリムに英国への協調機運を醸成させること、といった内容だった。「アラビアン・ビューロー」とか「イスラミック・ビューロー」とか仮称されていた組織の設立は一月六日に首相主催の関係省会議で了承され、名称は「アラブ・ビューロー」となって、カイロの事務所はホウガースのもとに置かれた。

ガートルードのインドでの仕事はその情報部がもつ資料とのすり合わせは別として、アラブ・ビューローに懐疑的な総督を説得することに尽きたようだ。ガートルードがどのような言辞を用いたのかは分からないが、結果として、すでに設置の決まっているアラブ・ビューローのバスラ駐在員を彼女に引き受けさせることでハーディングは納得した。彼としては、インドとエジプトの接点のバスラに情報源と目付け役をもつこととなる。すぐれた情勢分析力をもちながら正式の身分に縛られていない彼女に、任期満了で帰国が決まっていたハーディングは期待して、後任のチェルムズフォード卿セシジャーにも引き継げると考えた。バスラのコックスにあてた手紙で、ハーディングはガートルードのことを「男の頭脳をもつ、驚くほど賢い女《リマーカブリー・クレヴァア・ウーマン》」と評したという。彼女はまた、インド情報部のあるシムラ（一九三九年まで夏季の政庁所在地）で編纂されている「ガゼティーア・オブ・アラビア」に資料を提供することになった。

ガートルードは、副王《ヴァイスロイ》――英国王ジョージ五世が皇帝であるインドの――でもある総督の信頼に基づくこれらの取り決めを、よろこんで受け入れた。バスラに直行することに、カイロの了解も得られた。この時点でも彼女は、それを自分のなかば自由な立場で可能となった一時的な寄り道と理解していたにすぎない。彼女は言う。

デリーとカイロの間をいくらかは正常にできたと思います。でもそれを維持するには、つねに個人的な接触を保つ以外にありません……（十八日、父あて）。

ただ悩みのたねは、無収入の身分にとって、公用で多額の小切手を切っては不足するロンドンの口座残高の穴埋めを父に頼むこと、着たきり雀ではかぎりない衣装道楽を満たされないことだった。

ニューデリーでは、総督の案内で五年前に完成してカルカッタ（コルカタ）から移ってきた新都を見てまわり、壮麗さに目を見張る――
インドの王様をもてなすのは容易なことではありません。デリーを出る直前の話ですが、ある人――マイソールからの――のときはその高いカーストのために、総督は受け入れに六部屋の居館を建てねばなりませんでした……（二十六日、カラチより父あて）。

ガートルードはラホールに立ち寄ったあとカラチに出て、三月三日にバスラに着いた。とりあえずはパーシー・コックス夫妻のもとに厄介になる。

バスラは、「アラビアン・ナイト」の時代はともかく――そのころとは河流そのものが移動している――不潔で夏の暑さは耐えがたい、何ひとつ取り柄のないような港町だが、英印軍司令部とCPOの所在地として枢要の地だった。ガートルードにとっても、この町は初めてである。

……気持のいい天候です。でも、バスラはなんといえばいいのかしら！　蛙と泥濘が私の印象のすべて――泥水の、よどんだクリークとアラブの群れ――けれどもそれが大好き！（四日、父あて）

バスラには、コックスとおなじく湾岸とペルシア勤務の長い、前記のA・T・ウィルソンがCPO代理で着任ずみだったし、後年、コックスの後任高等弁務官となるサー・ヘンリー・ドブズもポリティカル・オフィサーとして駐在していた。のちコックスと袂を分かち、イブン・サウードの顧問となったハリー・シンジョン・フィルビーもいる。やがて来るイラク統治を担当する顔ぶれは、すでにそろっていた。

一方、十二月以来クート籠城をつづけるタウンゼンドの軍は容易ならぬ状況に置かれていた。住民数

トルコ
ディヤールベクル
ヌサイビン
モースル
アルビール
イラン
シンジャール
シャルカート
キルクーク
スライマーニーヤ
ハーナキン
ティクリート
カスリ・シーリーン
ケルマーンシャー
シリア
サーマッラー
アナ
カージミーヤ
バグダード
ヒート
クテシフォン
ラマーディー
ファッルージャ
アジージーヤ
ティグリス川
カルバラー
バビロン
ヨルダン
ヒッラ
クート
イラク
アマーラ
ナジャフ
アフワーズ
ユーフラテス川
ナーシリーヤ
クルナ
サマーワ
ウル
ホッラムシャフル
バスラ
アーバーダーン
ファオ
クウェイト
サウディ・アラビア
クウェイト
ペルシア湾
0
150
300km
イラク要図

わずか五、六千家族という河畔の町で孤立した大軍はたちまち食糧に窮したが、病気の発生とともに事態は悲惨をきわめる。インド兵は禁忌の軍馬の肉を食い、ひそかに野外に出て採った有毒の果実で命を落とした。ティグリス軍と命名してバスラで編成された救援軍は、飛行機でなけなしの物資を投下しても効果はなく、外輪船を川岸の防塞に突入させたが封鎖を突破できず、四ヶ月間に三度の司令官交代と二万三千名の死傷者を出したのみだった。

万策尽きたタウンゼンドがロンドンと極秘に協議の結果、ハリール・パシャに現金を渡して包囲を解かせる案が出る。その実行をカイロの情報部が担当して、ロレンスとオーブリー・ハーバートが軍艦でバスラに現れたのは四月初めである。ロレンスは、アラブ・ビューローに移籍する前だった。話を聞いたコックスは、関わりをもつことを拒んだ。ガートルードは四月九日の母あての手紙で、ロレンス、ハーバートに会ったことを伝えたあと、「どれほど心配してニュースを待つか、とても口では言えません」と記すのみだが、彼らの不名誉な使命を知っていたにちがいない。十日にロレンスはクートへ発ち、ハーバートがあとを追っている。

百万ポンドの現金を携えてクートに赴き、白旗を掲げてハリール・パシャとの交渉に臨んだ二人はにべもなく断られた。後払いの百万ポンドを追加して二百万ポンドを提示しても、回答は同じだった。交渉の重点が「買収」か、トルコ軍との「取引」なのかは明瞭でないが、ハリール・パシャの回答は「紳士であるわれわれは贈賄に応じない」だったといわれる。まもなくトルコ側からニュースは新聞に流されて、英国は世界に面目を失うことになる。

しかも、ロレンスの交渉のとき、城内のタウンゼンドはすでに事実上降伏をしていた。ウィンストンの引用によれば、その瀬戸際の四月二十六日にロンドンのインド省に出した照会電信のなかで、総督

（四月に交代した後任のセシジャーと解される）は「……当方の知らぬ特殊指令をもってメソポタミアに派遣された、たとえばロレンスなどの将校がいる。彼らの氏名と特殊指令の性格を知らせてもらいたい……」とカイロに対する不信をあらわにしている。二十九日に英軍は無条件降伏し、ゲリボルーにつづく英陸軍の屈辱的な敗北は、籠城した九千名を超える餓死寸前の敗残兵（英国兵二七五〇、インド兵六五〇〇）のバグダード連行と、タウンゼンドのマルマラ海プリンキポ島での抑留（終戦で帰国）で終わった。

ガートルードは部族問題と地理事情を調査し、シムラの「ガゼティーア」にはあまり身が入らなかったが、カイロのアラブ・ビューローが発行する機関誌「アラブ・ブレティン」に貴重な情報資料を載せ、コックスの秘書的立場では現地民との折衝を受けもった。隔週刊の「アラブ・ブレティン」は機密情報誌として重要な役割を果たしていたが、やがてGLBとイニシアルのついたガートルードの記事は彼女の名を高めてゆく。「現在起こりつつあることの単なる骨格に、歴史の肉付けをして読ませるものとする点で、彼女にまさる人はいない」と、ウィンストーンはいう。彼女はコックスを全面的に信頼し、むしろ敬愛し、その期待に応えた。仕事と生活環境はきびしかったが、バスラを離れたいとはいささかも思わなかった。

コックスへの傾倒と反比例のような形で、ガートルードはレディ・コックスを軽蔑した。ルイーザ・コックスは陸軍軍医総監ジョン・ハミルトンの娘で、夫に同伴して長期間の僻地勤務のきびしさに耐え、また周囲への親身な扱いで評判のいい人だったらしい。だが、ガートルードにとっては、最初に世話になったときにやさしい人と思っただけで、あとは最後まで我慢のならない愚図だった——

レディ・コックスは、だれにとっても絶対にだめな人——どうしようもないばかです。あれほど頭が空っぽな女というのは、見はじめと思います。ところがその埋め合わせを、彼がしているのです、お気の毒にも！

彼女の気がいいことはいつもどおり、でもそれだけです――会話のたねが、あの人にはまるでありません……（五月三十一日、父あて）。

ガートルードが親族知己以外の同性の多くにきびしい評価を加えたのは有名な事実だが、例外もないわけではない。バスラに滞在する白人女性は六人で、その一人だった米国人宣教師ヴァン・エッスの夫人とはきわめて親しくつき合い、川をすこし下ったその家ではしばしば時を過ごした。夫のほうは、「いままで私の知っている外国人のだれよりも上手に、アラビア語を話します」。また病院の婦長、ミス・ジョーンズも親しい仲だった。

六月五日に、メッカのシャリーフ・フサインは「慈悲ふかく慈愛あまねき神の御名において――おお、われらが神よ、まことにわれらとわれらが民を裁きたまえ……」と荘重な言葉を連ねた宣戦文とともに、トルコへの反乱の旗を掲げて実力行使に入った。英国では、スカパーフロー軍港（スコットランド沖のオークニー諸島）を巡洋艦ハンプシアで出た陸相キチナーがドイツの機雷に触れて消息を絶ったのが、同じ日だった。そのニュースはナーシリーヤに滞在中のガートルードにも電報で届いたが、「アラブの反乱」のことは知ってか知らずか、彼女の手紙には触れられていない。

ロウントンにいるメイド、マリーのことが両親との間で話題になったのもこのころだ。一九〇二年の秋に、年給二十二ポンド（と洗濯代名目の手当）で雇って以来、ガートルード専属で使ってきた女である。

こんなに長く一緒にやってきたのを辞めさせるのは、とてもできません……むろん何もしないでいるわけにはいかず、私もまだ何ヶ月も留守になるでしょう。故郷はドイツが抑えているので、家に帰るわけにもいきません。辞めさせるよりも、言えば何でもすると思います。庭や畑の仕事はむりというものですが、縫い物とか裁断とか……（六月二十六日、母あて）。

ガートルードの書簡に見られる滑稽な話のひとつは、二年前にブローニュへ発つロンドンで、ロウントンの「ドレッシング・テーブルの上に」忘れてきた「緑色の革バンドつき砲金製腕時計」を、マリーに届けさせようと母にたて続けに手紙を出したことだ。出発が迫って気が立っていた彼女は、てきぱきと動かないマリーを度しがたいぼんやりものと悪態をつき、大騒ぎをするが、三通目の督促を投函する前に封筒裏に走り書きした言葉が手紙の中身とともに残っている――「時計ありました――肌着のひきだしの底に！」。

やがてガートルードはマリーをバグダードに引き取って身のまわりの世話をさせ、自分の死のときまで一緒に暮らした。

このころの彼女は、夏の習慣として屋上で眠り、五時に起き、乗馬をして七時に水浴と朝食、八時半に出勤、三十分の昼食後五時半まで勤務、あと暑くなければ散歩、八時四十五分に夕食という毎日を送った。実際、バスラという町ではほかに何をするわけにもいかない。週の二、三日は歩いて十五分ばかりのコックスの事務所で仕事をし、ほかの日は宿舎の隣の軍司令部で勤務した。ナーシリーヤに行ったとき、英軍キャンプを訪れた彼女は、緑の帽子とスカーフ、白のブラウスに黄褐色のタッサーシルクのスカートというしゃれた姿で兵士の注目を集めていた。

六月に、ホウガースが私信を機関誌に掲載しようとしたことから、ちょっと悶着が起こった。ウォラックの引用する手紙によれば、彼女は大恩のある旧師にかなりな剣幕で食ってかかっている。

……私にくださったお便りの一部をバスラ情報短信でご覧になれば、およろこびでしょうか。それとおなじことです……カイロのことでは、当地で私は公的な地位をもっておりません……私はあなたの連絡員ではありません。貴地でご興味があろうと思われる何かを見つけても、送ることに〔コックスの〕了承を得ねばならないのです。当地への派遣からして、そちらにお世話になったことではありません。私は、機密書類はすべて閲覧させること、部族のことを調べるにはどんな機会も与えることへの〔コックスに対する〕要請とともに、総督《ヴァイスロイ》から派遣されております。しかし、たとえ私があなたの正式な連絡員であっても、お送りしたものはビーチ大佐〔インド軍情報将校〕とサー・パーシー・コックスの了解なしには公表できないものです。私信は私信で、公的な意味を有しません……。

〔ナーシリーヤでの調査を経て〕私はユーフラテス方面の重要人物の調査を終えており、タイピストの都合がつき次第、書面にしてお目にかけるつもりです。それすらも、サー・パーシーの厚意に頼らねばなりません――タイピストに対する「権利」は、私にないのですから……。

彼女は無給で働いており、コックスの宿舎を出てからは英国の大商社・船会社グレイ・マッケンジーの社宅に無料で寄宿していた――

ロレンスさんに言っておいたのですが、食事と宿舎では困った状況にあります……ご承知のとおり給料がほしいとは申しませんが、ここの善良な人たちが会社の接待手当で私の面倒を見てくれているのは、とんでもない話でしょう……ロレンスさんが、なにもかも懸案として持ち帰られて二ヶ月ちかくになりますが、なんの解決のめどもありません（六月十五日）。

実は、五月二十八日に新総督セシジャーから「〔一度きめたブレーカー少佐に替えて〕ミス・ガートルード・ベルをメソポタミア連絡将校」とし、「明確な公的身分」と月俸を付与してコックスの裁量下で勤務させる、「本人はこの取り決めに同意しうると見られる」という意見具申がインド省に出ていた。いま思えば、インド政庁のメソポタミア作戦失敗のいらだちと、現地をさておきこともあろうに金で解決しようとし、聞きなれぬロレンスという者を派遣したロンドン、カイロ双方への不信が入りまじった、出先の収拾策だったように見える。ホウガースに手紙を書いたときに、ガートルードが人事の内示を受けていたかどうかは不明だが、十日後に、彼女は父あてにこう書いている。

……カイロとの間の正式連絡員に任命するというので、承諾しました。ＩＥＦ・「Ｄ」つまりメソポタミア派遣インド軍「Ｄ」の一員として発令手続き中で、給料も支給されるはずです。さいわいにも、軍服着用は不要です！　白の襟章はつけねばなりません、政治部員ですから。ちょっと漫画ですね……（六月二十五日）。

月俸三〇〇ルピーの少佐待遇で、インド軍はおろか英帝国で唯一の女性将校が生まれるいきさつはこのようなものだった。

ここでの筆者の疑問は、ガートルードの所属である。のちにコックスのもとでイラク民政府に参加し、ガートルードとも親しかったスティーヴン・ロングリッグは、イラク近代史の資料として名高い『イラク、その一九〇〇年から一九五〇年まで』Stephen H. Longrigg: *Iraq, 1900 to 1950*, Oxford, 1953 のなかでＩＥＦ・「Ｄ」の呼称変更に触れている。一九一六年二月に、モード少将（当時）の英陸軍第十三師団がゲリボルー（ダウティ＝ワイリーの所属とは別師団）からバスラに送られ、ほかの諸軍と合わせて前述の「ティグリス軍」が編成された。そしてロングリッグの言葉では「遅まきながら」従来のＩＥＦ・

「D」は「メソポタミア派遣軍」に名称を変更され、かつインド省から陸軍省の直轄に移された（同書八六頁）。にもかかわらず、六月にガートルードはIEF・「D」所属を発令されている。ガートルードだけの問題ではないが、このときの移管の経緯は手もとの資料ではよくわからない。

前後して、彼女はコックスのオリエンタル・セクレタリーに任命された。これは当時の英国在外公館に独特の役職で、明確な職務規定に基づくものかどうかは審らかでない。要は、中東などの難言語の地域で、大公使クラスの要人の腹心として現地側との間の折衝を担当する特別秘書をいう。勤務地の言語に習熟していることは当然として、単なる通訳以上の力量や上司とのふかい信頼関係が必要とされる。中東では古代シリア語由来の「ドラゴマン」と呼ばれる多くは現地人の通訳が用いられたが、言語力と情報漏洩の両面の信頼性でさらなる能力が必要な場合は、自国民の特別秘書が起用された。性別は無関係なはずだが、女性ではガートルード以外にいない。前述のサー・ロナルド・ストアズは、カイロでゴースト、キチナー、マクマホンの三代にオリエンタル・セクレタリーを務めた。後年、ガートルードの後任となったのは海軍大尉ヴィヴィアン・ホルトで、古くは明治維新期の駐日英国公使パークスに対するアーネスト・サトウの立場も、これにあたる。フリードリヒ・ローゼンは、外交官生活の初めにテヘランのドイツ公使館で勤めた役職を英文著者（前掲『回想のオリエント』）で英国の読者むけに「オリエンタル・セクレタリー」としたが、本来のドイツ語でいう彼の肩書はDolmetscher「通訳」である。

ガートルードには、バスラでコックスを支える立場に入ったのが、圧倒的に男性中心の組織のなかで存在感を発揮してゆく始まりだった。後年、オリエンタル・セクレタリーの職務を実質的には離れてからも死去するまでその地位を保ち、その報酬が彼女の生活を維持した。

彼女は、つよい熱意で仕事に打ちこんだ。それを、前年の苦しい思い出を忘れるための努力と評する人もある。ここでは、たがいに関連する二つのことを述べておきたい。

ガートルードは、当然ながらアラビアの動静に注目していた。スルタンとの結びつきが強いイブン・ラシードを中立化させる目的で、彼女はハーイルから出てくる商人のつてを用いて、かつて会えなかったハーイルのアミールに手紙を出す。

イブン・ラシードの説得は不成功でした。できることは、すべてしつくしました……私たちは、砂漠のアラブと戦うつもりはありません――むろん、これまでもそうしなかったのは、イブン・ラシードにわれわれを攻撃する力がなかったからにすぎないのです。彼が無知でおろかなことは信じがたいほどです。シャンマル族が、遠からず自分でゴルディオスの結び目を断ち切って、あたらしいアミールを立てればいいのです。ありえないことではありません。彼が気ちがいじみた弱虫とは、みな知っているのです……でも、ここでもっとも考えている問題はさしあたっての戦いではなく、戦後のことです。それをどうしたらいいのか、見当がつきません……（七月十五日、両親あて）。

ハーイルでの経験からガートルードが若いアミールを好意的に見うるわけはないことは別として、事実六年後に彼は暗殺され、その翌年にはラシードのアミールとしての血筋そのものもイブン・サウードとの抗争で絶えてしまう。

つぎはそのイブン・サウードのことで、彼がバスラに現れたのは十一月二十七日である。コックスは、クウェイトに地元とイブン・サウード、そしてムハンマラ（シャットルアラブ川の東岸、現イランのホッラムシャフル）のシャイフ・ハザアルを集めて親英三首長の会合を開いたあと、イブン・サウードをイラクに招いた。コックスは長い湾岸勤務を通じてクウェイトの首長サバーフ家と親交を結び、彼らがかつてイブン・ラシードに追われたイブン・サウードを庇護した関係でイブン・サウードにも近づいていた。すでに一九〇六年に、コックスはイブン・サウードとの条約締結を政府に進言する先見性をもっており、それはすぐには実らなかったが、一九一五年末には両人が署名した友好条約となって実現する。

コックスは、イブン・サウードにバスラ駐留の英軍や病院のほか、航空機と高射砲にいたる近代兵器の威容を見せ、ガートルードに案内もさせた。ハーイル以来、忘れはしないイブン・サウードに初めて接した彼女は、自分より十二歳も若い彼の堂々たる――二メートルちかい体躯もこめて――指導者像に感服する。だが、それ以上に彼を仰天させたのは、女性が公的な立場で権威をもって自由に発言していることだった。すでに六十五人の妻を持ったといわれる彼も、ハレムのそとで女性と話す機会はそれまでほとんどなく、いわんや面紗をつけずにいる、しかも白人が自分の前に現れるとは想像もできなかった。にもかかわらず、彼は冷静に対応したことは、コックス自身の回想にも見える。

バスラ訪問は、イブン・サウードに英国からの銃器弾薬の供給と年間六万ポンドの資金贈与をもたらした。当面の代償に、アラビア中央部の統一をめざすイブン・サウードも、すでに英国と組んで対トルコ反乱を開始しているメッカのフサインへの攻撃を自制する。

ガートルードは十二月一日の父あての手紙でイブン・サウードの印象を語り、ついで長文の所見を「アラブ・ブレティン」に掲載した。そのなかで、彼女はこう述べている。

……政治家、支配者、そして襲撃者、イブン・サウードは歴史上の一典型を表わしている。彼のような人物はどのような集団でも例外的存在だが、それを生み出しつづけるのがアラブ民族なのだ……アラブの全歴史を通じて見られるのと同様に、この場合も権力の究極の源泉は指導者の個性である。アッバース朝のカリフであれネジュドのアミールであれ、その人物を通じて国家は持続し、彼が姿を消すとともに瓦解する……。

彼女の文章は「アラブ・ブレティン」から転載されて外務省、エジプト、インド各政庁の首脳に回付された。それは、イブン・サウードという稀有の指導者が出現したことをほとんど初めてこれらの要人に知らせるものとなった。

二年半前に、イブン・ラシードを見限り、噂を聞くだけに終わったイブン・サウードに期待をかけたときのガートルードの勘は、さいわいに彼女を裏切らなかった。事情が大きく変わったのは、彼女のハーイル訪問のころにはだれの念頭にもなかったフサインへの英国の肩入れである。しかもそれが、ガートルードの今後を決めることになる。

クート救援ではモード少将の軍隊は手遅れだったが、八月には再編成して態勢を立て直す。十二月に反攻が開始され、一年前のタウンゼンド軍が進んだあとを順調に辿って、翌一七年二月二十四日にはクートを再占領し、三日後にはアジージーヤを落とす。三月一日にモードは中将に昇進、十一日にはバグダードに入城を果たした。彼が読みあげた華麗な文章の声明は、ロンドンでマーク・サイクスが起草したものである。そのあと周辺を平定しつつ、彼の軍隊は十一月にティクリートに達した。その直後、モードはバグダードで劇症コレラに罹患、四日間で死去した。

コックスは以前から軍とともにバグダードに入っており、ガートルードたちは四月六日にバスラを出てティグリスを遡行し、首都に向かった。

あと二時間でバグダードです……今日は九日目で、夜間に数時間は停泊しますが毎日十七、八時間航行しています……川幅が非常に広くて両岸にめぼしいものはなく、雪を頂いたペルシアの山〔一五〇キロほど離れた、ザグロス山系の西端、カビールクー山脈〕が私たちを二日間見つづけていただけです。クート通過は夜明け前でしたが私は起きて、悲劇の起こった小さな町を見ると、砲撃された城壁と砕かれたなつめ椰子の樹林に曙光が射していました。まだ無人ですが、早急に整理して再建することになります……（十五日、両親あて）。

バグダードであてがわれた宿舎は薄汚いバザールの片隅にある箱のような小さな建物で、とても我慢ができなかった。さっそく家捜しに出て、最初に見つけたのが薔薇園のなかに三棟のサマーハウス風の建屋があるところで、政治部にも近く、そこに即決した。これがガートルードが四十九歳で初めて持った自分の家で、終《つい》の棲みかともなる。

彼女のバグダードの生活は、このようにして始まった。

第14章

バグダード（1） 戦争終結まで

バグダード，ティグリス川右岸の英国駐在官《レジデンシー》公邸，のちの英国大使館。もとは1783年に英国東インド会社の出先として左岸に設立された歴史をもつ〔バーゴイン下巻〕

ガートルードの伝記類は、いずれも彼女のバスラ、バグダード時代、つまり最後の十年間に全体のほぼ半分、あるいはそれを超える紙数を充てている。資料の主体をなす書簡の数でいえば、エルサの『初期書簡集』は別として、フローレンスの『書簡集』でもバーゴインの書簡が主体の伝記でも同様の比率である。日記については、欠落部分が多い上に一九一九年十月を最後に記入が途絶えているため、量的な比較はできない。

いずれにせよ、異例に詳細に記録された生涯のなかでも、バグダード時代はもっともまとまって長期継続的に追跡できる期間である。それを読むのは、英軍のバグダード占領から、民政移管へ、委任統治へ、一国家の創設へ、やがて独立（ガートルードの死後、一九三二年）へと進んでゆくすべての局面にかかわり、またようやく晩年を迎えつつあったガートルードの行動と内面を知ることとなる。彼女は、CPOから民政長官となったコックス、その代行者ウィルソン、さらに高等弁務官としてのコックス、おなじくドブズのもとで、一貫してオリエンタル・セクレタリーを務めた。また、新国王ファイサルがもっとも心置きなく話をすることのできる相談相手だった。そのかぎりにおいてあらゆる場面に関係し、折衝し、報告し、調整したが、最終的な権限は持たなかった。本国の要人に多数の報告書、私信を送ったことで彼らの意思決定に大きく関わったが、当然ながら影響の度合いを測ることはできない。私信では、両親あて以外でいまわれわれの目にできるものはごく少ない。

この期間のガートルードには個人生活の部分がきわめてわずかであり、これまで一人の自由人としての彼女を追ってきたようにはいかない。両親に書いた大量の書簡（たとえば一九二〇年には七〇通、二一年度は七六通）は、彼女が体験し対応した十年ちかい政治的経過を、週単位を超える頻度でほとんど日時ごとに記録した資料として貴重であろう。だがイラク創成史自体を追うことは筆者のなしうるところでなく、本書の目的でもない。したがって以下の数章では、政治上の事実についてはごく主要な動きを辿ることにとどめ、それに関わったことで浮かびあがる彼女の人間像を掬い取ることに重点を置きたい。

ガートルードは、ティグリス西岸の英駐在官官邸《レジデンシー》でコックスの部屋に続いて自分のオフィスを設けた。朝六時から一時間半ばかり乗馬をして入浴、朝食のあと出勤すると、夜は七時、八時まで仕事をした。彼女のおもな役割は、市内、地方の有力者、部族長の話や陳情を聞き、コックスとの面談を調整し、情報を収集し、関係方面への報告書を作成することだった――そのすべてが「……バスラよりも、千倍もおもしろいのです……」（四月二十七日、両親あて）。ウィンストーンによれば、バスラ着任以来の一年余に彼女がまとめたものはつぎのとおりとなる。

トルコ関連のリポート六編、イブン・サウードに関する第二のリポート（英国、アミール、サイイド・ターリブ三者の関係を二十五頁にわたって論じたもの）、IED・「D」情報短信（週報）の作成、イラク内外のシャイフ・部族についての無数の覚書、ロンドン大学東洋学研究所むけのアラビア語翻字法に関する小論、シーア派伝承の翻訳・編纂、シリアとイラク関連のリポート類、「アラブ・ブレティン」への主要寄稿数件、「アブデュルハミト治世最後の十年に北メソポタミアを牛耳った人物」イスマーイール・ベイ（一九一七年十二月に英軍に投降）に関するリポート、サドゥン・パシャ（厄介なムンタフィーク大種族連合の長）に関するリポート、ハーイル情勢についての長文のリポート、アラビア語による官営新聞「アル・アラブ」の編集。

またウィンストーンは、別のところでつぎのように述べている。

……彼女のリポートは事実の叙述に加えて才気と皮肉がほとばしり、〔在エジプト〕高等弁務官サー・ヘンリー・マクマホンの惜しみない賞賛の的となった。一九一六年十二月二十日に「辞職」〔実態は解任〕したとき、彼は新外相バルフォアにアラブ・ビューローの実績を要約して送り、そのなかで「〔ガートルードについて長文を割いたなかで〕彼女のアラビアに関する詳細な知識、能力、エネルギーはその仕事を非常に価値あるものとした。彼女の献身ぶりは……特筆するに値する」と記した。

インド相チェンバレンはメソポタミア戦線不始末の責任をとって辞任する前の一七年二月に、このアラブ・ビューローの報告書を見た外相からの要請として、インド総督チェルムスフォード卿に「ミス・ガートルード・ベルの貴重な貢献に対する帝国政府の感謝を伝える」丁重な書信を送っている。ちなみに、彼女はすでにバスラ時代にＣＢＥ（「大英帝国勲位」五階級の三位）を授与されていた。なおチェルムスフォード卿フレデリック・セシジャー（第10章扉写真参照）について一言すると、彼の弟ウィルフレッドが初代駐エチオピア公使のときに領事を勤めたのがリチャード・ダウティ＝ワイリーだった。公使の信厚く、その次男でアディスアベバ生まれのブライアン・セシジャーの名親となるが、リチャードの戦死後、未亡人ジュディスのたっての希望でブライアンは改姓してダウティ＝ワイリーを名乗ったという。この話はブライアンの兄で父と同名の、やはりアディスアベバで育ったウィルフレッドの自伝『自分で選んだ生涯』*The Life of my Choice*, London, 1988 に、むろんガートルードとはまったく無関係の文脈のなかで述べられている。ガートルードにとっては上司の甥がかつての恋人の嗣子となったという奇縁だが、その事実を彼女はもちろん、生前のこれら関係者はだれも知らない（彼女の伝記で述べられたこともない）。

　英国は、バスラ、バグダード両州に加えて一八年十月にモースルまでのほぼ全部を占領してからは、古来の呼称メソポタミアを廃して「イラク」としたので、必要のないかぎり本書でもそれにならう。「バグダード占領の報が広まると同時に殺到した来訪者に、いやもおうもなく私は圧倒された。まずはバグダードの有力者、ついで遠近を問わぬ部族のシャイフたちで、その多くはトルコの統治に服さずにいた、バグダードではまったく未知の人だった」と、コックスは回想する（『書簡集』所載の手記）。

　その訪問者の素性をあきらかにし、選別し、面談を手配することからガートルードの仕事は始まった。あるアラブは彼女を指して「非常に」という副詞を七つも並べたうえで「利口な女」と言ったし、アナイザ族の大シャイフ、ファハド・ベイは、ガートルードがバスラから出した手紙に応じて、イラクのシリア砂漠辺境を英国のために防衛することを約してバグダードに出てきた。七十五歳の彼は、代々トルコの庇護を受けて「ベイ」の称号すら持っていたのに、三年前にハーイルからの帰途のガートルードに会って以来、彼女にはかなわない、いう思いになっていた。ファハド・ベイは、彼女の手紙（内容は伝わっていない）を傘下のシャイフたちに見せてこう述べた、と自分でコックスとガートルードに語った――「〔アッラーは女を男に劣るものとして造ったが〕これを書いたのが女だ――では、男はどんなものだろう！〔だから、英国人には従わざるをえないではないか〕」

これが、多額の資金を提供されて英国につくと決心した彼の論理だった。

ガートルードは、ふだん「ハートゥーン」と呼ばれるようになっていた。それは、すでにバスラのころに始まっている。ハートゥーンとは、貴婦人、社会的に地位のある女性を意味するアラビア語で、英語では通常 a lady と訳されるが、トルコ＝ペルシア系の言葉でイラク以外ではあまり使われないようだ。ガートルードもふつうの女性敬称「シット」で呼ばれるのはいうまでもないが、秘書という概念はおろか女性が責任ある立場で他人に接すること自体が未知にひとしいときに、イラクの人々は畏敬の念を「ハートゥーン」という言葉にこめて彼女を見たのである。

彼女はバグダード入りして数日後には、ナキーブ、つまりスンナ派イスラムの地域住民を束ねる長老を訪問した。コックスも同じ行動をとっているが、ガートルードの場合は表敬に加えて旧交をあたためる意味合いがある。サイイド・アブド・アッラフマーン・アルガイラーニー（ジーラーニー）は、十一世紀のペルシアの聖者アブドゥルカーディル・ジーラーニーの末裔で、その霊廟の守護者として崇敬を集め、アブデュルハミト時代から彼の帰趨は注目された。老人ではあったが、やがてコックスとガートルードの仕事に欠くことのできない人となる。

五月の半ばには、カイロ時代の同僚で、ロレンスと親しく、のち英軍占領後のエルサレムで軍政、そして民政長官となるロナルド・ストアズが訪れて二週間ばかり滞在していった。ガートルードが、アミール・ファイサルという人物について初めて認識したのは、彼をよく知るストアズから聞かされたこのときだったようだ。もっとも、ストアズとの愉快な再会を両親に報じた手紙には、ファイサルの名は出ていない。

ストアズのバグダード滞在は、あたかも西部ではロレンスがアカバ攻略という未曾有の大仕事――五月九日から七月六日にいたる――を開始したときである。また、サイクス・ピコ秘密協定の内容が漏れ伝わってきて、それを知った陣中のロレンスを懊悩させたとき（『知恵の七柱』第四十八章）――彼が知った時期については異説もある――にあたっている。しかし、それらはおそらくガートルードの与り知らぬ経過であった。六月になって外務省が機密扱いで同協定についての彼女の意見を求めてきたとき、具体的にどの個所をいうのかがあきらかでないが彼女は協定の趣旨を「〔大戦参加に対する連合国側の〕基本原則に全面的に添う」、「世界の大民族のひとつが発展し、みずからの仕方で固有の能力を活かす糸口が生まれるのを願うものに好印象を与える」としている（ウィンストーンの引用する英外務省文書）。しかし、はたしてこの時点での彼女がこの問題を咀嚼し、批判できたろうか、ということは疑問として残る。むしろ、知人の多い外務省の策定したものを国家の方針として素直に受け取っていたとしても不思議ではない。サイクス・ピコ協定がより表立った形で問題化するのは、半年後のロシア十月革命のあとだった。

一九一七年当時のイラクの人口は約三〇〇万と想定され、イスラム・シーア派が一五〇万、スンナ派一一〇万、ユダヤ人八・七万、クリスチャン七・九万とされていた。クルド人は、居住域の見方にもよろうが五〇万という数字がある。バグダードの住民数は二〇万、内訳はシーア派五万、スンナ派一〇万、ユダヤ人五万というところだった。トルコ軍の敗走とともに崩壊した行政組織をどのように修復するかが当面の最大の課題だったが、かつての行政をトルコの下で支えたスンナ派に頼ればシーア派の反発を招くことが危惧され、そのシーア派には何世紀もの抑圧下にあって行政を担当する力は乏しかった。

バグダードの軍政は終わり、七月にコックスの身分はチーフ・ポリティカル・オフィサーから民政長官《シヴィル・コミッショナー》に変わった。軍司令官の管下ではあるが作戦以外ではロンドンのインド省と直接する関係となり、それは二一年初めにイラクの管轄がインド省から植民省に移るまで続く。

コックスとモード中将とはサンドハースト士官学校で同期だったが、後者の倣岸な性格のために円滑な関係は維持困難となってきた。ガートルードがバグダードに来たとき、軍隊に女性は不要との考えから彼女を排除しようとしたモードを納得させたのはコックスだが、彼との確執がコックスに辞任を考えさせるまで嵩じたとき、ガートルードはモードの非を訴える手紙をインド省次官の旧友ハーツェルに送った。ウォラックによれば、手紙はカーゾンにまわり、閣議で取りあげられる前にモードは急死して譴責にいたらなかったという。

十一月十四日の夜、ユダヤ人学校の演劇祭に彼女はモードとともに招かれた。演目は「ひとり決めの病人」「ハムレット」などだったが、彼女は市内のユダヤ人口を大きく八万と見て、その地域社会を知る必要を痛感した——それはサスーン・エスカイルという大物との交際に結実し、後年きわめて大きな意味をもたらす。その四日後に、ユダヤ人学校で飲んだミルクが感染源とされるコレラでモードは死去した。あわただしく葬儀をすませてから、ドイツが建設したバグダード鉄道でティグリス上流のサーマッラーに出張したガートルードは、宿舎で長い回想の手紙を書く——「モード将軍は根っからの軍人でした。政治を知らず、全然不必要とみなしていました……死なずにいたら、行政上の問題が軍事上のそれより重要になったときに、死に物狂いで主導権争いを余儀なくされたことでしょう……皆、葬儀に行きました。町はずれのあたらしい軍人墓地で、まだ壁囲いもない、吹きさらしのところでした」（十一月二十二日、母あて）。やがて、その墓地に彼女自身も葬られることとなるのだ。

十一月二日にバルフォア宣言が発表されたときの、かねてからシオニズム運動には懐疑的なガートルードの反応は冷淡なものだった。翌年一月二十五日になって彼女はつぎのように言っているが、結果としてこれほど予想のはずれたこともめずらしい。技術力とその革新に、彼女はまったく無知だった。

〔バルフォア宣言は〕実行不可能、というのが私の考えです。あそこ〔パレスティナ〕は、ユダヤ人が抱いているような目的にはまったく向きません。大きな開発はできない不毛の地で、ユダヤ人を蔑視するイスラム信者のアラブが人口のたっぷり三分の二を占めています。思うに、あれは現実とかけ離れたまったくの絵空事の計画で、陥って当然の失敗に終わることを願い——またきっとそうなるにちがいありません（母あて）。

暮れには、ガートルードは脳貧血で倒れる。彼女は記憶力が衰えたことを自覚していた。フランス語やアラビア語で物を書くことが苦になったとも言う。すでに以前から、黄疸や発熱で短期の入院治療を必要としていた。白髪が目立ちはじめ、のみならず頭髪が大量に抜ける現象が起こっていて、母親に養毛剤の送付を頼み、また帽子を留めるピンを挿すのに鬘《かつら》がほしいと言うほどだった。

その一方、本格的にイラクの政治に関わっているとの意識があり、彼女は二週間ごとの情勢報告をロンドンの関係省に書き送るという、容易でない業務を開始していた。当時の域内の通信事情を思えば、彼女のような立場の人が情報を整理して恒常的に提供することがいかに困難なことかは察せられよう。

仕事に忙殺されているうちは忘れていることが、彼女の心を占めるときがある。若いころの友人ビーアトリス・クレメンティ（結婚後は海軍少将サー・ダグラス・ブラウンリッグ夫人）が長い手紙を寄こしたとき、彼女は返事を書けず、父にこう言う。

……会われることがあればお礼を言っておいてください……二年半前に落とした糸を、拾いあげることができないのです。私にはできません。そして容易になるどころか、ますますむずかしくなってきます。苦しい体験の壁で、以前のものとは切り離されてしまったという感じが強まる一方です。記憶すらも、それより向こうにはめったに届かず、もしくは、過去を思うことでは嫌気を覚えるのみです。ああ、将来を期待して、思考が停止でもしてくれるときを見られるならば、そして記憶も、意識も。独りでもがきつづけるのには、もうくたびれました。でも、ご覧のように、私はやっています。少なくともここのほうが、英国でよりはしやすいのです……（七月二十七日）。
ああお父さん、ご存じでしょうか、今夜でDと別れてちょうど三年になります。どうして、毎年やってくるこの日があらゆる記憶をこれほど強く呼び返すのか分からないのですが、事実そうなのです。私は三年前の四日間を、ほとんど一分きざみにもう一度生きるようにして過ごしました……（一九一八年二月二十二日）。

また、時とともに、英国との疎遠化を悲しみつつ、そのような状態自体に慰藉を見いだすようになってくるのもこのころからだ。チロルに出した一九一七年最後の手紙を、彼女はこう締めくくる。

……このクリスマスはエルサレムで過ごせたら、と思っていました。なにしろ、キリスト教徒の保護下にあるクリスマスとしてはフリードリヒ二世〔シチリア王・神聖ローマ皇帝。一二二八―二九年の十字軍を率いてエルサレムを平和占領、聖墳墓を解放〕以来ですから。できることなら、ベツレヘムの、あのコンスタンティヌス聖堂大側廊地下にある祭室〔キリスト生誕の場とされる〕で行なわれる深夜のミサを見たいところだったのです。でも、いったいどこの救い主が、剣ではなく平和をもたらしてくれるというのでしょう？　私はむしろユダヤの灰色の丘にあこがれています――英国はまっぴら、お分かり？　私のイングランドはなくなってしまいました。

一九一八年早々、ガートルードは部族の動向と地理の調査をかねて四年ぶりにカルバラー、ナジャフをふくむユーフラテス流域を訪れた。英軍の占領で聖地巡礼が途絶えたシーア派の諸部族が不穏な情勢を作りだしていたのを視察し、湿地と水路の交錯した地域に芦を巨大なドーム状に編んだ古来の住居で生活する「沼地のアラブ」を見る、駱駝の背ではなく自動車とボートを使った二週間の旅であった。三月中旬には、おなじくユーフラテス右岸のシャーナフィーヤからサマーワの一帯を見てまわっている。三月末に、彼女は王立地理学協会から「創設者賞」を授与され、式典にはヒューが出席して代理受領した。四年前の金賞につづく、二度目の受賞だった。

二月末にコックスはカイロで開かれた連絡会議に出席、ウィンゲート、ホウガース、ストアズ、クレイトン、ロイド、ロレンスなどと会い、その足でロンドンに向かった。ガートルードが父にあてた前記の二十二日づけの手紙はコックスに托され、彼はヒューに会って娘の近況を伝えている。

バグダードへ帰任の途中、コックスはインドへ行く命を受けた。シムラで総督に会うと、公使マーリングの後任としてテヘランに赴任すべきことを告げられた。バグダードに帰った彼は、妻とともに直ちにテヘランへ自動車で出発し、九月十五日に到着するや翌日には同じ車でマーリングを送り出し、以後一年九ヶ月をテヘランで代理公使を務めた。彼がふたたびバグダードに戻ってきたのは、一九二〇年十月であった。

コックスが一時帰国をしたとき、バグダードの留守は長官代理A・T・ウィルソンが預かっていた。そのままコックスがテヘランに転任となったため、ウィルソンは三十四歳の若さで民政長官代行に任命され、ガートルードは彼のオリエンタル・セクレタリーに横すべりした。そのころの、彼女のウィルソン評はつぎのようなものだった。

……ウィルソン大尉のことはまだお話ししていなかったと思います。きわめて非凡な人です。彼が私を「根っからの策士」とみなしたのが始まりで、たぶん面白半分でしょうが、それが彼の本音と分かりましたから、私もそれなりの疑念で彼を見たのも無理からぬことでした（ご存じのように、最初ここへ来たときは大変だったのです、いま思えば笑い話ですが）。結局は仲良くなって、いまでは彼のすぐれた知力に最高の敬意を抱いています。私も彼が育つのに多少は役に立ったでしょうが、彼も修養を積んでいずれはえらくなると思います。前よりも雅量ができ、我慢強くなってきていて、りっぱな政治家ぶりです。彼と一緒に仕事ができるのはさいわいです（四月二十四日、ナジャフの暴徒を鎮圧したウィルソンを称揚して）。

……ウィルソン大尉についてはご存じないと思いますが、実に立派な人物です。民政長官代理で、サー・パーシーの不在中はその代行――三十四歳、すばらしい能力にめぐまれた非常に傑出した人で、まれに見る精神的、肉体的能力を兼ね備えています。私は彼に参っています――同僚のなかでは最高で、出世するにちがいありません。彼ほどの非凡な力量をもつ人には、会ったことがないと思っています……（五月二十四日、両親あて）。

同名が多かったことから、ふだん、「AT」（アーノルド・タルボット）の通称で呼ばれたウィルソンは、実際彼女のいうとおりの人だった。士官学校を首席で卒業し、インド軍で一貫してペルシアと湾岸の勤務を続けていた。語学力と度胸は抜群で、当時、未知の点が多かった西南ペルシアのロレスターン地方を現地人に変装して探検したことで知られ、また文学的教養の深さはそれをひけらかすことで人の顰蹙を買うほどだった。しかし、ガートルードが年若いウィルソンを立てたのは長くは続かなかった。

ガートルードは、夏休みをペルシアで過ごそうとしていた。二月初めに、すでに引退していたサー・

ウィリアム・ラムジーから届いた手紙への返事で、彼女は十一年前の楽しかった夏の協同作業を懐かしむ一方、情勢が許せば夏をペルシアの山間で過ごしたいと伝えている。ペルシアは、駐留する帝政ロシア軍が本国の革命で混乱に陥り、とくにトルコ国境にちかいコルディスターン（ペルシア側のクルド族居住域）ではいたるところで現地の食糧を強奪するなどの行動に出て住民を危難にさらしていた。そこにトルコ・ドイツ側のつけいるおそれもあったのだが、徐々に安定を取り戻しつつあった。前述の五月二十四日の手紙では、毎朝「大方は忘れていたペルシア語」の勉強に精を出し、「すぐ取り戻して、一週間後にはアラビア語が四分の三というとんでもない混合語を喋っています」という。そして教師が現地人職員で言わんとすることは分かってくれるため、完全にペルシア語で話していると錯覚していたが、相手が本物のペルシア人ならそうはゆくまい、という――しかし、バグダードに帰ったときの彼女の自己採点は、「私のペルシア語は、もっとも興味ある会話を充分にこなせました――ペルシア語は、驚くほどやさしい言葉です」だった。

ガートルードは七月九日にバグダードを出て、不在のコックスの自動車を借りてテヘランに向かった。国境のカスリ・シーリーンまでは知った道で、ケルマーンシャー、ハマダーンは初めてだった。テヘランでは、思い出ふかいグラヘークの公使公邸で厄介になる。滞在が長引きそうだが、二晩の予定で訪れてすでに一年も逗留中の、ラスプーチン暗殺者の一人として従兄のニコライ二世帝に追放されたドミトリ・パヴロヴィッチ大公と比べれば物の数ではない、という――「〔大公は〕実際に手を下してはいませんが、殺害時に家のなかにはいたのです……彼は二十三歳くらいの、感じのいい人物で……」（七月二十二日、父あて）。殺害に加わった大公は皇族十二名の助命嘆願でカフカス戦線に追われただけで、そこを逃れてテヘランに滞在していた。大公にガートルードが会ったのが、奇しくもニコライ廃帝と家族が二千五百キロ北方のエカテリンブルグで処刑されたときにあたっている。ガートルードは、大公や公使夫人そのほかとアルボルズ山中の高地（かつてのラル峡谷ではなく）に六日間のキャンプを楽しんだが、ヘンリー・カドガンのことは手紙を見るかぎり触れられてはいない。帰途にはコルディスターンの実情を調査して（「［ロシア軍の食糧徴発で］あちこちで人口の五分の一が飢え死にし……」（チロルあて）、八月二十八日にバグダードに戻った。

帰着と同時に、彼女はウィルソンからコックスがテヘラン公使として転任の話を聞かされ、動転した。当のコックスがインドから帰ってきたのは、たまたまその三十分後だった。九月十三日の父あての手紙で、彼女は言っている。

……サー・パーシーは行ってしまいました、つらいこと。発つ前には気がかりそうに私のところへ来て、誰にもよく気をつけてもらっているか、自分でも満足しているかと訊ね、やさしく抱きしめてくれるという、非常に異例の出発でした、彼に会われたのでよくお分かりのこととは思いますが。ほんとうに親切な方——あの人には、心からお礼を言いたいと思っています……。

ガートルードは、コックスには父親に対するような素直な愛慕と敬意を抱いていて、彼のためならどんな労苦もいとわない、という気持だった。献身的な秘書の典型というべきものだが、コックスが相手の信任を得る人柄と、部下の使い方のうまさの点で抜群のものをもっていたのは事実である。

この時点では、まだ彼女とウィルソンとの間に問題はなかった。むしろ、八月に彼が思いもよらず長官代行に任命されることを聞いたとき、異例の昇進の裏には、ガートルードがインド省の高官——彼女と親しい事務次官ハーツェル——に出した自分に対する非常な賞賛の言葉があったことを知らされる。わるい気はしなかったのは当然として、それ以上に、ウィルソンが彼女の行為に油断がならないと思ったのも無理はない。

しかし、ガートルードは、やがて思うままに振る舞うようになる。機密電報もすべて彼女が目を通す立場にあったが、両親への私信で西部戦線における連合軍の反撃予定といった機密に属することを語るのは日常茶飯事だった。頭越しにロンドンに意見を述べる、とくに閣僚級の高官に私信を出すことがおいおいウィルソンにも分かってくると、正常な関係が維持できなくなるのに時間はかからなかった。

その間、モードの後任軍司令官マクマンのもとでウィリアム・マーシャル（当時少将。生年、サンドハースト卒業年次ともにコックス、モードの一年下）が、イラク戦線の仕上げをする。一八年の夏にキルクークの線まで制圧し、さらにサイクス・ピコ協定ではフランス地域になっていたモースルに二〇キロの地点まで迫った。

ロレンスのアラブ軍がダマスカスに入城したのは十月一日であり、ファイサルは三日に到着する。そしてトルコは三十日にエーゲ海のムドロス島で休戦協定に調印、連合国に降伏した。にもかかわらず、二日後にマーシャル将軍はモースルの占領をあえてした。これは、英国が同地域の石油埋蔵をねらったものと解され、戦後の国際関係に強く影響して、その解決はガートルードの死の一ヶ月前、一九二六年六月五日のイラク・トルコ条約の締結まで待たねばならなかった。

十一月十日にカイザー・ヴィルヘルム二世はオランダに亡命し、翌朝ドイツは休戦協定に調印、欧州でも大戦は終わった。ガートルードはマラリアにかかり、何度目かの発作に悩んでいた。

第15章

バグダード（2）戦後の始まり

パーシー・コックス（1918年ごろ）。ポリティカル・オフィサーを示す白の襟章があざやかだ〔チャールズ・トリップ『イラクの歴史』大野元裕ほか訳〕。

一九一八年十一月七日、アラブ地域民を慰撫するために、戦後処理の理念と方針を謳った英仏共同宣言が布告された。シリア、パレスティナ、イラク各地の新聞や街頭の掲示板まで利用して、住民への周知徹底をはかるものだった。それは、英仏両国の目的がトルコの抑圧下にあった民衆の完全な解放と、現地民の自発的で自由な選択を権威の根拠とする政府の樹立にあり、この目的の達成のために、両国はシリアとイラクに現地民による政府の設立されることを奨励、支援する、という方策を掲げていた。そして現地住民政府の形態については、彼らが自決権を行使することを約束するという。それはシリアで発生した騒乱に狼狽したフランスが起草したとされるが、イラクではさまざまな思惑を引き起こしたのみならず、英国の出先自身を当惑させた。

この時期にガートルードが述べた言葉は、当面の状況と彼女の思考をきわめて正確に描いている。

私の人生で断然興味深い時節に遭遇しています。おかげさまで体調もよくなり、適切な対応ができるようになりました。

仏英共同宣言（いささか時期尚早と思うけれども）〔彼女はあえて「仏英」としている〕は、全市を興奮のるつぼと化さしめました。民衆が、ひとつの「国家」としての自分の将来が自身の手中にあると告げられ、自分の欲しいものはなにかと問いかけられるなど、めったにあることではありません。彼らは皆語り合い、しあわせそうに私のところへやってきては、非常な熱意で考えを披瀝しようとします。彼らが事実上すべて一致しているのは、英国に自分の問題を管理してほしいこと、そしてサー・パーシーに高等弁務官を務めてもらいことの二つで、それ以外は、千差万別です。町住まいの人はほとんどがアラブ人のアミールを望んでいますが、誰がいいかということは決めかねています。地方の部族民の場合は、サー・パーシー――その名は、彼らのなかでは絶大――にいてもらえるかぎりはどんなアミールも欲しないだろう、と私は信じます（未確認ですが）。個人的には、私もそれが最上と思います。宮廷を設け政権を維持させるのは、大変な仕事です。

一方、世論はきわめて気まぐれで、思いもよらぬことが町中をまるで子供っぽいような憤激に駆り立てます。われわれの片言隻句が、われわれが思っていても説明したくないようなことを指している、と彼らは見るのです。状況全体に、きわめて繊細な取り扱いが必要です。決して将来を不安視していないのですが、民心が流動的で、何ごともそれを一方向か、あるいは逆方向かに導きかねないこの時点では、慎重を期すに越したことはありません。いつも私はごく率直に物を言うようにし、相手も私を信じてくれているようです。彼らは私がなによりも彼らの利害を心にかけていると知っており、サー・パーシーへの信頼と同じような具合に私を信頼しています。この時期に、当地にいることができるとは実にありがたいことです。何が起ころうとも、サー・パーシーが戻ってくるまでは、私は残っていなければなりません。私たち、A・T・ウィルソンと私で、状況はすべて充分に打電しました、現状について公正な見解を述べることができたと思っています（十一月二十八日、父あての全文）。

わずか九ヶ月前の二月二十二日にガートルードは外務次官のハーディングに私信を書き、一時帰国するコックスに托したが、そこではこう言っていたのだ。

……当地の掌握が強固であればあるだけ、住民はよろこびます。嫌われるのは中途半端なことです。彼らは、われわれの取扱いが公平なことを疑いませんが、トルコ人から公平な扱いを受けられるかは大いに疑問としており、また、彼らには独立したアラブ政府などは想像もつきません。白状しますが、私にもできません。当地に、そのようなものを運営できる者は一人もいないのです……。

この間に考えが大きく変わったもとは、まだ見てはいないがファイサルのダマスカス政権出現という事実と、イラクにも自立の政府を作りうる機運が生まれた情勢のほかにありえない。しかしなお、トルコは敗退したとはいえ理屈上はイラクの宗主であり、カスリ・シーリーン条約でペルシア国境が画定して以来三世紀の統治実績も、トルコ復帰を望む一部の存在も、無視できなかった。共同宣言から一、二ヶ月ばかりの間にガートルードが書き送った手紙には、彼女とイラク住民双方の揺れ動く見方が何度も繰り返されている。

……ときには、仕事半ばの創造主のような気になることがあります。主は、何ができあがるのか分からなかったにちがいありません、ちょうどいまの私のように。私は、皆がアラブ人アミールの構想を放棄してくれることを願っています。ここに新品の宮廷をつくることなど、考えるだけでうんざりです。でも、いまのところその方向に傾いています。誰にするかでは意見がまとまらないでしょう――それが私のねらいです。そこでサー・パーシーだけということになり、そうなれば最高です。次善の策として高等弁務官は私、と言われたことがあります！　現地案として上がってきたら、次官級のお歴々はなんというでしょう？――もっとも、業務のほとんどが人々の個別的な対処だという点では、あれは男とおなじ程度に女むきの仕事でもありますが（十二月五日、母あて）。

……午前中は若い人が群れをなしてやってきて、政治の将来についての意見を述べ立てます。若い世代は、アミールにはシャリーフ〔メッカのアミール・フサイン〕の子息の誰かを望んでいます――少なくともそれがスンナ派の願いですが、シーア派の若手にはまだ会っていません。両者の間には大きな開きがあるはずと思います。いまのところ、私はアミールなしのほうがいいと思っていますので、彼らが一致しなくても一向に構いません(六日、父あて)。

……いなかの大物たちは、アラブのアミールどころかアラブ人の政府にすら、大反対のように思われます。連中は、ひとつの暴政を免れたのが別の暴政に陥るだけのためでは困るというわけです。それが大勢の赴くところであってほしいのです、ここに宮廷ができて、ありとあらゆるごたごたに関わるのはまっぴらですから……(十三日、父あて)。

……内輪では、アラブによる統治などはたわごとのようなものとなっています。実際、ここでは誰一人としてそれを望んではおらず、シリアではその結果がすでにどうしようもない混乱を引き起こしました。メソポタミアの場合、住民の求めているのはほかならぬわれわれ英国で、それは、英国なら現地のしきたりに応じて統治することを知っているからです。アラブ人のアミールが無理だという認識は、理屈としては歓迎だが実行となると人物面で合意できないためです……(二十七日、父あて)。

〔西欧から発した再三の宣言という熱風に煽られてバランスを失った東方では〕当地の大多数はまったく意見を持ちません。物を考える人間のほとんどは、サー・パーシーのもとでの英国による統治を求めていますが、小数ながら声高な一群がいて、自分らだけで充分やっていけるし、われわれのいないほうが個人的にもはるかにおもしろいと考えているのです。当座は、たしかに大いにおもしろいでしょう、でもほんの当座のことで、突如として大々的な無秩序と流血にいたるのです。シリアで何が起こるかは、見当もつきません……(一九一九年一月十日、父あて)。

ガートルードは、事務所や地方視察で住民の声を聞きとるだけでなく、このころは定期的に自宅にムスリムの女性を招いてお茶の会を開いていた。非常に好評でそのつど三十名ばかりが集まったようで、あるときは英国から訪れた女医を講師に衛生講座のようなものまで設け、その通訳をしている。これらは他人にはまねのできないことで、自分の現場感覚に対する彼女の自信も理由のないことではない。

パリ平和会議の開催を控えて、ウィルソンはガートルードを「事態の成り行きをよく連絡し」「現地で蓄積した経験を伝える」ために「彼のリエゾン・オフィサーとして」送りこもうとしていた。一月末に彼はその意見をロンドンに打電したが、ガートルードはおそらく握りつぶされると思いつつも、もし実現すればウィルソンの希望に沿って全力をつくすつもりだった。予想に反して、二月十六日にウィルソンがインド相エドウィン・モンタギューから受け取った電報は、彼自身の尽力を称えるとともに、「ミス・ベルが到着して状況をつぶさに聞くまでは行動を起こさずにおく」というものだった。

晩婚のモンタギューが三年前に妻としたのが、ガートルードとは従妹のビーアトリス・ヴェネシア（ガートルードの叔父リュルフ・スタンリーの末娘）という事実はさて措こう。ともかく、このところ彼女が続々と送った、ペルシア側クルド族の状況報告や、「メソポタミアの民族自決」Self-Determination in Mesopotamia、「バグダードのナキーブの政治的見解」Political Views of the Naqib of Baghdad（ともに一九年二月）といったリポートは、書いただけの意味があったのである。

ウィルソンは英仏共同宣言の内容に驚いたが、それは前述したような、英印軍の莫大な犠牲のもとに確保したイラクをインドの完全な統治下において、好戦的な種族を移住させたいといった極端な構想すら生んだ植民帝国主義のゆえのみではない。手がつけられないほど錯綜した要素の国で、トルコが退いたあとの空白を実効的、合理的にどのように、誰が埋めるのかの現実を考えれば、共同宣言は夢物語としか思えないのだ。そこに、彼と意見を同じくするガートルードを派遣する意味があった。

それは、ロレンスに代表される、戦中のフサイン・マクマホン書簡に基づきメッカのシャリーフ一族（フサインと四人の子息、アリー、アブドゥッラー、ファイサル、ザイド）を押し立てようとする、いわゆるシャリフィアン（あるいはシャリファイト）の考え方とは根本的に相容れない立場である。共同宣言以後のロレンスはウィルソンと犬猿の仲となるが、のちにウィルソンはこう述べている――「……〔ロレンスは〕計り知れない害をなし、英国がシリアでフランスとの間で抱えている困難は、主として彼の行動と助言の結果と私には思える……」。

ガートルードはファイサル治下のシリアの実情を見たうえで平和会議に行くことを考えていたが、結局は直行して三月早々にパリに着き、英国代表と同じくオテル・マジェスティクに投宿した。ファイサルは、ロレンスとともに一月初めからパリに入っていた。一月十八日に開幕した会議は三月に東方問題の討議に移ったが、ガートルードは事態の紛糾と会議参加者の中東情勢に対する認識の不足に驚き、ただちにウィルソンとホウガースの来訪を要請した。

ファイサルが、十人委員会で自分の主張を論理的に、格調高く述べ、そのアラビア語をロレンスが英語、フランス語に通訳した有名な場面は二月六日のことだった。内容をガートルードが承知していたかどうかは、不明である。そこでファイサルがつよく非難したサイクス・ピコ協定の当事者、マーク・サイクスは、ユダヤ教に改宗までして打ち込んだシオニズムへの幻滅に加えて、かつて自分の行なった取り決めを反省しつつ、インフルエンザのために十六日にパリで死亡した。ジョージ・アントニウスはこう述べている。

〔シリア、パレスティナからパリに戻ったサイクスは〕現下の情勢に対する協定の適用不能と、協定の実施努力も無益であることを確信するに至ったのである」(木村申二訳『アラブの目覚め』三一九頁 George Antonius: *The Arab Awakening—The story of the Arab national movement*, London, 1938)。

東方問題は、サイクス・ピコ協定どおりに十字軍以来の故地シリアを領有したいフランスと、同協定ではシリアの奥地としてフランス勢力圏(領有に準ずる「A地帯」)に入っていたモースルも含めてイラクを取り、同時にバルフォア宣言で謳ったユダヤ人のためのパレスティナを確保したい英国と、ロレンスが代表するアラブ中心のシャリフィアンの立場のせめぎあいにほかならない。それに英仏共同宣言の民族自決の理念と実施の方法と、米国が導入した国際連盟の委任という あたらしい統治方式を、未開発の旧ドイツ領植民地のみならず中東の旧トルコ領アラブ地域に適用することの調整の問題が重なる。そのもとで、シリアの住民にはフランスの統治を受け入れる気がなく、イラクについては英国自身の対処方針が定まらないのだった。英、仏、アラブは「三本の止まり木の上でたがいに唾を吐きあっている三匹の猫」(ウィリアム・イエール、後述米国調査団員)であり、ロレンスが「相手の数だけ約束を与え得るかのような」と非難した当の英国は、「自分の右手がしていることを左手は知らない」(評論家リデル・ハート、ロレンスの生前評伝作者)という咎の責めを負いつつあった。

このなかで、ガートルードが途方にくれたのは無理もない。彼女が到着したときには、英国は委任統治制の導入を決定し、それを含む国際連盟規約もできあがっていた。

パリに着いてまもない三月七日づけの父への手紙で、ガートルードはこう言う。

……実は、あまりにもびっくりするような世界に跳びこんでしまって、一筆さしあげるどころか、ただ呆然とするほかない有様でした……われわれの東方問題の込み入りようは言語に絶し、そして私が来るまでは、問題のメソポタミア側面を直接に捉えうる人は皆無でした……明日、バルフォア氏〔外相〕と昼食をともにしますが、どうやら彼はかまってくれないと思います。最後はなんとかしてロイド・ジョージ〔首相〕を摑まえたいのですが、そうできれば、彼の賛同は得られると思います……フランス代表とも連絡をつけて、彼らの意見を自分で確かめたいのです。メソポタミアの解決はシリアのそれと一体なので、片方がなくては他方も検討できません。そしてシリアの場合、問題はフランスの態度です……。

彼女はさっそくファイサルに紹介され、毎日のようにロレンスと会って情報を交換し、内外の高官と夕食をともにした。ファイサルの初印象は、あいにく彼女の書いたものには見ることができない。最初の出会いのときと思われるが、ファイサルが席を外したあとで秘書格の随行者ルストゥム・ハイダルに、ガートルードは自分の聞き知るシリア情勢の悪化を話した。そして、のちの彼女には考えられないようなことだが、ファイサルはフランスと妥協したほうがいいと言った。あとでそれを聞いたロレンスは、「ミス・ベルは頭が弱いから、あれの言うことにはあまり重きを置かないほうがいい」と語った――そのことが、ルスタムの回想記にあるとウォラックはアラブの評者スライマーン・ムーサから聞いている。政治面ではフランスを嫌う点でロレンスに劣らないガートルードだが、まだ現実を肌身に感じていなかった。

しかし、ロレンスとガートルードのうちパリで相手に影響を与えたのは前者であっても、逆ではないだろう。影響の最大のものは、いうまでもなくガートルードのシャリーフ一族に対する見方が変わっていったことだ。初対面のガートルードにはまだどこか迂遠な存在だったと思われるファイサルの印象が、ロレンスの話を聞き直接面談を重ねるうちに変わっていったようだ。ちなみにウィルソンは言う。

……シャリーフ・ファイサルに会ったのは二度ある。ルイ十六世の華麗な館の彼の宿舎でと、もう一度はマジェスティクでのことで、彼とミス・ベルと三人でお茶を飲んだときだ。

多忙をきわめるなか、三月中旬にヒューが様子を見に来て娘と三年半ぶりに顔を合わせ、二日だけ滞在して行った。仕事が終わればヒューは再度来訪して、二人で欧州を自動車旅行することも決まった。ガートルードはロレンスを父に紹介し、国際連盟規約を起草したロバート・セシルを含めた四人で夕食をともにし、米国の高官に知人の多かったヒューは娘を米国代表に引き合わせている。ガートルードは、米国代表には現地事情をくわしく説明したようだ。ウィルソン米大統領の発議による中東事情の国際調査団の派遣に意味があったかどうかは不明だが、それが決定したのはガートルードが米国人と会った数日後の三月二十五日だった。知らせを受けたファイサルは、ようやく愁眉を開いた思いで慣れぬシャンペンを呷ったというが、せっかくの調査団も英仏の思惑と相容れなかったため、米国単独の「キング・クレイン調査団」派遣となる。八月までかけて精力的に現地を調査した成果は、政策に反映されていたならその後の中東の地図を現実とはまったく異なるものにしたはずだったが、結局は英仏の手によって日の目を見ずに葬り去られてしまった。

二十日には、バグダードのウィルソンが到着した。のちに、ウォラックの引用する著書のなかで彼はこう述べている。

軍部、民間を通じて西アラビア〔シリア、パレスティナ〕の専門家が大勢集まっていたが、イラクあるいはネジュド、さてはペルシアですら、直接の知識があるのはミス・ベルを除いて一人としていなかった。イラクではシーア派が多数を占めるということさえ、私の妄想の産物と国際的に著名なさる「専門家」にやんわりと否定されたし、ミス・ベルも私も、モースル州《ウィラーヤ》〔トルコ時代のイラクは北からモースル、バグダード、バスラの三州で構成〕にはクルド人が多くて厄介なこと、またイブン・サウードが非常に侮りがたい勢力であること、あるいは、われわれの問題はアラブ・ビューロー〔ロレンスを初めとする〕が意気込んでシリアで進めているのとは同列には論じられないこと、を代表団の陸軍省、外務省関係者に納得させるのは不可能だった（『メソポタミア一九一七―一九二〇、忠誠心の衝突』一九三一年、*Mesopotamia, 1917-1920, A Clash of Loyalties*）。

ウィルソンが彼女を送り出したのは、英国がファイサルとともにつくったシリアの体制がフランスの干渉で不安定となり、それがイラクに波及することがないように見守るとともに、関係者にイラクの実情を理解させる役割を彼女に期待してのことである。意図はもっともだが、あまりにも過大な期待というほかはないことを、ウィルソン自身も認識したであろう。

ガートルードがウィルソンとホウガースにロレンスを加えて四人で結成することを目した「東方組」の活動も、これといってなすこともなく終わった。一応は英国代表団の一員であり、ファイサルの通訳としての立場も認められていたロレンスと異なり、ガートルードはいかに現地事情にくわしいとはいえまったくの無資格者で、正式に意見を述べる立場になく求められることもない。彼女の面談者はパリから両親に出した四通の手紙に現れるだけでも二十名を超えるが、非公式な場面での会話をどれだけ重ねようとも、達成感は生まれなかったであろう。パリの一ヶ月は、彼女にとっては初めて経験する国際会議で、国家の力ずくの争闘と駆け引きの裏を知りえたことの意味のほうが大きかったと思われる。

「……会議での際だった存在はロバート・セシル卿で、もっとも絵《ピクチュアレスク》になるのはT・E・ロレンスだと思います……」（三月十六日、母あて）と、彼女は言っている。国際連盟の生みの親の一人であるセシルが目立つのは当然として、アラブの民族衣装をまとい、あるいは軍服姿で頭布《カフィーヤ》に頭帯《アガル》を締めて会議場の人垣を縫うように動きまわるロレンスの小柄な姿は、ピクチュアレスクというよりもむしろ異様だったろう。そして機会さえあれば要人を摑まえて話しこむガートルード自身の姿も、彼女を知らない大部分の人たちには圧倒的な男性社会のなかで場違いの感を与えたにちがいない。なお、戦勝国のなかでも、日本代表のことは彼女の手紙には名も出ていない。

四月二十四日、平和会議は欧州の戦後処理を終え、国際連盟規約を採択し、中東問題は先送りして終了した。

ウィルソンによれば、「私が着いたときにはパリにいたミス・ベルは、私よりも先に去ったが、四月二十二日にアルジェへ行く途中にパリを通って行った」。彼女は、ヒューと自動車でベルギーと北フランスをまわり、マルセイユからアルジェを訪れてから五月にパリに立ち寄り、英国へ帰った。ようやくロウントンに戻ったのは、六月だった。

彼女は文字通りの骨休みを楽しみ、四年ぶりに親友にも会った。コートニー夫人ジャネットは、「いくらか年をとって、明るかった髪は銀色となり、全体としていぶしのかかった鋼という感じ」と言う。

夏の間を英国で過ごしたガートルードは、九月下旬にイラクへ戻るべく出航した。バスラ以来、懸案になっていたメイドのマリー・ドゥレールを同伴しての旅である。ガートルードがバグダードに永住の決意であったとは思えないが、住まいを建て増して多数の来客にも応じられる環境をつくり、むろんコックと下働きの男も雇い、いわば何ひとつ不足のない生活の基盤はできていた。読み書きができず、ひどいバグダード方言のアラビア語はガートルードにも聞き取れないこともあるコックであったが、彼のつくる食事にも満足していた。それまでは、英軍司令部の男くさい会食場《メス》で、泣きたくなるような（事実、バスラで二週間おなじコーン・ビーフを食べさせられたときには、涙が出た）食事に甘んじていた。何といっても、彼女は自分で食料を買い入れたり料理をしたりはできないのだ。

再出発の第一信は、アルジェリア、マルタを遠望しつつ東進して、二日後にはポート・サイドに着くという船内で九月二十六日に書いている。マリーがチャンネル諸島を過ぎて海が荒れたときに寝こんだ以外は申し分のない旅むきの女であること、新調して中身の充実した衣装箱から彼女が支度してくれるおかげで自分は今回ほど着飾った船旅をしたことがないこと、マリーはそのままボンベイまで行って当時は州知事を務めるジョージ・ロイドに面倒を見てもらうことを伝えている。ガートルードは、シリアを実見して陸路でバグダードへ帰る予定で、その間にマリーはボンベイで船を乗り換えてバスラへやってくる、という段取りだった。

事務的なことでは、インド省が帰国用の船賃を払ってくれたこと、留守中の月俸が貯まっているので当面心配は不要と父に報じている。ガートルードの月俸は当初二〇ポンドだったのが五〇ポンドになっていたようだ。通常なら不足のない金額かもしれないが、自宅での来客接待費がかさんだし、彼女の衣装道楽はイラクに来ても止まず、戦中のバスラですら日用のものもふくめてなにかと指定してはフローレンスに送ってもらっている。高価なドレスがボンベイで盗難に遭って届かなかったときの嘆きは容易に収まらず、注文したブーツが足に合わなかった際は、十五年間も自分の靴をつくってきた靴店に苦情をつけるように、箇条書きの悪態を並べたクレーム依頼文を父に書いている。あるとき、父から五千ポンドという大金をロンドンの口座に入れたとの通知を受けた彼女は、さすがに感謝も言葉にならないほどだった。

九月二十九日には、日記をまたつけ始めている。ハーイル訪問を終えた一四年五月十三日にコンスタンティノープル入港を前にして「明け方に、ダルダネルスを通過」と一行だけ書いて終わっていたものだ。しかしなぜか、十月二十二日、ユーフラテス河畔のダイルに着いたときに途切れて、一八七七年三月二十九日に九歳のガートルードが「今日はモーリスのお誕生日」とだけ書いたのに始まり、断続的ながら主として海外で延々と書き継がれてきた日記は二度と再開されなかった。

ガートルードは、汽車でカイロ、アレクサンドリア、エルサレムを経由してダマスカスに入った。カイロではエジプト内務相に就任したかつての情報部長クレイトン将軍、マイナーツハーゲン大佐、バスラの有力な民族主義者でコックスにインドへ丁重に追われ、いまはエジプトにいるサイイド・ターリブらと会った。元来バスラのナキーブの出のサイイド・ターリブは有能だが方向が定まらず、自分のためなら何をやらかすかしれない「わる」で、バグダードのナキーブに対抗心を燃やし、すでにイラクの王位を狙っているものとガートルードは見た。彼のことは、かつてハーイルの帰りにシリア砂漠でファハド・ベイに会ったときに話題にしたこともあった。

旧友ロナルド・ストアズが軍政官を務めているエルサレムでは、やはり問題はシオニズムと見た。「ムスリムはすべてそれに反対でそれを支援する英国に憤慨し、ユダヤ人はすべて賛成だがそれを充分に支援しない英国におなじく憤慨。英国はその間に立ってどうすべきかを考えあぐねている」というのがガートルードの感想だった。神殿の丘の逍遥とベツレヘム訪問をふくめた二日間にあまりにも多数の面談をこなして、彼女はついに「これ以上は口もきけず耳も聞こえず、理解もできない」状態となってしまう。

ダマスカスでは、彼女はさらに目のまわる思いをした。
休戦時の体勢のままにあったシリアでは、七月二日に民族主義者が主催したいわゆるシリア全体会議で、ファイサルが国王として国際的に承認されることを要求する決議が可決されたあと、彼は再度訪欧していた。英国では九月十六日に英仏外相の協定ができ、その直後に到着したファイサルは、腰の引けていた英国からフランスに送り出された。クレマンソー仏首相と協議の結果、ファイサルはフランスのシリア沿海部駐留とアラブによる内陸部の統治を、トルコが平和条約を締結するまでの「暫定的」の了解で承諾する。そして十一月にパレスティナを除くシリアから英軍が撤収を始めるまでの不安定な一時期が、ガートルードのシリア訪問に当たっていた。

五年半ぶりに見るダマスカスは、トルコ時代の投げやりな有様に加えて、アラブ統治のもとで「情けないほど汚く」なっていた。ファイサルの不在中を預かっているのは、「年のころは十九歳ばかりの〔異母〕弟ザイド」だった。アミール・ザイドには、まずはポリティカル・オフィサーでカイロのサー・ギルバート・クレイトンの弟であるイルティッド・クレイトン少佐（のち准将）の案内で表敬に赴く。クレイトンは、のちバグダード勤務でガートルードの親友となった。クレイトンの家では客として来たザイドと同席し、別のときにはたまたま即席で彼の通訳をさせられて、「自分のしていることに驚いて」しまった。

ガートルードは、知らないうちにダマスカスでは非常な有名人になっていて、訪客が引きもきらない。ホテルからクレイトンの事務所に席を移しても、客を捌ききれなかった。既述のように英人医師のマッキンノンは死去していたが、砂漠旅行の相談相手だったムハンマド・バッサムは、戦中にイラクからの密輸入を手がけて莫大な資産を築いていた——「〔彼に世話になったことを思うと〕正直なところ遺憾だとは言えなかった、バグダードではそれを阻止しようといつも無駄な努力をしたのだが」。

カイロとダマスカスでガートルードが話に聞き、あるいは面談をしたアラブの重要人物のなかには、いずれもイラク出身でファイサルの周囲を固めていた、ヤーシーン・パシャ、ジャアファル・パシャ、ヌーリー・サイードがいる。筋金入りの民族主義者だったヤーシーンは、後年イラク首相となる。トルコの軍人官僚でモースル生まれのクルド人ジャアファルは戦中にロレンスと行動をともにした人材だった。彼はダマスカスで自分のできる七ヶ国語をガートルードに試させたりしたが（うち彼女はクルド語ができず、トルコ語は不充分）、のちにイラクの国防相、外相、首相となり、また初代駐英公使を務める。ジャアファルとはたがいの妹を妻としていたヌーリーは、三歳年上のファイサルとはトルコの軍官学校を出て以来の刎頸の友であり、やがて彼に寄り添う股肱の臣となった。戦中にはファイサルとともに反乱の先頭に立ち、やがてイラクで首相を十四度（十六度ともいう）務めたのち一九五八年の革命で虐殺されるが、イラク王国とは文字通りその誕生前から最期まで運命をともにした。

五ヶ月前に、パリ平和会議からバグダードに帰任するウィルソンがやはりダマスカスに立ち寄り、これらのアラブ指導者と面談したことがあった。イラク民政長官代行に対し、彼らは故国の将来についてガートルードに言わせれば「しごく妥当な見解」を述べたが、ウィルソンは情け容赦もなく「そんなことはナンセンス、指導権を得ようとするならせいぜい市会レベルの仕事」と言い放って、アラブたちを呆然とさせた。彼らはトルコ治下で充分に軍事、民政の経験を積み、現にシリアを切り盛りしている逸材で、不足があれば英国がフランスに遠慮して彼らが求める顧問を派遣しないことが原因だ、とガートルードは見た。性格の激しいヤーシーン・パシャのごときは、フランスはもちろん、あらゆる外国支配に反対の構えで、やがてイラクを揺るがす反英暴動の理念的背景を形成した秘密結社、アフド・アルイラーク「イラク盟約」の一人でもあった。ウィルソンのこのエピソードを、のちにガートルードは彼と同席していた一英国人から聞いてさてこそと思った。

数日間のダマスカス滞在でガートルードはくたびれはてたが、最後には首相格のアリー・リザー・パシャ主催の歓迎会が新設の博物館で催され、三十名を超える人士が集まった。十月十二日、彼女はこう述べている――「あすはベイルートに向かいます。これ以上はとてももちませんので、ありがたく退去します」。

あわただしい旅だったが、実はこれが彼女の戦後の始まりだったといえるようだ。

ベイルートからは、『ムラト』の旅に出るときにも利用した汽車でアレッポに向かった。朝七時に発ち、翌早朝二時着という、うんざりする長旅だった。初訪問の『シリア』のときは、ほぼ同じルートを馬で行くのに毎日が新しい体験だった三週間をかけている。

アレッポ訪問の主目的はファトゥーフに会うことで、十月十七日、訪ねてきた彼と長話をしたガートルードはさまざまなことを聞かされた。彼女の従者だったことがわざわいして、戦中に彼はひどい目に遭っていた。手引きしたのは、戦前にガートルードがアレッポに立ち寄ったときには親しくしていた在住ドイツ人のコッホ夫人だったらしい。ファトゥーフは、二度の徴兵は金を払って免れたがウルファで投獄され強制労働に服し、資産は罰金の支払いと贈賄で使い果たした。二軒の家作ももって結構いい暮らしをしていたのにいまは陋屋を借りて妻と住み、借りものの一頭の馬と荷車で薪運びをしてほそぼそと生活していた。彼女はアラブの当局に掛けあって面倒をみさせ、金も融通してやろうと考える。

ファトゥーフの言うには、「シリア人は、フランスが来るくらいならトルコのほうが千倍もまし、と思っている」。ガートルードはコッホ夫人を訪れたが、病中だった。

自動車で砂漠を横断するべくアレッポを去るとき、ファトゥーフは昔とおなじく彼女に弁当をつくり、ずっと保管していた彼女のキャンプ用品と食器を取り出して積み込んで別れを惜しんだ。ユーフラテス畔のダイル・アッザウルを経てモースルに着き、そこからバグダード線の鉄道を利用した。バグダードに着いたのは、アレッポから四日目の十月二十四日だった。

ガートルードは戦後シリアの考察の執筆に取りかかったが、日中は来客の応接で時間がなく、「こんな有様で、リポート作成は午後八時から深夜にかけてやっています」。十一月下旬にマリーが着き、「ほんとうに重宝です。彼女にはなにもかもがおもしろく、なにもかも、とくに家内を居心地よくするのに興味をもち――いまはカーテン作り――ほかの使用人との折り合いもきわめてよく、さっそくアラビア語を習っています」。

論文「一九一九年十月のシリア」Syria in October 1919は三週間後に完成し、要路の識者に送られた。そこで、ガートルードは前述のような過渡的な状態のパレスティナをふくむシリアを述べたあと、こう結んでいる。

……〔かねて念願の〕牡蠣《かき》は食べ終わり、勘定書きについている。それを誰が、どのように分担するかを思いあぐねても意味がない。より有益な考え方の方向は、〔英軍占領下ながらファイサルのもとでのシリアという〕独立の一アラブ国家が十二ヶ月間存在して――よしこれ以上長くはもたないにしても――どのようにメソポタミアに影響したか、また今後も影響するのかということだ。アラブの行政に望まれるものが多々あるのは事実で、それがシャリーフに対するわが国の援助で人為的に賄われてきたのも事実である。それでもやはり、そこには一民族政府の外観がある。公務の運営は中断なく行なわれてきたし、路面電車は走っているし、街灯はともり、人々は売ったり買ったりし、通常の世間が維持されている。……もしそれが崩壊すれば、失敗の責めが帰せられるべきは内在する欠陥ではなく、英国の無関心な態度とフランスの野望であろう……わが国は、〔一年前の英仏共同宣言で〕シリアとメソポタミアで現地住民による政府と行政を支援し確立することを目的とすると述べたのである。……私は、昨年の経過より見てメソポタミアに選択の余地はないと確信する。地方の諸条件、莫大な潜在的国富〔石油埋蔵〕、辺地住民の部族的性格、官公吏供給源の不足は、ほかのどこよりも問題の解決を困難とするであろう。私は、これらの課題に対する回答として、何であれ別の路線の行動をとるならば、解決はなお一層むずかしいと知りつつある諸問題を引き起こすにちがいないと考えざるを得ないのである。一九一九年十一月十五日、GLB

ガートルードは、これによって直属上司の信念であり自分もそれに近かったイラクでの取り組み方と決別し、民族政府樹立を促進すべきとの考えを鮮明に打ち出した。リポートを提出されたウィルソンは情勢分析と叙述の周到なことに感銘を受けたが、イラク統治の方策論にはまったく同意できなかった。彼は、この「ミス・ベルの興味深い、貴重なノート」につぎの添え状をつけてインド政庁とロンドンの関係省首脳に送付した。

このノート、そしてロンドンと小官との最近の交信もといいたいが、そこに見られる基本的な仮定は、短年月の間にメソポタミアならびに他の地域でアラブ国家を創設することが可能であり、また、さような路線での一政体として論理的に必然的な組織を、現在われわれがメソポタミアで作業中の方向に取って代わる形で承認し創設することが、実際的でもあり人気もあろうとするものである。換言すれば、一九一八年十一月十八《（ママ）》日の英仏共同宣言が近未来に追求すべき現実の政策路線を示す、とする仮定である。当地ならびに他地域において小官の見るところより、小官はこの仮定を誤りであると結論づけざるを得ない……。

彼はイラクの歴史的、民族的な特質を詳述し、トルコ帝国の残滓から外交努力で「あたらしいイスラム主権国家」などを人工的に創出することは不可能と断定する。そして、「出自、教育、気質より、政体構想としては官僚性を排した、民主的なものに賛成」の自分がイラクのアラブ政権樹立に同意できないのは、結果が民主政体の対極となり、かつ英国がインド、エジプトで推進中の変革の政策にも背離すると信ずるためとした。

高等弁務官による直接統治の持論をパリ平和会議に赴いたときにロンドンに提出しているウィルソンとしては、別にあたらしい意見でもない。

他方、バルフォアの後任外相カーゾンの主宰で年初に新発足した外務、インド、陸・海軍各省による「中東問題・省間会議」(Interdepartmental Conference on Middle East Affairs) の前身、東方委員会に対して、休戦当時にロレンスがシャリフィアンの考え方を明らかにして以来、外務省にはその強力な支持者があった。その一人に、ロレンスとも親しかった（インドからの帰途、カルケミシュにロレンスを訪れている）軍人出身の外務官僚で、戦中のイラクでは一時ポリティカル・オフィサー補佐を務め、のちに植民省次官としてイラク問題も管轄するサー・ヒューバート・ヤングがいる。彼の意見はカーゾンにもよく通じていた。あるいは、やはりロレンスの友人で、ホウガースを継いで一時アラブ・ビューローを率い、のちファイサルの顧問、ガートルードの同僚となるキナハン・コーンウォリスである。ガートルードの論文が人々の目にとまったころには、ロレンスがウィルソンの更迭をカーゾンに訴えたこともあったらしい。ロレンスの当初の考えは、先祖伝来の地ヒジャーズを父王フサインに、トルコ駆逐後のシリアと上下に分けたイラクをアリー、アブドゥッラー、ファイサルの三人の子息に統治させようという「ハーシム家(預言者ムハンマドの家系ハーシムの末裔フサイン一家)構想」だった。現在それは、「ヨルダン・ハーシム王国」に名を留めている。

ちょうど一年前には英仏共同宣言に時期尚早の感を抱いていたガートルードが、前述の見解を公けにするにいたった背景を考えねばならない。彼女が英国の戦中の矛盾した政策の結果をどのように受けとめたか、ウィルソンの軍事制圧的な統治手法の行き詰まりをいつごろから予想したか、は明瞭ではない。アラブに自治能力があろうはずがないと確信するウィルソンと彼女の考え方には、たいして開きはなかったのだ。しかし、パリで連日のようにロレンス、彼が師事してやまないホウガースらに会ってシャリフィアンの考えに理解をもったこと、シリアで曲がりなりにもアラブ人の政府が機能しているのを見たこと、多数の有能なイラク出身の人材がいるのを知ったことは、すくなくとも確実な動因としてあげられよう。顧みれば、彼女のアラブ事情への通暁は抜群だったとはいえ、それはほとんどがトルコ統治下の地方歴訪から得られたもので、政治的に意味のあるアラブ人との接触は儀礼的な場合のほかはほとんどなく、たとえあっても現在とは関心の領域が次元を異にしていた。ファイサルに接したとき、彼女はこれまでに知る無数のアラブとは共通しない何ものかを持つ人物に気づいたのである。

過去を見れば、彼女はあたらしい状況に対して即座に、直感的に反応し、重要なものには絶対無二の思いこみを示すが、それがかならずしも正しいとはかぎらないという経験を重ねてきた。それがかつては、「きわめて聡明だが判断力に欠ける。ただし口は達者なもの」（クローマー卿）といった評価につながったのであろう。しかし、熟慮して本格的に手をつけると徹底的にやりとげる、あるいははじめに誤りがあれば自分の責任で修正する、そして結果として、自他ともに認めるような実績を残す――このようなパターンの人になっていったように思われる。今回の方針転換は、その好例といえよう。

一九年末には、外相カーゾンの構想でコックスの在イラク高等弁務官就任は固まっていたというが、公表はまだ先のことだった。この場合の高等弁務官とは、保護国や委任統治国のような特殊な関係の国に駐在する、通常の独立国での大公使に相当する常任使節をいう。

クリスマスに、ウィルソン主催のパーティに出たガートルードは出席の文官夫妻たちにつまらない思いをさせられる。「見たところで判断すれば、彼らのほとんどが妻は二人いるようで」、ダンスが始まると早めに引き上げた――「私は、もうダンスはやめました」。

軍人以外に数百人にのぼる英国人とその家族が渡来していて、周囲の雰囲気も変わってきた。妻たちのなすこと、言うことがいちいちガートルードの神経に障り始める。現地の習俗、言語にまったく興味も知識もなく、ただ内輪で集まってはすべてに不満を洩らし、人の噂話に日を送っている彼女たちには、ガートルードは奇妙な存在だった。男たちも、彼女の住居を「貞節の家《チャスティティ・ハウス》」と呼んで陰口のたねにした。この面では、彼女が英国人社会から浮き上がってゆく徴候はすでに現れていた。

クリスマスの翌日から、彼女はまたユーフラテス岸の旅に出た。各地に駐在する軍の出先の世話になりながら、下流域では「沼地のアラブ」を訪れ、ナジャフでは高位のシーア派ムジュタヒド（イスラム法の解釈権をもつ学者）、シャイフ・アリーにヴェールもつけずに招かれるという稀有の経験に恵まれた。

見慣れた聖地ナジャフではあったが、最後に市壁を歩いてシリア砂漠を見渡したときには、その壮麗な景観に打たれた――「……ナジャフ、神秘的。悪意と狂信、そして人を惹きつける、不審げに不承不承げに、その美しさ、測りがたさをもって」。

一九二〇年は、ガートルードにとって多事多彩をきわめる年となる。

ガートルードは、イラクに対する使命感を育てつつあった。新年早々、旅中にあたためた考えをやがて樹立すべき政府の構想にまとめてインド相エドウィン・モンタギューに長い私信を書き、憲法の草案まで作って送付した。

……ともかく、なすべきことを見いだし、かつそれを彼に提示するのに全力を尽くしました。あとは、アル・アッラー、神の御心のまま、です。私がほんとうに関心をもつのはこの国がまともに進んでゆくのを見ることだけ、という気がするときがあります――ここ〔オフィス〕にいるうちは常時それを感じており、家にいてもほとんどそのことを考えています。ご一緒に帰国はできかねるのがお分かりでしょう……（一月四日、父あて）。

何週間もかけて、彼女が準備していた父の来訪が実現した。カラチから到着予定の電報を受け取り、勇んで三月二十三日に三十時間の汽車旅でバスラに迎えに来てみると、出航が遅れてカラチを出るのが二十四日だという。彼女は旧友ヴァン・エッス夫妻のところでヒューの到着まで一週間を過ごした。

ガートルードは、バスラで旧知の友人四十名を招いて父のために茶会を催す。その後、汽車でナーシリーヤ、ヒッラ、ナジャフからモースルまで父を案内してまわった――「父の滞在中、彼女は自分のイラクを彼に見せ、イラクに自分の父を見せた。彼女は自分の国を誇りに思い、それにもまして父を誇りとした」(ウォラック)。バグダードでは、彼女の知るかぎりの人に父を紹介し、「ウィルソンが、ヒューにご息女は休養と帰国を必要とされているのではないだろうかと耳打ちしても、彼女は聞こえない振りをした」(同)。

ヒューはバグダードでは娘の家に逗留して――ソファでくつろいで「タイムズ」を読む写真が残っている――一ヶ月のイラク滞在をこころゆくまで楽しみ、申し分のない老紳士ぶりで英国人のみならず地方のシャイフたちにまで好印象を与えて帰って行った。帰国船上の父から届いた第一信への返事に、ガートルードは「……お父さんのような人を父にもてば、誰であれなにか不平を洩らすようなことがあろうか、と私は思います……」(五月六日)と書いた。

父の来訪を胸の躍る思いで待っている間に、ガートルードは伯父フランク・ラセルズが一月二日に死去したことを知った。妻メアリーを亡くしたときをふくめて十二年間の駐独大使を最後に引退していたが、ブカレスト、テヘラン、ベルリンと、いわばガートルードに海外志向の目を開かせた契機のひとつが、この伯父の存在だった。彼女はチロルに出した二月十二日づけの手紙で、「直接の家族を別にすれば、これほど死を悼む人はいないほどです。またあの人にまさる親愛の情を受けた人もいないと思います……」と述べている。チロルとラセルズの親交は、ブカレスト時代より前に遡る古いものだった。この二人と浅からぬ因縁のあったフリードリヒ・ローゼンは、外交官として接したラセルズを口をきわめて称揚している(拙訳ローゼン前掲書)。DNB(オクスフォード英国伝記辞典)の、ラセルズの項を執筆したのはチロルだった。

ボンベイ経由で帰国したヒューが「ポート・サイドに近づいた」と思われる五月二十三日の手紙で、ガートルードはファトゥーフが自宅に突然現れたことを報じている。バグダードへ人を案内してやってきた彼は、顔を見るなり発した「大旦那様はまだご滞在でしょうか？」という問いで彼女を驚かす。上イラクのさるベドウィンが、「ハートゥーンは元気で、父が訪ねてきている」と言っていたという――「これがアラビアで交わされる話です」。ファトゥーフは彼女の家に泊まり、砂漠がこれまでに経験したどの旅よりも物騒となっていることを語った。バグダードにひと月あまりいるうちに、彼が毎日のようにコーヒー店に出かけて仕入れてくる巷の噂話も、彼女の情報源のひとつになる。最後に別れたとき、ガートルードはアレッポで考えた援助の代わりに百ポンドの現金を与えて、長年の彼の誠実なつとめに報いた。彼女のコックの給料が月九ポンド、男の使用人のそれは七ポンドということろのことである。

英国では戦後の不況が進行し、鉄鋼業界も不振にあえぎ、ヒューのドーマン・ロング社もその例に洩れなかった。下落した株価を支えるべく、同社最大の株主であるヒューとサー・アーサー・ドーマンの二人は市場で浮動株を買いあさった。配当能力を考えれば無謀な試みで、ウィンストーンによれば、「二人の老人は、必要に目先を利かせたのもさることながら、ついには面子のために競争して買い」、結局はなんの効果も得られなかった。両人ともそれで貧窮に陥ったわけではないが、資金の逼迫は避けられない。七月末には、ガートルードも自分名義の資産の処理に必要な委任状の提出を求められている。

書類は受けとりましたがメモはまだ着きません。書類の返送はメモを見てから、とのことですので、そうします。次便で着くはずです。でも本来、お入用の委任状はどんなものでもよろこんでお渡しします、私の資産といってもすべて頂いたものですから、何をどのようにお使いになろうと、まったくご自由です（七月二十六日、父あて）。

ファイサルは、「暫定」取り決めのあと滞欧して引き続き最終決着を図っていたが、進展のないまま年明けに帰国した。ダマスカスでは、事態に業を煮やした民族主義指導者が三月八日にシリア全体会議を開催し、それには、イラクからもナジャフとカルバラーのシーア派幹部と北部はモースルの代表が参加する。会議はファイサルを王とするシリアと、アブドゥッラーを王とするイラクの独立を宣言した。ガートルードがこのニュースを知ったのは、暮れのナジャフに続いて三月十四日にカーズィマインにシーア派の聖職者を訪ねた帰途のことである。宣言は、イラク、パレスティナに英軍が、レバノンに仏軍の駐在する状況では一方的な行為にすぎなかったが、旧連合国をして最終決着に向かわせるきっかけにはなった。

四月十九日から二十五日までイタリアのサン・レモで開かれた連合国最高会議は、英国にイラクとパレスティナの、フランスにはシリアとレバノンの国際連盟委任統治を指定し、イラクでは五月五日に公式に発表された。

サン・レモ決定に反発したシリア住民、アラブ軍と、フランスの派遣した最高司令官であり高等弁務官であったアンリ・グロー将軍との間でファイサルは動きがとれないまま、ダマスカスは進入したフランス軍に占領された。ファイサルとザイドはベイルートに出ることすらできず、南の山地からハイファを経て七月二十八日にイタリアに逃れた。ファイサルのシリアは、わずか二年足らずで消滅した。

八月十日、オスマン・トルコ帝国の講和はようやくセーヴル条約として締結され、旧トルコ領アラブ地域の処理が完了した。もっとも、帝国の滅亡で批准はされずじまいである。

ガートルードは、一度はイラクの王に推されたアブドゥッラーについては、ほとんど何も知らなかった。六月十四日の時点でも、いささか見当はずれなことを言っている。

ファイサルの兄アブドゥッラーにアミールになってもらうことができれば、ものごとは簡単になるかもしれません。アブドゥッラーは、毎日、朝食時に「フィガロ」〔フランスの日刊紙〕を読むような紳士です。彼とならうまくやっていけるのを疑いません（父あて）。

ともかく、三月から五月にかけてのきわめて微妙なときに、ガートルードは、父の来訪にかかりきりだった。ヒューの滞在中は母への報告は父に任せると言って自分は手紙も出していないので、このころの彼女の考え方は分からない。

ガートルードとウィルソンの間は、「一九一九年十月のシリア」の執筆で立場の懸隔があらわになり、やがて彼女が確信的なシャリフィアンとなるにしたがい、急速に悪化する。のみならずウィルソンにとって問題なのは、彼女があい変らず自分の意見を私信でロンドンの上層部に自由に伝えていることだった。遠からずコックスが戻ってくることも予想できたので、自分のオリエンタル・セクレタリーとは名ばかりで、ただコックスから引き継いだ、十六歳も年長の厄介者をにがい思いで我慢していたにすぎない。テヘランのコックスに彼女の解雇を提案したこともあったが、思いとどまらされていた。二人の間には、ガートルードを「人物《インディヴィデュアル》」とか「息子」「彼」といった符丁で呼ぶ通信が飛び交ったが、コックスははっきりした指示を出さなかった。六月になって、決定的な事件が起こる。

先週、ATとの間ですさまじい場面がありました。それまではまるでハネムーンのような調子だったのですが、まずいことに、建前上は渡してはならない情報を少々、私があるアラブの友人に渡したのです。たいしたものではなく（フランク〔バルフォア、バグダード司政官〕も認めています）、たまたま軽い気持で自分からATに言うまでは、わるいことをしたと思ってもいませんでした。その朝、おそろしく虫の居所が悪かった彼は私にはけ口を求め、私の無分別は許しがたい、今後はオフィス内の書類は一切見させないと言いました。私はその件での軽挙を謝りましたが、彼は続けて、こう言ったのです――「あなたのしていることはここの誰よりも悪質だ、私が移るのでなければ何ヶ月も前にあなたに出て行ってもらうことを進言したところだ、あなたをあなたのアミールともろともに！」。ここで彼は、憤怒のあまり絶句しました。私は、「結構です、誰よりも私は害になりました――ところでお話しせねばならないのでちょっとお聞きください、重要なことですから」と言って、報告するのが目的で彼の部屋に来た情報を伝えました。そのあと、二日間、彼とは会いませんでした、初めの日は彼が不在で、つぎは日曜日でしたから。今日は、オフィスで普通どおりに書類がまわってきましたし、昼食時のATは愛想よく、私のほうはもっと愛想よくしていました。彼の内心はまったく分かりませんし、私も訊ねません、でも、これは信じがたいほどです。「あなたのアミールともろともに」とは、「根っからの策士」とおなじくらいの名文句です。何がもとにあるかはよく分かっています――正しいのは私で、間違っているのは彼です。いうまでもなく、それを言うまいと私は苦労しました、でもあいにく、全部文書になっています。私のシリア・リポートをご覧になればお分かりなように、ヤーシーンが作ったメソポタミア憲法の草案が入っています。私がごく妥当と考え、そのように申したものです。ATは添え書きをつけて、そのようなものはすべて英国の支配とはまったく相容れないと述べ、私にもそれを絶対に容認しないと言いました。サー・エドガー〔ウィルソンの法務将校エドガー・ボナム＝カーター〕の委員会が作ってATが本国に送付した憲法草案は、ヤーシーンのものよりもっと進んでいました。それに、ATが代表団〔六月二日に委任統治撤廃を求めてウィルソンと会談した十五人のバグダード住民代表〕に語ったときは、彼らが望めばアミールを置くこととなると言わざるを得なかったのです……。

さしあたり、去るとすれば私かもしれません。でも私は辞任する気はありません。出てゆくのは命令されたときだけです。ありがたいことに、来週サー・パーシーが帰国の途中にここに立ち寄りますから、必要なら彼に相談できます。ご承知のように、ATはきわめて優れた資質にめぐまれた人ですが、いまわしいそれももっています。でも、直属の上司から、できるものなら何ヶ月も前に私の免職を申請したところだと言われるのは気持のいいことではありません……（十四日、父あて）。

ウィルソンは、軍の階級では異例の早さで大佐に昇進していたが、夏の初めにKCIE（「インド帝国勲位」中級勲爵士）に叙せられてナイトとなり、サーを称することになった。ガートルードは、「……ATがKCIEを授与されました。慶賀のいたりです。彼は充分にそれに値します。言わせてもらえば、ナイトにするなら、昔からナイトには具わっているはずの物腰も同時に賦与してくれるとよかったのですが！」（五月二十三日、母あて）と言っている。粗暴にちかい、とガートルードが感じた彼の性格と無骨な風采は軍人育ちのためだけでなく、持って生まれたものなのだが、念のためにいうと彼の父は信仰心の篤い数学者、天文学者で、長年ラグビー校そのほかで教職に携わった人だった。

七月になると、ウィルソンはインド省に手紙を書き、「彼女の無責任な行動は小官にとり多大の憂慮のもとであり、ポリティカル・オフィサーたちから少なからず憤りを買っている」として更迭を希望する旨を具申した。それは実現しなかったが、ガートルードにはインド相モンタギューから親展電報がきて、部内の意見不一致の露呈は対外的に問題であること、意見は上司を通すこと、あるいは許しをとって帰国し直接提出することという形で注意を受けた。それに対する返事をどう書くかについても、ガートルードの考えはウィルソンのそれとすれ違った。彼女は、父以外の私人には事前にウィルソンに見せることなく政治上の意見を述べた覚えはないと主張し、ウィルソンは、見たことと内容の承認は別であり、公職にある人との交信自体を不適当とした。彼女にしてみれば、公人に政治的見解を述べることの何が不都合か、であり、また自分と一心同体の父親やチロルには何を話しても許される、という構えだったようだ。終始一貫、彼女は自分の立場を譲らなかった。

二人の間には会話のかわりにメモが行き来するようになり、オフィス内の会食場でともにせざるをえない昼食は、ガートルードには砂を嚙むようなものだった。彼女は届いた私信をウィルソンが見ていると信じた——事実、開封されて彼のコメントが付された例があった。テヘランからコックスが冷却期間として薦めた暑中休暇は、留守中にいびり出されるのを警戒してガートルードが取らなかったし、逆に彼女がウィルソンに求めたインドに休暇に出してほしいという希望は、遠からず転任する彼がコックスへの配慮から承知しなかった。その一方で、ウィルソンは彼女のもつ情報や意見をあてにするほかないことが多々あり、そのときは彼のほうから彼女の部屋に足を運んでくることになった。

一九二〇年は、イラクが暴発する反英武装抵抗に揺れた年である。その原因、経過についてはさまざまな観点からの研究がなされているが、ここでは渡辺正志氏の論文「イラクにおけるイギリス委任統治体制の成立」（『高岡法学』Ⅲ—一、二号、一九九二年一、三月）の一部を引用しておきたい。

一九二〇年六月末、中部イラクのルマイサ（サマーワのすぐ北に位置するユーフラテス左岸の村）で起こった部族民の占領当局に対する抵抗を契機に、民族的な武装反乱が一挙に広がり、イラクを数か月にわたって戦乱でおおった。一九一九年三月のエジプトの反乱と比較すると、……イラクの反乱は、都市民の反乱を欠く部族民を中心とする地方的で、……部族社会に大量に蓄積された武器を用いた武装抵抗であった点に重大な意味がある。……ゲリラ攻撃が、七万人（うち一万八千人がイギリス人）に及ぶ帝国軍をバラバラに寸断し、混乱状態に陥れた。……反乱は、九月末頃までに一応峠を越すが、その後も小規模な敵対行動も含めて、一九二一年初め頃までくすぶり続け、イギリスに多大の損害と追加費用を課したのである。

反乱の原因に関しては……中東システムの不安定化を背景に、占領統治に対する不満――専制的支配や政府ポストからのアラブ人の排除*――、そして戦争がもたらした混乱、住民感情を苛立たせる外国駐留軍の目立つ存在、そして戦後の国際社会の動きに対する不満――サンレモ会議における住民の意志を無視した委任統治の決定、フランスによるシリア・アラブ政府の暴力的な排除、ムスリム同胞であるトルコに押し付けられたセーブル条約の厳しい条件――などが挙げられている（四　帝国の危機――統治体制の転換――（1）従属地域の反発）。

* 渡辺氏は、同論文の前章で、こう述べている。
民政府を支えていたのは、三〇〇〇人を超す帝国派遣官僚群であり、その三分の一がイギリス人で、残りはインド人であった。その下におよそ八五〇〇人のアラブ人雇員がいた（三　諸勢力間の対立と利益の再調整）。

上記のルマイサ事件については、ガートルードはこう書いている。

ルマイサは深刻です。同地のわが軍は二百名ばかりで、ほとんどが鉄道関係のインド兵ですが、いままでのところ救出はできていません。食料は飛行機で投下しています……（七月十一日、父あて）。

もっとも、それまでにも地方に駐留する英軍人が攻撃されて犠牲者の出た例は間々あり、そのつど大きな問題になっていた。しかし、バグダード市内での動きもふくめて、反英・反委任統治感情は六月に入って大きな高まりを見せ、ガートルードは自宅に朝食前や夜間にすらその関係で訪客が絶えないことを伝えている。

コックスは、イラクに特有の事情として、ウィルソン米国大統領によってパリ平和会議で導入された「委任統治」(mandate, mandatory) という概念がまったくちがった意味で理解されたことを強調している。「(国際連盟からの) 委任」という意味でなく、もうひとつの意味である「(職権による) 命令」の形でアラビア語に翻訳されて伝わったため、最初からイラク人には「忌まわしい言葉」として受け取られた(『書簡集』五三五—六頁、コックス手記)。そして、後年、イラク王国が発足してからも、委任統治の意味内容をめぐって存在した誤解が長期にわたってコックスを悩ませることとなる。

さて、コックスは、みずから語るところでは、テヘランでの引き継ぎを終えて六月十日にテヘランを発って四日後にバグダードに着き、二日間の滞在中ウィルソン、ガートルードから最近の情勢を聴取してロンドンへ向かった。その間に、彼は委任統治に反対する十五名の住民代表との交渉を通じて従来の方針を大きく変えていたウィルソンと協議し、こうして作成された声明が、ロンドンの承認を得て「数日後、六月二十日に」住民代表に伝えられた、という。声明は「イラクが国際連盟の保証と英国の委任統治のもとで独立国家となること、サー・パーシー・コックスが秋に帰任して、現地民の意思に配慮した基本法を準備する間は暫定アラブ政府を樹立すること」をあきらかにしていた。

ところが、ガートルードが二十日づけの手紙で父に細かく報じたことはかなり異なっている。彼女によれば、酷暑のなかで断食月ラマダーンが明けた翌十八日中に着いたコックス夫妻と十九日の朝食のときに顔をあわせ、「心配の重荷が取れたように思った」。二十日は午後に彼に呼ばれて、「現状と〔英仏共同宣言の以後〕過去八ヶ月間にアラブ問題がいかにまずい処理をされたかを」説明し、四ヶ月後に彼が再帰任するまでの対策を話し合った。夜には二人でナキーブを訪問し、大歓迎を受けている。そして、こう続ける。

> サー・パーシーといると、それまでの二週間の大激動のあとでやっと岩に摑まったという感じがします。軽率のそしりを受けずに当地の情勢を話せることは、まさに無限のなぐさめです。もっとも、ATとの一幕は言いませんでした、あれは狂気の沙汰以外の何ものでもないと思っていますので……。彼は、明日出発します。むろん彼に行かれるのは残念ですが、ロンドンに訴えを聞いてくれる人がいるとはありがたいことです。

両者の叙述には、コックスのバグダード滞在の日取りの違いをはじめとして、ちぐはぐな印象がある。コックスの回想のような措置が取られたことについては、ロングリッグ前掲書は「十七日に」ウィルソンが前記の声明を発表したことを述べているが、「サー・パーシー・コックスの数日間のバグダード滞在は、彼の個人的な声望のわりには印象が薄かった」という。ロングリッグの著書は、声明の日は十七日で一貫している。

炎暑下のラマダン月に高まった反英運動と、ガートルードのウィルソンとの衝突と、コックスの来訪が集中したとは皮肉である。ガートルードの手紙に述べられたことは常に変わらず詳細、具体的で、コックス滞在中のことは時間まで書きこまれ、あいまいな点はいささかもない。彼女にとって最大の意味のあったはずの肝腎のウィルソンの声明には、なぜかその後もふくめて言及がないが、ロングリッグに従えば、声明は彼女のいうコックスの到着日より前に発表されていたことになる。

六月までの反英活動が、ウィルソンを従来の考えを大きく転換せざるを得ないところまで追いこみ、その結果、英政府にとっては思いきった意思表示をもたらしたことに疑いの余地はなく、しかも、その措置が遅きに失したのも事実である。筆者はウィルソンの手記に目を通していないので彼の説明は承知していないが、イラクのその後を決めた方針の発表にいたる経緯が前記の三者で三様に異なるのは、奇妙なことに思われる。

元来、バグダード西南方のユーフラテス岸一帯のシーア派諸部族はナジャフ、カルバラーの二聖市を含めて半自治体制にあり、北部のクルドとおなじくトルコ敗走後も全面的に英軍に服したわけではない。彼らが委任統治を非イスラム国による直接支配と解し、カルバラーのムジュタヒド、イマーム・シーラージーの呼びかけに応じていわゆる「大イラク革命《アッサウワ・アルイラキイヤ・アルクブラ》」に決起したのを、ウィルソンが「一握りの不逞政治家」の行動としか捉えなかったのは事実のようだ。それのみでなく、シーア派として、英国の支配を認めるような国内の体制自体が自分たちには抑圧をもたらすものと認識する、その根は深いものだった。

ガートルードが、かねて——すでにバスラ時代から、英国がシーア派の首脳と接触がないことに気がつき、再三ユーフラテス側に出向いてみずから打開を試みたのはまちがっていなかった。それは彼女のほかに誰も手をつけてはいないし、できる人もいなかったのだが、奏功を待たずに英国の委任統治受諾で事態は暴発した、と言ってもいいだろう。

七月末には、ディーワニーヤ、ヒッラ、クーファといった、ルマイサよりは上手にあたるユーフラテス岸のシーア派諸部族が全面的に反乱した。ウィルソンはモスクでの集会や夜間外出を禁止し、鎮圧にはインドから二大隊の緊急増派を求めねばならなかった。

九月十九日に、ガートルードはこう書いている。

状況は、全般的によくなっています……ATが完全に百八十度転換《ヴォルト・ファース》をしたのは事実です。彼の調子が変わったのは、委任統治の決定と時を同じくしました。けれども、不幸なことにバグダードにおける〔反英派の〕扇動とも同時であって、シャイフたちやそのほかが前者よりは後者の結果と考えても無理からぬところです。それに、扇動は功を奏しています。いまわれわれが与えようとしている自由裁量をアラブに認めることは、だれ一人として、帝国政府ですら思いもしなかったでしょう——しかも、反乱の結果としてなどとは!(父あて)

そのなかで、ウィルソンは転出していった。

今週は、ATの送別会で埋まってしまいました。去る日の前夜に、彼は別れを告げるために私のところへ来ました。彼に申したのは、うまく言葉にならないほど私が張り合いをなくし、二人してもっといい仕事ができなかったのが残念でたまらない、ということです。それに対して、謝るつもりで来たと彼が答えたので、私は遮って、私のいたらなかったことは彼とおなじだと思っている、そして、どうか悪い思いをもち続けないでほしい、と言いました。その気持には、彼もこころよく応じてくれました。彼の本心は神のみぞ知る、です。非凡な人ではありましたが、彼がアジアの政治から身を引いてくれるのが、私にはありがたいのです。当地で起こったことはすべて、東方のこととていつまでも彼の不利になる形で記憶されるでしょうし、彼の責任ではないことまで彼のせいとなるでしょう。ただ、彼が引っこむとは思えませんし、あれだけ有能なだけに大きな影響力を揮うことでしょう。実を言えば、それがこわいのです……型ができてしまった男が、戦争で欧州とアジアの間に生まれた新しい諸関係に身を屈するほど柔軟とは思えず、将来を担うのは精神力の強さよりも人間的な理解に富んだ人であってほしい、と願いたいところです……（九月二十七日、父あて）。

ウィルソンの軍人、行政官としてのキャリアはこれで終わりを告げる。しかし、彼の強烈な個性は、イラクに展開した英国人だけでも千名に達する、いずれも一筋縄ではいかない部下を統率したことで想像がつく。ガートルードも、彼女であればこそ何とか勤まり、この程度で収まったといえる。彼の義務感と実行力については、いうまでもない。イラクの舞台は降りざるをえなかったが、彼は一九二一年から三二年までアングロ・ペルシア石油会社（イラン国営石油会社の前身）に加わり、それ以後は国会議員となった。既存政党に属さないまったくの一匹狼として終始し、ファシストではなかったが英国の政策への批判ではヒトラー、ムソリーニに共感する面があったという。彼の天敵というべきロレンスを連想させるが、(1) 第二次大戦の勃発とともに五十四歳のウィルソンは航空兵を志願して爆撃機の銃手となり、四〇年五月に乗機がドイツ領内で撃墜されて戦死した。

ウィルソンについてのガートルードの予見は、幸か不幸かほぼ完全に実現した。おそらく彼女の知らなかったのは、彼が父親譲りの熱心な英国教会のクリスチャンだったこと、労働者階級の生活向上に尽力したこと、また知るよしもなかったのは、後年その著書のなかでイラクを顧みて「民族主義者の力を過小評価していた」（前掲『メソポタミア一九一七―一九二〇、忠誠心の衝突』）と述べた言葉が、いまわれわれの見るように引用されていることであろう。

(1)　T・E・ロレンスは、一九二二年、平時のことだが独特の韜晦姿勢から偽名で空軍入りし、翌年陸軍戦車部隊に転属、二五年空軍に復帰し、ミランシャー（現パキスタンのアフガニスタン国境）勤務などを経て三五年除隊、その三ヶ月後に事故死した。

第16章

バグダード（3） ファイサル即位まで

1921年7月末，ラマーディー。上：ファイサルを迎えるドゥライム族のシャイフたち，下：ファイサル（中央）への臣従の誓い〔いずれも『書簡集』下巻〕。

一九二〇年十月十一日の夕方に、コックスは妻同伴でクートから十時間をかけてティグリス西岸のバグダード中央駅——まだ駅舎もプラットフォームもない——に到着した。狭い待合室のようなところに、ガートルードを含めて二、三十名の選ばれた人たち——軍司令官ホルデーン、市長、法官、サイド・ターリブ、キリスト教徒とユダヤ人の代表など——が入り、出迎えの多数の現地有力者は構外に集合していた。

コックスが現れて軍司令官と挨拶し、英国国歌が演奏された。すこし離れたところで発射された十七発の礼砲は、逆風のために聞こえなかった。バグダードのある雄弁家《オレーター》が歓迎の辞を述べ、コックスが声明を読みあげたところをガートルードはこう伝えている。

アラビア語で、英国政府の命により英国の指導——彼が用いたニザーラという語の意は正確には「監督」ですが——のもとでアラブ政府を設立することを目的にイラクの人々と協議に入るために来た、と答え……協力を要請しました。彼の言葉は、聴衆の賛同と合意の表明で何度も中断しました……。

……〔コックスが〕白の軍服に金モールの肩章をつけ、高雅で簡素な威厳を漂わせてそこに立っている間、私はこれ以上に重要な到着は——、つまり、希望と疑念と不安、だがなによりも彼自身のもつ高潔と英知への信頼、といった相容れない気持をこれほど一身に集めた人などは、いまだかつてあったためしはないと思いました……彼が囲いのなかへ現れて、サー・エドガー〔法務官ボナム＝カーター〕に前へ押し出された私は、膝をかがめ《カートシー》つつ、泣き出すのをこらえるのが精一杯でした（十七日、父あて）。

このように始まる彼女の手紙は、約三千五百語という長大な文章でコックス到着からの五日間の経過を詳報している。

コックスは、宿舎に入るなり、ロンドンから帯同してきたシンジョン・フィルビーとガートルードに当面の予定を伝えた。反乱の平定を待たずただちにアラブ人閣僚の下に英国人の顧問を配する暫定内閣を組織するという方針を、二人は深い感銘とともに受け止めた。暫定内閣の役目は総選挙の実施だが、問題は首相を誰にするかである。この時点でコックスの念頭にあったサイイド・ターリブには、ガートルードは同意できないにせよ反対を表明する立場になかったが、ひろく意見を聞いてから、という形で後日の協議にまわされた。ちなみに、フィルビーはイラク在勤中に派遣されたアラビアで白人として初の半島横断（バスラ発、ペルシア湾岸からリヤード経由ジェッダまで）をなしとげ、それを通じてイブン・サウードへの傾倒とヒジャーズのフサインに対する不信を固めて英国へ帰っていたのだ。

ガートルードは、こう思った――

……その判断に全幅の信頼をおく人のもとで役に立てる安堵と満足は、とうてい言い表せません。前途に横たわるけた外れにむずかしい課題に、彼は住民の利益を図って行動したいというひたむきな思いをかけています……。

彼女は、コックスにもまして機敏な動きを見せた。翌朝、オフィスで非常な数の面会者と来状が待ちうけ、それが前日停車場に出迎えに行ったのにコックスに挨拶もできなかった現地の有力者たちの苦情と知る。遅滞は許されないと思った彼女は「即刻、オリエンタル・セクレタリーの義務をはたすことに」決める。コックスは英国人スタッフの人事を協議中だったが、人々の遺恨が及ぼす影響に比べれば些事にすぎないと解した彼女は、フィルビーの助けを借りつつ独断で百数十名の選定と翌朝からのコックスとの面談を手配し終えた。面会は大成功を収め、訪問者は満足して引き揚げた。市長アブドゥル・マージド・シャウィ、ユダヤ人有力者サスーン・エフェンディといった大物との個別面談も設定した。さらに、コックスがモースルに出向いて現地に方針を説明すること、アナイザ族のファハド・ベイやユーフラテス方面のシャイフと協議することを進言し、すべて彼の承認を得た。この種のことは、まったく彼女の独壇場だった。

首相候補者をだれにするかは難問で、コックスは「ターリブに対する反感の強さを充分に認識」した。彼が面談した人のほとんどはナキーブを示唆し、彼が明日その線でやってみることになろうと思います。ただ私は、ナキーブが謝絶するのみならず、だれかを推薦することも断ると信じています。彼は自分の宗教上の立場は世界の何にも優先し、公的な仕事に直接携わることでそれを台なしにすると考えています。でも私はサー・パーシーが彼にあたるのは賛成ですし、もし私の予想がはずれれば結構なことです。もし私が正しければ、代わりは誰になるでしょう?……

この日、コックス到着のときから体調を崩していた彼女は気管支炎を起こして動けなかった。数年来、彼女は季節の変わり目から冬の間はきまって気管支をやられている。コックスは、彼女が出勤できないなら自分のほうから出かけようと言い、フィルビー、ボナム＝カーターらのいわゆる「国策会議」メンバーとともに彼女の家で打ち合わせを行なった。もっとも、その前から、彼女の住まいは現地の訪問者、陳情者が引きも切らず詰めかけるところだった。

二日後にナキーブから承諾の回答があったとき、さすがのコックスも驚喜してガートルードに伝えている。

内相に任じられたサイイド・ターリブが、ナキーブの下位に甘んずることはできないと横になったとき、ガートルードはフィルビーとともに説得に努め、彼が閣内第二位であり、高齢、病弱のナキーブに事故のあったときは後継者とするという言質を与えねばならなかった。しかしこれは、あとを引くことになる。蔵相には絶対にほかがいないと見込んだサスーンは、ターリブのいる内閣への参加を拒んだ。コックスに説得翻意を指示された彼女は、「まるでイラクの将来を自分の両手に抱えているような思いで」出かける。すでに、サスーンの断り状を受けとったナキーブに急派されたフィルビーとクレイトンが来ていて、長時間の会談で疲れ果てていた。ガートルードは、「ターリブであれ誰であれ、サー・パーシーは何者かをメソポタミアに押しつけるつもりはないこと、ただターリブもほかと同様にチャンスを与えねばならない、もし有効と分かれば彼も国家の機関の創設に関与することになろうし、だめなら彼の政治生命は終わり」だと説得に努める。「私の格別な願いが力を与えたのでしょうか、念のこもった話し合いを一時間続けた結果、彼も心を動かしたように感じました」——翌朝、オフィスに現れたサスーンは就任を承諾した。どうすればいいか、と訊ねられた彼女は、すぐにナキーブのところへ出向くように答えた。ガートルードの人を動かす力、説得力は非常なもので、誰しも認めるところだった。

サスーン・エスカイル（一八六〇―一九三二）は「サスーン一族」として世界各地に散在するユダヤ財閥の一人で、コンスタンティノープルとウィーンの大学で学び、戦争終結まではバグダード選出のトルコ国会議員を務め、通商農業省の次官でもあった。なにぶん、エルサレムのユダヤ人住民が、一八六〇年代にわずか二万、激増した一九〇〇年でも四万（フリードリヒ・ローゼン前掲書）という状況である。

大戦を経て中東ではおそらく最古で最大の固有のユダヤ人口をもっていたバグダードで、ガートルードが人脈を開拓する必要を感じたときにまず彼に接触したことは先に述べた。いわばほとんど唯一のテクノクラートとしてサスーンはイラク財務相を二度務め、二三年には英国よりナイトに叙せられている。

連日このような調子だったが、シリアから率先して戻ってきたジャアファル・パシャの国防相就任も決まる。ナキーブとコックスの協議はほぼ順調に進んで、「〔一二五八年にモンゴルの侵略で滅亡した〕アッバース朝の崩壊後初めてのメソポタミアのアラブ政権」であるナキーブ暫定内閣は十一月二日に成立、十一日に発足した。内務（ターリブ—フィルビー）、財務（サスーン—スレーター少佐）、法務（ムスタファー—ボナム＝カーター）、教育厚生（サイイド・タバタバアイー—ノートン）、国防（ジャアファル・パシャー—イーディ少将）、公共事業（イッゼト・パシャー—アトキンソン少将）、通商（アブドゥル・ラティーフ—スレーター兼任）、アウカーフ（＝「ワクフ」の複数、イスラム寄進財産）（ムハンマド—クック）の各省と閣僚、その顧問である（ほかに十二名の無任所大臣）。無任所大臣にはキリスト教徒もシーア派も含まれたが、閣僚ではシーア派は教育厚生相のみだった。

ガートルードは言う。

> ……できるだけ早急に、どんなに不充分で、茶番劇ですらあっても、国会選挙に向かわねばなりません。シャリーフの子息の誰かをアミールに選ばなければ、私はとんでもない誤りを犯したことになります（よくやることですが）。それが、唯一の解決と思います。ナキーブ自身は元首としてりっぱなものですが、きわめて病弱です。彼の息子どもはいずれも役に立ちません。品性などは言うべくもないバグダードですら、彼らは個人としての堕落で有名です。東方では、女性関係は問題になりませんが、イスラムがおおっぴらに見逃

すことのできない一、二のことがあります。男色や飲酒はそれで、いまわしいことですが、事実です。一方、ファイサルは、とにもかくにも例外的に高い道徳的品性をもった人です（アブドゥッラーのことは、なにも知りません）……（十一月七日、父あて）。

……自分の心うちできわめてはっきりしているのは、有効な解決はただひとつ、シャリーフの子息、それもファイサルを選ぶこと。まさしく、まさしく第一候補です……（十二月二十五日、父あて）。

年が明け、ガートルードはシーア派の問題が頭にかかって仕方がない。ユーフラテス方面のシーア派部族蜂起が、一部のシーア派聖職者の反英意識に発することが問題だった。すでにナジャフやカーズィマインのシーア派幹部を訪れ、人脈づくりに腐心していた彼女も、多数派でありながら何世紀もの抑圧下におかれたシーア派一般民が実力を蓄えていないこと、指導者のほとんどがペルシア人であることなどから、シーア派の役職要求には冷淡にならざるをえなかった。

噂によると、バグダードのスンナ派はトルコの貴人を王にするのが彼らの規範にもっとも適っているのではないか、と考えているそうです。彼らはシーア派に圧倒されるのを恐れて、防波堤にはシャリーフの息子よりもトルコ人の方がいいというわけです。スンナ派主体の現政権では、シーア派を懐柔することはできません。いま、地方の行政役職を検討中ですが、ユーフラテス岸の完全にシーア派の州ですら、上がってくる名はほとんどすべてがスンナ派で、例外は、彼らといえどもスンナ派を立てるほど無恥にはなれないカルバラーとナジャフだけです……シャリーフの子を擁立できれば、彼が大勢を制することはまだ可能です、ぐずぐずしておれば、世論は圧倒的にトルコ人に向くかもしれません……。

地方の反乱は下火になったとはいえ、駐留英軍は増強されたままだった。一年間の反乱鎮圧費だけでも大戦中のアラブ軍援助費の六倍に達したといわれるように、戦後のイラク駐留軍は実に高くつき、英本国で進行中の不況のなかで深刻な問題となった。ここでは再度、渡辺氏論文を引用しておきたい。

> 反乱は、〔他地域では〕動員解除の最中にもかかわらず二万六千人の増派を含めて約一〇万人の軍隊を釘付けにし、そのうち二〇〇〇人の死傷者を出させ、そして約一〇〇〇万ポンドの追加支出を政府に課した。これらの数字がイギリス政府にもたらしたショックがどれほどのものであったかは、……帝国全体の動揺という広い文脈のなかで見る必要がある（前記論文四―2オーバーコミットメントの代償）。

英ロイド・ジョージ内閣は、一九二〇年末に従来の外務、インド、陸軍の各省が縦割りで分散担当してきた中東政策の一元化を決定し、ウィンストン・チャーチルの提言により担当を植民省として、退任する植民相ミルナーの後にチャーチルを就任させた。

大戦初期の海相としてのダルダネルス（ゲリボルー）作戦失敗に加え、戦後のこの時期に陸相（兼空相）を務めていたチャーチルにとっては、中東問題、なかんずくイラクの軍事費削減をふくむ戦後処理には政治生命がかかっていた。植民省には中東局が設けられ、新組織は二一年三月一日に発足する。ロレンス、ヤング、親ユダヤ派ではマイナーツハーゲンといった一群の人材が、このときチャーチルのもとに参加した。

ガートルードは、暮れに「メソポタミア民政の総括」Review of the Civil Administration of Mesopotamia と題する占領下の民政白書を完成して、上下両院に提出していた。一九一四年十一月六日の英印軍ファオ上陸から高等弁務官コックスの着任までの六年間を追った、ウィルソンの去ったいまは書けるのは彼女のみの、かつ彼女にとっても渾身の作で、年明けには新聞紙上に発表された。インド省の求めに応じ、自分流に書くことについてはウィルソンの反対を押しきって執筆を始めたものだった。記述内容を目次で見れば、つぎのとおりである。

1　バスラ州の占領
2　民政の組織
3　バグダード陥落までの諸部族の平定とシーア派諸市との関係
4　バグダード陥落後のアラブ、クルド諸部族ならびに聖市との関係
5　モースルの占領
6　クルド問題
7　民政の展開。税収部門
8　司法、行政
9　教育部門の組織、徴募兵と警察、民間医療、通商・産業部門、公共事業、鉄道、財政、法制
10　民族運動

公表されたときの反応の大きさをフローレンスが伝えてきた手紙の返事に彼女が書いた言葉は、よく知られている――

……私のリポートでは、くだらない騒ぎ《ファンダンゴウ》が演じられたように見受けます。新聞の論調は、犬が後脚で立ち上がれる――つまり女に白書が書けるとは驚きだ、ということに尽きるようです。私としては、そんな驚嘆の

もとのことなどは忘れて、報告書自体に目を向けるよう、彼らに望みます、もしメソポタミアとはどんなところかが分かるのに役立つのなら。……英国で新聞記者に押しかけられて頭に来ないですんだのは、さいわいでした（一月十七日、母あて）。

新聞記者はともかく、チャーチルが、植民省を引き受けるについてまず参考にしたのはこの白書だった。白書の完成に並行して、ガートルードはアラブ・ビューロー時代の情報週報の執筆を再開する。それは、ロンドンの関係省にとって最新時点のイラクを知る手だてとなった。初めの三号がインド省に行ったため、チャーチルの植民省で次官補兼初代中東局長となって第四号を見たシャックバーグはその完備した内容に驚き、バックナンバー三冊を取り寄せたという。この情報週報は、その後五年間継続することになる。

アイルランド統治法が議会を通過して、南北分割が決まったのは前年末の二十三日だが、父ゆずりのアイルランド自治論者《ホーム・ルーラー》だったガートルードは、そのあたりの議会の動きを新聞で見ていて、一月三日の父あての手紙でチャーチルをこう評した。

……わが国の歴史を端から端まで見渡しても、ロイド・ジョージとウィンストン・チャーチルほど情けない親玉はいないとつくづく思います。

ガートルードがチャーチルに初めて会ったのは、筆者の知るかぎりでは一九〇二年二月上旬、父とヒユーゴーとともに南欧を旅行中（第7章）のことである。シチリアをまわっていたときにエトナ山麓のサンタ・フラヴィアという村で、スーダーンや南ア戦争を戦った、ガートルードより六歳若いが文才ゆたかな国会議員のチャーチルに出会った。彼女たちは、近くに持っていた山荘に滞在中のチャーチルをガイドとしてあちこち見物した――しかし、その後にロウントンの館を訪れた多数の知識人のなかには、彼の名は見られない。そして一九二一年年初の時点では、バグダードのガートルードにとって、「陸相」チャーチルはまだそれほどありがたい存在でもなかったわけだ。

「安定したアラブ政府を早急に樹立し、英占領軍を削減する唯一の方策」としてファイサルのアミール擁立を進言したコックスに対して、一月十日に陸相名でチャーチルが実行困難の返電を寄越し、コックスやガートルードを困惑させる一幕があった。駐留費用の面から、モースル州もバグダード州も警察にゆだねて英軍は撤収し、バスラ州だけで委任統治を引き受けたいというのだが、さようなことが可能なわけはない。チャーチルは勉強しなおした結果――ガートルードの白書がものを言ったとしても、きわめて自然なこと――まもなく彼によって「カイロ会議」が招集されることになった。

官・軍を通じた英国人・現地人あわせて四十名の会議出席者のうち、イラク組はコックス、軍司令官サー・エイルマー・ホルデーン、ペルシア駐留軍司令官サー・ウィリアム・アイアンサイド（当時少将、のち元帥）に加えて、サスーン・エフェンディ、ジャアファル・パシャの二閣僚、アトキンソン少将、スレーター中佐の両顧問、そしてガートルードである。ガートルードは留守番役に徹したいと思ったが、コックスのたっての希望とあとに残ったボナム＝カーターの勧めで参加した。サスーンとジャアファルは選ばれたことに満足し、参加を求めたが容れられなかったターリブは落胆した。英本国からは、サー・レジナルド・ウィンゲート（前エジプト高等弁務官、大将）、ヒュー・トレンチャード（空軍中将、のち大将）、ホウガース、ヤング、ストアズ、クレイトン、ジョージ・ロイド、ロレンス、コーンウォリスらが渡来した。チャーチルのいう「四十人の盗賊」のうち、女性はむろんガートルードのみである。

ガートルードたちは二月二十四日に船でバグダードを発ち、三月十一日にカイロに着き、翌日から二十五日まで外部の取材をいっさい排して開催された会議に臨んだ。

航海の途中、ガートルードはアデン寄航時に受けとった電報で、父ヒューがカイロまで会いに来ることを知ってよろこぶ——彼は会議開催中のカイロで娘と数日を過ごし、エルサレムへ去っていった。

一方、彼女が思いもしなかったのは、ウィルソンとの出会いである——

〔会場のセミラミス・ホテルに入り〕さっそく自室でロレンスと一時間ほど打ち合わせをし、あと、サー・パーシーがチャーチル氏と二人だけで協議中にクレメンタイン〔チャーチル夫人〕と長いおしゃべりをしました。ATが来ていました！——会議のためではなく、アングロ・ペルシア石油会社社長として〔正しくはその子会社の責任者〕。親しく挨拶しましたが、会って話をするまでもなく、したいとも思いませんでした（十二日、父あて）。

もっとも、ウィルソンは会議の記念写真に顔を並べている。しばらく前に、帰国したウィルソンをロンドンでヒューとフローレンスが招いて食事をともにしたことがあった。話の内容は分からないが、そのときの様子を伝えてきた父の手紙に対して、ガートルードは「……そこの部分を私はサー・パーシーに読みあげて、どんなことがあってもATには仕えないと申しました……」（二月三十日）と言ったことがある。前章で触れた、二年前のダマスカスでウィルソンがファイサルの部下のイラク出身者に暴言を吐いたことは、この手紙でウィルソンへの痛烈な批判のひとつとして、思い出したように述べたものだ。

いまにいたる中東地図のその後を決めたカイロ会議の意義については、すでに語りつくされている。終了後のピラミッド見物で「ゼラチンの塊」のように太ったチャーチルが慣れない駱駝から落ちたとき、クレメンタイン夫人が「偉い人の没落はなんとたやすいこと！」と言い、慌てたまわりが馬に乗り換えさせようとしたのに、彼は「駱駝に始まり駱駝に終わる」と強情を張ったこと。スルタン・フアードの宮殿の豪華さに参集者が目を見張ったこと、出席者の集合写真で二匹の犬のように見えるのはウガンダ総督サー・ジェフリー・アーチャーが届けたライオンの仔で、のちカイロ動物園に納められたことなども、会議のエピソードとして伝えられている。

会議の成果のうちイラク関係について言えば、ファイサルの国王擁立の確認、反乱鎮圧で立証された空軍力の投入で治安を確保し、英地上軍は撤収させることによる駐留費用の大幅削減、イラク国軍の創設、英国との条約締結による対英関係の整備である。ここでは、ガートルードにとって最大関心事であったファイサル擁立の経緯に触れておきたい。

会議が終了してバグダードに戻るとき、ガートルードは晴れ晴れとした気持で、帰国したバグダードの親友フランク・バルフォアに手紙を書き、こう語った――

……チャーチル氏は実にみごとでした……しっかりした計画を持って来たサー・パーシーと私は、自分の包みを開けてそれが大臣持参のものと寸分ちがわないと分かったのです……。

ファイサルを立てるについては、ガートルードはコックスと構想を練り上げ、ロンドンとも打ち合わせの上、会議に臨んだ。その彼女が最後まで知らなかったのは、カイロ会議の議事がロンドンでロレンスによって完全に仕組まれていたことだ。未曾有の大会議――これだけの政策会議を開催しえたチャーチルの力量を、倣岸なカーゾンすら羨んだ――を開く以上はそれなりのお膳立てがあって当然とはいえ、ここまで筋書きの確定したものはまれであろう。

シリアの王位をフランスに追われてイタリアのマジョーレ湖畔に滞在中のファイサルに、各方面から擁立の目が注がれるのは自然であり、ウィルソンでさえ方針を転換したあとの七月には彼を推薦していた（ロングリッグ前掲書一三〇—一頁）。暮れにロンドンに入ったファイサルには、さっそく一月七日にまだイラク問題を担当していた外相カーゾンの指示でコーンウォリスが面会し、イラク王位についての意欲を打診している。ホウガースの後任としてアラブ・ビューローを仕切っていたコーンウォリスはファイサルのシリア統治に随ったことから、外務省に戻ってからも彼の厚い信頼を得ていたのだ。しかしこのときは、ファイサルは兄アブドゥッラー（のちのヨルダン王）への遠慮から前向きの回答を与えなかった。本格的な工作は、チャーチルが植民省に移ってから取った行動である。ここでは、ジェレミー・ウィルソン『アラビアのロレンス——T・E・ロレンス公認伝記』Jeremy Wilson: *Lawrence of Arabia, The Authorized Biography of T. E. Lawrence*, 1989 の第三十章「チャーチルの顧問」（六四三—六六三頁）の記述を利用する（「　」内は同書の引用）。

チャーチルはロレンスにファイサルの意向を探らせ、一月十七日には前向きの感触を得る。二月早々カイロ会議の開催を決めた彼は、気乗り薄のロレンスを説いてとりあえず一年の期限で植民省中東局顧問に引き入れた。ロレンスは、同僚の旧友ヒューバート・ヤングの協力を得つつ二月十八日から一週間かけて会議日程の作成に没頭する。

「二人が注力したのは、会議がもくろみどおりの結論に達しうるような形で議事を組むことだった。数年後に、ロレンスは自分の伝記作者リデル・ハートにむかって、万事が会議開幕前に仕上がっていた、と言っている。彼は、検討されるべき質問だけでなく、下されるべき決定までも設定していた——《議場の人に委ねることといえば——何ひとつ委ねなかった》」。

「チャーチルの手際はロレンスが願うかぎりのまさにそのもので、カイロ会議の議題は項目ごとに全員一致で処理された。会議は三月十二日に始まったが、わずか一日後に、チャーチルはメソポタミア（以後イラク）の国王候補にファイサルを推すことの閣議了承を得たいとロイド・ジョージに打電することができた――《文言はかようなものとする――『アミール・ファイサル支持者の照会に対する回答として、英国政府は彼をイラク統治者の候補とすることを妨げない、また（イラク国民により）彼が選ばれる場合には、彼は英国政府の支援を受ける旨を言明した』。この文言に貴同意が得られれば、小職は本文言を〔在ロンドンの〕ファイサルに伝達することをロレンスに指示する。それにより、ファイサルは即刻エジプト経由でメッカに向かうことになる。四月中旬にファイサルがメッカに、またサー・P・コックスがバグダードに帰着するまでは、本文言は、たとえ婉曲な表現であっても、できることなら公表しないでほしい》。
「こうして、ファイサルとそのイラク人支持者〔ジャアファル・パシャ、ヌーリー・サイードほか〕は、少なくとも戦中に果たした役割については報われた」。

ロンドンのファイサルは、三月二十四日にロレンスの電報を受けとった――
「すべて希望とおりに運んだ。ただちにメッカへ、最短ルートで向かわれよ。詳細は途中で面談して申しあげる。ただ父〔メッカのフサイン〕を見舞いに行くとだけ告げ、決して新聞には言わぬこと」。

そしてロレンスはヨルダンに行って、当時そこに進出中のファイサルの兄、アミール・アブドゥッラーと会い、会議のもう一つの成果であるヨルダンに彼を王とする新国家創設案の実行を協議する。現ヨルダン・ハーシム王国の基礎は、こうして完了した。

四月十一日にロレンスはエジプトに戻り、ポート・サイドで帰国するファイサルを待ち受けた。そしてイラク入りを打ち合わせたが、ファイサルが求めたのは二点だった。ひとつは、慣れぬイラクでは信頼できる相談役が必要で、コーンウォリスをつけてほしいこと、他方は、イラク人との間で意見に齟齬をきたしたときに、場合によっては英国の支援が必要となろうこと、そのために駐留英軍についての自分の意見は尊重してほしいこと、である。

あとは、このように仕組まれてアラビアから到着する国王候補者をいかにイラク国民に受け入れさせるか、いかに天下りでなく、イラクからの要請による体裁を整えるかが、コックスがガートルードを相手に頭を絞る課題となる。

カイロ会議の前に、ガートルードがチャーチルの意向にまったく無知だったことは断定してもいい。コックスについては何ともいえないが、少なくとも、何人かの候補者を消去法で絞り込んだところ「いとも容易に」メッカのシャリーフ一族に達し、「伝聞以外に一族の誰とも面識はなかったが……フサインの四子の誰かを推薦するつもりでカイロへ行った」（前掲手記）と述べているのは充分に首肯できる。

ファイサル擁立をガートルードとコックスのみによる合作かのように考え、あるいはガートルードの独創とすらするのは論外としても、ガートルードを語ったものにロレンス側の資料の利用が少ないことは注目されよう。

二人の接点が一時期に集中してガートルードに人格的な影響まではもたらさなかったこと、彼女が二十歳も年下のロレンスを軽視はしないまでも終始「坊や扱い」したきらいがあること、などが背景にあるかもしれない。現に既存の彼女の評伝に、前記のようなロレンスを軸にしたカイロ会議の筋書きを明瞭に述べたものが見当たらないのは奇妙な事実である。むしろ、ロレンス側には、わが国にすら、つとに中野好夫『アラビアのロレンス』(岩波新書、初版一九四〇年)が「大体の方針は、以前からすでにチャーチルの胸中に決定していた……会議自体はむしろ彼の政治的手腕を示す機会であったにすぎない……」というほどに明確な理解がある。しかし、同書はガートルードを話題にしてはいない。

のちに舞台裏を知る人が「コミック・オペラ」と評する(渡辺氏論文の引用するP・スラグレット P. Sluglett: *Britain in Iraq, 1914 — 1932*, London, 1976)ことであっても、当事者たちは必死であった。戦中のアラブとの約束をともかくも果たし、パリ平和会議での挫折を見返したロレンスにとってはいうまでもない。後年、ロレンスはいかにも彼らしくこう語っている——

「中東の平和達成におけるチャーチル氏の功績の多くは私のものです。私には知識と計画がありました。彼が持っていたのは構想力とそれを採用する勇気であり、実行に移すための政治手続きを知っていたことです」(公刊のために一部改変される前のR・グレーヴズへの書簡)。

自分の立場はもとより、英帝国の財政基盤すら揺るがしかねないイラク問題に決着をつけたチャーチルも、感懐はおなじだった。帰国後、六月の議会でチャーチルはカイロ会議の結果を報告して胸を張ることを得た。

イラク駐留の兵力と経費の削減について、コックス自身は、ホルデーン軍司令官と協議して前年度の三七〇〇万ポンドを即時二〇〇〇万に削減、以後段階的に最小限まで引き下げる計画を持参したと言う。資料のとり方によってさまざまな数字があるので、ここでは総括として渡辺氏論文の一部を引用しておきたい。

実際に、一九二九年までに残留する帝国軍は、RAF〔英国空軍〕四個飛行中隊と一個半機甲連隊のみとなり、その他の地上軍は全て撤退した。また、イラクに関わる軍事支出も、一九二一年の約三二〇〇万ポンドから一九二九年の六二〇万ポンドへと一挙に縮小したのである。そして一九二二年一〇月にはイラク防衛の主任務は、それまでの陸・海軍省から空軍省へと移り、空軍主体の辺境守備体制が実施に移された。……他方、イラク政府は、一九二一年六月から全国一九ヶ所に応募事務所を開設して、兵士募集を開始した。同時に、シリアから帰還した旧オスマン・トルコ軍将校の採用もはじまった。イラク国防軍も産声をあげたのである（前記論文五―4）。

バグダードに帰ったガートルードを待っていたのは、ターリブの不穏な動きだった。イラクの王位に高齢のナキーブを推し、その死後を内相就任時の了解にしたがって自分が継ぐことが彼の狙いである。そして取り巻きに地方の有力なシャイフを集め、ファイサルが来れば暗殺させるおそれすら、トルコ時代のやり方からすればありうるとガートルードは見た。彼女にとっては親しい同僚のフィルビーが、内相顧問であるだけでなく古くからターリブを高く評価し、また共和主義者で、王政にもシャリフィアンにも反対していることも問題だった。

コックスはナキーブに会ってファイサル招請の方針をあきらかにしたが、シャリフ一族がイラクに無縁であることを理由ににわかに同意できないとする彼の説得は手に負えなかった。二日後に出かけたガートルードは、彼が自分の立場に固執するあまり、バグダードのナキーブという重要な地位はこの町の生まれという出自の所為ではないというのを逆手にとり、ならばファイサルの出身地にこだわる要もあるまいと言って「点を稼いだ」。

たまたま、四月十六日にターリブがロンドンのデイリー・テレグラフ紙記者を招いた夕食会で、彼は内外の客を前に、英国を牽制する恫喝的な発言をした。〔英国が国王候補の選定でナキーブに不利な干渉をするなら〕三万挺のライフルを持つアミール・ラビーアも、シャイフ・サリム〔ともに当夜の客〕もその部族民も、なぜだ、と声をあげるだろう。ナキーブも、イスラム、インド、エジプト、コンスタンティノープル、パリに訴えるだろう。

ガートルードは同席していなかったが話を聞き、「昨年の国を揺るがせた連中の言い分にひとしい悪質な暴乱教唆で、聖戦《ジハード》宣言めいたもの」と思った彼女は、翌朝コックスに報告した。コックスの反応は迅速で、ホルデーン将軍と協議した彼は、その午後コックス夫人の茶会に現れたターリブの帰途をティグリス河畔で待ち伏せて逮捕し、その場でペルシア湾頭のファオへ護送した。そしてセイロン（スリランカ）に追放することにチャーチルの了解をとり、ただちに実行した。コックスは、同一人物——暫定政府とはいえ現に内相を務める——を二度も国外放逐に処したのだ。

冷静で温厚な一面にこのような果敢な行動をとる力のあるコックスのことを、セアラ・グレアム＝ブラウンは後述するように「ともすればマキャヴェリズム的」と呼ぶのである。

二ヶ月あまりのち、ファイサル到着の一週間前に、ガートルードは、セイロンの夫に合流するべくバスラへ向かうターリブの妻を駅頭に見送った。ターリブはイラクに近づかないという条件で英国から資金を提供され、セイロン、インド、欧州各地を経巡り、最後はミュンヘンで過ごしたという。

先を言えば、ターリブという拠りどころを失ったフィルビーは、ファイサル到着時にコックスの命でバスラまで出迎えに行ったにもかかわらず、彼の入来に反対する構えを崩さなかった。バグダードに来る途中、たまたまヒッラで発熱してファイサルのエスコート役も果たせなかったが、ようやくバグダードに戻ってきた翌七月四日、コックスは彼の意思を再確認したうえ即座に更迭した。国民の自由な選択を標榜しながら、あらかじめ選んだファイサルを即位させようとする政策を最後まで容認できない彼自身の責任とはいえ、ガートルードはバスラ以来の親友だった才子の自滅を嘆いた。しかし、すべてをガートルードの差し金と誤解したフィルビーと妻ドーラは、彼女を赦さぬまま去る。

三年後の七月二十八日づけ英紙ウェストミンスター・ガゼットは、「さる権威者」を出所として、ターリブ追放から「ファイサル押しつけ」にいたる一連のイラク政策を非難する記事を載せた。情報源が失意のフィルビーであるのはあきらかで、ガートルードは、新任法務顧問のナイジェル・デーヴィッドソンと相談して長文の反論を旧知の同紙前主筆アルフレッド・スペンダーに書き、写しを在英のコックス、コーンウォリスと父に送っている。フィルビーは一時ヨルダンに駐在し、やがてイスラムに入信して、イブン・サウードの顧問にもなるが、それはもはやガートルードとは無縁のことである。いまわれわれが彼に負うことのひとつは、その浩瀚な『サウジ・アラビア王朝史』H. St. John B. Philby: *Saudi Arabia*, 1955（岩永博・冨塚俊夫訳、法政大学出版局刊）であろう。

カイロから帰任して以来、コックスは、メッカのフサインに「子息のだれか一人」をイラクにまわしてくれるようにと、ターリブ一派を警戒して無電による招請を発し続けた。むろん、このときにはナキーブも同意している。ガートルードによれば、返事は「独特の横柄で漠然たるもので……ようやく《彼を差し遣わす》と、だれを意味するのかも明示しないままの約束を伝えてきました」（五月十五日、父あて）。曖昧な言い方はしかし、情報の漏洩を避けたものかもしれない。ファイサルの要望どおりに英国が顧問につけたコーンウォリスも、つまりは体のいい人質で、フサインの目の届くところでは何もできないのだった。

フサインは、おそろしく高慢、頑迷固陋だったらしく、マクマホンもロレンスも、むろんサイクスも手を焼いたが、今回もそれが現れた。預言者の血筋はともかく、十世紀以来、代々メッカの主《あるじ》の地位を維持することは生易しい神経では務まらなかったろう。だが結局、彼は統治者としてイブン・サウードの敵でなく、これよりわずか三年後にはキプロスに流されてしまう。

ファイサル来着のころの状況をコックスの手記とガートルードの手紙からまとめると、つぎのとおりとなる。

ファイサル擁立のロンドンの閣議決定は「国内問題に手を取られて」（コックス）容易に結論が出なかったため、バグダードでは受け入れ準備どころか公表もできずに時間が経過する。六月十三日になって、ヒジャーズから流れてきた情報でバグダードの新聞がファイサルのイラク訪問を伝えた。ファイサル自身も無電でナキーブに来訪を知らせてきた。ニュースは周知のこととなって市側は独自に動き出しており、二十三日にはジェッダからファイサル一行を乗せた船がバスラに入港するというのに、コックスとしては公的な手が打てない。彼は独断で、ガートルードに非公式に準備を始めさせた十六日の午後、コックス作成の公表用文案にもとづく待望の確認電報がロンドンから届いた。

バスラへ六十名の歓迎団を汽車で送ることも、バグダードでの式典や歓迎会――まだ単なる一プリンスの来訪として――の準備も、住まいも、ハーシム家の旗も、あらゆる仕事をガートルードが大車輪でナキーブや市幹部と打ち合わせしてこなした。住まいは、トルコ時代の宮殿《サライ》、つまり一八七〇年ごろに総督ミドハト・パシャ（のちにスルタン・アブデュルハミトの大宰相、トルコ初の憲法制定者。あと追放、処刑）がティグリス左岸に建造したものだが、その修復が行なわれているのを当てた。それも間に合わず、ガートルードは指示して壊れた壁にカーペットを掛けさせ、急場を凌いだ――「本国からの公式コミュニケをもう少し早く入手できてさえいたら、なにもかもはるかに簡単だったのです……」。

　バスラでは、新聞でもガートルードが事前に送っていた職員によっても、ファイサルは立派な演説をし民衆が歓呼して迎えたという話で、彼女は安心していた。一行は、まず汽車でナジャフ、カルバラーを訪れてシーア派の聖廟に詣で、二十九日の朝八時にバグダード停車場に着くという手筈だった。バスラからユーフラテス沿いに鉄道が通じていて、部分的に自動車を使えば両聖市に立ち寄ることができた。

　停車場にコックス、ホルデーン、ほか多数の要人、儀杖兵などが出迎えたが、汽車でなく自動車で到着と、さらにやはり汽車で、しかも正午着と電報が入る。コックスはただちに決断して六月末の気温五十度を超す日中の式典は取りやめ、ファイサルには車中で休憩し夕方到着に変更してもらう。六時に出直すと、停車場は非常な人出だった。

　……客車の出口に現れたファイサルは、アラブの正装で、すばらしく立派に見え、儀杖兵に会釈しました。サー・パーシー、サー・エイルマー〔ホルデーン軍司令官〕が近寄って、申し分なく整った挨拶を言上すると、参列者からいっせいに拍手があがりました。……〔あとから出てきたコーンウォリスを迎え、儀杖兵を閲兵中のファイサルが戻ってくるのを彼の後ろで待っていると〕隠れていた私を認めたファイサルは、前へ出てきて手を差し伸べてくれました。承認条件つきの王であれば緊張がないわけはありません、でもそれが彼の生来の品格に人間的な魅力を加えていたのです……（六月三十日、父あて）。

　コーンウォリスによると、バスラでの一般の反応は冷たく、ポリティカル・オフィサーたちも腰が引けていたし、フィルビーは最低だった、という――「さいわいにも、フィルビーはヒッラで発熱してダウン！」。のどが渇いて物も言えなくなったコーンウォリスをサスーンの車に押しこみ、ガーベット（コックスの主任秘書官、サー・コリン）の家に辿りついて大量のソーダ水を補給しつつ話を聞く。道中で一行が耳にしたのは、コックスは中立、ハートゥーンとガーベットがファイサル派、フィルビーは共和制支持ということで、しかもフィルビーは接遇委員として出向きながら、英国政府の方針に反する意見を隠そうともせず、ファイサルを困惑させたという。フィルビーのその後は、既述のとおりである。

その夜は「ファイサルの住まいでナキーブ主催の閣僚たちによる歓迎会」にガートルードはコックス、ホルデーンともども参加したが、ナキーブがさる閣僚の代理出席だったのに、彼女は味気ない思いをさせられた。だが六日後に、ナキーブは「自分のモスクの向かいの自宅でファイサルのために夕食会を催した」。訪れたファイサルが、医師に支えられて足元も覚束ないナキーブと両頰を合わせる抱擁で正式な挨拶を交わしたあと、風通しのいい回廊で、主客のファイサルを囲んでナキーブ、コックス、ホルデーン、ガートルードが長い食卓につく。

すばらしい光景でした。長衣と軍服と、すべてナキーブの家内から集められた大勢の従者と、規律ある格式、確固たる壮麗、夜の炎熱のように皆が自分のまわりに感じ取っている心の張り。つまり、なんといっても、私たちは持てる力のすべてをあげて、歴史を創りつつあるのです。でも、当てにしていただいてもいいことがひとつ――私は国王つくりは二度としないつもりです、この緊張はきつすぎます（七月八日、両親あて）。

ガートルードの家は蛇行して町を貫通するティグリスの東岸南部の住宅地にあり、二筋の大通り、スーク（バザール）、サライなどの集中する一画から舟橋で西岸に渡ると、川面を背後にした高等弁務官府がある。かつては東岸にあったインド総督駐在官公邸《レジデンシー》がいつ移転したかは審らかにしないが、やがて英国大使館になる広い敷地をもつ石造の建造物で、彼女は毎日、徒歩ないしは馬で通勤していた。当時は、東岸、つまり旧市街は一部がまだ昔の城壁に囲まれていたはずで、停車場やのちには飛行場、宮殿ができる西岸は新市街であった。

シーア派聖廟のあるカーズィマインは、西岸の北方十数キロに離れて位置していた。「アラビアン・ナイト」のバグダードはそのやや南方にあったとされるが、遺構はなにもない。市内にモスクは一九五〇年代で一三五ヶ所あり、ガートルードのころもそれと大差はなかったであろう。ナキーブのモスク、つまりアブドゥル・カーディル・アルガイラーニー・モスク、もしくは「バーブ・アッシャイフ」は、第十代スルタン・スレイマン「壮麗王」によって十六世紀半ばに建立された有数のモスクで、ティグリス東岸から二つ目の大通りに面している。ガートルードのバグダードとは、西岸を含めても日常の生活圏がティグリスを挟む数キロ四方に納まる、首都といってもバザールを中心に拡がるごみごみした大集落といった趣きの、トルコ時代に、それも主として総督ミドハトのときにできた都会だった。

ファイサル到着の翌朝七時に、ガートルードは出勤前に宮殿《サライ》に立ち寄った。側近に名刺を残して行こうとすると、招き入れられた。

広い部屋に案内され、すぐに白い長衣の彼が現れ、私の両手を取って、「あなたにこれほどもお世話になろうとは、思いもかけぬことでした」と言ったのです。ソファに腰かけると、彼は抱いている懸念を語ったので、私はサー・パーシーがどんなことがあっても彼の味方であることを伝えてなぐさめ、励ましました。……あとでコーンウォリス氏が事務所に来たので、ファイサルに会ったことを話すと、……「それはよかった、来る途中、彼はあなたの褒め言葉を聞かされどおしで、もし今日会えなかったら、お礼をいってくれと私は頼まれていたのです」とのことでした。……昼前に、ファイサルのことではもっとも頑強に抵抗していたドゥライム族のシャイフ・アリー・スライマーンが、ラマーディーからやって来ました。……自動車でたったいま着いたばかりで、その足で私のところへ来た、と言うので、「私でなければ、どこへまっ先にお出でになるつもり？」と言ってやりました。話はこんな具合になごやかに始まり、私たちはファイサルを話題にしました。……アリー・スライマーンは、ファイサルに会いに来たというのです！　私は彼をサー・パーシーのところへ連れて行き、その聡明な手に委ねました……（六月三十日、父あて）。

こうして、ガートルードがファイサルと過ごす仕合わせな日々の胎動が始まった。このときファイサルは三十六歳、ガートルードはあと二週間で五十三歳である。「アラブの反乱」に立ちあがったときは、五十歳でも通るほど老成していたファイサルはまだ三十一歳の若さであった。

ファイサルの即位までのことでは、三つのことに触れておきたい。

その一――ユダヤ系住民対策

七月十九日に、ユダヤ人住民による歓迎会がムスリム、キリスト教徒の指導者多数も招いて大ラビの公邸で催され、ガートルードはガーベット夫妻と高等弁務官府を代表して出席した。ファイサルはコーンウォリスを伴って来場し、炎熱下で二時間をかけた盛大な式典に臨んだ。歓迎の辞は、十三回に及んだ。

やがて三本の金の円筒に納められた律法の巻物が運ばれてくるとベッリーニの絵から抜け出たようなりっぱな人物のラビが接吻し、ついでファイサルが接吻します。そして、十戒の小さな黄金複製と美麗な装丁のタルムードがファイサルに贈呈されました。

ガートルードの示唆により、ファイサルは即席の挨拶を試みる。

彼は、多くを語ろうとは思わないが一言しよう、「ご覧のように私は皆のようには話さない、ただ心のなかにあることを話すだけ」と述べ、式の終わりごろに立ちあがって実にみごとに話しました。率直でりっぱで雄弁でした。……ユダヤ人たちも、アラブとはおなじ人種であることを強調した彼に感銘したのです。……もっとも、狂信的なムスリム、とくにシーア派はユダヤ人やキリスト教徒と同列に扱われるのに多少不満を洩らしましたが……（二十日、父あて）。

これは、パリ平和会議中に、ファイサルがロレンス、ワイツマン（シオニズム指導者、のちイスラエル初代大統領）と協議して米国シオニスト代表フェリクス・フランクフルター（オーストリア系ユダヤ人法学者、当時ハーヴァード大学教授）に出した書簡を思い出させる。共通する被抑圧者の立場からアラブ、ユダヤの連帯を呼びかけたこの有名な文書は、アレンビー将軍の情報将校でシオニストだったマイナーツハーゲン大佐が書かせたものだが、今回はおなじことをファイサルは自分の言葉で語ったのだ。

サスーン・エスカイルの政権参加に始まったガートルードのユダヤ系住民対策は、この日に完成した。これよりは小規模だが同様の心服儀式がカトリック教会、アルメニア人、プロテスタントのキリスト教徒でもあいついで行なわれた。あとの二つは合同でアルメニア教会前の広場で行なわれたが、ファイサルは壇上の自分の両側にガートルードとアルメニア人の主教を席に着かせた――「いささか表立ちすぎると思いましたが、騒がないで言われたとおりにするのがよさそうでした」。

その二――地方部族対策

「ナキーブ殿下は、立憲制、代議制、民主制を採用することを条件にアミール・ファイサルを国王と宣言する議案を、私に相談することなく七月十一日に閣議にかけ、それは全員一致で承認された」とコックスは回想している。

そのナキーブはガートルードにつぎのように語って、彼女を感激させた。

「ハートゥーンよ、あなたは私の娘だ、私の心をよぎったことはすべてお話ししよう……サー・パーシー・コックスが来て以来、私は彼の助言や英国政府の意に逆らったことは一度もない。ファイサルが王にふさわしいと分かり、英国政府も彼を支持していると知ってから、閣僚会議で彼を国王につけると表明してあらゆる議論や話題のたねになってはならない、と私は考えた。サー・パーシーと相談しようか、とも思ったが、自分の内心の答えに従ったのだ。私は決心した――たとえ彼とは意見が違っていても、私の考えは変わらない、と。私は老人で、責任を負わねばならないのはアッラーのみ。それで、私は誰にも相談しなかった」

（八月六日、父あて）。

二週間ばかりのちの七月下旬、ガートルードはファイサルと朝四時に自動車に分乗して出発し、バグダードの北西方、ユーフラテス西岸の町ラマーディーで部族民の集会に臨んだ。ガートルードは、ファイサルの許しを得ると彼の車より前に出てファッルージャまで先行し、集会の現場を写真に収めようとする。

無風の乾季に未舗装の砂漠の一本道で先行車のあとを追う苦しさは、経験しないと分からない。おそろしい砂塵が、拡散しないまま数キロにわたって前途を遮る。しかし、彼女のこの配慮によって、めずらしい部族民の歓迎式典の写真（本章扉）をいま目にすることができるのだ。ファッルージャからユーフラテスの渡しまでの十キロばかりの砂漠には、部族民が堵列して一行を迎えた。アナから下流のユーフラテス右岸中流域に展開するドゥライム族の本拠ラマーディーには、族長アリー・スライマーンに加えて、ガートルードの呼びかけに応じたアナイザ族のファハド・ベイが来ていた。そして、それぞれの率いる数百人の部族民とともに壮大な砂漠の忠誠をファイサルに誓う行事が行なわれた。

闘争心の強いことで知られたドゥライム族は、ガートルードにとっては一九〇九年のウハイディル初訪問以来の旧知である。アリー・スライマーンはナキーブを信奉するあまりにファイサルに批判的だったが、状況は変わった。砂漠に生きるファハド・ベイは、歓迎演説で「英国が受け入れた人物であるがゆえに忠誠を誓う」と断言して一瞬ファイサルに首をかしげさせたほどだった。カイロ会議でも、ファハド・ベイへの年間三万六千ポンドの支援金供与は、シャリフ・フサインやイブン・サウードへとおなじく継続が決まっていた。彼の対英協力は不動で、それがあって英空軍が砂漠を離着陸に利用することも可能になる。

「いつもの白の長衣にうつくしい黒のアバをまとい、風になびく白い頭布を銀のアガルで締めた」ファイサルはアッラーの名を唱えつつ、すでに王位にある人のような演説で二大族長と部族民を感動させた。

「おおアラブの皆よ、皆はたがいに心安らかでいるか?」「然り、然り、心安らいでいる」。「この日、今日は何日であったか? (答えを聞いて) よし、この七月二十五日より、この午前十一時より、同じ部族の者を攻撃する者が一人でもあれば私の責任である。私は諸君のシャイフに諮って諸君を裁く。私は諸君の首長として諸君に対する権利を有する」。「われわれの権利は?」「皆には臣下としての権利がある、それを守るのが私の務めである」。

それが、砂漠のベドウィンに古代から伝わる臣従の絆の確認そのものだったこと、そしてファイサルが「自分の国で自分の住民とともにいる」ことに、ガートルードは驚嘆した。

アリー・スライマーンは、傘下の長老を四、五十人ばかりも呼び、一人ずつ手をファイサルの手に重ねて忠誠を誓わせた。あとのコーヒーの席で、ガートルードは、「あの演説をどれほどすばらしいと思ったかを、ファイサルに申しました」。彼女は、知的で開明的といわれるファイサルが部族民の心を共有しているのを知って感動した。

アナイザ、ドゥライムの両部族が意向を鮮明にしたあとは、波及は自然の流れであった。

その三――住民投票

ナキーブ暫定内閣のファイサル推戴を知ったコックスは、議会がない以上は「それを是認あるいは確認する前に住民投票を通じて国民の選択を直接証拠で裏づけしておくことが必要と考え、その方策を実行する仕事に即刻とりかかった」（前掲手記）。コックスにしてみれば、制憲議会を待っている間に「過激民族主義者によるクーデタの起こりうることを無視できなかった」（ロングリッグ）。

投票とその管理の具体的方法が明瞭でないが、有権者登録がなく、また識字率が問題外に低いもとでは、どのように行なわれたかは想像がつく。筆者の知る後年のイラク以外の例では、一応の有権者登録はあったが候補者名が文字と符号（絵文字）で併記されていた。

投票はファイサルを王と認めるかの一問形式で七月末に実施され、ロングリッグによれば、「政府が決めた承認の様式はリワー（県）によっては変更、ないしは補足され、あるところでは外部の干渉を排した完全な自由を求める文言が追加された。別のところでは三ヶ月以内に制憲議会開設の要求が入った」。

八月なかばに判明した結果は、九六パーセントがファイサルを承認した。ロングリッグによると、モースルではクルドそのほかの少数民族に対する権利保証を要求する声があり、ユーフラテス方面は英国統治の継続を求め、スライマーニーヤ（ペルシア国境に接する東北部）のクルドは棄権、その西に接するキルクークはファイサルを拒否したが、アルビール（キルクークの北）は受諾した。また、「アナイザ族のイブン・ハッザル〔ファハド・ベイ〕やドゥライム族のアリー・スライマーンなどの有力者は、ファイサルへの忠誠宣誓を即位前から表明していた」。

おなじことをガートルードの手紙で拾えば、つぎのようになる。

……ラマーディー、バスラ、ユーフラテス岸といった多くの地方が、ファイサルに「英国の指導を彼が受け入れることを条件に」忠誠を誓う旨の但し書きを用紙に添付してきました……なにか反英条項を加えてきたものは、ただのひとつもありません……（八月六日、父あて）。

……ファイサルは一例外を除いて異議なく選ばれましたが、非常に多くの場合に——全国の半分以上、と言っていい——住民は自分たちの但し書きをつけていて、ファイサルが英政府と友好な関係を維持するかぎりにおいて、あるいは彼が英国の保護を受け入れるかぎりにおいて、彼が王であることを認める、と言っています。付箋の文言はまちまちですが、言っていることはおなじです。ひとつの例外とは、キルクーク県です。ご承知のように、あそこでは町の住民はトルコ族ですが、村に行くとクルドです。いずれもアラブの支配を欲せず、トルコ族のなかには非常な親トルコ、反英国の宣伝が行なわれてきました。キルクーク市の二区は、トルコ人統治者を求めています。クルドは、反英ではありません。彼らの望むのは英国の保護下で独立しているクルドの国ですが、その意味するものは、彼らにも、ほかのだれにも分かりません。というのは、彼らは、スライマーニーヤというクルド地区――ここは、ファイサルの来る前にすでにイラク国家からの離脱を票決していました――とどんな形であれ結びつけられるのは声を大にして拒否しているのです……。

この投票が、民意の反映という体裁を整えるだけのまやかしであることはつとに指摘されたことだが、あながちそうとも言いきれないように思われる。部族の遊動性の高いアラビア半島部やヨルダンなどに比べると、定住性のある地域単位の部族社会の面がつよいイラクでは、投票という方法がなじみやすい一方、部族や地域の長の意思ひとつで全体がいかようにも動くであろう。個人別の投票用紙を用いようと有力者に地区別の票の取りまとめを委ねようと、分派の発生は考えにくく、結果に大差はない。ファイサルがラマーディーを訪れたときにいみじくも見られた、古来のマジュリス（集会、議会）そのものの「部族民主主義」が活かされたとすれば、九六パーセントという驚異的な賛成票はかならずしも数字操作の結果といえない。むしろ、大きく票が割れた場合に多数決原理が通用するかどうかが先決であろうが、この場合はその問題は生じなかった。一年前に反英暴動に決起した一部のシーア派も、このときは反ファイサルに走らなかった。

コックス自身は、特有の淡々とした筆致でこう述べている――

……〔賛成票以外の〕四パーセントは、主としてキルクークのトルコ族およびクルドの住民による。八月十八日に、内務省は閣僚会議議長ナキーブ殿下に国民の圧倒的多数がアミール・ファイサルの選定を支持したことを報告し、よって八月二十三日に、すべての地方住民集団の使節とスライマーニーヤ、キルクークを除く全国各地の代表を前にして、私はアミール・ファイサル殿下が正当にイラク王に選ばれたことを宣言し、同時に英国政府によるその国王即位承認を発表した。……ナキーブ殿下と暫定政府は国王に正式な辞表を提出したが、王はその労を謝し、新内閣の発足まで現職に留まることを要請した。私にとってありがたいつぎの任務は、ナキーブに彼の祖国への貢献に対してジョージ五世陛下が大英帝国勲位第一級を授与された旨を伝えることだった。

ガートルードが「イラクを創った」というのは、ファイサル擁立については前述のようにあきらかに正しくないが、地方部族民の投票に関してはまず完全に彼女に負うというべきであろう。ファハド・ベイやアリー・スライマーンのような大族長を引き込むことは、彼女以外のポリティカル・オフィサーたちには絶対にまねのできないことだった。

最後に、ガートルードの式典報告を引用しなければならない。

ファイサルとコックスがロンドンに打電した即位宣言の文案に対する植民省の返事は、新国家の最高権者が高等弁務官であることを明言せよというものだったという。ファイサルもコックスも、いうまでもなくそれを拒否した。対して植民省は、ならば即位を延期せよと言い、式典を二日後に控えて話は紛糾した。最悪の場合、ファイサルもコックスも辞任してすべて瓦解するか、即位後に二人が渡英して協議するかまで考えざるをえなかった。土壇場で植民省が全面的に折れて、問題は解決したという経緯があった。電文のやりとりのなかで誤解が生じたような気配もある。

式典は、二十三日午前六時にサライ内のファイサル居住区前にある広い中庭で始まった。高さ二フィート半の壇が設けられ、「英国人、アラブ人の役人、市民、大臣、地方の代表が千五百人」集まった。遅参者は大物でも「アラブの警官が入場を許さず、驚き、嘆いていました」。

レディ・コックス、ガーベット夫妻、スレーター夫人、私、一、二の軍司令部の人が英人席の最前列に坐りました。六時きっかりに軍服姿のファイサルが姿を見せ、綬と星章をつけた白い礼装軍服のサー・パーシー、サー・エイルマー、コーンウォリス氏、そして補佐官たちが、ファイサルの宿所からサライの階段を降りてきて、儀杖兵（ドーセット連隊、非常にりっぱでした）の前を長いカーペットの道を通って壇まで来ました。随行したのはナキーブの長男サイイド・マフムードと、閣僚評議会秘書のサイイド・フサイン・アフナーンです。

ファイサルは非常に威厳がありましたが、緊張しきっていました。

最前列を見渡しているとき、目が合ったので、私は軽く会釈しました。それからサイイド・フサインが起立し、サー・パーシーの布告〔アラビア語〕を読みあげて、ファイサルがメソポタミアの住民の九六パーセントから国王に選ばれたことを告げ、国王万歳！　で結びました。皆、起立して敬礼し、王のそばの旗竿に国旗が掲揚されましたが、まだ、国歌はありません。そして二十一発の礼砲が発射されましたが、その最中に、まったく時宜をわきまえないことですがサイイド・マフムードが神への感謝を述べ、最後に閣僚協議会に代わってファイサルへの臣従を誓いました……ついでファイサル王の国民への言葉がありました。スピーチの文言は公電で流しましたので、読まれたことと思います。彼の即席演説にある率直な気迫は見られません――大事な声明なので用意した原稿を読みあげ、英国に関する部分ではサー・パーシーを振り向きました。でも、非常にすばらしい、簡素で心を打つものでした。これで彼らは来たときと同じように引き揚げて行きました……全イラクが、北から南まで一堂に会したのを見るのは、驚くべきことです。史上はじめてのできごとでした。……事務所に出てレディ・コックスと朝食をとったあと、大勢の人がやってきては興奮して雑談をして行きます。その一人がドゥライムのアリー・スライマーンで、こう言うのです――「皆のなかでサー・パーシー・コックスは月に見え（アラビア語では月は男性です）〔イスラムでは月は美しさを表し、アッラーの象徴ともなる〕、その顔は天のようだった」。ほかからも、サー・パーシーに会ったことのない遠方のシャイフたちの大感激は、彼を見たことだと聞きました。いつも会っている彼がこのような人とはうれしいことです。背丈のある痩身で鉤鼻の彼は、大いに人目を引き、確固として、また思いやりの深さを感じさせました（二十八日、父あて）。

早朝屋外の式典自体がごく簡素で短時間に終わったこと、ファイサルの即位文が別電されたために引用されていないこと、また植民省とのもめごとが直前まで続いたことのためか、手紙が式典の五日後に書かれて気が抜けたのか、ガートルードにしてはこの報告は意外に淡白で、あって当然の細かい描写は省かれている感がある。むしろ、つぎの何日かを語るほうが精彩に富んでいるほどだ。たとえば翌朝の最初の国王接見に、彼女はCBE星章と戦中に授与された三種の略綬をつけて現れ、王座の前に立つファイサルに膝をかがめ《カートシー》たあと、王を挟むコックスとガーベットと並んで（コックスとファイサルの間で）高等弁務官府の英人スタッフの敬礼を受けた。あるいは、市内外のさまざまな人が彼女を訪れたが、そのなかには、十二年前の一九〇九年に彼女が訪れて歓待をうけた「悪魔崇拝者」の管長の子息で、当時のことを覚えていた現管長もいる。それが、第8章で述べたサイード・ベグだった。

ともかく、「道のりの半分は越えた《ハーフ・シーズ・オーヴァ》ことに、サー・パーシーとは意見が一致しました。あとの半分は、議会開設と憲法制定です」と彼女は述べている。

第17章

バグダード（4）英・イ条約締結まで

ファイサルとプリンス・ザイド。ザイドは，兄を頼って1922年 9 月にメッカを出，バグダードに移ってきた〔バーゴイン下巻〕。

ファイサル即位の興奮が収まると、無数の具体的な課題が表面化する。

ロングリッグは、この時点でのイラクの実体を「憲政的にみれば妙に曖昧なもの」として、その要素を簡潔にまとめている――「休止状態とはいえなお厳存するトルコの主権、英国が受諾はしたがイラク自身は歓迎していない未批准の委任統治、憲法のない立憲君主国、英国との条約関係の樹立が意図されているが条約は未締結」。それだけではなく、外向きに見ればクルド居住地の帰属とトルコとの国境問題、石油採掘権、アラビア側との国境画定などで早急な処理を迫られ、国内ではいつなんどき暴発するか知れない反政府諸勢力の動きは一刻の平穏も許さない状況だった。

問題は、委任統治というあたらしい装いの支配様式をこの地域に適用したこと自体に遡るであろう。旧トルコ領アラブ地域には、文化状況に応じて設けられた三段階では最上位の「A式」委任統治が適用されてはいる（日本が受任国となった旧ドイツ領太平洋諸島＝南洋群島は、南ア連邦が受任した同南西アフリカ＝現ナミビアとおなじく「C式」）。だがそれは、支配するほうの理屈にすぎない。それゆえに、あからさまな他国支配を英・イラク同盟条約という形で代替させようとする手法が、基本法、選挙法の制定、周辺国との国境画定とともに、委任統治終了の条件としてカイロ会議で採用が確認されたのだ。ファイサルも、条約締結をイラク入りの前に合意していたという。しかし、当時ファイサルがロンドンでチャーチルから聞いていたのは、まったく内容の異なるものだったらしい。ロングリッグは、条約締結で委任統治実施を免れうると理解させたことを示唆している（前掲書一四〇頁）。

条約では、憲政、信教・教育の自由、外国人の諸権利、経済的機会平等などの諸原則尊重や国際連盟施策の遵守、古代文化遺産の管理体制整備といった本来の委任統治一般条項の移植《リプロデュース》を通じて、英国の対連盟責任がイラクの対英関係に転嫁され、反面英国によるイラクの連盟加入促進が強調されている。さらに、英・イラク固有の分野として、軍事、財政・司法、行政指導についての個別協定が締結された。財政面では、イラクの新規対外債務負担は英国の承認を要すること、イラクは旧トルコ債務のイラク関係分を承継すること、鉄道、バスラ港湾施設などの公共資本財は投資額の補償と引換にイラクに譲渡されること、などが合意された。軍事、財政上の負担のきびしさは、条約反対の強い根拠のひとつとなった。次章で筆者が述べることとの関連で注目すべきは、条約の一四条で、発効後十二ヶ月以内に考古遺物法の制定をイラク王に義務づけていることだ。

のち、二五年のことだが、委任統治の実態を国際法学の面から検討する目的でバグダードを訪れたシカゴ大学のライト教授に、ガートルードが応対したことがあった。彼女がイラクでは委任統治は条約関係に置き換え《リプレイス》た（実際は並存）と説明すると、相手は意味が分からなかった。

なにをたわごとを言っている、と思ったようです。その朝はあまり忙しくなかったので一時間かけて説明し、彼はいうならば来たときよりは利口になって帰って行きました。手間をかけてあげる甲斐のある人でしたから、ケン〔コーンウォリス〕やそのほかに彼を紹介しました（十一月十一日、父あて）。

英国が自身の選んだファイサルをすら錯誤させたのであれば、彼が条約締結に慎重となったのもむりはない。まして、即時独立をめざす過激民族主義者には通用しなかった。反委任統治、反条約、反英国は一体化し、その面では宗派と民族の違いを超えて反対派は団結した。シーア派の指導者サイイド・ムハンマド・アッサドルを首相に推す反対派とコックスの関係は最悪となった。他方、英国ではこの一九二二年の十月十九日にロイド・ジョージ内閣は総辞職し、一ヶ月後の総選挙でチャーチルは議席を失う。つぎのボナー・ローの保守党内閣では、植民相を引きうけたのは中東に認識の少ない第九代デヴォンシア公ヴィクター・キャヴェンディッシュ（前カナダ総督）だった。このころにはチャーチルの強引な指導手法にふたたび疑問を持っていたガートルードは、旧知の新植民相にさっそく私信で祝辞を伝えている。

一九二二年八月十四日、対英条約締結をめぐる熾烈な争いのなか、ファイサルの優柔不断というより条約反対派を容認する姿勢も窺われるなかで、内閣は首相ナキーブを除く閣僚が辞任し、即位一周年を前にバグダードはまったくの混迷に陥る。

一周年当日に祝意言上のため正装して宮殿を訪れたコックスやガートルードを、小規模ながらデモが迎え、「委任統治打倒！」を叫ぶ一幕があった。外交儀礼上、侮辱と受けとめたコックスは公式陳謝を求め、イラク政府はそれに応じた。そのような記念行事をなんとか終えた翌日、ファイサルが急性虫垂炎で倒れ、つぎの日に英人医師の緊急手術を受ける。責任者不在の事態を憂慮したコックスは受任国の責任を果たす声明を公表したのち、反対派をいっせいに摘発し、一部を国外に追放し、治安を回復した。病気が快復して公務に復帰したファイサルはコックスの措置に感謝したが、発病がなければ、彼には二年前のダマスカスにつづく再度の亡命すらありうるところだった。

ガートルードが死去までの五年間に身近に体験したイラクの政局は、これらの問題が非常な曲折を経てなんとか英国の所期の方向で処理されていった過程である。対英条約は、締結、批准、再三の更改のそのつどに暗殺、暴動を伴う激烈な反論、抗争を巻き起こしつつ、結局は委任統治との並存という異様な形で三二年にイラクの独立、国際連盟加入にいたる。ガートルード自身が交渉の衝にあたったわけではないので、北部のトルコ国境画定、クルド問題などとともに経過に深くは触れないが、これらも彼女にとって日々の生活そのものであった。

それは、八百年にわたって自前の君主をもたなかった地域に戦勝国の恣意的な分割線を引き、預言者の血をひくアラブの貴種とはいえ住民とは無縁の人物を国王として据えた正統性の問題と、宗教、宗派、人種のモザイクがこのときとばかりに立場と利害をめぐって展開した争闘だった。王朝は三代、三十七年間で凄惨な最後を迎えたが、注目すべきはその短命ではなく、英国の庇護あってのことというものの、その長さというべきかもしれない。

ここで、イラク・ハーシム朝の創成期の十年と、その後の経過をごく簡単に振り返っておこう。

一九二一年　八月二三日　ファイサル即位
　二二年　六月　議会開設後に批准の条件で、対英条約の内容を閣議承認
　　一〇月一〇日　ナーキブとコックス間で条約調印、期間は批准後二〇年
　二三年　四月三〇日　英保守党内閣の予算削減要請とイラクの反条約感情に考慮の両面から、条約期間を議定書で四年に短縮。首相アブドゥル・ムフシン・ベイとコックスが調印
　　五月　五日　コックス任期満了、帰国。後任高等弁務官サー・ヘンリー・ドブズ（元インド政庁外務長官、前コックス顧問）
　　（五月一〇日—九月五日　ガートルード休暇帰国）
　二四年　三月二七日　首相ジャアファル・パシャのもとで国政選挙挙行、制憲議会開設

六―八月　非常な混乱裡に条約批准（委任統治の具現化、または英国の保護国化）、基本法、新選挙法成立。ジャアファル辞任
八月　二日　新首相、兼国防相、兼外相（新設）ヤーシーン・パシャ、蔵相サスーン・エスカイル、参謀次長ヌーリー・パシャ（総長は国王）就任
二五年（七月　七日―一〇月一四日　ガートルード休暇帰国）
一二月　国際連盟、イラクが連盟に加入しない場合に二五年間委任統治下にあることを条件にモースル地方を引き続きイラクの一部とすることを決定
二六年　一月一九日　対英条約、期間二五年（イラクの国際連盟加盟がない場合）に延長、イラクの連盟加入を英国が促進する条件で批准
（七月一二日早朝　ガートルード死去）
二七年　キルクーク付近ではじめて大油田発見
二九年　ヘンリー・ドブズ離任。着任した新高等弁務官サー・ギルバート・クレイトンは九月に急死。後任サー・フランシス・ハンフリーズ（三二年より初代大使）
三〇年　六月　首相ヌーリー・サイードのもとでイラク独立後の関係を規定する新・英イラク条約調印。国際連盟加盟で発効の条件、期間二五年。一一月批准
三二年一〇月　三日　国際連盟、第五三番目の独立国としてイラクの加盟を全会一致で承認、委任統治終了。首相ヌーリー・サイード
三三年　九月　八日　ベルンで療養中の国王ファイサル、兄アリー、ヌーリー・サイード、ルストゥム・ハイダルの見守るなか、心不全で死去。皇太子ガージー（二一歳）即位

三四年一二月　日本と国交樹立

三九年　四月　三日　国王ガージー、自己運転の自動車事故で急死。皇太子ファイサル二世（三歳）即位、摂政は母方の叔父アブドゥル・イラーフ（ファイサル一世の兄アリーの子。ガージーと王妃アーリイヤは従兄妹）

四一年　四月　二日　第二次大戦初期のドイツ優勢を好感した親枢軸派の「国家防衛政府」による大規模クーデタ発生。英大使サー・キナハン・コーンウォリスの着任と同日で、翌月には英大使館は一ヶ月間包囲さる。英軍介入し鎮圧

五八年　七月一四日　アブドゥル・カリーム・カーセム准将らの「自由将校団」によるクーデタで王政転覆。ファイサル二世、皇太子アブドゥル・イラーフ、首相ヌーリー・サイードほか惨殺さる

新政権が発足してから、ガートルードの立場が正式に変わったわけではない。むしろ彼女は、月二回の航空便受付日に合わせて「メソポタミアの歴史を、二週間単位で書くような大仕事、実に大変なもの」（二一年十月二日）と自称する、かつての情報短信の成長した貴重な施政報告書を作成し続けた。当初の内容は、閣僚評議会議事（「小型の英国議会議事録《ハンサード》といってもいい」）、世論動向、地方情勢、周辺国境情勢の諸項目だった。送付先は「インド、エジプト、アデン、ヤッファ、コンスタンティノープル、エルサレム〔の各出先〕とロンドン、そしてテヘランです。彼らが〔これを読む努力もしないで〕、当地について当然承知しておくべきことに無知であっても、私の知ったことではありません」（同）。この文書は、イラク創成期の日録的意味を持つ貴重な資料であろう。しかし、コーンウォリスが、フィルビーの後任

の内務相（サイイド・ターリブのあとを継いだハーッジュ・ラムジー）顧問と兼務でファイサルの個人的助言者を務めることになると、彼女の担当はおのずと決まってくる。コーンウォリスは大佐の肩書があったが、本来は財務畑の文官で、彼がファイサルの政治面の顧問であるに対して、ガートルードは気の置けない、頼りになる話相手であり、王室の家庭教師と家政婦でもあるような役割を担うことになった。高等弁務官のオリエンタル・セクレタリーという職能はそのままだが、多数の専門官僚が着任すると彼女が何もかも取り仕切るスタイルも変わっていった。そしておなじく多忙といっても、占領目的中心のバスラ時代に比べると実に雑多な用件に携わることとなる。

カイロ会議の結果、ファイサルのイラク入りに付き添ったことに始まるコーンウォリスの立場は、その後十四年間の長期にわたった。ファイサルの死後はガージーの顧問も務めたが、一九三五年五月にイラク側から退任を要請された。帰国して情報省中東局長だったたが、第二次大戦中に大使としてふたたびバグダードに赴いたときのことは上記年表のとおりで、一ヶ月にわたる大使館籠城の状況は、第8章で触れたフレイア・スタークの伝記『情熱のノマド』（第十七章「バグダード攻囲」）に詳しく描かれている。たまたまバグダードに滞在中だったスタークは、籠城をコーンウォリスとともにしたのである。彼は第二次大戦の終戦まで、大使を務めた。

本章では、ガートルードのポリティカル・オフィサーとしての仕事を離れた部分に重点を置いて述べてみたい。

ガートルードの家庭教師役は、ファイサル即位に先立つクテシフォン訪問に始まる。夜明け前に出て、コーンウォリス、ガーベット、ルストゥム・ハイダルなどとともにファイサルを車でクテシフォンに案内した。大遺跡の現場で持参の朝食をとりながら、彼女はパルティア、サーサーンの歴史とその玉座にあったホスロー一世、二世を語る。

ティグリスの見える南の丘へ行ってタバリー〔ペルシア出身のアッバース朝期の歴史家、法学者、九二三年歿〕が記録したアラブの征服物語をファイサルに話しました（八月六日、父あて）。

このような仕事が必要だったとすれば、それができるのはガートルードしかいない。タバリーの主著『使徒たちと王たちの年代記』も若いときから彼女の愛読したもので、すでに『シリア』（第四章「ジェベル・ドルーズに入る」）ではベドウィンの生活規範にかかわるそのなかの一佳話を紹介している。「アラブの征服物語」とは、六三七年に預言者の側近だったサアド・ブン・アビー・ワッカースがティグリスを渡河してサーサーン朝ペルシアの都クテシフォンを占領したイスラム膨張期の挿話で、一九〇九年に初めてクテシフォンを訪れたときの感想として、彼女は『ムラト』（二八一―三頁）でくわしく述べている。それを、ガートルードはファイサルに物語ったのだ。

先にラマーディーへ行ったときにも、たまたまファハド・ベイの牧地内にあったウハイディル遺跡について彼女は話をした。ファイサルは頭が柔らかく、このようなガートルードの説明を熱心に聞き、理解した。もともと、コンスタンティノープルで簡単なフランス語ができる程度の近代的な教育もうけていた彼は、ロレンスの感化で歴史的、考古的なことにも一応の興味と理解があったのである。

彼女の「師溥」ぶりは、歴史教育の面だけではない。のちのことだが、二四年にイブン・サウードがついにヒジャーズに侵攻してシャリーフ・フサイン（ヒジャーズ王）をおびやかしたとき、まずファイサルの子息、十二歳のガージーが祖父の手を離れてアンマーン経由で十月初めにバグダードに着いた。

年の割にはほんとうに小さいのです。父親ゆずりの面長で感じやすそうな顔をして、物腰がかわいい……翌日、ガージーの衣服を決めるのに宮殿に呼ばれました。ボンベイから型紙持参で来ている英国人の仕立屋がいますので、彼の小さなシャツやスーツを選びました……（十月七日、父あて）。

ガートルードはガージーをかわいがり、アラビア語すらろくにできない王子にミス・フェアリーという人をつけて英語を学ばせる。それは、やがてファイサルの妻ハザイマとガージーの二人の姉が来たときもおなじだった。

かつて、統治者選びの前には、宮廷を新設するなどの仕事はまっぴらと言ったガートルードだが、ファイサルの周辺をそれらしいものにするのには躍起となった。ティグリス河畔のやや上手に新しい王宮を造ったときには二年がかりでロンドンの有名家具商から備品調度を取り寄せ、ファイサル王旗の意匠をみずから考案して父に紋章学面の検討を依頼する、といったことが楽しくて仕方がない、という風である。だが、奇妙なのは、彼女がアラブの宮廷をまったく英国風に仕上げようとでも思ったことだ。兄を頼ってきたファイサルの弟、ザイドを二四年秋にオクスフォード（ベイリオル・カレッジ）に遊学させたときは父も巻きこんで大いに骨を折った。後年、ザイドは三〇年代後半のヒトラー時代に駐独公使、第二次大戦中の駐トルコ公使、公使館から格上げされた初代の駐英大使を務めている。

またガートルードは英国にならった賞勲制度が必要と考え、やがてアラビア語で両河、メソポタミアを意味する「ラーフィダイン」何級という勲位ができた。さらに王家の盾形紋章《コート・オヴ・アームズ》を作ろうと大英博物館にオリエントの紋章史を照会しているし、王室の用箋には英国のそれのように図案化された西欧風の王冠が印刷された。このような伝統のないアラブの王室に用いるには異質というほかなく、文化の多様性ということを、あえて唱道しないまでも当然のこととして生きてきた彼女にしては見当違いの感を禁じえない。

ファイサルとは従妹の王妃ハザイマにも最初は「魅力的」と一目で惚れこんだが、「無教養でがさつな女」が鼻についてくる。所詮はメッカの宮殿の奥深い薄暗がりのなかで生まれて奴隷と宦官を相手に暮らしてきた女性に、自分とおなじ基準を当てようとする非常識には気づいていない。ついでにファイサルの一族について触れておけば、ファイサル即位からまだ間もないころに、彼女はこう言っている。

……ヌーリー〔・サイード〕と馬を並べていたとき……彼はシャリーフ一家の噂話を山ほど聞かせてくれました――母親がおなじ三兄弟、アリー、アブドゥッラー、ファイサルのうち、シャリーフのお気に入りはアブドゥッラーで、ファイサルはいつも除けもの扱いで、遠方の仕事をさせられていました。兄弟の母親が亡くなると、シャリーフはチェルケス人の女を娶りました。皆、妻は一人だけです。彼女は王家内の管理でアリーと大喧嘩をし、アリーは彼女の息子ザイドを憎み、ファイサルは彼をかわいがっています。アリーもアブドゥッラーも、いまではファイサルを嫉視すること、並大抵ではありません（二一年九月十一日、父あて）。

のちのことだが、二四年十月にメッカのフサインはイブン・サウードの侵攻を控えて自国民から退位を求められ、アリーに譲位して前述の妻ガリレータとジェッダに出、さらにアカバに逃れる。十二月、イブン・サウードは巡礼姿でメッカを占領、フサインは翌二五年六月にジェッダから当時は英領のキプロスに亡命した。ジェッダで命脈を保っていたアリーも二五年十二月に降伏、退位して、シャリーフ一族のヒジャーズ王国は消滅する。翌年一月、イブン・サウードはヒジャーズ王に即位した。

ジェッダから船で出国したアリーが身を寄せたのはバグダードのファイサルで、ガートルードは二六年一月二十六日にファイサルとアリーを訪問している——

> 紹介されて、何と呼ぶべきかを聞いておかなかったのに気がつきましたが、とっさの判断で「陛下」と申しあげたのは正解でした。無神経にもケン〔コーンウォリス〕から訊ねられたファイサルは、憤りをこらえてまるで芋虫のようにものも言わず突っ立っていました。

アリーは「非常に魅力のある、そして哀愁を湛えた人」で、「戦争や政治ではなく、いわば黙想の人生を送ろうと」していた。その子アブドゥル・イラーフが、のちにファイサル二世の摂政となることは年表で述べた。

その五ヶ月後、死の一ヶ月前ということになるがガートルードはこう言っている。

> 従者の大群を連れてアンマーンから到着した王の身内の女たち——王の祖母、何人いるのかも分からないおばたち、アリーの妻と三人の子供——を訪ねるのに、いつも午後をあてねばならないと思います。彼らすべてを、どこにどうやって住まわせるか、見当もつきません。ただ、陛下〔ファイサル〕が自分のお金で彼らの面倒を見ることだけははっきりしています。彼は、父親と兄のアブドゥッラー以外は〔フサインはメッカから持ち出した大金を携えてキプロスに亡命し、アブドゥッラーはすでにヨルダンのアミール〕、一族の生活を見るつもりのようです（二六年六月十六日、父あて）。

話を戻すと、ガートルードは、ファイサルについて優雅で信頼できるアラブの貴公子といったイメージで接していた。彼は若いけれども見るからに長者の風格を具えていたし、見知らぬ土地であてがわれた一国を率いてゆくには力不足の感も否めないところが、彼女の義務感をかきたて、自分が国王につけた——と彼女は信じた——人物をなんとしても守り、盛りたてていかねば、という気を起こさせた。

一二一年六月初めのある午後、お茶に招かれたときに、彼女は内心を包み隠さず諫言するべく、まさに眦《まなじり》を決して出向いた。

……扇風機が軽い音をたてている、大きな、がらんとした、遮光された部屋でした。王は白の長衣にきれいな白麻の頭布をつけ、それが醸し出す情感を持ち前の鋭い感覚で充分に意識していました……私は、王への私の献身と誠意を信じておられるか、と問いかけることで切り出しました……それならば何でも言えますが私はかぎりなくみじめです、と私は申しました――私は美しい、高雅なイメージを作りあげ、それが目前で融けつつあるのを見ています。高貴な輪郭がことごとく消え失せる前に、私は去りたい、アラブ国家への愛情とその未来への責任感はあるにしても、私を引っぱってきた夢が消散するのを見るのは耐えられません……〔最高の原理原則のみに頼ってきたはずの王はいまや忌まわしい雑言の犠牲者に成り果て云々、を力説し〕――私が創り出し、それへの忠誠を誓ってきた白雪の心像が眼前で溶解する前に姿を消したほうがましなのです。これをテーマに、私たちはとことんまで話し合いました。その間、彼がときどき私の手にキスをするのには、まったく面食らいました！　そして彼は、過激民族主義者を安心させるのも彼の務めであること、また英国は一貫して彼らを認めようとはしなかったこと、を言うのです。私は、それはおよそ事実とかけ離れている、と答えました。われわれは当然ながら自分の利害だけで動く連中は排除しましたが、民族政府のために真に挺身する者は誰でも容認どころか歓迎してきたのです。彼らと協働できないくらいなら、われわれは給料を貰うに値しないのですが、実際は彼らとともに仕事はできたし、そうしてきたのです。一九二〇年反乱の指導者の一人だったジャアファル・アブー・ティンマーン〔シーア派の商人出身〕は、いま閣僚です。われわれ一同は、そして私自身はとくに、彼と親密な間柄を保っています。王が支持の手を差し伸べてくれさえすれば、われわれがやりかた《モドゥス・ヴィヴェンディ》を見つけられないはずがないのです。とどのつまり、私は、新聞報道〔ガートルードの信頼するナーシリーヤ駐在顧問イェッツ少佐への悪意の誹謗〕に正式に反論する許可を王から得ました……辞去するときに、私が彼の手にキスしようとしますと、彼は私をあたたかく抱きしめてくれたのです！……私はまだ、この「感動的な」面談から解放されていません。ファイサルは人間としてもっとも愛すべき一人です、しかし彼に性格の強さが欠けていることは驚くばかりです。最高の理想を持ちながら、最低の障害物にもたえずつまずくのです――彼は星にまで達する車に馬を繋いでいるのに、綱が長すぎてどんな藪にもそれが絡んでしまいます。途方もない個人的共感なくしては、彼とは何ひとつできません……今晩、私は彼に仕えることこそ私の願い、と信じて戻りましたが、明日になると彼は疑念の塊でいることでしょう。無数の逸脱を経ながらですが、心の底では彼はわれわれを信頼し、その一人か二人、たとえばコーンウォリスやクレイトン大尉を頼りにしているのです……（六月四日、父あて）。

しかし、対英条約の締結交渉をはじめとする一連の政治過程を経て、ファイサルは英国と国内の民族主義者グループとの間で政治的なしたたかさを身につけ、ガートルードにただ見守られるだけではなくなっていた。シリアの王位をフランスの横車と英国の優柔不断で失ったファイサルは多くを学び、今回はきわめてむずかしい舵取りを彼なりに、退位や暗殺の危険すら覚悟しつつ、つまりアラブ式になんとかこなしていたともいえる。彼女には、ときとしてそれは背信に近いものに映る。彼女はやきもきし、憤慨し、また王としてより強くあれと願った――「ああ王よ、王よ！　もう少し確固としてくれてさえいれば！　生涯にまたとないチャンスを失いかねないのです――でも、私に何ができましょう」（二二年六月六日）。

最初の英・イラク条約は前述のような内容でようやくまとまり、十月十日に調印された。このときにはファイサルもガートルード欣喜をともにした。

任期の終わりの近づいたコックスの後任含みで、サー・ヘンリー・ドブズがかつてのコックスとおなじくインド政庁外務長官から高等弁務官顧問として転じてくる情報が入った。彼はオクスフォード出の文官で、既述のように（第13章）開戦当初はポリティカル・オフィサーとして軍に同行していた。バスラ時代によく知っていた三歳年下のドブズの再来を、ガートルードは歓迎こそすれ、よろこばない理由はまったくない。コックスは四十年間を湾岸、ペルシア、イラクとこの地域一筋に過ごした稀有の人材だったが、翌年帰国すると、いくつかの名誉職を経て三三年には縁のふかいＲＧＳ（王立地理学協会）でホウガースより数代あとの会頭に就任することになる。

そのころのことで、ガートルードが関与したコックス最後の大仕事のひとつは省くわけにはいかない。イブン・サウードがハーイルの宿敵ラシード家の十二代当主、ムハンマド・ブン・タラール（ガートルードのハーイル訪問時に不在だった第十代アミール・サウードのまたいとこの子）を破ったのは、二一年十一月である。名門ラシード家は絶滅して、アラビア半島の北半分がイブン・サウードの手に帰すると、彼はいずれもハーシム家の三王国、ヒジャーズ、ヨルダン、イラクと境を接することとなった。

すると、ハーイルを逃れたシャンマル族の部族民がイラク側でもよりのアナイザ族の領域になだれこみ、アナイザ族では報復的にネジュド地方を侵す事態も頻発する。太古から行なわれていた砂漠の争いにすぎないとはいうものの、イラクとしては早急に国境を画定する必要に迫られた。だが、地図上の固定した線引きではなく、傘下の部族民が季節ごとに移動する範囲を境界とみなすという、古来のルールに立つイブン・サウードとの交渉は容易ではなかった。

二二年五月にバスラ下流の左岸ムハンマラ（現イランのホッラムシャフル）にイブン・サウード（代理

出席）を招いてコックスが主宰した国境画定会議は、一定の結論を得て「ムハンマラ条約」となるが、合意を代理者の越権と見たイブン・サウードは内容を認めなかった。

状況はさらに悪化したため、同年十一月二十一日からバフライン（バーレーン）湾の奥、カタル半島対岸の漁村ウカイル（ウジャイル）にコックスが出向き、海浜に設けられたテントでイブン・サウードと直接協議した。交渉の長丁場では、イブン・サウードが「父とも頼る」コックスに泣かんばかりの哀願をしたというようなエピソードがいくつか伝えられているが、十二月二日にほぼコックスの意向どおりの国境が合意され、ムハンマラ条約付属の「ウカイル議定書」が成立した。この国境線の原案はガートルードの手になったもので、現在のイラクの南部、西南部国境線は、クウェイト周辺や中立地帯などの調整を経ているがこのときの合意に基づいている。

すでに前年末に、部族間の衝突を放置できないと見ていた彼女は、十二月五日にハーイルの来訪者とアナイザ族のファハド・ベイを事務所に招いて砂漠の国境を具体的に協議した。

〔ファハド・ベイの〕私の砂漠知識に対する買いかぶりには恐れ入ります。コーンウォリス氏が彼に自分の部族境界を示してほしいと言ったとき、彼の答えは「ハートゥーンに聞きなさい、知っているのは彼女です」だけでした。この博識の評判を維持するべく、私は、ファハドからはアナイザの主張する井戸をすべて、ハーイルの男からはシャンマル族の主張する井戸をすべて、注意深く聞き取りました。どうにかこうにか、境界線として妥当なものができたと思っています。……サー・パーシーは、イブン・サウードとファイサルに、部族と土地のイラクに帰属すべきもの、イブン・サウードに帰属すべきものを明確に取り決める会議を早急に持たせたい意向です。会議の場所はたぶんクウェイトで、サー・パーシーが連れて行ってくれるのを私は切望しています。でも、私を帯同する理由は見当たらず、むろん私から持ちだしてもいません……（二一年十二月五日、父あて)。

会議は一年先に延び、それにガートルードが出ることは叶わなかったが、その努力は報われて、彼女が白紙に引いた線は基本的にいまなおイラクとサウディ・アラビアを分けて走っている。このように二国間の国境が決まった例がその後にあるかどうか寡聞にして知らないが、第一次大戦の産物では最後のもののひとつであり、イラク・ハーシム王国が雲散霧消した現在、ガートルードの手作りの遺品として最大のものといえるだろう。

ウカイル会議で生まれたもうひとつの挿話に、第三者が記録したガートルードの印象記がある。イブン・サウードの台頭に注目したレバノン系米国人トラヴェラー、アミーン・リハニーが、鎖国状態のアラビアでなんとかして彼との面談を実現したいと考え、紅海沿岸、イエメン、ボンベイを経てバグダードに到着した。入国を統制する各地の英国出先で試みても、どうにもならなかったのだ。

ファイサルに表敬を許されたあと、ティグリスを渡って高等弁務官府にガートルードを訪れ、翌日にはコックスとも面談して、彼がイブン・サウードとの会談に臨もうとしていることを直接聞かされた。ファイサルが虫垂炎の手術から快復して間もない九月十日ごろのことだった。それから二ヶ月ちかい間、彼は何度かガートルードの家や彼女が館長を務めていたイラク初の図書館「サラーム・ライブラリー」で識者を集めた夕食会に招かれ、またイラク各地を見てまわった。そして僥倖にも、コックスとウカイル会議に同行する機会を与えられ、イブン・サウードとの面会どころか、会議終了後はリヤードそのほかアラビア内奥を歴訪することを得た。その特異な体験の記録が『アラビアのイブン・サウード、その住民と国土』Ameen Rihani: *Ibn Sa'oud of Arabia, his People and his Land*, London, 1928 であり、第二章全八頁の大部分を割いて著者はガートルードとコックスを語っている。

リハニーのガートルードに対する第一印象の一部はウィンストーンの伝記で引用され、セアラ・グレアム＝ブラウンが同個所を再引用した解説がヴィラーゴ版『シリア』に付せられたために、筆者はその訳書で訳出しておいた。一部重複するが、つづく部分で興味をひくところを併せて紹介しておきたい。

……その容姿はまったくのイギリス人――ひょろりとして背が高い。顔は貴族的――長めでとがった感じ。銀髪はきめの細かい肌がいつもたたえているピンク色にそぐわないでもない。……彼女は会話の手綱を自分の手から放さない。ほとんどなまりのないアラビア語を話し、しばしば英語を交え、強調するときには、おしつけがましいがしかし優雅な身ぶりが入る。そのエネルギーと俊敏さに私は驚嘆した。話をしながら、彼女はたて続けにシガレットを吸う。長椅子《ディーワーン》から立ち、部屋中を行きつ戻りつ、活発――しかも加速度的に、と言おうか――に歩く。開き窓をあけ放して新鮮な空気を入れ、ふたたび長椅子に身を投げかけ、煙草を吹かし、また語り、語って、非常に相手を立てるような調子で私をアミーン・エフェンディ〔教養ある紳士に対するトルコ人の敬称として〕と呼ぶ。私はうれしく思った。気が楽になった。私は自分に言い聞かせた、ハートゥーンはやはり女だ、アッラーは誉むべきかな、と。彼女が初対面で心中を吐露した中身に、私は感嘆した……彼女はまるまる政治的なカーテンをほとんど捲きあげて、どんなに誠実にファイサル王とイラクの住民に接してきたかを見せたのである……。

彼女が、答えを待って話を止めようとしないのはありがたかった。私のイエメンやアシール〔アラビア半島西南部の紅海側内陸地〕の旅について話しつづけて――問いかけるのではない――やまなかった。彼女が公信で知りうるかぎりに私を追跡していたのはあきらかで、そのことは驚くまでもない。アラビアにいる英国の駐在官〔インド総督管下の〕は、定期報告をインド政庁のみならずエジプト、スーダーン、イラクの同僚にも送付するのが通例なのだ。

ミス・ベルは、話をファイサル王に戻した。王は当時、彼女にも高等弁務官にも腹を立てていて、対英条約の締結を了承していなかった。「ファイサル王のためには一生懸命に働きましたよ、全力をあげて誠心誠意尽くしました……部族は彼に反抗し、シャイフたちも彼に票を入れようとしなかったのです。それを、彼らと議論し、説き伏せ、納得させました。私が、彼らをファイサルに投票させたのです。まったく、アミーン・エフェンディ、私はありとあらゆる努力を彼のために傾注しました。皆が言うのはこうでした、この男はヒジャーズ人だ、よそ者だ。でも私は彼を保証したのです、アナ・アルカフィール（私が保証人です）と言ってね。ほんとうですよ、アミーン・エフェンディ、私は母国を愛するのと同じくらいにイラクを愛しています。私はイラク人のようなもの。私は、イラクの国民が、私どもに協力して国を進歩させながら、自由を手に入れ独立を達成するのを見届けたいのです」。

……本章で彼女を持ち出したのは、サー・パーシー・コックスのころには、彼女が、国家の機密のみならず、その鍵の番人だったためである。まず後者こそが――当時、もっぱら私の関心事であるネジュドへの鍵のあり場所だった。彼女が、ドアを開けてくれるだろうか？

話を持ちかけたとき、私はハートゥーンにごくごく控えめを心がけた……最初の質問をしたとたんに、彼女の口調と態度が変わった。返事には、イラク事情を語るときの直截さ、率直さがなかった。彼女は言いよどみ、思いあぐねていた。

……つぎの日に訪れた高等弁務官サー・パーシー・コックスは、ミス・ベルとはうってかわって、自分が話しまくることで人を楽しませてはくれなかった……ところが突然、どんな論理的関係があったが思い出せないが、イブン・サウードが話題になった。ナジュドとイラクの間に少々もめごとがあり、条約も交渉中だった。こうした問題を抱えて、高等弁務官は近々彼の友人、スルターン・アブドゥル・アズィーズ〔イブン・サウード〕に会いに行こうとしていた……英国人でない私は、もう本音を言わずにいることができなくなった。「イブン・サウードのところへお供させていただけませんか、お許しの範囲で何ごとによらずお役に立ちましょう、あなたにも英国政府にも費用はおかけしないで」。彼は笑って何か言ったが私には聞き取れなかった。そこへ従僕が入ってきて言った、「ご昼食ができました、サー」。

……〔二ヶ月間待ち、バグダードには倦み果てて、シリアへ行こうかと思案中に〕ある日、ミス・ベルから電話がかかってきた――高等弁務官とご一緒に行かれることになりました。あまりにも唐突だったが、私は持ちこたえた。ところがその翌日、ロイド・ジョージ氏が首相職を投げ出し、内閣は瓦解したために、高等弁務官はあと一週間か十日は仕事を離れられなくなった……。

アミーン・リハニーの描くガートルード像には、彼女が両親あてに書き綴る、所詮は「りっぱな、いい娘ぶり」を見せたい気持の見え隠れする手紙から読みとれるものとは異なる印象がある。ここでは、生地をあらわにしたオリエンタル・セクレタリーの横顔が垣間見える。ただ、ガートルードが「エフェンディ」という敬称ひとつで、おそらくは世紀の変わり目のころにトルコの圧制を新世界に逃れた、多くの貧しいレバノン人（その実態については、『シリア』に印象的な観察がある）の一人であったろうアミーンの心を捉えたらしいのはおもしろい。彼女が、これはと思った相手の気持を瞬時に捉えるすべをよく心得ていたことは、若いときから有名だった。計算ずくというよりもいわば本能的な反応なのだが、彼女が阿諛追従を示すような人柄でもなく、それを必要とするような立場にもないことは周知の事実なので、相手は破格の好意の表れと受けとめる。それが全然作動する余地もなかったのが、たとえばA・

T・ウィルソンの場合だった。

一年前に、米国の「ニューヨーク・ヘラルド」紙が「メソポタミアの無冠の女王」という見出しで、興味本位とすらいえないような、大げさでいい加減な記事を載せたのをアミーンが見ていたかどうかは分からない。彼女は言う――「こんなばかばかしい、でたらめを書く記者は六ヶ月の重労働もの」、「それは誰の目にも触れないように隠しました」（二一年十月九日）。ただ、彼のように米国に住むアラブにとっては、彼女の名はある意味で英国内以上に大きな関心事だったのだ。

ところで、ガートルードがアミーンをどう見ていたかだが、彼女はこう述べている。

……アミーン・リハニーという、ちょっとおもしろい人がやってきました。生まれはレバノンですが十歳のときにアメリカに渡り、それ以来、彼のいうには「アラビア語を学びに」シリアに六年間戻ったほかはあちらで過ごしています……昨日、訪ねてきてゆっくり腰を据えていましたが、私は、自分がアラブ民族主義者であること、アラブ民族主義が芽生える唯一の場所は、もしそれを私たちが育てられるとして、イラクであること、を話しました。彼は、たちどころに問題のひとつを摑んで、「この国には、行政そのほかの政府の役職を務められる一流の人材が充分にいますか？」と言ったのです。まさしく、ここにはむろんいません、でも、どこにならいるでしょうか。それにしても、当地では人材不足はきわめて深刻なのです……（九月十日、父あて）。

一九二二年の暮れを、ガートルードはまた地方で過ごした。「老」がつき始めた独身女性《スピンスター》には、目ぼしいものが何もない町でのクリスマス休暇は始末にわるいものだった。コーンウォリスらの単身赴任組とヒッラよりさらに南方のユーフラテス左岸、シャミーヤ付近に鳥撃ちに出かけ、十二月二十八日に帰ってくると、ドブズが着任していた。

年が明け、コックスが新内閣との打ち合わせのために三月末までの予定で帰国中は、比較的平穏だった。一月末に、王弟ザイドが北辺を固める意味でモースル駐在となってバグダードを離れた。おなじころ、ウィルソンが立ち寄った。

ATが、妻とともに来ています〔かつては単身赴任〕。レディ・ウィルソンには、ほれぼれとさせられました。繊細な、気品のある人で、しとやかで内気そうなたしなみが実に魅力的です。こんどの金曜日に昼食をともにする予定です（一月三十日）。

ウィルソンは、前年の一月末、二月末にも彼の勤務するアーバーダーンのアングロ・ペルシア石油の仕事で来訪している。あとのときは、灯油を売る用件だった。同社は製品価格を引きあげて評判が悪かったが、輸送費高騰を理由にしていた。パリでの接触はともかく、ウィルソンと初対面だったファイサルは、ならばムハンマラ（カールーン川を隔てたアーバーダーンの隣地）渡しで買い、運賃はイラク側で持つと言ったが、ウィルソンは受けなかった。翌日、ガートルードに会ったとき、ファイサルは「おお、わが姉御よ、まったくのぬすっ人だ、あれは！」と怒った――

ATは、私にはきわめて愛想がいいのです、そしてアラブ政府を誉めそやす言葉を新聞に載せています。でも内々聞くところでは、もっても十八ヶ月の寿命、と言っているそうです……（二二年二月二十六日）。

〔また、ファットゥーが訪ねてきて〕バグダードになにかめぼしい仕事はないか探しにきたようです。北シリアはまったくの不景気で、トルコが戻ってきてフランス人を追い出してくれないか、と誰も彼もが言っているそうです（二三年三月一日）。

ダマスカスの大切な旧友、シャイフ・ムハンマド・バッサムが、砂漠横断の直行自動車便を始めようとしていますーーダマスカスーバグダードを二日間で。やるものですね。先週、関係者を全員連れて、来ていました（四月十日）。

国王主催の盛大なサー・パーシー送別夕食会がありました。断食月《ラマダーン》の最初の夜のはずだったので、アルコール厳禁でしたーーところが、たまたま細い月は雲に隠れていたので、シャンペンもよかろうということになり、陰気くささは減ったわけです〔月の出で日づけが変わる太陰暦のため、月が見えねばまだ前日とのこじつけ〕（四月二十四日）。

任期を終えたコックスは二三年五月三日に惜しまれて帰国し、ドブズが高等弁務官に就任した。ガートルードは引き続きドブズのオリエンタル・セクレタリーを務め、両者の関係は円滑であった。しかし、コックスよりは官僚タイプのドブズは、状況の変化もありガートルードを前任者のようには用いなかった。コックスが帰国して十ヶ月ちかく経ってから、彼女は母にこう書いている。

サー・パーシーから銀のフレームに入れたご自分の写真が届きました。写真の隅には自筆で「同志として最良の人に」と書いてあります。あの方に書いていただくなら、これ以上にすばらしい言葉はないのでは？……いまでも、彼のいないのは寂しく思います。断続的でしたが、むずかしいときに六年間も一緒に仕事をしたのです。何ごとによらず、彼がいつも私に相談するのは習慣になっていました。サー・ヘンリーは、そうとはかぎりませんーー彼には、相談する理由もないのです。よく彼はまず実行し、それから私に話をします……でも彼は非常に親切で、私の仕事を褒めてくれますし、充分に信頼のおけるりっぱな上司です……（二四年二月十三日、母あて）。

手紙の最後の部分は、母親に心配をかけまいとする配慮が入っていると見ねばならないだろう。ATウィルソンのときも、出足は似たようなものだった。しかし、その後もドブズと行き違いがあったわけではなく、ウィルソンの再体験はせずにすんだが、あたらしい国の運営という別の問題で悩む時代になりつつあった。

コックスが帰国したあとを追うように、ガートルードは休暇をとって帰国した。五月十日に英空軍機に便乗してバグダード発、ラマーディー経由で翌日ジーザ着、そこでレヴァント探訪にポート・サイドからやってくる父と落ち合った。ジーザというヒジャーズ鉄道沿線の寒村が、当時は重要な乗り継ぎ地であった。ガートルードは父を聖地のあちこちに案内してまわり、二十一日にハイファへ、そしてコンスタンティノープルを経て三年ぶりにロンドンに着いた。その間にメイドのマリーも休暇をとり、船でフランスへ帰っていた。

帰国中のガートルードに記すことがあるとすれば、そのひとつはロレンスが、執筆中の『知恵の七柱』（現在流布中の普及版に先立つ、いわゆる「オクスフォード版」）について、出版を薦めるガートルードと交信していることだ。それは、前掲ジェレミー・ウィルソンのロレンス公認伝記（七二一頁）に引用されたロレンスの短い手紙が語っている。わずか八部しか刷られなかったオクスフォード版がともかく日の目を見たのに、ガートルードが関わっていたとは印象深い。

もうひとつは、フィレンツェ生まれの米国人著名画家、ジョン・サージェントが描いた彼女の肖像（本書のカバーならびに第19章扉写真）が残ったことだ。鉛筆の素描とはいえ、五十五歳のガートルードの風貌がこれほど的確に表現されたものはない。数々の秀作を世に出したサージェントが死去したのはわずか二年後なので、ガートルード像が彼の手で描かれたのは僥倖だったし、仮に一年後であればバグダードの彼女は八月から九月にかけて異常な暑熱と心労で倒れ、医師シンダーソンに毎日二度来訪してもらう状態だった。一時は文字どおりに骨と皮のみとなり、はげしく落ちこんでいた。たまたま、ガートルードの妹エルサ夫妻を訪ねてセイロンに滞在中の父にまで、気弱な手紙を出している。さいわいに快復して、後述のハーナキン訪問も可能となったのだが、このとき以後、彼女は極端に痩せ細って体格に関するかぎり昔日の面影を失ってしまった。

彼女は八月二十三日にロンドンを発し、マルセイユ、カイロのあとは飛行機利用でジーザに着いたが、次便の故障で一泊を余儀なくされ、翌日も機体不良で五回の飛行やり直しののち、九月五日にバグダードに帰着した。このころ就航を始めていた9Aという乗客二人用の航空機は、カイロ―ジーザ間をノンストップで三時間四十五分、ジーザ―バグダード間をおなじく五時間四十五分で飛んでいた。ともかくこのときの帰路のトラブルには、さすがこわいもの知らずのガートルードも音をあげている。

ジーザで足止めの間、彼女はアンマーンで一泊したが、そこへ当時駐在していたフィルビーがアブドゥッラー王とともに訪れた。彼らはファイサルの近況とイブン・サウードの動きについて情報を交換し、夕食にはフィルビーの妻と英国から来訪中の彼の母親と息子も加わった。この息子が、長じて英国情報部に勤務し、やがてソ連の二重スパイだったことが露見して世界を驚かせたあとソ連に移り住むハロルド「キム」である。ガートルードはフィルビーと深夜まで語り合い、フィルビーが不遇をかこったことを伝えている。バグダードを去ったときのことを話題にしたかどうかは分からないが、ガートルードは「彼は話のできる人間が現れたのがうれしかったのだと思います。私たちはかつて仲のよかったころにすっかり戻ってしまいましました」と言っている（九月五日、両親あて）。前述したウェストミンスター・ガゼット紙の事件が起こったのは、一年先のことである。

翌二四年六月十日、午後十二時の期限までに条約が批准されなければ、英国は委任統治国の責任として条約以外の強行的な手段も考慮することを国際連盟に通知せざるをえなくなる。イラク政府からは期限延長の要請が入ったが、ドブズは不退転の構えだった。その午後十一時三十分に批准が可決された（議員数一〇〇、出席六九、賛成三七、反対二四、棄権八。棄権は脅迫によるという）。ガートルードは、「半時間の差で、シンデレラに勝ちました！　条約は昨夜十一時三十分に批准されましたが、いったいどういう具合にやりとげたのか、いまでも分かりません」（十一日、父あて）という歓喜の言葉で始まる、非常に長文の手紙で一日の長かった動きを伝えている。一週間後ですら、「安堵の驚きから、いまだに立ち直れません」（十七日、同）と述べる。とにもかくにも、八年後の独立までの基本的な道筋はこうして設定された。

その数ヶ月後、ファイサルはペルシア国境に近いハーナキンに取得した料地での息抜きにガートルードを誘った。彼女は夜行列車で現地を訪れ、先行のファイサルと合流して鶉《うずら》撃ちに興じた。料地はハーナキンから二〇マイルほどの、ペルシアの山々が遠望されるところで、ファイサルはそこに麻と綿花を植えるつもりでいた。まだ狩猟用の山荘はなく、星空のもとで夕食をとりつつ、ファイサルは、「自分がどんなに孤独で、バグダードが与えうるものといえば王宮と執務室しかない、さえない毎日の仕事を逃れる手段としてこの料地に来たいとどれほど願っていたかを切々と」ガートルードに語った（二四年十月七日、父あて）。彼女には、王の孤独を訴えるファイサルの気持が痛いほどよく分かった。

王子ガージーの到着は、この直後のことである。先に述べたように、メッカは大恐慌のただ中にあり、一族の将来を気遣うファイサルは極度の興奮状態に陥って、ガージーに正式譲位して隠退すると口走った。

……ただしサー・ヘンリーに向かってのみで、それでどこへお出でになるのかと彼に訊かれた王は、答えに窮しました。王の一族は多数の「さまよえるオランダ人」となって紅海を航海中の模様です。サー・ヘンリーに静観を薦められた王は、退位を四日間だけ撤回！　思い出しますが、一九二二年〔即位一周年当時のことか〕に、ケン・コーンウォリスはファイサルの退位状を一ヶ月間抽斗《ひきだし》に保管したことがありました（十月十五日、父あて）。

ヒジャーズを追われたフサインをどこが引き受けるかは難問題で、イラクとパレスティナの両高等弁務官は、たがいに相手に推しつけようとした。ガートルードも、彼にバグダードに来られてはとんでもないことになると一時は怖れた。

英国との法的な関係だけは確定したとはいうものの、内在的な問題は何ひとつ解決されず万事が流動的なまま、王国はつぎの段階に入っていった。

ローズメアリー・オブライエンは、前掲『ガートルード・ベル、アラビア日記』の解説で、イラクで彼女が果たした功業を概略つぎのような五点に絞った——一九二〇年の暫定内閣成立への寄与、二一年夏の国民投票で部族民をファイサル信任でまとめたこと、イラク国内の政治動向を英政府に伝達した情報活動、イラクとサウディ・アラビア、クウェイト間の国境画定、イラク博物館の創設（次章参照）。その上で、オブライエンはこう述べている。

歴史は、試みた実験が実らない人々に思いやりがあるとはかぎらない。一九二三年には、ベルはイラクにおける英国の意図に疑問をもち始めていた。アラブ民族主義はひとつの現実として高まる一方だった。国王の人気はあがらず、基本的に部族本位の社会は外国の諸制度を受容しなかった。親英派のシャイフたち、都市有力者たちで作りあげた議会を説得して、国際連盟委任統治が組み込まれた条約を受け入れさせる努力も、かろうじて成功したにすぎない。

第18章

考古学（2） 文化財保護

イラク博物館旧館，在バグダード，ティグリス川左岸。正面奥にガートルード顕彰碑（序章参照）がかすかに見える。建物が手に入ったとき，ガートルードは「大英博物館をちょっと小さめにしただけ」と手放しでよろこんだ。ニムルード出土の有翼人頭牛像は彼女の死後に搬入設置〔*Pocket Guide to Baghdad*, The Time Press, Baghdad, 1953〕。

ガートルードは、あいかわらず多忙をきわめていた。高等弁務官府が午前七時半に開く前に出勤するとすでに面会人が列をなす状況で、私信を書くのも朝食前の五時半、六時半という時間を充てていた。しかし、立場が「創り出す」から「観察し、報告する」に移り、また多少は世間が落ちつくにしたがって、彼女の関心が考古学に戻ってゆくのは自然だった。

すでに二一年六月、ファイサルの到着前に、ガートルードはイラク最初の公共図書館、「サラーム・ライブラリー」の館長に就任していた。彼女は自分の名で英国の著述家、出版社、書店などに通知を出し、同図書館が発行する刊行物に寄贈図書の書評を掲載することを報じて、東方諸言語、西欧諸語で書かれた書籍収集のための協力を要請している。アミーン・リハニーの歓迎会を同図書館で催したように、ここはガートルードが自由に利用できる、バグダードでは数少ない施設のひとつになっていた。このころから、彼女は各種の文化行政に携わっていたのだ。

英・イ条約の文化財に関する条件を満たすためにもガートルードは法整備に取りかかり、法律専門家の協力のもとに二二年七月には「古遺物発掘法 Excavation Law」案を作成、閣議にかけることでファイサルの了解を得た。同時に、彼女はみずから希望した「仮」考古局長に任命された――「……〔ファイサルは〕考古学については完全に信頼できます――T・E・ロレンスに鍛えられたおかげで」（七月二十日）。

考古局は教育省ではなく公共事業省に設置されて、十月にはガートルードが責任者、ただ非イラク国籍のため「名誉」局長に任命された。公共事業省を切り盛りする建築家J・M・ウィルソン（少佐）は、ガートルードの死の直前に帰国するまで彼女の補佐を務め、彼女の知己の一人となった。
戦争で中断していた発掘作業にも、再開のうごきが出てきた。同十月には、カルケミシュの発掘者で、ガートルードにとっては戦中にポート・サイドの情報将校だったときに会って（第13章）以来のレナード・ウリーが、大英博物館とペンシルヴェニア大学の合同調査団の団長として二年計画でウルの発掘に姿をみせた。二年どころか十三年も続く古代スメール遺跡発掘を成功させたサー・レナードも、このときはまだ四十二歳の若さだった。ガートルードは彼をファイサルに引き合わせ、たまたま翌日には法案提出者として閣議に出て、古遺物発掘法案に閣議了承を得た。

……イラクの閣議は漫画的です。ナキーブは自分のソファの隅に体をもたせかけており、書記官サイイド・フサインが部屋の中央の小机に向かい、五閣僚は部屋のまわりに置いた椅子やソファで好きなように坐っています……ティグリスに開け放った窓から射す陽光がしみひとつない清潔な室内に明かりを入れる、まことにおだやかで静かなところでした……苦労して作った私の法案に移り、二時間かけて逐条的に審議しました。原則的には了解され、条文のアラビア語に若干の字句訂正を要するのみでした。終わると、私は礼をして退席し、サラーム図書館の評議会に出て、私の要請にサー・フレデリック・マクミラン〔著名出版業マクミラン社の二代目オーナー〕が応じてくれた四十ポンドばかりの書籍を納本しました……（十一月一日、父あて）。

高等弁務官のオリエンタル・セクレタリーとしてひろい行動の自由のあったガートルードも、イラク政府の閣議に当事者として出たのは初めてだが、これがいわゆる出土品現地管理を世界に先がけて法制化する第一歩となった。
それと前後して始まるバグダードのイラク博物館創設計画は、ガートルードが晩年の心血を注いだ仕事である。それについては、わが国では既述の鳳英里子氏の論文③の一部、ならびに国士舘大学イラク古代文化研究所教授岡田保良氏の「近代イラクの文化遺産をめぐる国際協力と保護法制」（同研究所「ラーフィダーン」第二三巻、二〇〇二年）で論じられている。前者は、第4節「ウハイディル調査以降のベルの活動」で出土品出土地域管理主義の誕生、イラク考古法、ベルの遺産・現代の文化遺産保護倫理、の各項を概説し、「彼女の遺跡への関心が調査研究から保護活動の対象へと発展した事を意味している」と見て、研究者としての卓越を評価する。後者は、論文主部を「《文化財保護法》以前と以後のイラク」「《文化財保護法》の理念と考古総局」の二節に分かって、十九世紀半ば以後のイラクにおける考古発掘の歴史と文化財保護行政の展開を概観し、保護行政の創成期を主導したガートルードの業績に触れている。前者の「イラク考古法」と、後者の「最初の文化財法」は同じものを指す（本稿では「文化財法」という）。

近年の海外での論考では、岡田氏論文で紹介されているM・T・ベルナルドソン「奪われた過去を取り戻す――近代イラクにおける考古学とナショナリズム（一八〇八－一九四一）」Magnus Thorkell Bernhardsson: Reclaiming a Plundered Past - Archaeology and Nationalism in Modern Iraq, 1808-1941, 1999（一九九九年イェール大学学位請求論文）が本問題を直接のテーマとしている。著者は、イラク側のアラビア語資料も駆使した全六章、三六八頁のうち、第三章「第一次大戦と英国による占領」、第四章「メソポタミアからイラクへ――委任統治下の政情」、第五章「委任統治時代の考古発掘」の各章のかなりな部分を充てて、ガートルードとその周辺をきわめて詳細に論じている。

ベルナルドソンの記述で注目すべきひとつの点は、ガートルードの楽観的見通しに反し、古遺物発掘法案が二四年六月に「文化財法 Antiquities Law」として成立するまでに二ヶ年の長期を要したことの検討である。イラクの歴史家の記録や当時の新聞を徹底して調査したにもかかわらず、延滞の理由を発見できなかったベルナルドソンは、この新立法が関係者によってほかの事案とのかけひきに利用された可能性を指摘している。

ガートルードの新法は、出土品現地管理を原則としつつも正規に許可された外国の発掘者への配分を認めている。二二条、二三条で考古局長（当時はガートルード）の裁量で出土品からまずイラク博物館に収蔵すべきものを選択し、残余のうち発掘者に報奨として与えるものを決定、その分は発掘者が自国に持ち帰ることを認めることを規定した。それは過去一世紀以上の欧米各国による略奪的発掘と搬出の習慣に照らせば画期的なもので、考古学者側からはわずかな報酬で肉体労働に駆りたてるようなものと非難されるほどだったが、ヤーシーン・パシャをはじめとする民族主義者には看過できないものだった。ガートルードは、イラク考古局を預かる立場から、また自分の信念から、イラクに重要出土品が残る斬新な方策を打ち出したつもりだったのに、出土品はすべて現地に残すべしとする強硬な反論が、それもほとんど足元から起こることを想定してはいなかった。

二三年二月末にウリーの発掘品の第一回分を配分するために彼女はウルの現場に行き、最良品をイラクに残し、あとをウリーが納得できるように埋め合わせをする形で処分した――「……彼は決して不満足でなかったと思いますし、私たちも満足しました」（三月一日、父あて）。しかしそれすら、いまではイラク考古学で伝説的な存在となった発掘者としてのウリーの心情では、このときの配分は「つらい措置」（ベルナルドソン）だったのである。

配分に完全な合理性を期待するのはむりなことで、痛み分けでは納まらず、「英国人でありながらどちらの国益を」、あるいは私益を優先するかといった不毛の議論が起こりうる。二四年三月のシーズンの終わりには、バビロン東方のスメール遺跡キシュで、オクスフォードのラングドン教授とガートルードは出土品の帰属について論争の末、コインの表か裏かで決めている。それでも、イラク側のみならず、オクスフォードのアシュモリアン博物館とシカゴのフィールド博物館にすぐれた古遺物をもたらしたほどゆたかな出土だった。ただつねにそうとはかぎらないので、ガートルードは、配分にあたって母国と新国家の利益相反に悩み（ベルナルドドソン）、「考古局長として私はイラク政府官吏であり、発掘許可を与えた条件に縛られています」（二四年三月六日、父あて）と自縄自縛の苦しさを訴えている。

出土品問題でガートルードの最大の敵対者は、教育省からは独立した教育監、サティ・アルフスリだった。かつてシリアのファイサル政権で教育相を務めた、イエメンに生まれパリで学んだシリア人の彼は、ガートルードが二三年夏に帰国中には自分の法案まで用意した。閣僚の交代とは連動しない地位にいる彼との議論で、出土品を全面禁輸にすれば発掘しに来る者はなくなると彼女は主張した。また、クレタでは出土品はすべて現地博物館に所蔵されるとフスリが反論すると、彼女は、ただぶっきらぼうに「イラクはイラク、クレタはクレタ」と答えたという。しかし、最終的にガートルードの原案が法律となったことを、ベルナルドソンは「政府の決定に対する彼女の影響力と英国の究極的統御の証左」と結論づけている。そのとおりとしても、反対派には出土品の管理について確たる計画があったわけではない。

いまでは、出土品の現地帰属の原則が疑われることはほとんどない。ガートルードの作った法律は、三六年により具体的、体系的な新法「一九三六年文化財保護法」に置き換えられ、さらに七四年に抜本改正されて現在（二〇〇二年）にいたった。岡田氏論文は、現行法について詳細な解説を加え、文字通りガートルードに始まったイラクの文化財保護行政の経過と現状をあきらかにしている。

戦中の一七年に、梱包された大量の貴重な古遺物がベルリンに発送される寸前の状態でバスラに残っていたのが発見された。ドイツの考古学者ヘルツフェルトがサーマッラ（バグダード北方一八三キロ、ティグリス河畔の古都）で発掘し、バスラに運んだところで開戦となって留置されていたのだ。戦後にその処理が問題になり――つまり、英国としてはなんとか取得したい――A・T・ウィルソンもコックスも頭を痛めた。結局、カイロ会議の直前にチャーチルの決断で「サーマッラ古遺物」は英国に送られることになる。チャーチルは、コックスの進言で遺物は戦利品であり、バスラに放置すれば損傷がすすむのみ、ということを根拠に搬出を進めたが、外相カーゾンが筋を通して異論を唱えたことから、最終的に遺物はイラクからの借用という形で処理された。英国に到着した現物は、ロレンスとドイツから招聘されたヘルツフェルトによって精査されたのち大英博物館などに保管され、一九三六年までにはイラクに返還された。

カイロ会議を挟む忙しい時期に（事実、遺物は会議の開催中に積み出されている）、チャーチル、カーゾン、ロレンス、コックスらがこの問題に深く関与していたことは、中東出土品に対する彼らの思い入れが読みとれて興味を誘う。

有名な「リスボン・コレクション」（航行中の開戦でリスボンに避難した船の積載古遺物をポルトガルが押収）などの事例とともにこの項を詳述したベルナルドソンは、コックスがイラク新政権の成立を見越して古遺物を英国へ搬送することを急ぎ、「一方的に」「最後の機会を」捉えたとする。ただ、その判断にガートルードが関与したかどうかは不明という。コックス、ガートルードたちは二月二十四日にバグダードを出てカイロに向かっていて、この前後の彼女の書簡に本件への言及はない。しかし、これだけの問題でコックスの対応をガートルードが知らなかったとは考え難く、あるいは尊敬する上司の異例の措置に彼女としては不満だった、と想像できなくもない。ともかく、バグダードに博物館があれば、この種のできごとはまったく別の様相を呈したにちがいないのである。

博物館がなかったイラクで、ガートルードは一九二三年発掘シーズンの最初のウル出土品からイラクの取り分の一部を選んで公開した。同年三月十日のことで、彼女はティグリス東岸の旧市街にあった国防省に借りた部屋に机を並べ、出土品を英語とアラビア語の説明をつけて展示した。まずファイサルに見せ、ついで閣僚や有力者を招待し、午後にはレナード・ウリーが講演をして、いずれも大好評であった。ウリーの発掘物語は、たとえ旧約聖書の記述への牽強付会が過ぎるといわれようとも、いまなおロマンのただよう興奮を引きおこす。古代にはなじみの深いイラク人も、バビロンやアッシリアとは比べものにならない古さの遺物に接して目を見張ったのだ。

同年十月には、米国イェール大学のクレイ教授にバビロン考古学について講演をしてもらった。「〔英国人にもどれだけ通じたか、という話し方であったのに〕土地の人も非常に大勢聞きに来ました……当地には、自国の古代史に対するまったく本物の関心が高くて、講演にはかならず多数が集まります」（十月三十日、父あて）とガートルードは言う。

そのころには、彼女は独立した博物館をもつことを考えていた。

「午前中は大抵、公共事業省にいて――なにを、と思います？――イラク博物館を立ち上げるのです！　さ

さやかな始まりですが、始まりなのです」（十月二十三日、父あて）

イラク新政府が力を入れようとしていた学校教育における歴史はアッバース朝に始まるイスラム基調の民族史であって、ガートルードがあたためていた博物館構想はまったく次元を異にするものだった。それは、イスラムをはるかに遠ざかる古代の出土品を対象とする点で、「ベルは、ファイサルの政治日程に有用になるという具合に博物館を造ろうとは思わなかった」（ベルナルドソン）。したがって、「博物館の開設と編成は、彼女にとっては正規の勤務時間の外で手がけるべき、むしろ趣味であった」（同）。そのために、完成した博物館を一九二六年に初めて訪れたフスリは、「イラクのイスラムの伝統にはほとんど重点が置かれていないことに、衝撃を受けた」（ベルナルドソンの引用するサティ・アルフスリ自伝）。

構想から二年半ちかく経った二六年三月にようやく手ごろな建物が手に入り、部分的な改修を加えることになる。「大英博物館をちょっと小さめにしただけで、本式の博物館になることでしょう」（三月三日）と戯れる彼女の手紙は、うれしさに躍る筆致で母にこの取り決めを報じている。

彼女が展示室と陳列のレイアウトを決めるのに四苦八苦したことについて、ベルナルドソンは、「若いときの、もっとこみいった案件を思えば、この仕事に取り組むことで彼女が感じた重荷とエネルギー欠如は著しい」と言う。エネルギー不足は事実だろうが、「もっとこみいった案件」が何を指すかはあきらかでない。少なくともガートルードは同種の仕事をこれまでに手がけてはいないし、荒天のアルプス登攀とも、ロウントンの造園とも、戦場の行方不明者の追跡とも、ウハイディル遺跡の調査ともまったくちがった性質の能力を博物館開設は要求したことであろう。

旧宮殿《サライ》地区の一室を出て移ったところは、おなじくティグリス左岸のマアムーン街の北側にある二階建ての建物だった。のちのことを言えば、フスリの当惑にもかかわらず、ガートルードの死後早々から博物館はめざましい発展を遂げる。国費によるかなりな予算措置が講じられて、二八年には有名な一対の有翼人頭牛像がニムルード遺跡（モースルの南東）から運ばれて正面を飾り、イラク博物館のシンボルとなった。

三〇年代に入ると新立地が必要となり、三二年よりドイツの建築学者ウェルナー・マルヒ教授による壮大な設計が当時の飛行場や中央停車場にちかい西岸のサルヒーヤ地区を対象に進行する。しかし、第二次大戦を挟んで計画は大きく中断した。五七年に同教授に委嘱して建設が再開され、翌年の革命を経て共和政下の六三年に完成して世界でも有数の考古博物館となった。

ガートルードが初代名誉局長を務めた考古局も、文化・指導省管下の考古総局と名を変えて同敷地内に移転した。竣工当時の敷地は四万五千平方メートル、建築面積一万千五百平方メートル、二階建ての展示室床面積四千五百平方メートルとされている。

ガートルードが蒔いた一粒の種子が辿った経過は大略以上のとおりで、その収蔵物は帝国主義的収奪や戦利品でも、資産家の寄付によるものでもなく、世界の大博物館の出自としてあまり例のないものだ。それが先年の戦禍でこうむった被害は、まだわれわれの記憶にあたらしい。

第19章

晩年，そして死

ガートルード晩年の肖像。1923年夏，一時帰国時にジョン・サージェントの描いたもの〔『書簡集』下巻〕。

ガートルードは、五十台の後半に入っていた。戦中にカイロに出てから死去までに帰国は三度のみで、苛烈な環境の歳月は彼女の若さを人なみ以上に奪った。マラリアの発作は治まっていたが、寒さに向かうときと冬季には頻々と調子を崩し——自身では気管支炎という——医師が快復力の強さに驚嘆することはあっても、そのつど体力喪失といたましいほどの痩身化をもたらした。

また目についたのは、孤立である。もともと普通の意味で人づき合いのいいほうではなく、彼女の才気や実行力に惹かれた人の場合でも、心情的に相許したかどうかは別だった。英国でも国外でも圧倒的に男性中心の社会で過ごしてきた彼女には、同性の友人はわずかな知己を除けばきわめて少なく、むしろ女性に敬遠されることが男社会に居場所があるのと表裏をなすほどだった。バグダードでも、ウィルソンとそりが合わなかったからといって、彼女が同性の誰かに悩みを打ちあけたわけではない。コックスをはじめ、職場をともにした男がつぎつぎと帰国してゆくと、彼女は孤独である事実を思い知らされる。一人旅や遺跡の探訪で孤独そのものを情趣と見た若いときとは異なり、いまでは考古学への傾倒もかならずしも充分な代償とはならなかった。

孤立は、たとえばこのように現れる——駐在する英国人の夫人たちに、西欧の王妃に向かうようにファイサルの妃に膝をかがめ片足を引く《カートシー》挨拶をさせようとしても通らない。彼女のほうは、なかば日課になったティグリスでの水泳中にファイサルのランチが近づいてくると、ただちに川から出て雫のおちる水着のまま立礼するほどだった。駐在の若手はレディ・コックスも含めて、なにかといえばクラブ——

排他的な「スポーティング・クラブ」は、少なくとも一九五〇年代まで残っていた——で明け方までダンスに興じた。流行のダンスも曲もいいとは思わないガートルードが仲間に入っても、自他ともに楽しいわけはなく、彼女はおのずと身を引く。コックスが出張して不在になればとたんにダンス、という風に高等弁務官府全体がだれてしまう。ある夕食会では、同僚夫人の派手なドレスや襟ぐりの深さをもってのほかの無作法と見て、ひそかに最低の呪いの言葉を吐きかけた。そして彼女らを、両親への手紙で「Bクラスの妻たち」と罵倒した。

新任の若い外交官が無知で、なにかと彼女を立てて教えを乞う。あるとき、ハールーン・アッラシード時代のバグダードはどうだったのか、と訊かれた彼女は、モンゴルに侵されて跡形もない以上、世界中に答えられる人間はいないのだ、とまでは我慢して説明した。ところが、彼がつぎに「トルコ人はセム族ですか」と訊ねたのには「頭に来て」、ブリタニカ百科辞典でも読んで出直しなさい、とどなってしまう。議論やアラビア語ではまず勝ち目のない若手たちは、彼女を遠巻きにして敬遠するほかなくなった。

「レディ・コックスの愚かしさ」にも手を焼いた。来客四百人というガーデンパーティの準備を執事と手分けしてようやく終えたところに現れた夫人は、「樹木を洗っていない、埃まみれだ、と言いました！」。そして夫人が何をしたかというと、暑さを凌ぐための野外であるのにわざわざ日あたりのいいところにソファを並べたことだけだった。ガートルードは、物も言わずに人知れずソファを木陰に並べ直した。

そこで、前述のセアラ・グレアム＝ブラウンの引用する、ある若手が一九二四年にフィルビーに出した手紙で言ったことが生きてくる。

もはや、なんでもかんでも「無冠の女王」ではなくなったということです。仕事をやめてどうするかは知りません……世界中からやってくる、告げ口好き《テル・テール》の遺跡掘り《テル・ディガーズ》たちの群れに発掘権を配り歩くこと以外には。
……

ロレンスは、ガートルードが「あるときはホウガース、別のときにはウィルソン、また別のときにはこの私、そして最後はサー・パーシー・コックスと、そのときどきの有力者のしもべだった」と無遠慮なことを言っている――「精神に深みがないから、まるで風見鶏のように方角が変わった。もっとも、感情の深さと強さにかけては、それはもう、大変なもの！」。自分自身を引き合いに出す代わりにクローマーかハーディングの名でも挙げておけばもう少し説得性があったろうが、しもべ（slave）かどうかはともかく、コックスが最大の支柱だったのはまちがいない。しかしバグダードでは、ガートルードはファイサルのめかけとすら言われたときもあった。

彼女の孤独のつらさは、閉鎖的な小社会で若手の外交官やその夫人たちに疎んじられても、両親か、せいぜいチロルに手紙を書く以外には逃げこむ安息所がなかったことだ。むろん、ボナム＝カーター、ナイジェル・デーヴィッドソン、J・M・ウィルソン、S・H・ロングリッグ（本書でしばしば参照した『イラク』の著者）といった同僚、その妻、あるいは郊外に広大な畑地をもち新鮮な野菜や果物を届けてくる好人物の家主、ハーッジュ・ナジなどのイラク人の友人はいた。だが、いずれも気の合った人といえ悩みを本心から分かち合えるような間ではない。そして英国人の場合は、逐次ガートルードを残して転勤して行き彼女は送別会に出る一方となった。

サー・ヘンリー・ドブズはすぐれた上司だったが、セアラ・グレアム＝ブラウンが「新しいスタイルの《自由主義的》帝国主義」と「抜け目のない、ともすればマキアヴェリズム的ともなる政治手法」の持主というコックスに彼女が心酔したようにはいかなかった。

ウォラックは、いずれもガールードの死の前年の印象的な二場面を紹介している。ある軍人の回想だが、ひとつはカーズィマイン街道で、英国旗をつけた大きな公用車に乗り、護衛に二人のインド騎兵をつけたドブズに出会ったときのことだ。彼が車中のドブズに敬礼すると、サルーキ犬を連れ片鞍で白馬を駆って先導していたガートルードが三角帽《トリコルヌ》の縁に鞭をあてて答礼し、埃道を車とともに疾駆していった。当時の写真（本書口絵⑦）を見れば帽子はまさかトリコルヌではなく、女性用のボウラーを見誤ったと思われるが、それにしても時代がかった、高等弁務官の側仕えを気取った自意識過多のしぐさは周囲を鼻白ませただろう。「彼女の熱意は迷惑になりかねない」というのが敬礼者の感想だったという。ほかのひとつは、ファイサルが軍の観閲のときに閲兵台に近づくと、白の乗馬服で黒馬に乗ったガートルードが現れて王に寄り添った話である。ファイサルは横を向き、あとでドブズに、どこへ行ってもハートゥーンが出てくる、と愚痴をこぼしたという。

こうした挿話に前述したような英人コミュニティでの言動を加味すれば、グレアム＝ブラウンの評語にあるような人柄のコックスに重宝され、その後ろ楯を失って居場所が狭まったガートルードのありようが浮かび上がってくる。彼女の無限の誠意すら、評価されなくなっていたのだ。平時に自由人であったがゆえに発揮できた資質は、家族以外のコミュニティでは摩擦を避けられない因果なものだった。

二五年の夏に、ガートルードはマリーを伴い、最後となる帰国休暇をとった。七月七日にバグダードを自動車で出て三十五時間かけてハイファに直行し、鉄道でアレクサンドレッタへ、イタリア船でヴェネツィアへ、という経路で、ロンドンには十七日に着いた。自動車のなかったときに比べて、所用日数は三分の一以下に短縮されている。

二年ぶりに彼女と会ったフローレンスは、こう言う。

「彼女は非常な神経疲労にあり、精神的にも肉体的にも消耗しきっているように思われた。……〔ロンドンとミドルズブラの二人の医師の意見は〕完全な養生を要する状態にあり、バグダードの風土には戻るべきでない、とのことだった（『書簡集』下巻七三五頁）。

ガートルードがロンドン滞在中に数日をともに過ごしたコートニー夫人ジャネットは、『オクスフォード肖像美術館』（第2章参照）で六年ぶりに見た旧友の「白髪」と「骸骨のような体」に接した驚きを語った。

また、妹モリーの娘で十九歳だったポーリーン・トレヴェリアン、のちのダウアー夫人は、そのときの伯母の様子を後年こう述べている。

夏の暑さのなかでさえ燃えさかる暖炉が必要で、一日中、毛皮のコート――髪の色と調和した、くるぶしまで届くうつくしい狐の――を着ていました。そして長いキセルでトルコ煙草のシガレットを吹かしつつ、火に背を向けて、きわめて幅広い話題――過去の人、現存の人、歴史、文学、美術、建築、旅行体験、考古学、私どもの一家のこと、そして家内の皆に、なかでも自分の父親にどんなに尽くしたかを語るのです（ウィンストーンの引用する、一九七六年のニューカースル・アポン・タイン大学ガートルード・ベル展での講演）。

将来、帰国したとして何をしたらいいのかと訊かれたジャネットが国会に出ることを提案したとき、翌日にガートルードが出した返事はつぎのとおりだった。

せっかくだけれど、下院に出るつもりはまったくありません。あの手の政治はなにより嫌いで、私がいかに不適かをお知りになれば、二度とおっしゃらないでしょう、考えてくださるのはうれしいけれど。……私の生来の望みは、考古学と歴史という快適な舞台にこっそり戻ることです……この冬もバグダードに帰らねばならないでしょう、自分ではそれが最後じゃないかとは思いますが。……（八月四日）。

ロンドン滞在中には、ファイサルがコーンウォリスを伴って訪英してきたので、ヒューとともに二人を夕食に招いた。またガートルードはドブズ夫人エズミと食事をともにし、そのおなじ日には伯母メイジー、コックス、ヴァレンタイン・チロルがあいついで訪ねてきて、再会をよろこんだ。

ガートルードはロウントンとスコットランドで久しぶりの英国を心ゆくまで楽しんだが、不況の深刻化はベル一家をロウントンの館を維持しかねるところまで追いこんでいた。ヒュー夫妻はロウントンを引き払い、近くのやや小ぢんまりとしたマウント・グレース・プライオリ（第1章）に移ることを考えていた。

ガートルードはふたたびマリーを伴って九月末にロンドンを発ち、パリ、ミラノを経由してトリエステで乗船する。アレクサンドリア、ハイファを経てベイルートで上陸、バアルベクやパルミラに立ち寄って帰任した。シリアでは、フランスの支配（委任統治）に対するドルーズの反乱できわめて深刻な情勢だった——

フランス軍は、ドルーズ山地のほぼ三分の一を抑えていますが、それすら持ちこたえられないのは、あそこには水がなくて軍を維持できないためです（十月十日）。

ダマスカスという世界最古の雅致ある町をいまの形にした最後の仕上げは、この反乱にフランスが加えた爆撃、砲撃だった。

彼女は、十月十四日にバグダードへ帰着した。

> 戻ってくると、ほんとうに大変なことでした。最初の二日間は、オフィスにいても面会者があとも切らず、全然仕事になりません。「おお、われらが目の光よ」〔アラブが敬愛を表す最高の表現〕と彼らは言います、そして私の両手にキスをし、ほとんど滑稽なくらいに歓喜と親愛を現して、「われらの目の光」です。これでは、少々慢心してしまいます――私は、まるで大人物のような気になり始めました（十月二十一日）。

ガートルードは、かなり前から恋をしていた。相手はキナハン「ケン」・コーンウォリス、ファイサルに随ってバスラに上陸した日、ガートルードが「コーンウォリス氏――力と英知の塔が同行しています」（二一年六月二十三日）と伝えた、十六歳若い同僚である。オクスフォードではケンブリッジとの対抗陸上競技で毎年主将を務めていた二メートルの長身の「塔」を、ロレンスは『知恵の七柱』でこう評している――

> 〔カイロのアラブ・ビューローでホウガースの〕背後にいたのはコーンウォリスだ。一見粗野な感じだが、どうみても、この世にあるとは思えない融点何千度という金属でできている。それで彼は、白熱状態にいるほかの連中よりもっと灼熱して何ヶ月でもいつづけることができ、しかも冷静、冷徹な様子を保てたのだ（第六章＝オクスフォード版第八章。柏倉俊三訳を一部改変）。

コーンウォリスは、アラブ・ビューローに入る前はスーダーン、エジプトでの勤務が長かった。一九一一年に結婚して三児を得たガートルードと同名の夫人とはうまくいかず、イラクには単身で来ていた。ファイサルの顧問としての立場は前述のとおりで、ガートルードとは毎日のように会い、仕事をし、彼女の家に招かれ、地方出張や年末休暇でも同行する間柄だった。彼女の両親への手紙にも、用務上のことで、あるいは単なる世間話として彼の名が出ないことのほうがめずらしいほどである。だが、そこから二人の関係を読みとることは容易でない。ただ後年、一九三三年のロンドンでのこととしてフレイア・スタークの伝記作者はこう伝えている。

〔フレイアは〕長身でひょろりとしたキナハン・コーンウォリス卿にも会った。彼はスーダンに勤務したことがあり、その前はシリアで、イラクの王位を当然のこととして狙っていたエミール・ファイサルの私的顧問として仕えた。フレイアは、ガートルード・ベルが自分より二十歳若いコーンウォリスと熱烈な恋に落ちたという噂は本当だったのかといぶかしんだ（前掲『情熱のノマド』上巻二三六頁）。

短いなかに何ヶ所も誤りのある文章で噂の出所もあきらかでなく、またガートルードのこととなるとむやみに身構えるスタークではあるが、バグダードでかロンドンでか、後年まで「恋の噂」が広まっていた事実を物語っている。

二四年の夏にコーンウォリスは帰国したが、英国に残していた妻との離婚協議がもつれて、非常に苦労したらしい。彼は英国からくわしいことをガートルードに伝え、それを彼女は両親への手紙で知らせている――「〔ケンの家族は〕不人情な人たちのようです」。それが完全に片づいたのはおそらくガートルードの死後で、一九三七年に彼は再婚したがイラク大使を務めたあと病を得て比較的早くに引退し、五九年に死去した。

資料不足か、遺族への配慮のためかは分からないが、『書簡集』はもとより初期のガートルード伝記はこの恋には触れていない。ウィンストーンの場合は、ただこう述べるのみである。

〔ファイサルとともに入来した〕キナハン・コーンウォリスがやがて彼女の心にかかることとなり、彼女は自分の気持が報われると確信し始める。そしてまたもや見込みもないことに熱を上げ、その慰めをモリーと、また例によってドムナル〔ヴァレンタイン・チロル〕に求めた。当時コーンウォリスは四十歳になったばかりで、やはりガートルードという名の妻とは疎遠になっていた。彼女には最後となった恋情も、尻すぼみ同然《ベィサス》となる。

コーンウォリスに踏みこんだのはウォラックで、ここではその記述に頼る。もとになったのは、ガートルードが妹モリーに出した手紙である。ガートルードはコーンウォリスに自分との再婚を再三迫ったようだが、彼の回答は否定的だった。それを彼女は、思い切りわるくいつまでも引きずっている。二五年の帰国時にモリーと会ったガートルードは悩みを打ちあけ、バグダードに帰ってからも、彼女にこう書いている。

私と再婚してくれれば彼をうんと仕合わせにしてあげられるし、私もほかに何をどうするよりも仕合わせになれると思います。私は、専任となって情熱を注げる博物館で考古学に打ちこむほかは何もしないで、当地にいたいのです。でも、彼と一緒で私の好きなようにやれるのでなければ、それもむりです。

彼が再婚してくれなければ英国へ帰るほかないが、帰ったところでどうにもならない、「衰微の前の、盛りの最後にすぎない」と彼女はいう。コーンウォリスの内心が明瞭でないが、彼女の希望はまったく自分本位で一方的なように見える。それは、かつてテヘランで、カドガンがどこかの大使にでもなれるまで待とうかと夢のようなことを考えたことに通じるものがある。いまの心境には、もともとの強烈な結婚願望と、このまま高給のオリエンタル・セクレタリーでいつづけるわけにはいかないことと、帰国したときの身の置き所と世間体の問題とがからみ合っている。さしあたり延長された役職期限が終われば、在留するなら博物館長としてイラク政府の禄を食むことを考えざるをえないが、英国官吏の俸給とは比較にならない収入でいままでの生活が送れるわけがない。そして、かつての富裕な暮らしが保証されていればまだしも、それすらあやしい状態で帰国して「未婚のおばさん《アンマリード・アーント》」と呼ばれて過ごす屈辱には、とうてい耐えられなかった。

二四年の十月から翌月にかけて、インド洋の一艦隊司令官だった義弟のリッチモンド少将が妻エルサと子供を乗せた軍艦——平時にはこうした慣行が許された——でバスラに寄航し、たまたまモリーの息子ジョージ・トレヴェリアンも訪ねてきたことがあった。そのときを回想して、ロングリッグがウィンストーンに語ったのは、ガートルードが自分に引きかえ立派な家族をもつ妹たちを羨んだあげくに「ヴァージン！」と呟いたという話である。

ウィンストーンの『ガートルード・ベル』執筆時には、ダウティ＝ワイリーとの恋は不充分に知られるのみだったので、このエピソードを作者は実らなかった恋への彼女の痛恨の言葉、あるいは自嘲として引用したのであろう。しかし恋の全貌がほぼ完全にわかった現在、彼女のこの発言の解釈は簡単ではなさそうだ。

二六年二月二日に、ガートルードの弟ヒューゴーが亡くなった。かつて世界旅行に出るときに信仰心を姉にからかわれた彼だが、聖職者として居住する南アフリカから帰国中にチフスに感染して、サウサンプトンに着いてから死亡した。この知らせに、ガートルードは泣く言葉すら失った。

他人にはときとして仮借ない言辞を弄した彼女も、家族には考えられるかぎりの情愛を示した。三月にかけての十通ばかりの手紙は、両親への、またヒューゴーの妻フランシスとその幼児へのいたわりと自分のつらい思いに溢れている。

おなじ時期、バグダードは長雨で一面の泥濘と化した。四月初めにはティグリスが氾濫して町中水浸しになった。下メソポタミアとは、要するにティグリス、ユーフラテス二大河の沖積平野で、ろくに石もないところである。動きがとれなくなった町で、彼女はあたらしい博物館用の建物の検分に取りかかっていた。手直しは必要だったが、「りっぱな建物で、充分なスペースがあり、キュレーターと、私自身のオフィス――これはぜひとも必要――用の部屋、複製品を処分するまで保管しておくところ、そして大きな展示をするときに使う広い部屋」が確保できた。キュレーターは、もとコンスタンティノープル博物館にいたアラブの職員だった。

二月二十七日に旧友ヴィタ・サクヴィル＝ウェストが、エジプト、インド経由の長い旅をして訪ねてきたのは、混乱した心が瞬間的にはじけるように明るくなったできごとだった。もっとも、ガートルードはこのことを、まるで義理のようにわずか二行半で報告しているにすぎない――「ヴィタ・ニコルソンが来て、二日間滞在しました。土曜日の朝、朝食前に着いて、日曜日の夜、早めに夕食をとって出かけました――当夜はケンの家でいつものブリッジ・パーティがあり、食事はともにできませんでしたが。……」（三月三日）。ついでながら、ガートルードは麻雀もおぼえて、相手は不明だがたまには楽しんでいたようだ。

ヴィタは、テヘランでコックスの後任となったロレーン公使のもとで参事官を務める夫のハロルド・ニコルソンを訪ねてゆくところで、彼女の紀行『テヘランへの旅人』Vita Sackville-West: *Passenger to Teheran*, London, 1926 に描かれたガートルードとの出会いは、最晩年の彼女の一面をみごとに捉えている。田代泰子氏によるその邦訳（『悠久の美　ペルシア紀行』晶文社、一九九七年）が原文のガートルードを七頁にわたってあざやかに移し替えているので、一部を引用しておこう。

……彼女には、どんな人にでも、にわかに熱意のみなぎるのを感じさせる才能があった……〔サルーキ犬を一匹ほしいと言ったところ〕ガートルードのすばやさを考えに入れていなかった。彼女は電話にとびつき……イングランドに帰っても、なにをしたらいいのかわからない、イラクを思って泣いて暮らせとでもいうのかしら？……でも、具合が悪いようには見えないでしょう？　悪いように見えたので、見えると言った。彼女はそれを笑って一蹴した……わたしはもう役所に出かけるけど、お昼には戻るわ……まだ喋りつづけながら、まだ笑い声をあげながら、鏡も見ずに帽子をかぶってピンで止め、そうして、出かけていった……イラクに奉仕することだけを共通項とするこの異郷のイギリス人たちをひとつにまとめ、その核となっているのは、まさに彼女の人柄だという印象が強かった……どんな話題も、彼女が触れるや否や、ほっと灯がつくようだった。あらがいようもない生命力だった……ファイサル王は、背の高い、色の浅黒い、痩身の美男で、ロマンティックな、ほとんどバイロン的憂愁の囚われ人といった風情だった。かなりお粗末なフランス語を話し、語彙が尽きるとガートルードに顔を向けてアラビア語になった……彼女になじられたり、揶揄されたりしているうちに、国王の憂愁はしだいに消えていった……わたしはふたりを観察していた……ふたりのどちらがイラクの真髄を体現しているのか、疑問の余地はなかった……彼女は王の孤独について語り、「わたしが、お茶に伺ってよろしいですかって電話すると、それはお喜びになるのよ」と言った。素直に納得できた……。

ヴィタも単身赴任中の夫も同性愛者という、ややこしい関係のなかで、彼女はテヘランを二度訪ねただけだった。ヴィタの恋人のヴァージニア・ウルフは、ヴィタを追って一月末に出した二通の手紙でこう述べている。

〔エジプトからインドに向かう船上のガートルードを想像して〕あなたがいなくて寂しかった、いまも寂しい、これからも寂しいでしょう。……〔駱駝やピラミッドを見て〕それから船に乗るのね。高級船員、制服の金モール、丸窓、舷側の厚板――そしてボンベイ、あそこには昔、大勢のいとこやおじがいたわ。それからガートルード・ベル――バグダード。……

……いま、どこにいるの？ ミス・ガートルード・ベルのところかしら。どんなに楽しいことでしょう、いろいろ――おもしろいものが見られて。バグダードってどんなところか知らないから、お話はやめておきます。ミス・ベルの鼻ってとても長いのよ、まるでアバディーン・テリアみたい。主人風を吹かせる女で誰彼なしに人を顎で使うところがあるから、こちらは自信がなくなるの。でも、彼女はうんと親切でいろいろな人を紹介してくれるので、すっかりありがたく思ってしまう――ガートルード・ベルはこれでおしまい、つぎはヴァージニアのこと…… (Nigel Nicolson, ed.: *The Letters of Virginia Woolf*, vol. III, pp.231,235)

この手紙がおもしろいのは、ヴァージニアの鼻の長いことは人後に落ちず、ガートルードどころでないと思われるためだ。

ハロルドは、外交官になる前の東洋語学者時代にフリードリヒ・ローゼンが初めてペルシアを訪れて世話になった、駐テヘラン英国公使アーサー・ニコルソンの末子で、一八八五年にテヘランで生まれている。二〇〇四年九月には、ハロルドとヴィタの三男で両親の異色の生涯を語った『ある結婚の肖像』(Nigel Nicolson: *Portrait of a Marriage*, 1973　栗原知代・八木谷涼子共訳）の著者ナイジェルの死去（八十七歳）が報じられた。上記のヴァージニア・ウルフの書簡集の編集者でもある彼が、ガートルードと有縁の人のおそらく最後だった。

三月中に、両親はロウントンからマウント・グレースに移った。ドーマン・ロング社の株式は無配をつづけていて、ヒューが無謀な買い増しをした報いはてきめんなのだが、写真で見れば、マウント・グレースの館も堂々たる構えで、とうてい斜陽のさす資本家の隠棲所とは見えない。かつてガートルードがこもって『シリア』を執筆したのは、この元修道院の別邸だった。そこが、いまもベル家の住まいになっている。

ガートルードはヒューゴーの死と自家の衰運がせつなくて、いっときは自分のことを悩んでいる暇がないほどだった。しかし、彼女は金銭的援助を親元に頼ることはできなくなり、生活を支えるのは年間千ポンドの俸給だから、休暇で帰るにせよその面でも簡単にはいかなかった。

例年以上に帰国を勧めてくる両親には、ガートルードは博物館を放り出すわけにはいかないとして応じなかった。むりもないことで、毎年暑熱と砂嵐の到来前に終える発掘の出土品がこの年で数千点にのぼるのを個々に番号を付して分類し、ラベルをつけて保管する仕事に乗り出していたのだ。ウルで配分をして、「小さいけれども、完全なバン女神像」を取得したときは「ウリー氏は不平を言い立てましたが、あとで私は、彼らの労力を通じて博物館に多大のもの取り入れたのだと思いました」。

彼女は、暑さのなかでそれに没頭した。一方で彼女は、しきりに単調、冴えない、孤独、ただし博物館を除けば、といったことを訴えている。若いときには、絶対に口にしなかった言葉である。

かつて考古出土品整理で補佐を務め、帰国したＪ・Ｍ・ウィルソンに、彼女はこう嘆いた。

> 博物館を除くと、生活を楽しむことはまったくありません。つぎに何をするかの見通しもないまま、これで終わりかということを強く意識しています。また、仕事がなければ、実にうっとうしいことです。午後などは、自分をどうしていいのか分かりません……ここで生活するのは、きわめてわびしいことになりました。

そして、六月十六日にはこう述べている。

> 国王臨席で博物館の最初の部屋をオープンする、ちょっとした感じのいいセレモニーを催しました。今日、そこは公開され、〔早朝の仕事を終えて〕朝八時半に私が外へ出たときには、十五人から二十人ばかりのふつうのバグダード人が、年とったアラブ人キューレーターの指導であちこち歩いていました――私は満足しました。皆が、あらゆる点で博物館だ、と異口同音に言ってくれます。

言葉は少ないが、ガートルードにとっては、収蔵品でウリーや、その助手を務めたマックス・マロウワン――作家アガサ・クリスティの夫――の協力があってこそとはいえ、もっぱら自力で創出した博物館完成のよろこびの声だった。

七月に入ってからのガートルードの両親あての手紙は三通である。

> ……きわめて貴重なものが――何十万ポンドという値になりますが、私がここにいて適切に保管すると保証しなければ、地中から掘り出されもしなかったもの――この新しい建物に乱雑に運びこまれて、Ｊ・Ｍ・ウ

ィルソンが帰国したいま、何か知っているのは私以外に絶対にいないのです……お父さん、ともかく、もう少しものを整理する時間をください、それから、休暇がとれるものは取れとおっしゃるなら、そうしましょう。でもその場合は、来年の冬にはもう一度戻ってこなければなりません。博物館の仕事は別として、まったく冴えない毎日です」（七月二日）。

〔フローレンスと、亡弟ヒューゴーの幼い遺児たちの写真が送られてきたのを見ての感想につづき〕博物館二階の写真を撮ろうとしかけたのですが、まだごちゃごちゃなのです——出土品の多くはおおまかに分類して、ケースに入れる寸前なので以前ほどではないものの。でもわかったのは、ケース内の並べ方が非常にむずかしいということです。これまでに終えたごく小さな二ケースですら、ほぼ適切に配列するまでにはおそろしく頭を使い、並べ替えが必要でした。それから、ラベルの記入！……（七月七日、母あて）。

……博物館の午前中はむちゃに暑かったのですが、北側の部屋に移って、扇風機をつけたのでややぜいたくをしています。そこなら週日は早朝から朝八時半まで扇風機なしで仕事をし、日曜日は午後一時までいることができます……もうやめねばなりません、夏の暑さは、あまり長い手紙を書かせてくれません（七月七日、父あて）。

同日づけのこの二通の手紙が、ガートルードの絶筆となった。

ファイサルは、六月三十日に出発してヴィシーの鉱泉へ養生に出かけていて、フランスから英国にまわればヒューに会いたいと言い残していた。

おなじころに、ガートルードの主治医「シンドバッド」シンダーソン夫妻も休暇で世界旅行に出ようとしていた。停車場に見送りに来た彼女のやせ細った姿が、「息ひとつでも吹き飛んでしまう一枚の葉」のようだった、と後日シンダーソン夫人は回想する。

七月十一日は日曜日で、ガートルードはドブズとライオネル・スミスと昼食をとったあと帰宅し、午睡後、習慣になっていた水泳をした。仲のよかった教育相顧問のスミスは、オクスフォードのモードリン・カレッジの学生監《ディーン》やイートンの校長まで務めた人で、いわば篤志家である。疲れたガートルードは早々と寝室に入り――この季節、通常は風通しのいい露天の屋上で眠るはずで、彼女もそうしたこともあったが――マリーに翌朝六時に起こしてほしいと頼んだ。

ガートルードは数ヶ月前に医師から「ダイヤル」というバルビツール剤睡眠薬をもらい、枕元に置いて常用していた。いつもどおりにマリーが様子を見にきたときには、彼女は熟睡していた。翌朝、マリーは起こしに来て女主人の死を知り、英人医師ダンロップによって、「ダイヤル」の過量服用による十二日早朝の死と判定された。

ファイサル不在中に皇太子の摂政を務める王兄アミール・アリーとドブズ高等弁務官をはじめ、英・イラクの官民による非常に盛大な葬儀が営まれ、遺体はその日の夕刻に英人墓地に葬られた。街頭には大勢の一般市民が出て、子供ですら「ミス・ベル」の名は知っていた彼女の死を悼んだ。

遺書はなく、さまざまなことが言われたが現地で彼女の死を意図的でないと思うのはまれであった。

ガートルードは、行動的にも内面的にも一ヶ所に留まっていることができない人だった。その動きの標的が尽きたとわかったとき、彼女は意図してであれ偶然であれ、生きることをやめたのである。

後日談を述べておきたい。

一九七八年にウィンストーンによる伝記の初版が出たとき、従来は伏せられていた死因を睡眠剤自殺と思わせる記述があったことから、波紋が起こった。エリザベス・バーゴインは『ガートルード・ベル――その私記より』の編者として十月六日の「タイムズ」に投書し、「検死担当医の話では、過量とはいえ服用量の少なさとミス・ベルの虚弱さを考えれば自殺は排除されるとのことだった」と述べた。バーゴインの伝記には、マリーが見た熟睡が「二度と目覚めることのないものに移っていった」とあるだけで、自殺はもちろん、睡眠剤服用の事実も触れられていない。これに対し、シートン・ディアデン（第10章参照）が十月十四日に反論を載せた。要旨は、六七年にエルサと会ってダウティ＝ワイリーとの往復書簡を受けとったときに、エルサが、睡眠剤の過量服用を信ずるが家族としてその公表は望まないと言ったこと、現地で事後処理にあたったスタッフォード准将からは、酷暑で剖検は行なわれず、マリーによれば当夜はふだんよりも大量のダイヤルが服用されていたが、遺族への配慮から公式には自然死の判断を報告したと聞いたこと、である。

これらを考慮してか、ウィンストーンは九三年の改訂版で、既知の事実のみで自殺を推定することはできないとの専門家の意見を引用し、前述したダンロップ医師の死亡所見のみがすべてであるとする一文を追加している。ウォラック、グッドマンの両者は自殺説をとっているが、特別の根拠があるわけではない。

ガートルードの死因については確たることの言えないまま今にいたった背景は、「タイムズ」のバックナンバー記事を検索したかぎりでは以上のとおりである。

終　章

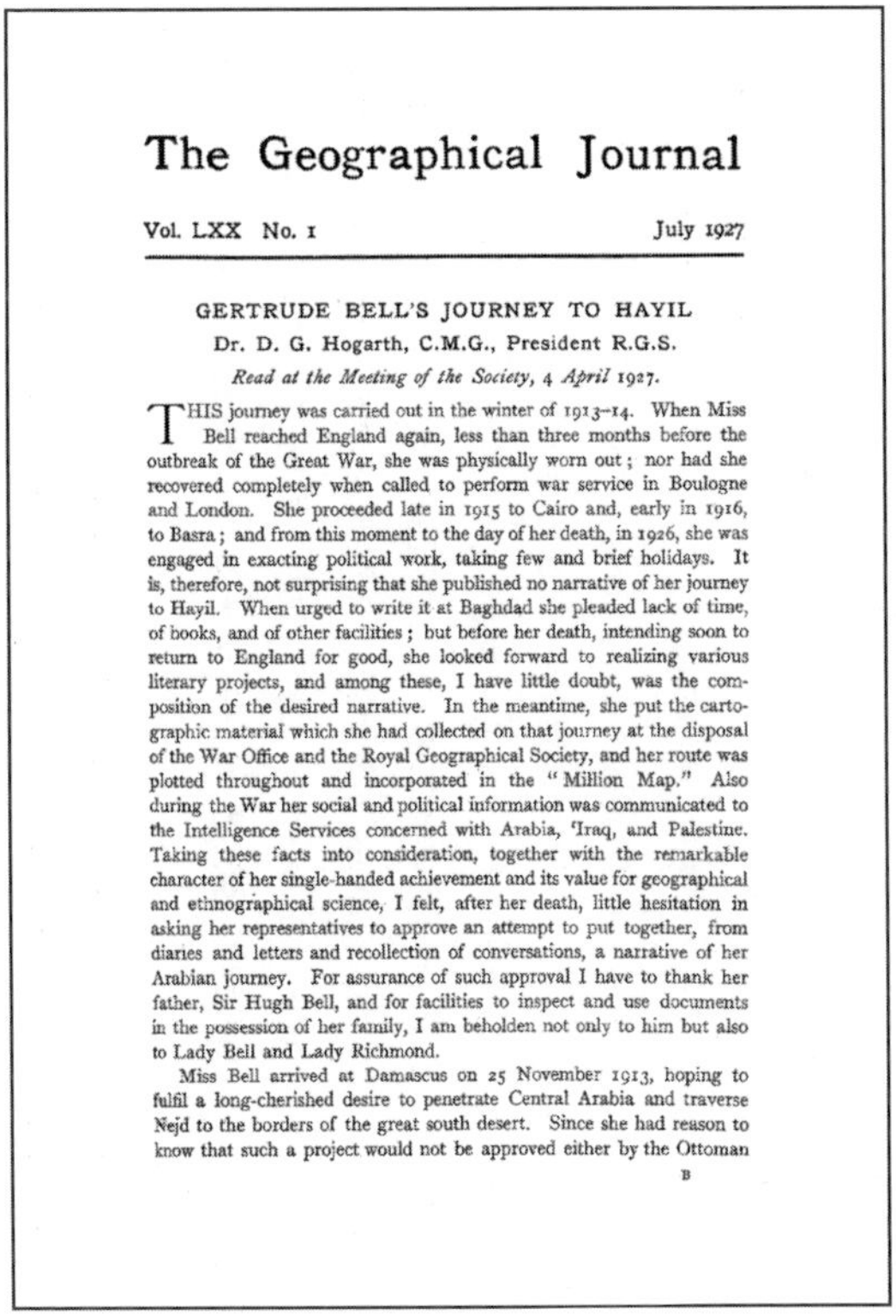

The Geographical Journal

Vol. LXX No. 1 July 1927

GERTRUDE BELL'S JOURNEY TO HAYIL

Dr. D. G. Hogarth, C.M.G., President R.G.S.

Read at the Meeting of the Society, 4 April 1927.

THIS journey was carried out in the winter of 1913–14. When Miss Bell reached England again, less than three months before the outbreak of the Great War, she was physically worn out; nor had she recovered completely when called to perform war service in Boulogne and London. She proceeded late in 1915 to Cairo and, early in 1916, to Basra; and from this moment to the day of her death, in 1926, she was engaged in exacting political work, taking few and brief holidays. It is, therefore, not surprising that she published no narrative of her journey to Hayil. When urged to write it at Baghdad she pleaded lack of time, of books, and of other facilities; but before her death, intending soon to return to England for good, she looked forward to realizing various literary projects, and among these, I have little doubt, was the composition of the desired narrative. In the meantime, she put the cartographic material which she had collected on that journey at the disposal of the War Office and the Royal Geographical Society, and her route was plotted throughout and incorporated in the "Million Map." Also during the War her social and political information was communicated to the Intelligence Services concerned with Arabia, 'Iraq, and Palestine. Taking these facts into consideration, together with the remarkable character of her single-handed achievement and its value for geographical and ethnographical science, I felt, after her death, little hesitation in asking her representatives to approve an attempt to put together, from diaries and letters and recollection of conversations, a narrative of her Arabian journey. For assurance of such approval I have to thank her father, Sir Hugh Bell, and for facilities to inspect and use documents in the possession of her family, I am beholden not only to him but also to Lady Bell and Lady Richmond.

Miss Bell arrived at Damascus on 25 November 1913, hoping to fulfil a long-cherished desire to penetrate Central Arabia and traverse Nejd to the borders of the great south desert. Since she had reason to know that such a project would not be approved either by the Ottoman

B

1927年７月度王立地理学協会「地理学報」の冒頭。ガートルードのアラビア旅行を詳細に報告したホウガースの発表が21頁にわたって掲載された。

ジョージ五世とメアリー王妃が「知力と気骨と勇気を具え」「世に卓越し天分ゆたかな」娘を失ったサー・ヒューとレディ・ベルに送った弔詞に始まる、欧米の新聞に現れた多数の追悼の言葉は割愛し、その後の二つの事実を述べておこう。

翌二七年四月四日に開催されたRGS例会は、ガートルードの追悼にあてられた。委細は、同年七月の「地理学報」(第七〇巻二七年下半期号)に掲載されている。まず会頭ホウガースは、「ガートルード・ベルのハーイル旅行」と題してアラビアの旅を詳細に追跡した結果を発表した。ほぼ八千五百語の長大な文章で、かつて彼女自身が第四四巻に載せた概要報告(第11章参照)を敷衍、解説したものである。しかし、ホウガースはこの講演をするにあたって、遺族からガートルードの日記、書簡、ノートなどの提供を受け、徹底的に吟味した。リチャードあての日記も披読したらしいことは、同一の日づけではそこにのみ出る用語が見られることで見当がつく。その作業の困難さも、アラビア語が混じった、ときに速記にちかい悪筆と厖大な量を知れば想像できる。のみならず、ホウガースが冒頭で断っているように、彼自身はアラビア内奥を体験していないのである。

ホウガースはこの報告で、旅全体の経過のほかに、ダマスカスからジーザまでの最初の部分が地理学上の貴重なデータをもたらしたこと、ローマ、ビザンツ、ウマイヤ時代のシリア辺境の歴史と建築史にあたらしい光をあてたこと、を指摘した。

つぎのジーザからハーイルまでの部分では、彼は同様にいくつかの地理的新発見に加えて、ヒジャーズ鉄道とワーディー・シルハーン、ネフード砂漠の間に散在する諸部族、なかんずくホワイタト族について得られた情報を高く評価する。留守中の族長アウダ・アブー・タイイのテントで過ごした、「日記のこの部分に盛られたベドウィンの生活、考え方、習慣」の記録は「ダウティの『アラビア・デセルタ』を除いていかなる書物にもまさる」もので、とくに女性にしてはじめて知りうる部分はどの先行者の記述よりも有益、とホウガースは言う。そして三年後に「アラビアのロレンス」がアウダ・アブー・タイイの協力で遂行した作戦は、ひとえにガートルードのこのときの情報に拠ったことを強調した。

また、彼女は毎日の気温、標高を記録したほか、六ヶ所で三インチ・セオドライトを用いて緯度を測定したが、ホウガースによれば、ハーイルでの測定値は他者との誤差四二秒以内という高精度のものだった。ハーイルから北上中にも部分的には未知の地域を通過して測量を行なったけれども、地理学上の寄与は旅の前半部分にある、と彼は述べる。

そして、ガートルードが、自身では不満足だった四ヶ月間の経験が半年後には国家的に重要な意味をもつとも、また大戦を経てその北ネジュドがもとの無明の地に戻ってしまうとも想像すらしなかったこと、彼女以後の十三年間にハーイルが学問的に記録された事例はないこと、を述べて、ホウガースは締めくくった。

つづく討議の部では、サー・パーシー・コックスが、十九世紀後半からのアラビア探訪史に触れ、一九〇九年にガートルードから直接その旅行計画について相談を受けたことに始まる過去を回想し、オリエンタル・セクレタリーとしての彼女の協力に感謝する機会を得たよろこびを語った。ついでやがてドブズの後任としてイラクの高等弁務官となり、ときをおかず死亡するサー・ギルバート・クレイトンが立ち、大戦中にガートルードが果たした貢献にふたたび触れて、当日は不在のロレンス（現在のパキスタンで一航空兵として勤務中）以上にそれを知る者はないと述べた。最後に彼は、「ほとんどのアラブの統治者、アラビアの首長の多く」がガートルードを個人的に、あるいは伝聞で知っており、そのなかで彼女に「好意と賞賛と畏敬の念」をもたなかった者を知らないと言い切った。

つぎに立ったすでに八十四歳のサー・ヒュー・ベルは、娘の業績を評価したホウガースへの感謝決議を提案し、サー・ウィリアム・グーデナック（ガートルードやチロルの旧友、海軍提督）が賛成演説をして、動議は拍手で承認された。最後にホウガースが再度壇上から謝辞を述べ、ファトゥーフを引き合いにガートルードの回想を語った。あるときファトゥーフを雇って旅に出ようとしていたホウガースは、長雨のために動けなかったが、連日天候を見定めていた彼に、ファトゥーフは、同様な状況で「シット」（レディにあたるアラビア語）は腰までつかる泥水のなかを出かけたという話を披露した、というのである。

この日の情景を、故人が身をおいた一群のエリートグループによる内輪の追悼会にすぎないと見ることは容易である。しかし、ホウガースの講話は、高名なレディ・トラヴェラーの業績を、遅まきながら学者の良心で検証し追認したものとして注目するに足りる。ガートルードの旅は、『書簡集』すら未刊の当時にあっては、全文を本書で訳出しえたほど簡単な「地理学報」所載の報告のほかには記録がなく、事実上ホウガースによって発掘されて世に知られたのである。そして、わずか七ヶ月後の十一月六日にホウガースは急逝した。

それから二年経った二九年十一月四日の「タイムズ」は、ガートルードがイラクに考古学研究所を設立することを目的に遺贈していた六千ポンドをもとに、目標達成のための行動を開始する募金委員長パーシー・コックスの投稿を載せた。当面の募金額を二万ポンドとし、ヒューが四千ポンドを加え、残りを一般外部からの醵金に頼って、三二年一月に「ガートルード・ベル記念　在イラク・英国考古学院」British School of Archaeology in Iraq (Gertrude Bell Memorial)（ＢＳＡＩ）は開設に漕ぎつけた。その間、コックスは数度の経過報告と支援要請を同紙上で行なっている。

同種の施設は英国のものではそれまでにエジプト、エルサレムに開設され、のちにはイランにも生まれたが、基金の半額をベル父子という個人が拠出したのは異例である。

ガートルードの遺贈の趣旨は「最古代からほぼ西紀一七〇〇年までを対象に、発掘をふくむイラクおよび隣接諸国の考古学に関連する調査研究を促進、支援、実行する」ことであり、初代学院長にはマックス・マロウワンが就任した。以来同学院は、第二次大戦中を除いてイラク、一部シリアで英国が実施したほとんどすべての考古学的研究を支援してきた。第二代学院長を務めたデーヴィッド・オーツによるニムルード遺跡の発掘は、もっとも重要な成果である。

近年のイラク情勢で現地での活動は中断を余儀なくされているが、ロンドンの本部では研究、刊行物の発行などを主体に事業は二〇〇五年の現在も続行している。

イラク博物館の創設は、ガートルード自身による手づくりのものだった。

ＢＳＡＩは、彼女の志が完全に活かされて現在にいたった、そして状況が好転すればなお一層の発展も期待できるもうひとつの遺産といえるであろう。

あとがき

私がガートルード・ベルの名に初めて接したのは、彼女の事績に触れたある書物の表紙裏に記しておいた購入の日づけで分かるのだが、一九六〇年二月のテヘランでのことだった。その一年半前に起こった革命でイラク・ハーシム王朝が崩壊したとき、シャーの政府が隣国の事件をどのように報道したかはいまでは定かでない。ただ、米ソ冷戦の最前線と言われつつ世にも平和なところと思っていた国のそばで突如として残虐な革命が勃発したのは、しろうとにはほとんど理解しがたい体のものだった。ケルマーンシャー経由の陸路でテヘランへ脱出してきたバグダード駐在の同僚から血なまぐさい話を聞くまでは、わけが分からなかったと記憶する。無残に処刑されたファイサル二世とヌーリー・サイード老首相も私には名前を知る程度の存在で、いわんや王国創始のアーキテクトの一人だったガートルードのことなどは、テヘラン――彼女と浅からぬ縁とはいえ――では話題にすらならなかったはずだ。

しかし、人と生涯のあらましを知ってからは、彼女は気になる存在であり続けた。そのつもりになればガートルードの名は容易に見つかると分かり、折に触れ彼女の著作や資料に目を通してきたが、意識して努めたのは十年あまり前に『シリア』の翻訳を手がけてからである。たまたま、英国ニューカースル・アポン・タイン大学が「ガートルード・ベル・アーカイヴ」を整備し、彼女の日記、書簡、写真を一挙に公開したウェブサイトで検索が可能となったのとタイミングが合ったのもさいわいだった。

ガートルードの一生は、「異例に詳しい記録が残る」(exceptionally well documented) ものであり、本書程度の分量なら大体の骨格以外はまったく別の話柄を用いても書けると極言したいほど、豊富な材料に恵まれている。かといって、外国の一個人の生涯を精確に、そして既存の伝記の移植でも抜粋でもない形で伝えることがいかに容易でないかは、ちょっと考えただけでも見当はつく。「伝記の国」英国などとは土壌的に比べるべくもないにしても、わが国で出た外国人のまとまった伝記・評伝のきわめて少ないことが、その間の事情を語っているようだ。

私も、すでにガートルードの著作二点を翻訳して人並み以上の関心をもち、いくつかの機会にエッセー風の略伝や断片的な解説を物したが、そのつど長い小説の短い梗概を書くようないらだたしい思いを味わった。さりとて、自分に彼女の伝記が書けるとは思えず、さような企ては無縁のことと理解していた。ところが先年、都内のワタリウム美術館で「建築家・伊東忠太の世界」展が開催されたときに、「シリアの伊東忠太を記録したミス・ガートルード・ベル」と題して講演をする機会を与えられ、またそれをもとに大阪のさる集まりでも話をして、やや気持ちが変わった。二時間の話にまとめるべき資料の輻輳を解きほぐすのに手を焼き、この際に整理して手ごろな量の評伝にできないかと考えた。本書は、つまるところその結果である。

英米で、専門の伝記作者による大部の評伝が何種類も出ている以上は、そのどれかを翻訳すればガートルードの生涯と意義を紹介することはできる。しかし、ある伝記はその作者固有のものであり、作者によって内容も大きく変わりうることをガートルードの場合に知る者としては、翻訳をする気は起こらなかった。また、当然ながら英国人、米国人の感性とわれわれの――少なくとも私のそれとの間の較差は、伝記を読んだときの印象にも現れる。翻訳すれば本書をはるかに上まわる、ものによっては数倍に達する分量の著作に盛られた、部分的にはあまり関心を持てない記述の翻訳に多大の時間と紙数をあてるわけにはいかないであろう。他方、プロの伝記作者、とくにある人物を最初に手がけた人は、本質的に、余人には絶対にまねのできない特殊な才能の持ち主であり、日記と両親あて書簡の全文が公開されたからとて、私などが素手でいくらインターネットのコンピュータ画面と向き合っていても何を生み出せるわけではない。結局、既存の伝記を読み比べ、手持ちの関連資料を仕分けし、日記・書簡の原文を照合し、先人の誤りを正し、未収録で興味ある事項はできるだけ拾い上げ、第三者の批評を参考にし、自分なりの方針を逸脱しないように心がける、という手法で書き進めることとした。

既存の書簡集二種、伝記五種（書簡主体のバーゴインと日記主体のオブライエンのものも伝記として）は充分に活用したが、引用部分以外に作者の文章なり考え方なりをそのまま利用したことはほとんどなく、使った場合はその旨を明記した。他方、私が直接確かめられなかったガートルードの発信を含む英政府公文書関係と家族以外への私信、および一部の書物（たとえばA・T・ウィルソンの著書）の記述は、既存伝記に引用された文章を利用した。それ以外の、つまり多くは彼女の家族あて書簡は、既存伝記の引用であれ新資料であれ、すべて「ガートルード・ベル・アーカイヴ」の原文から訳出した。それは、既存書所載のものには、編集されてすでに手の入った書簡集からの引用、それがさらに伝記作者によっても適宜に短縮されている場合が少なくないと分かったことによる。書簡と異なりアラビアの旅のほかは日記は刊行されていないので、すべて「ガートルード・ベル・アーカイヴ」に拠った。この点、そのウェブサイトが利用できる以前に執筆された伝記に比べて、本書における日記の引用度は格段に高いはずだ。

つぎに、本書の構成について一言しておきたい。

まず留意したのは、記述の量的なバランスである。本文でも触れたが、既存の伝記はガートルード晩年のイラクでの十年間に非常に多くの紙数を割いている。原資料の量からすれば当然かもしれないが、私には、自分の好みとして人の一生の時間的配分という面からあまり賛成できなかった。時々刻々を局限まで生き、あることを終えるや、まるで卒業したかのように見返りもせず新しい分野にのめりこむ生き方に徹した彼女の場合、晩年に圧倒的な重点をおくのは妥当を欠くと思われた。紙幅に限度がある以上、どこかを圧縮せざるをえなくなるが、そこで彼女は眠っていたわけではないのだ。

既存書はイラクが国際政治の最大の焦点になる以前の執筆であるとか、ガートルードのときといまのイラク問題の類比をどのように考えるか、といった観点での話ではない。筆者としては、正負にかかわらず意味のある資料があるかぎりは、個人の営為に時期の差による軽重をつけたくないと考えたにすぎない。結局、資料の乏しい幼年時代は別として、ガートルードが物心ついて以後の四十年間をなるべく均等な配分で叙述することを心がけたが、それでもイラク関連ではかなりな頁数を費やすことになった。ついでながら、ハーヴァード大学のライオラ・ルーキツ（Liora Lukitz）によるあたらしい伝記の執筆がすでに十年も前から伝えられている。ちょうど一年前には *A Quest in the Middle East: Gertrude Bell and the Making of Modern Iraq*（中東における一探求――ガートルード・ベルと近代イラクの創設）のタイトルで価格も設定され注文までとりながら、延期を重ねて、二〇〇五年三月時点では刊行されていない。イラク問題との関係も含めて新しい切り口での取り組みを期待しているが、本書の執筆には参照することができなかった。

また、取りあげるべき事績で意識的に重点をおいたのは、二度の世界周遊での滞日経験をふくむ日本に関する記述、そして考古学上の具体的業績についてである。この二点は、既存の伝記ではごく表面的にしか、あるいは全然触れられていないテーマだった。前者は書簡集編纂者が資料を省略したことにも起因するので別として、ガートルードと考古学の切っても切れない関係を考えれば、後者において行動のあとを追うだけに終わり、研究成果は素通りするのは大きな片手落ちであろう。ガートルードの考古学は建築美術史の分野が主体だが、筆者の経験で言えば、彼女の著作から業績の到達点を読みとることの困難さが伝記作者を手控えさせたのかもしれない。本文でも述べたように、筆者は建築史面で鳳英里子氏、文化財保護行政面で岡田良保氏の論考を参照できたことで、この分野の知識不足を埋めることができたのはさいわいであった。わが国ではそれぞれの領域でガートルードのおそらく唯一の理解者でおられる両氏に、ここであらためて感謝申しあげたい。

在来書とのちがいをあえてもう一ついうならば、言及の少ないグッドマンは別としても、ウィンストン、ウォラック、オブライエンの既存評伝で三者三様に述べられたダウティ゠ワイリーとの恋の一部始終をまとめたことである。ただ、独自の資料によるものではなく、既存書がそれぞれの著作時の事情でニュアンスのまちまちな記述を余儀なくされたのであろう点を総合したにすぎない。それでも、この程度に首尾一貫した記載ですらこれまでにはなかったといえる。筆者は果たせなかったが、ニューカースル大学の特別収蔵物となっているガートルード、リチャード両人の数百枚におよぶ書簡の全原文が仔細に検討されれば、彼女の生涯でただ一つ濃い霧のかかったこの問題にあたらしい光があてられるのではないかと期待したい。

つくづく思うのは、伝記、評伝とは所詮は選択に尽きるということだ。いかに資料が豊富であろうと、利用する素材が偏ってはいびつな人間像ができあがるのみだろう。むしろ資料がゆたかであるほど、選択による歪曲も大きくなりうる。ほかの作者のことを言うまでもなく、本書も私に固有のものなのを認めないわけにはいかない。しかも、利用できる資料が人のすべてではなく、完全な選択もありえない。序章で触れた顕彰碑の抽象化された文言のもつ意味はそれなのか、といまさらのように思い知らされる――弁解では毛頭なく、人の生涯を初めて一書にしてみて、終始そのことを痛感せざるを得なかった。

＊　＊　＊

書き終えて、疑問が一つ残っている。

ガートルードの遺贈による六千ポンドを基金の一部に考古学研究所が設立されたことは終章で述べたとおりである。遺贈の日づけは審らかでないが、おそらくは最晩年、つまり彼女が考古学に立ち戻り、博物館創設を考えたころ以後と見ていいだろう。研究所と博物館は、車の両輪だからだ。

筆者の疑問は、考古学を除けば先の人生に何の見通しももてなくなったと繰り返して嘆いていた彼女が、研究所の計画を資金の遺贈による将来の事業ではなく、なぜ即時実行しなかったかということである。彼女の令名をもってすれば、英国で必要額を募金するのは容易であったろうし、できた研究所の責任者として英国とイラクを往来しながら後進を育てることに専念すれば、もっとも望ましい老後が確保されたはずだ。晩年の書簡にはこれにかかわりのある記載は見あたらず、少なくとも外見的にはこの構想が成り立たないような事情があったとも思えない。かりにガートルードの死は意図したものであったとして、あるいはそれが避けられたかもしれないとすると、歿後やがて八十年というのに口惜しい、そしてむなしい思いを禁じえない。（二〇〇五・三・二一）

イスラーム文化叢書

1 **ペルシアの情景**
G. L. ベル／田隅恒生訳 ……2300円

2 **スレイマン大帝とその時代**
A. クロー／濱田正美訳 ……4700円

3 **ムガル帝国の興亡**
A. クロー／岩永博監訳／杉村裕史訳 ……4700円

4 **アラブに憑かれた男たち** バートン，ブラント，ダウティ
T. J. アサド／田隅恒生訳 ……3300円

5 **イスラームの祭り**
G. E. v. グルーネバウム／嶋本隆光監訳／伊吹寛子訳 ……2300円

6 **回想のオリエント** ドイツ帝国外交官の中東半生記
F. ローゼン／田隅恒生訳 ……4200円

7 **荒野に立つ貴婦人** ガートルード・ベルの生涯と業績
田隅恒生著 ……本　書

りぶらりあ選書より

トプカプ宮殿の光と影
N. M. ペンザー／岩永博訳 ……3800円

メフメト二世 トルコの征服王
A. クロー／岩永博・井上裕子・佐藤夏生・新川雅子訳 ……3900円

サウジ・アラビア王朝史
J. フィルビー／岩永博・冨塚俊夫訳 ……5700円

秘境アラビア探検史・上下
R. H. キールナン／岩永博訳 …… 上2800円／下2900円

遍歴のアラビア ベドウィン揺籃の地を訪ねて
レディ・A. ブラント／田隅恒生訳 ……3900円

オリエント漂泊 ヘスター・スタノップの生涯
J. ハズリップ／田隅恒生訳 ……3800円

エルサレム 記憶の戦場
A. エロン／村田靖子訳 ……4200円

表示価格は税別です

著者略歴

田隅恒生（たすみ つねお）

兵庫県出身．1931年生まれ．1954年京都大学法学部卒業．丸紅(株)に勤務．その間テヘラン，ニューヨーク，マニラに駐在．丸紅紙業(株)を経て，1993年退職．

訳書：ジュリアン・ハクスリー『時の回廊』*From an Antique Land*（平凡社）
　ガートルード・ベル『シリア縦断紀行』*The Desert and the Sown*（平凡社・東洋文庫）
　タージ・アッサルタネ／アッバース・アマーナト『ペルシア王宮物語』*Crowning Anguish*（同上）
　ジョーン・ハズリップ『オリエント漂泊——ヘスター・スタノップの生涯』*Lady Hester Stanhope*（法政大学出版局・りぶらりあ選書）
　アン・ブラント『遍歴のアラビア』*A Pilgrimage to Nejd*（同上）
　ガートルード・ベル『ペルシアの情景』*Persian Pictures*（法政大学出版局・イスラーム文化叢書）
　トマス・ジョゼフ・アサド『アラブに憑かれた男たち——バートン，ブラント，ダウティ』*Three Victorian Travellers*（同上）
　フリードリヒ・ローゼン『回想のオリエント——ドイツ帝国外交官の中東半生記』*Oriental Memories of a German Diplomatist*（同上）

イスラーム文化叢書　7

荒野に立つ貴婦人
――ガートルード・ベルの生涯と業績

発行　2005年 7 月20日　　初版第 1 刷

著　者　田隅恒生
発行所　財団法人 法政大学出版局
〒102-0073 東京都千代田区九段北 3-2-7
電話03 (5214) 5540／振替00160-6-95814
製版・印刷：平文社
製本：鈴木製本所
© 2005 Tsuneo TASUMI

ISBN4-588-23807-8
Printed in Japan

索　引

ガートルードにとっての主要関連事項を，ほぼ本文の初出順に関係ページを記載する。

教　育

性格と資質

在英中の日常

語　学

海外体験

考古学，建築史

著　作

登山と造園

反・婦人参政権獲得運動

日本・日本人との縁

密接な関係のあった人物

考古探索

恋　愛

知人・関係者

ドルーズ派アラブとの親交

アラビア内奥への関心

王立地理学協会（RGS）

世界大戦

イラク博物館

文化財保護

参考書目

本書執筆に直接，具体的に利用し，したがって本文で触れたうちでも主要なものを初版の刊行年順に掲げておく。

ガートルードの著作

Gertrude Bell, *Safar Nameh, Persian Pictures*, London, 1894, published anonymously (*Persian Pictures*, New York, 1928)（田隅訳『ペルシアの情景』法政大学出版局，2000）

———, *Poems from the Divan of Hafiz*, 1897, in *Teachings of Hafiz*, London, 1979

———, *The Desert and the Sown*, London, 1907（田隅訳『シリア縦断紀行』平凡社東洋文庫，上下二巻，1994, 1995）

W. M. Ramsay and Gertrude Bell, *The Thousand and One Churches*, London, 1909

Gertrude Bell, Churches and Monasteries of the Tûr Abdīn and Neighbouring Districts, in *Amida*, Heidelberg, 1910, in *The Churches and Monasteries of the Tur ʻAbdin*, London, 1982

———, *Amurath to Amurath*, London, 1911

———, *Palace and Mosque at Ukhaidir, A Study in early Mohammadan Architecture*, Oxford, 1914

Gertrude Bell Archive, University of Newcastle upon Tyne, Robinson Library – Letters, Diaries, Photographs

ガートルードの家族，友人の著作

Isaac Lowthian Bell, *Chemical Phenomena of Iron Smelting*, London, 1872

———, *The Principles of the Manufacture of Iron and Steel*, London, 1884

Florence Bell, *At the Works, a Study of a Manufacturing Town*, London, 1907

———, *The Letters of Gertrude Bell*, 2 vols., London, 1927

Friedrich Rosen, *Oriental Memories of a German Diplomatist*, London, 1930（田隅訳『回想のオリエント』法政大学出版局，2003）

Janet Hogarth (Mrs. Courtney), *An Oxford Portrait Gallery*, London, 1931
Elsa Richmond, *The Earlier Letters of Gertrude Bell*, New York, 1937

その他

Anne Blunt, *A Pilgrimage to Nejd, the Cradle of the Arab Race*, London, 1881（田隅訳『遍歴のアラビア——ベドウィン揺籃の地を訪ねて』法政大学出版局，1998）
The Geographical Journal, XLIV, 1914, The Royal Geographical Society
———, LXX, 1917, The Royal Geographical Society
Vita Sackville-West, *Passenger to Teheran*, London, 1926（田代泰子訳『悠久の美 ペルシア紀行』晶文社，1997）
W. B. Seabrook, *Adventures in Arabia*, London, 1928（齋藤大助訳『アラビア奥地行』大和書店，1943）
Ameen Rihani, *Ibn Sa'oud of Arabia, his People and his Land*, London, 1928
Joan Haslip, *Lady Hester Stanhope*, London, 1934（田隅訳『オリエント漂泊——ヘスター・スタノップの生涯』法政大学出版局，1996）
George Antonius, *The Arab Awakening – The story of the Arab national movement*, London, 1938（木村申二訳『アラブの目覚め』第三書館，1989）
Stephen H. Longrigg, *'Iraq, 1900 to 1950*, Oxford, 1953
H. St. John B. Philby, *Saudi Arabia*, London, 1955（岩永博・冨塚俊夫訳『サウディ・アラビア王朝史』法政大学出版局，1997）
Elizabeth Burgoyne, *Gertrude Bell – From her Personal Papers*, 2 vols., London, 1958, 1961
Nikki R. Keddie, *Religion and Rebellion in Iran, The Tobacco Protest of 1891 – 1892*, London, 1966
Nigel Nicolson, *Portrait of a Marriage*, 1973（栗原知代・八木谷涼子共訳『ある結婚の肖像』平凡社，1992）
H. V. F. Winstone, *Gertrude Bell*, London, 1978, revised 1993
Susan Goodman, *Gertrude Bell*, Leamington Spa, 1985
Brian R. Mitchell, *British Historical Statistics*, London, 1988（『イギリス歴史統計』原書房，1995）
Jeremy Wilson, *Lawrence of Arabia, The Authorized Biography of T. E. Lawrence*, London, 1989
Janet Wallach, *Desert Queen*, New York, 1996
Margarita Dīaz-Andreu and Marie Louise Stig Sørensen eds., *Excavating Women, A history of women in European archaeology*, London, 1998

Magnus Thorkell Bernhardsson, *Reclaiming a Plundered Past – Archaeology and Nationalism in Modern Iraq, 1808-1941*, Yale University, 1999
Jane Fletcher Geniesse, *Passionate Nomad – The Life of Freya Stark*, 1999 （白須英子訳『情熱のノマド』上下二巻，共同通信社，2002）
Rosemary O'Brien ed., *Gertrude Bell, The Arabian Diaries, 1913 – 1914*, Syracuse, 2000
National Portrait Gallery, *Off the Beaten Track – Three Centuries of Women Travellers*, London, 2004

黒柳恒男訳『ハーフィズ詩集』平凡社東洋文庫，1956
渡辺正志「イラクにおけるイギリス委任統治体制の成立——イギリスの論理」二分冊，「高岡法学」，1992
藤井守男訳・アッタール『イスラーム神秘主義聖者列伝』国書刊行会，1998
河村貞枝『イギリス近代フェミニズム運動の歴史像』明石書店，2001
鳳英里子「G・ベルと西アジア建築史研究」日本建築学会大会講演，2001
————「パルティア，ササン朝建築のイーワーンについて——イスラーム建築以前のイーワーンの構法と意味」筑波大学「芸術学研究」第五号，2001
————「G・ベルと西アジアの遺跡——建築史研究と文化財保護活動について」同第六号，2002
岡田保良「近代イラクの文化遺産をめぐる国際協力と保護法制」国士舘大学イラク古代文化研究所「ラーフィダーン」2002

年　譜

ガートルード・ベルが直接経験したことのみを記し，若干の主要関係事項を［　］で示す。晩年のイラク国内における頻繁な地方訪問は省略した。

1868年7月14日　父ヒュー，母メアリーの長女として旧ダラム州ワシントンにあった祖父ロウジアンの邸「ワシントン・ホール」で出生。生家は祖父の創めた英国有数の製鉄業者。北ヨークシア，ミドルズブラ郊外レッドカーの父の邸「レッド・バーンズ」で成人。

1871　弟モーリス出生，実母メアリー死去。

1875　祖父ロウジアン，この年より80年まで自由党下院議員。このころ，北ヨークシア，ノーサラトン近郊に新邸「ロウントン・グレンジ」を建築。

1876　父ヒュー，フローレンス・オリッフと再婚。弟ヒューゴー，妹エルサ，モリーが相ついで生まれる。ドイツ人家庭教師ミス・クルークより教育を受ける。

1884　ロンドンのクィーンズ・カレッジに入学。

1885　祖父ロウジアン，準男爵に叙せられる。

1886　同カレッジ卒業。オクスフォード大学レディ・マーガレット・ホールに入学，近代史専攻。

1887　初の国外旅行でドイツを訪問。

1888　同大学卒業。女子では初の「ファースト」（最優秀）を取得。年末から駐ルーマニア公使の伯父フランク・ラセルズに招かれてブカレストを訪問。ハーディング（のちインド総督），「ドムナル」ヴァレンタイン・チロル（のち「タイムズ」海外局長）などの知遇を得る。

1889　4月，コンスタンティノープル，ブルサなどを経て帰国。

1890　在英。母の，ミドルズブラ鉄鋼労働者の生活調査に協力。

1891　在英。ラテン語学習。夏，伯父フランク・ラセルズ，駐ペルシア公使に転任。

1892　5月，伯母メアリー，従妹フローレンスに同行してペルシア（テヘラン）訪問。旧知のドイツ代理公使フリードリヒ・ローゼン一家との親交。公使館書記官ヘンリー・カドガンと婚約するが父の同意が得られず，10月に帰国。

1893　春から父とフランス，アルジェリア（祖父の次弟ジョンの未亡人リジーを訪問），スイス（祖父の長弟トマスを訪問），ドイツ（ワイマルに留学中の弟モーリスを訪問。ドイツ語を磨く）の旅。ワイマル滞在中に『ペ

ルシアの情景』を書き始める。8月，ヘンリー・カドガン死去の報。

1894　春，オクスフォード時代の友人タルボットとスイス，イタリア（フィレンツェでイタリア語を学ぶ）を旅行。夏，家族で再度スイス滞在。『ペルシアの情景』を匿名で出版，好評。

1895　夏，家族でスイス滞在。

1896　ロンドンでペルシア語，アラビア語を学習。ペルシア中世史を研究。春，父とイタリアを旅行。

1897　ラセルズ夫妻（伯父は駐独大使）に招かれ，ベルリン訪問。カイザー・ヴィルヘルム二世にも会う。帰国直後の4月，伯母メアリー急死。夏，家族で仏伊国境に近いラ・グラヴに滞在。初めてフランスアルプスのラ・メジュを探訪。『ハーフィズ訳詩集』出版，好評。12月末，弟モーリスを伴い西まわり世界一周旅行に出る。

1898　カリブ海，パナマ（運河建設は未着手），サンフランシスコ，ハワイを経て来日（3月4日横浜着，4月25日長崎発）。東南ア各地，セイロン，スエズ経由で6月に帰国。夏，スコットランドで過ごす。ロンドンでペルシア語，アラビア語の学習を続ける。

1899　イタリア，ギリシアを訪問，考古学者デーヴィッド・ホウガースに会い，考古学に関心をもつ。夏，バイロイト（音楽祭）からラ・グラヴ再訪，ラ・メジュ，エクランに登頂。11月，フリードリヒ・ローゼン（当時エルサレム駐在ドイツ領事）を訪ねてエルサレムに赴き，アラビア語を本格的に学ぶ。

1900　3月ごろ，アラビア語をものにする。単独でペトラ，ドルーズ山地，ダマスカス，パルミラ，バアルベク，レバノン山などを巡訪してエルサレムに戻り，6月に帰国。7－8月，スイス滞在。モンブラン北側のメル・ド・グラスそのほかに挑む。

1901　［1月22日ヴィクトリア女王歿，エドワード7世即位］8月，スイス滞在，クライン・エンゲルホーン登頂。

1902　1月，父，弟ヒューゴーとマルタ，シチリア（ウィンストン・チャーチルに会う）を旅行。ナポリ以後は単独でギリシア，小アジア（スミュルナ，マグネーシアほか），ロードスからハイファに行く。ペルシア語，アラビア語を学び，パレスティナ各地をまわって5月に帰国。7－8月，スイス滞在，フィンスターアールホーン登頂に失敗。9月，生涯をともにするメイド，マリー・ドレールを雇う。12月，弟ヒューゴーと東まわりで二度目の世界周遊に出る。

1903　1月，デリー・ドゥルバール（エドワード7世のインド皇帝即位式）に参列後インド各地，東南ア，中国，朝鮮を訪問して来日（5月12日長崎着，6月10日横浜発），カナダ，アメリカを経て7月末帰国。

1904　2月，父とベルリン訪問。8月，スイス滞在，マッターホーンに登る。11月，パリでサロモン・レナクについて考古学を学ぶ。12月，祖父ロウ

ジアン，ロンドンで死去。
1905　1月，シリア，アナトリアの旅に出て，5月帰国。夏から秋，ロウントン・グレンジの造園に没頭。［9月，日露講和条約（ポーツマス条約）調印］11月，パリで考古学研究。12月，父とジブラルタル，モロッコ，スペイン訪問。
1906　スペイン，フランス訪問。『シリア』執筆。12月末，父とカイロへ行く。アン・ブラントと会う。
1907　「カイロ熱」に罹患し病臥した父を介護し，2月に帰国。3月末，ラムジー博士とのビンビル・クリッセ共同調査のためアナトリアに赴く。5月，コニヤでリチャード・ダウティ＝ワイリーと初めて会う。7月に帰国。『シリア』出版，非常な好評を得る。
1908　7月，「婦人参政権反対・婦人国民連盟」設立され名誉秘書に就任。
1909　1月，メソポタミア，アナトリアの旅に出る。3月末，ウハイディル遺跡を「発見」。バグダード，モースル，トゥル・アブディーン地方，コニヤを経て7月に帰国。ラムジーとの共著『千一キリスト教会堂』出版。
1910　2月，建築史研究でイタリア訪問。「トゥル・アブディーンと近隣地域の教会と修道院」発表。
1911　1月，ウハイディル再調査のため出発。シリア砂漠，バグダード，カスル・シーリーン，上メソポタミア，トゥル・アブディーンを経て，カルケミシュでT. E. ロレンスに会う。6月に帰国。留守中に『ムラト』出版。
1912　在英，執筆に従事。
1913　7月末，帰国中のリチャード・ダウティ＝ワイリーをロウントンに招く。王立地理学協会で天体観測，測量，地図作成の技術を習得。11月，アラビアの旅に出る。
1914　ダマスカス，ジーザ経由，2月末にハーイル着，軟禁される。リヤード到達計画を放棄し，バグダードからダマスカスに出て5月末に帰国。『ウハイディルの宮殿とモスク』出版。アラビアの旅に対し王立地理学協会金賞を受賞。［7月，欧州大戦勃発。8月，英国，対ドイツ宣戦布告，11月，トルコ，ドイツ側で参戦］11月より，西部戦線後方ブローニュで赤十字支援活動に参加。
1915　2月，出征前のリチャードと会うためロンドンに一時戻る。4月，リチャード，ガリポリ上陸作戦で戦死。ロンドンの赤十字で勤務中の11月，カイロの英軍情報部から招請を受け，出発。ホウガースのもとでロレンスらと情報収集に従事。
1916　1月，新設の「アラブ・ビューロー」で部族動向を調査中，インド総督ハーディングの要請でニューデリーに出張。3月，ハーディングの人事により，カイロに戻らずメソポタミア派遣英印軍チーフ・ポリティカル・オフィサー（のちイラク民政長官，ペルシア公使，イラク高等弁務

官）パーシー・コックス管下でアラブ・ビューローのバスラ連絡員となる。［4月，ロレンスらのトルコ軍買収工作失敗し，クート籠城中の英印軍無条件降伏］ 5月，新インド総督セシジャーの人事でメソポタミア派遣英印軍政治部勤務（少佐待遇)，同時にコックスのオリエンタル・セクレタリーに任命される。［6月，メッカのシャリーフ・フサイン，「アラブの反乱」に決起］11月，バスラ来訪のイブン・サウードと会う。

1917　［英印軍反撃，3月にバグダードを占領］ 4月，バスラからバグダードに移る。［5－7月，ロレンスの「アカバ攻略」進行し，成功］。

1918　7－8月，休暇でテヘラン訪問。8月，コックスはペルシア公使に転出，後任の民政長官代行 A. T. ウィルソンのオリエンタル・セクレタリーに任命される。［10月30日トルコ，休戦協定に調印，11月11日ドイツ，休戦協定に調印，第一次大戦終結］。

1919　3月，パリ平和会議に連絡員として出張。ファイサルと会う。4－8月，休暇で在英，欧州，アルジェリア旅行。9月，メイドのマリーを伴い，カイロ，パレスティナ，シリアを経て陸路バグダードに帰る。イラクにアラブ民族政府を樹立する考えを初めて公表。

1920　在バグダード。4－5月，父来訪。［4月，サン・レモ会議で英国にイラク委任統治を指定。イラク住民の反対始まり，夏以降，全国規模の反英大暴動に拡大。7月，フランス軍のダマスカス占領でシリア民族政府崩壊，ファイサルはイタリアに脱出。8月，セーヴル条約締結，オスマン帝国の戦後処理終了］直属の上司ウィルソンとの確執深まり，両者の関係破綻。9月，ウィルソンは更迭，10月，コックスが高等弁務官として着任。10－11月，ナキーブ首班のイラク暫定内閣を成立させるのに奔走。

1921　3月，新植民相ウィンストン・チャーチル招集のカイロ会議にコックスとともに出席，ファイサルをイラク国王に擁立の方針決定に参加。6月，ファイサル，キナハン・コーンウォリスを伴って来着，8月23日，即位式挙行。ガートルードはオリエンタル・セクレタリーのまま，ファイサルの私的な相談相手を兼ねる立場。

1922　4月末，エルサレム訪問の父をアンマーンに迎えて聖地を案内後，バグダードに帰着。10月，「古遺物発掘法」案を制定，新設のイラク考古局名誉局長に就任。博物館創設を計画。［10月，英・イラク同盟条約調印］11－12月，コックス／イブン・サウードのウカイル協議でガートルード作成の原案に基づきイラクのアラビア側国境画定。

1923　2月，レナード・ウリーによるウル遺跡発掘の出土品の第一回配分。［5月，コックス退任，帰国］新高等弁務官ヘンリー・ドブズのオリエンタル・セクレタリーに任命される。5－8月，帰国休暇（ポートサイドから来る父とジーザで落ち合って同行帰国)。

1924　在バグダード。［6月，英・イラク条約批准完了。議会に提出中の古遺

物発掘法案,「文化財法」として成立]

1925　7－9月，帰国休暇（マリー同伴），10月，シリア経由で帰任。離婚協議中のキナハン・コーンウォリスとの結婚を考えるが実現せず。

1926　2月，弟ヒューゴー，英国で死亡。旧友ヴィタ・サクヴィル＝ウェスト来訪。3月，両親，維持費難のためロウントン・グレンジを手放し，マウント・グレースの別邸に移る。博物館設立に取りかかる。6月，イラク博物館開設。7月11－12日の夜間，就寝中に死亡。12日，英・イラクによる国葬なみの葬儀のあと，バグダード英人墓地に埋葬。